中华传世藏书
【图文珍藏版】

资治通鉴

[北宋] 司马光 ⊙ 原著
姜涛 ⊙ 主编

线装书局

唐纪五十

【原文】

德宗神武圣文皇帝九贞元八年（壬申，792 年）

春，二月，壬寅，执梦冲，数其罪而斩之；云南之路始通。

初，窦参为度支转运使，班宏副之。参许宏，俟一岁以使职归之，岁馀，参无归意；宏怒。司农少卿张滂，宏所荐也，参欲使滂分主江、淮盐铁，宏不可；滂知之，亦怨宏。及参为上所疏，乃让度支使于宏，又不欲利权专归于宏，乃荐滂于上；以滂为户部侍郎、盐铁转运使，仍隶于宏以悦之。

张滂请盐铁旧簿于班宏，宏不与。滂与宏共择巡院官，莫有合者，阙官甚多。滂言于上曰："如此，职事必废，臣罪无所逃。"丙午，上命宏、滂分掌天下财赋，如大历故事。

秋，七月，甲寅朔，户部尚书判度支班宏薨。陆贽请以前湖南观察使李巽权判度支，上许之。既而复欲用司农少卿裴延龄，贽上言，以为："今之度支，准平万货，刻吝则生患，宽假则容奸。延龄诞妄小人，用之交骇物听。尸禄之责，固宜及于微臣；知人之明，亦恐伤于圣鉴。"上不从。己未，以延龄判度支事。

吐蕃、云南日益相猜，每云南兵至境上，吐蕃辄亦发兵，声言相应，实为之备。辛酉，韦皋复遗云南王书，欲与共袭吐蕃，驱之云岭之外，悉平吐蕃城堡，独与云南筑大城于境上，置戍相保，永同一家。

左神策大将军柏良器，募才勇之士以易贩鬻者，监军窦文场恶之。会良器妻族

饮醉，寓宿宫舍。十二月，丙戌，良器坐左迁右领军。自是宦官始专军政。

【译文】

唐德宗贞元八年（壬申，公元792年）

春季，二月，壬寅（十七日），韦皋捉获苴梦冲，在数说他的罪行后，斩杀了他。前往云南的道路开始畅通了。

当初，窦参出任度支转运使，班宏担任他的副职。窦参向班宏许诺，等到一年以后，便将度支转运使的正职交给他。过了一年多时间，窦参还没有交出使职的意思，班宏大怒。司农少卿张滂是由班宏荐举上来的，窦参打算让张滂分管江淮地区的盐铁事务，班宏不肯答应。张滂听说此事，也怨恨班宏。及至窦参被德宗疏远以后，他才将度支使让给班宏，但是他又不愿意让财政大权独自落到班宏手中，于是便向德宗推荐张滂。德宗任命张滂为户部侍郎、盐铁转运使，仍然隶属于班宏，以便取悦于他。

张滂请班宏交出原有的盐铁账簿，班宏不肯给他。张滂与班宏一起选任巡院官，两人的意见没有相合的时候，因而缺任的官员为数很多。张滂向德宗进言说："像这个样子，职任以内的事必然要荒废了，我的罪责是无法逃脱的了。"丙午（四月二十二日），德宗命令班宏与张滂分别掌管全国的财税，一如大历年间的旧例。

秋季，七月，甲寅朔（初一），户部尚书、判度支班宏去世。陆贽奏请任命前湖南观察使李巽暂时兼管度支，德宗准许了这一建议。不久，德宗又打算起用司农少卿裴延龄，陆贽进言认为："如今度支使的职任，需要运输各种货物，平抑物价，如果刻薄吝啬，便会生出麻烦，如果宽容，便会姑息邪恶。裴延龄是一个荒诞虚妄的小人，起用他会震骇人们的视听。尸位素餐的罪责，固然应当有我这微末小臣的一份；若说到知人善任的明德，恐怕也会有损陛下圣明的裁鉴。"德宗不肯听从。己未（初六），德宗让裴延龄兼管度支事务。

吐蕃与云南的互相猜疑与日俱增。每当云南的兵马开到边境上，吐蕃总是也派出兵马，声称前来接应，实际上是在防备云南。辛酉（十一月十日），韦皋再次给云南王送去书信,希望与云南一起袭击吐蕃,将他们驱逐到云岭以外,全部摧毁吐蕃的城关堡垒,仅与云南在边境上修筑起一座大城,设置戍守人员自相保卫,永远像一家人般地和睦相处。

左神策大将军柏良器,招募既有才干、又很勇敢的人们更换军中的买卖人,监军窦文场憎恶他。恰巧柏良器妻子的族人喝醉了酒,曾在宫中值宿的房舍中过夜。十二月,丙戌(初五),柏良器获罪,贬为右领军。自此,宦官开始专擅军中大政。

【原文】

九年(癸酉,739年)

春,正月,癸卯,初税茶。凡州、县产茶及茶山外要路,皆估其直,什税一,从盐铁使张滂之请也。滂奏:"去岁水灾减税,用度不足,请税茶以足之。自明年以往,税茶之钱,令所在别贮,俟有水旱,以代民田税。"自是岁收茶税钱四十万缗,未尝以救水旱也。

初,盐州既陷,塞外无复保障;吐蕃常阻绝灵武,侵扰邠坊。辛酉,诏发兵三万五千人城盐州,又诏泾原、山南、剑南各发兵深入吐蕃以分其势,城之二旬而毕;命盐州节度使杜彦光戍之,朔方都虞侯杨朝晟戍木波堡,由是灵、夏、河西获安。

云南王异牟寻遣使者三辈,一出戎州,一出黔州,一出安南,各赍生金、丹砂诣韦皋,金以示坚,丹砂以示赤心,三分皋所与书为信,皆达成都。异牟寻上表请弃吐蕃归唐,并遗皋帛书,自称唐云南王孙、吐蕃赞普义弟曰东王。皋遣其使者诣长安,并上表贺。上赐异牟寻诏书,令皋遣使尉抚之。

癸卯,户部侍郎裴延龄奏:"自判度支以来,检责诸州欠负钱八百馀万缗,收诸州抽贯钱三百万缗,呈样物三十馀万缗,请别置欠负耗剩季库以掌之,染练物则别置月库以掌之。"诏从之。欠负皆贫人无可偿,徒存其数者,抽贯钱给用随尽,呈样、染练皆左藏正物。延龄徒置别库,虚张名数以惑上。上信之,以为能富国而宠之,于实无所增也,虚费吏人簿书而已。

冬,十月,甲子,韦皋遣其节度巡官崔佐时赍诏书诣云南,并自为帛书答之。

【译文】

九年（癸酉，公元793年）

春季，正月，癸卯（二十四日），开始征收茶税。凡是生产茶叶的州、县以及通往茶山的重要道路，都要估算茶叶的价值，收取十分之一的茶税，这是听从盐铁使张滂的建议才实行的。张滂上奏："去年因发生水灾而减少税收，国家的费用不够，请征收茶税来补足税收的缺额。从明年以后，对征收茶税得到钱，可以让征收茶税所在地另行储存，等遇到水旱灾害时，用此钱代替百姓的田税。"自此以后，朝廷每年征收茶税钱四十万缗，但不曾用来救济水旱灾害。

当初，盐州陷落以后，边疆地区不再有防守的屏障，吐蕃经常截断灵武的通路，侵害搅扰郐州、坊州。辛酉（二月十二日），德宗颁诏派兵三万五千人修筑盐州城，还颁诏命令泾原、山南、剑南各自派兵深入吐蕃地区，以便分散吐蕃的势力。盐州城经二十天的修筑便告竣了，朝廷命令盐州节度使杜彦先前往戍守，命令朔方都虞候杨朝晟戍守木波堡。从此以后，灵州、夏州、河西一带获得安宁。

云南王异牟寻派遣使者共三批，一批取道戎州，一批取道黔州，一批取道安南，各自携带着金矿石和朱砂前往韦皋处，金矿石用以表示心地坚定，朱砂用以表示心地真诚。云南又将韦皋给他们写的书信分成三份作为凭信，全都带到成都。异牟寻上表请求背弃吐蕃，归顺唐朝，并且给韦皋送去用丝织品写成的文书，称自己为唐云南王孙、吐蕃赞普义弟日东王。韦皋打发云南使者前往长安，并且上表祝贺。德宗向异牟寻颁赐了诏书，命令韦皋派遣使者慰问安抚云南。

癸卯（七月二十七日），户部侍郎裴延龄上奏说："我自从兼管度支事务以来，查收各州亏欠钱计有八百多万缗，收取各州抽贯钱三百万缗，进呈上贡样品三十多万缗。请将归还亏欠和消耗所剩的钱另外交给季库掌管，而将着色熟绢另外交给月库掌管。"德宗颁诏同意此议。亏欠官府钱的，都是一些贫穷的人，无法偿还，徒然存留着亏欠的数额，抽贯钱用来支付用度，随用随光，进呈上贡样品与着色熟绢本来都是应归左藏储存的物品。裴延龄徒然将它们安放到别的仓库里，虚张名目与数额，以此迷惑德宗。德宗信以为真，认为他能够使国家富裕起来，因而宠爱他。

实际上他什么也没有增加，只是白白浪费吏人账簿罢了。

冬季，十月，甲子（十八日），韦皋派遣他的节度巡官崔佐时携带诏书前往云南，并且亲自用丝织品写成文书来答复云南王。

【原文】

十年（甲戌，794年）

崔佐时至云南所都羊苴咩城，吐蕃使者数百人先在其国，云南王异牟寻尚不欲吐蕃知之，令佐时衣牂柯服而入。佐时不可，曰："我大唐使者，岂得衣小夷之服！"异牟寻不得已，夜迎之。佐时大宣诏书，异牟寻恐惧，顾左右失色；业已归唐，乃歔欷流涕，俯伏受诏。郑回密见佐时教之，故佐时尽得其情，因劝异牟寻悉斩吐蕃使者，去吐蕃所立之号，献其金印，复南诏旧名；异牟寻皆从之。仍刻金契以献。异牟寻帅其子寻梦凑等与佐时盟于点苍山神祠。

【译文】

十年（甲戌，公元794年）

崔佐时来到云南的都城羊苴咩城，几百名吐蕃使者原先便在云南国中。云南王弄牟寻还不打算让吐蕃知道自己已经归附唐朝，便让崔佐时穿着牂柯人的服装进入羊苴咩城。崔佐时认为不恰当，他说："我是大唐朝廷的使者，怎么能穿着小小夷人的衣服呢！"异牟寻没有办法，只好在夜晚迎接他。崔佐时大声宣读诏书，异牟寻害怕，他望着周围的人们，连脸色都改变了。然而，已经归顺唐朝，只好抽抽咽咽地流着眼泪，趴在地上接受诏旨。郑回暗中去见崔佐时，教给他如何去做。所以崔佐时完全了解了其中的情由，因而劝说异牟寻悉数斩杀吐蕃使者，除去吐蕃封立的名号，献出吐蕃给予的金印，恢复南诏原来的名称，异牟寻完全听从了这些建议，还刻成金质的契约献给崔佐时。异牟寻带领他的儿子寻梦凑等人与崔佐时在点苍山神祠会盟。

资治通鉴第二百三十五卷

唐纪五十一

【原文】

德宗神武圣文皇帝十贞元十年（甲戌，794年）

云南王异牟寻遣其弟凑罗栋献地图、土贡及吐蕃所给金印，请复号南诏。癸丑，以祠部郎中袁滋为册南诏使，赐银窠金印，文曰"贞元册南诏印"。滋至其国，异牟寻北面跪受册印，稽首再拜，因与使者宴，出玄宗所赐银平脱马头盘二以示滋。又指老笛工、歌女曰："皇帝所赐《龟兹乐》，惟二人在耳。"滋曰："南诏当深思祖考，子子孙孙尽忠于唐。"异牟寻拜曰："敢不谨承使者之命！"

裴延龄奏称官吏太多，自今缺员请且勿补，收其俸以实府库。上欲修神龙寺，须五十尺松，不可得，延龄曰："臣近见同州一谷，木数千株，皆可八十尺。"上曰："开元、天宝间求美材于近畿犹不可得，今安得有之？"对曰："天生珍材，固待圣君乃出，开元、天宝，何从得之！"

延龄奏："左藏库司多有失落，近因检阅使置簿书，乃于粪土之中得银十三万两，其匹段杂货百万有馀。此皆已弃之物，即是羡馀，悉应移入杂库以供别敕支用。"太府少卿韦少华不伏，抗表称："此皆每月申奏见在之物，请加推验。"执政请令三司详覆；上不许，亦不罪少华。延龄每奏对，恣为诡谲，皆众所不敢言亦未尝闻者，延龄处之不疑。上亦颇知其诞妄，但以其好低毁人，冀闻外事，故亲厚之。

中书侍郎、同平章事陆贽以上知待之厚，事有不可，常力争之。所亲或规其太锐，贽曰："吾上不负天子，下不负所学，他无所恤。"裴延龄日短贽于上。赵憬之入相也，贽实引之，既而有憾于贽，密以贽所讥弹延龄事告延龄，故延龄益得以为计，上由是信延龄而不直贽。贽与憬约至上前极论延龄奸邪，上怒形于色，憬默而无言。壬戌，贽罢为太子宾客。

【译文】

唐德宗贞元十年（甲戌，公元794年）

云南王异牟寻派遣他的弟弟凑罗栋献上地图、土产贡物和吐蕃授给的金印，请求恢复南诏的国号。癸丑（六月十二日），德宗任命祠部郎中袁滋为册南诏使，赐给以银作底的金印，印文称作"贞元册南诏印"。袁滋来到云南国，异牟寻面向北方跪着接受了册封的印信，叩头至地，拜了两拜，接着便设宴招待使者，拿出玄宗赐给的两个银平脱马头盘，给袁滋看，还指着年迈的吹笛者和歌女说："皇帝赐给《龟兹乐》时带来的乐工，只有这两个人还活着。"袁滋说："南诏应当深深仰慕祖先的事迹，子子孙孙对唐朝竭尽忠心。"异牟寻行着礼说："我怎敢不恭谨地承受使者的教导！"

裴延龄上奏声称官吏太多，从今以后，对于官吏中出现的缺员，请暂且不要补充，收取这部分薪俸，用来充实国家的库存。德宗打算修建神龙寺，需要五十尺长的松木，但无法找到，裴延龄说："近来我在同州看到一处山谷，谷内有好几千棵树木，都是高约八十尺的。"德宗说："开元、天宝年间在京城周围寻找上好的木材尚且无法找到，现在怎么会有这么多的木材？"裴延龄回答说："上天生出珍贵的木材，当然是等待圣明的君主出世时才会出现，开元、天宝期间，怎么能够得到这些！"

裴延龄上奏说："左藏库执掌的物品损失遗落很多，近来由于检阅使去放账簿，于是在垃圾中得到银子十三万两，成匹成段的布帛和零杂货物超过一百万。这都是已经丢弃的物品，也就成为额外的收入，应当全部搬到杂库去，好供给陛下另外颁敕支取使用。"太府少卿韦少华不承认这一说法，便上表直言声称："这都是每月申报上奏的现存物品，请加以推究验查。"主持政务的长官请求命令三司详细审察，德宗没有答应，但也不责怪韦少华。每当裴延龄当面回答德宗提出的问题时，任意去说怪诞的事情，都是大家所不敢说、也不曾听说过的，裴延龄却将这些事情说得无可怀疑。德宗也知道裴延龄是荒诞虚妄的，但由于他喜欢恶意诬蔑别人，希望从他那里听到外间的事情，所以亲近厚待他。

中书侍郎、同平章事陆贽因德宗知遇，对待他情义深厚，凡有不同意的事情，经常竭力争议。有些与他亲近的人规劝他说，这样做过于显露锋芒，陆贽说："只要我上不辜负天子，下不辜负平生的学问，别的事情就没有值得顾惜的了。"裴延龄天天在德宗面前指责陆贽的短处。赵憬出任宰相，实在是陆贽引荐了他。不久，他对陆贽有不满意的地方，便暗中将陆贽抨击裴延龄的事情告诉了裴延龄，所以裴延龄愈发能够做好预谋。从此，德宗相信裴延龄而不再认为陆贽是对的了。陆贽与赵憬约好了到德宗面前极力论说裴延龄的邪恶，德宗的怒气在脸色上都表现出来了，而赵憬却沉默不语。壬戌（十二月二十三日），陆贽被罢免为太子宾客。

【原文】

十一年（乙亥，795年）

陆贽既罢相，裴延龄因谮京兆尹李充、卫尉卿张滂、前司农卿李铦党于贽。会旱，延龄奏言："贽等失势怨望，言于众曰，'天下旱，百姓且流亡，度支多欠诸军刍粮，军中人马无所食，其事奈何！'以动摇众心，其意非止欲中伤臣而已。"后数日，上猎苑中，适有神策军士诉云："度支不给马刍。"上意延龄言为信，遽还宫。夏，四月，壬戌，贬贽为忠州别驾，充为涪州长史，滂为汀州长史，铦为邵州长史。

初，阳城自处士征为谏议大夫，拜官不辞。未至京师，人皆想望风采，曰："城必谏诤，死职下。"及至，诸谏官纷纷言事细碎，天子益厌苦之。而城方与二弟及客日夜痛饮，人莫能窥其际，皆以为虚得名耳。前进士河南韩愈作《争臣论》以讥之，城亦不以屑意。有欲造城而问者，城揣知其意，辄强与酒。客或时先醉仆席上，城或时先醉卧客怀中，不能听客语。及陆贽等坐贬，上怒未解，中外惴恐，以为罪且不测，无敢救者。城闻而起曰："不可令天子信用奸臣，杀无罪人。"即帅拾遗王仲舒、归登、右补阙熊执易、崔邠等守延英门，上疏论延龄奸佞，贽等无罪。

上大怒,欲加城等罪。太子为之营救,上意乃解,令宰相谕遣之。于是金吾将军张万福闻谏官伏阁谏,趋往至延英门,大言贺曰:"朝廷有直臣,天下必太平矣!"遂遍拜城与仲舒等,已而连呼"太平万岁!太平万岁!"万福,武人,年八十馀,自此名重天下。登,崇敬之子也。时朝夕相延龄,阳城曰:"脱以延龄为相,城当取白麻坏之,恸哭于庭。"有李繁者,泌之子也,城尽疏延龄过恶,欲密论之,以繁故人子,使之缮写,繁径以告延龄。延龄先诣上,一一自解。疏入,上以为妄,不之省。

【译文】

十一年(乙亥,公元795年)

陆贽被罢黜宰相职务以后,裴延龄接着又诬陷京兆尹李充、卫尉卿张滂、前司农卿李铦偏袒陆贽。适逢天旱,裴延龄上奏说:"陆贽等人因失去权势而怨恨不满,他们对大家说:'天下干旱,百姓将要流离散亡了。度支亏欠各军粮草很多,军中的人马没有吃的,各种事情将怎么办才好!'他们以此动摇大家的心意,他们的企图恐怕不限于中伤我一个人就算了事。"过了几天,德宗在禁苑中打猎,恰巧有神策军的将士申诉说:"度支不供给喂马的草料。"德宗猜测裴延龄的话是可信的,急忙回到宫中。夏季,四月,壬戌(二十五日),将陆贽贬为忠州别驾,李充贬为涪州长史,张滂贬为汀州长史,李铦贬为邵州长史。

当初,阳城由来做官的士人被征召为谏议大夫,对任命他的官职并不推辞。阳城还没有来到京城,人们便思慕他的风度文采,都说:"阳城肯定会直言规谏,效忠职守,以至于死的。"及至阳城来到朝廷以后,谏官们谈论政事时纷纷讲些细小琐碎的事情,德宗愈加厌烦不堪。然而,阳城却正与自己的两个弟弟以及宾客日夜开怀饮酒,人们对他摸不着边际,都认为他是虚有其名罢了。前进士河南人韩愈写了一篇《争臣论》来讥讽他,阳城也并不介意。有人打算前去质问阳城,阳城揣度清楚来人的用意以后,总是强劝来人饮酒,有时客人先醉倒在酒席上,有时阳城先醉躺在客人的怀抱中,不能听客人讲话了。及至陆贽等人获罪被贬以后,德宗的怒气尚未消散,朝廷内外恐惧不安,都认为对他们的罪罚将是难以测度的,因而没有人敢营救他们。阳城闻知此情，站起来说道："不能让天子相信任用奸臣，杀害没有罪过的人。"他当即带领拾遗王仲舒、归登、右补阙熊执易、崔邠等人在延英门守候着，奏上疏章，论说裴延龄邪恶诡谲，而陆贽等人没有罪。德宗大怒，准备将阳城等人治罪，太子为此而出面营救，德宗的态度才缓和下来，使宰相宣旨让他们离去。当此时，金吾将军张万福听说谏官跪在延英殿阁进谏，便快步前往延英门，大声祝贺道："朝廷有直言的臣下，天下肯定要太平了！"于是，他逐一拜谢阳城与王仲舒等人，随即连声大呼"太平万岁！太平万岁！"张万福是一员武将，年纪有八十多岁，自此以后，他的名声便为天下推重了。归登是归崇敬的儿子。当时，随时都有任命裴延龄为宰相的可能，阳城说："倘若让裴延龄出任宰相，我就会将任命他的白麻诏书拿来毁掉，还要在朝廷上痛哭一场。"有个叫李繁的人，是李泌的儿子，阳城疏陈裴延龄的全部过失与罪恶，想秘密弹劾他，因李繁是旧友的儿子，便让他誊抄疏章，李繁却径直将此事告诉了裴延龄。裴延龄事先前往德宗处逐条自行解释，待到疏章送入内廷，德宗认为这是虚妄的，便不去观看这一疏章了。

【原文】

十二年（丙子，796年）

六月，乙丑，以监句当左神策窦文场、监句当右神策霍仙鸣皆为护军中尉，监左神威军使张尚进、监右神威军使焦希望皆为中护军。初，上置六统军，视六尚书，以处节度使罢镇者，相承用麻纸写制。至是，文场讽宰相比统军降麻。翰林学士郑絪奏言："故事惟封王、命相用白麻，今以命中尉，不识陛下特以宠文场邪，遂为著令也？"上乃谓文场曰："武德、贞观时，中人不过员外将军同正耳，衣绯者无几。自辅国以来，堕坏制度。朕今用尔，不谓无私。若复以麻制宣告天下，必谓尔胁我为之矣。"文场叩头谢。遂焚其麻，命并统军自今中书降敕。明日，上谓絪曰："宰相不能违拒中人，朕得卿言方悟耳。"是时窦、霍势倾中外，藩镇将帅多出神策军，台省清要亦有出其门者矣。

宣歙观察使刘赞卒。

【译文】

十二年（丙子，公元796年）

六月，乙丑（初六），德宗命监句当左神策窦文场、监句当右神策霍仙鸣都担任护军中尉，命监左神威军使张尚进、监右神威军使焦希望都担任中护军。当初，德宗设置左右羽林、龙武、神武六军统军，比照六部尚书，用来安置免除节镇职务的节度使，相沿使用麻纸书写制书。至此，窦文场婉言劝说宰相，对护军中尉、中护军的任命要比照任命统军的成例，颁降白麻纸诏书。翰林学士郑絪上奏说："根据惯例，只有封拜王位、任命宰相才使用白麻纸，现在要用白麻纸任命护军中尉，不知陛下这是特别以此宠任窦文场呢，还是就此便成为定式呢？"于是，德宗对窦文场说："在武德、贞观时期，宦官的职位不超过员外将军置同正品而已，连穿戴绯色朝服的都没有几个人。自从李辅国以来，制度被败坏了。现在朕任用你，不能说没有私情。如果再使用白麻纸书写的制书向天下宣告，肯定要说这是你胁迫我写的了。"窦文场叩头认错。于是德宗烧掉任命中尉的白麻纸制书，命令从今以后连同统军的任命也由中书省颁降敕书。第二天，德宗对郑絪说："连宰相都不能违抗宦官的意旨，朕得到你的进言才算醒悟了。"这时候，窦文场、霍仙鸣的权势压倒朝廷内外官员，藩镇的将领与主帅大多出于神策军，尚书省、中书省与门下省中职务尊贵、掌握枢要的官员也有出于宦官门下的了。

宣歙观察使刘赞去世。

【原文】

十三年（丁丑，797年）

十二月，徐州节度使张建封入朝。先是，宫中市外间物，令官吏主之，随给其直。比岁以宦者为使，谓之宫市，抑买人物，稍不如本估。其后不复行文书，置白望数百人于两市及要闹坊曲，阅人所卖物，但称宫市，则敛手付与，真伪不复可辩，无敢问所从来及论价之高下者，率用直百钱物买人直数千物，多以红紫染故

衣、败缯，尺寸裂而给之，仍索进奉门户及脚价钱。人将物诣市，至有空手而归者，名为宫市，其实夺之。商贾有良货，皆深匿之；每敕使出，虽沽浆、卖饼者皆撤业闭门。尝有农夫以驴负柴，宦者称宫市取之，与绢数尺，又就索门户，仍邀驴送柴至内。农夫啼泣，以所得绢与之；不肯受，曰，"须得尔驴。"农夫曰："我有父母妻子，待此然后食。今以柴与汝，不取直而归，汝尚不肯，我有死而已。"遂殴宦者。街吏擒以闻，诏黜宦者，赐农夫绢十匹。然宫市亦不为之改，谏官御史数谏，不听。建封入朝，具奏之，上颇嘉纳；以问户部侍郎判度支苏弁，弁希宦者意，对曰："京师游手万家，无土著生业，仰宫市取给。"上信之，故凡言宫市者皆不听。

【译文】

十三年（丁丑，公元797年）

十二月，徐州节度使张建封入京朝见。在此之前，宫廷中购买外面的物品，命令官吏主持其事，随时付给购物的价钱。近年以来，任命宦官为使者，称作宫市，低价购买人们的物品，逐渐与本来的价值不相符合了。在此以后，不再行使文书，宦官在长安东、西两市以及地当要冲、繁华热闹的城坊曲巷安排了好几百个四处张望、白白取人物品的人，被称作"白望"。"白望"到处察看人们出卖的物品，只要自称是宫市，人们便只好把物品拱手交付给他们。人们不再能够分辨真假，也没有人敢询问他们的由来和讲论价钱的高低。他们一般是用价值一百钱的物品换取人们价值好几千钱的物品，经常用染上红色、紫色的陈旧的衣服和变坏的丝帛，按照尺寸撕下来付给卖主，还要勒索所谓进奉门户钱和脚价钱。人们带着物品到市场上去，甚至有空着手回家的人。他们名义上叫做宫市，实际上却是向人夺取。如果商人有上好的货物，便都暗中隐藏起来。每当宫廷使者出来时，即使是卖汤水面饼的人家，也都停止营业，关闭门户。曾经有一个农夫，用驴驮着木柴来卖，宦官自称宫市，拿走他的木柴，给了他几尺绢，又就地索取进奉门户钱，还要求用驴将木柴送到内廷去。农夫哭了，把得到的绢又给了宦官，宦官不肯接受，说："必须得到你的这头驴才行。"农夫说："我家有父母、妻子、儿女，要靠它赚钱糊口。现在我

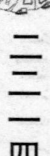

把木柴给了你，不向你要价钱就往回走了，而你还是不肯放我，我也只有和你拼了！"于是农夫殴打了宦官，街使的属吏捉住他上报，德宗颁诏将宦官废免，赐给农夫十匹绢。然而，宫市并不因此而改变，谏官与御史们屡次规谏，德宗不肯听从。张建封入朝以后，将宫市的事情条陈奏上，德宗很是嘉许他，也想采纳他的意见。德宗又就此事询问户部侍郎、判度支苏弁的意见，苏弁回答说："京城中空手闲荡的人们有万家之多，都没有一定的住所和职业，就靠着宫市获取供给。"德宗相信了他的话，所以对所有指责宫市的话，全听不进去了。

【原文】

十四年（戊寅，798年）

八月，初置左、右神策统军。时禁军戍边，禀赐优厚，诸将多请遥隶神策军，称行营，皆统于中尉，其军遂至十五万人。

太学生薛约师事司业阳城，坐言事，徙连州；城送之效外。上以城党罪人，己巳，左迁城道州刺史。城治民如治家，州之赋税不登，观察使数加诮让，城自署其考曰："抚字心劳，征科政拙，考下下。"观察使遣判官督其赋，至州，城先自囚于狱。判官大惊，驰入，谒城于狱曰："使君何罪！某奉命来候安否耳。"留一二日未去，城不复归；馆门外有故门扇横地，城昼夜坐卧其上，判官不自安，辞去。其后又遣他判官往按之，他判官载妻子中道逸去。

【译文】

十四年（戊寅，公元798年）

八月，最初设置左、右神策军统军。当时，禁卫亲军戍守边疆，待遇优越而丰厚，各将领往往请求遥遥隶属于神策军，号称神策军行营，一概归中尉统领，于是神策军达到十五万人之多。

太学生薛约以师长之礼对待国子司业阳城，因言事获罪，迁徙连州，阳城把他送到郊野以外。德宗认为阳城与有罪之人结党，己巳（九月二十三日），将阳城降职为道州刺史。阳城治理百姓如同治理家人一般，州中的赋税收不上来，观察使有好几次加以谴责，于是阳城自行题写他的任官考核成绩道："抚养爱护百姓，心神为之劳瘁，征收科派的政绩低劣，考核成绩下下。"观察使派遣判官督促他征税，判官来到道州时，阳城事先已经将自己囚禁在监狱中了。判官大惊，急奔进去，在监狱中谒见阳城说："您有什么罪过！我是接受命令前来问候您安康的啊。"判官逗留了一两天还没有离去，阳城便不回家。判官下榻的馆舍门外有一块旧门扇横放在地上，阳城就日夜坐卧在门扇上，判官感到不安，便辞别而去了。此后，观察使又派遣另外一个判官前往按察阳城，这个判官却乘车载着妻子儿女在中途逃跑了。

【原文】

十五年（己卯，799年）

以常州刺史李锜为浙西观察使、诸道盐铁转运使。锜，国贞之子也。闲厩、宫苑使李齐运受其赂数十万，荐之于上，故用之。锜刻剥以事进奉，上由是悦之。

【译文】

十五年（己卯，公元799年）

德宗任命常州刺史李锜为浙西观察使、诸道盐铁转运使。李锜是李国贞的儿子。闲厩、宫苑使李齐运接受他的贿赂有几十万，于是向德宗推荐他，所以德宗起用他。李锜通过苛刻盘剥而使进献的贡物增加，因此德宗便赏识他。

唐纪五十二

【原文】

德宗神武圣文皇帝十一贞元十七年（辛巳，801年）

李锜既执天下利权，以贡献固主恩，以馈遗结权贵，恃此骄纵，无所忌惮，盗取县官财，所部官属无罪受戮者相继。浙西布衣崔善贞诣阙上封事，言宫市、进奉及盐铁之弊，因言锜不法事。上览之，不悦，命械送锜。锜闻其将至，先凿坑于道旁；己亥，善贞至，并锁械内坑中，生瘗之。远近闻之，不寒而栗。锜复欲为自全计，增广兵众，选有材力善射者谓之挽强，胡、奚杂类谓之蕃落，给赐十倍他卒。转运判官卢坦屡谏不悛，与幕僚李约等皆去之。约，勉之子也。

【译文】

唐德宗贞元十七年（辛巳，公元801年）

李锜执掌全国的财政大权后，通过进献贡物来巩固主上的恩宠，通过赠送财物来结纳地位高、有权势的人，依仗着这一点而骄横放纵，没有一点顾忌与畏惧，非法盗占国库的财物，他统领的属吏中无罪而遭到杀害的人相继不断。浙西平民崔善贞前往朝廷进献秘密奏章，谈论宫市、进献贡物以及经营盐铁的弊病，因而讲到李锜不守法纪的事情。德宗看了他的奏章，很不高兴，命令将他用枷锁拘禁着送交李锜。李锜听说他就要到来，事先在道路旁边挖了一个土坑。已亥（六月初八），崔善贞到了，李锜将他连同枷锁一起推进坑中，活埋了他。远近各地的人们听说此事

后，都不寒而栗。李锜又做了些想要自我保全的安排：增加士兵的人数，选择多才强力、善于射箭的人，将他们称作"挽强"；对所收容的胡、奚等各族人，将他们称作"蕃落"，对他们的供给与赏赐，是其他士兵的十倍。转运判官卢坦屡次劝谏，他都不肯悔改，于是卢坦与幕僚李约等人都离开了他。李约是李勉的儿子。

【原文】

十九年（癸未，803年）

初，翰林待诏王伾善书，山阴王叔文善棋，俱出入东宫，娱侍太子。伾，杭州人也。

叔文谲诡多计，自言读书知治道，乘间常为太子言民间疾苦。太子尝与诸侍读及叔文等论及宫市事，太子曰："寡人方欲极言之。"众皆称赞，独叔文无言。既退，太子自留叔文，谓曰："向者君独无言，岂有意邪？"叔文曰："叔文蒙幸太子，有所见，敢不以闻。太子职当视膳问安，不宜言外事。陛下在位久，如疑太子收人心，何以自解！"太子大惊，因泣曰："非先生，寡人无以知此。"遂大爱幸，与王伾相依附。

叔文因为太子言："某可为相，某可为将，幸异日用之。"密结翰林学士韦执谊及当时朝士有名而求速进者陆淳、吕温、李景俭、韩晔、韩泰、陈谏、柳宗元、刘禹锡等，定为死友。而凌准、程异等又因其党以进，日与游处，踪迹诡秘，莫有知其端者。藩镇或阴进资币，与之相结。淳，吴人，尝为左司郎中；温，渭之子，时为左拾遗；景俭，憕之孙，进士及第；晔，滉之族子；谏，尝为侍御史；宗元、禹锡，时为监察御史。

【译文】

十九年（癸未，公元803年）

当初，翰林待诏王伾擅长书法，山阴人王叔文擅长下棋，都在东宫出出进进，侍奉太子，供太子娱乐。王伾是杭州人。

王叔文诡计多端，自称读过书而懂得治理国家的道理，经常趁机向太子进说民间的疾苦。太子曾经与各位侍读以及王叔文等人谈论到宫市的事情，太子说："寡人正准备就此事尽力进言。"大家都表示称赞，唯独王叔文不发一言。大家退去后，太子亲自将王叔文留下来，对他说："刚才只有你不发一言，难道有用意吗？"王叔文说："我承蒙太子的钟爱，发现了问题，怎敢不告诉太子闻知！太子的职分应当是省视进食、问候平安，最好不要谈外间的事情。陛下在位的时间长了，如果怀疑太子收揽人心，太子怎么为自己解释呢！"太子大惊，因而哭泣着说："若不是先生这一席话，寡人无法知道这个道理。"于是，太子对王叔文极为宠爱，而王叔文则与王伾相互依托。

王叔文趁机对太子说："某人可以担任宰相，某人可以担任将领，希望太子在将来起用他们。"王叔文暗中结交翰林学士韦执谊以及当时已有名声、但希图快速晋升的朝廷官员陆淳、吕温、李景俭、韩晔、韩泰、陈谏、柳宗元、刘禹锡等人，约定为生死相托的朋友。另外，凌准、程异等人又靠着这一伙人得以进用，时时与他们交游往来，行踪都很诡诈隐秘，没有人了解他们的端倪。有些藩镇暗中进献资财礼物，与他们相互结纳。陆淳是吴中人，曾经担任左司郎中。吕温是吕渭的儿子，当时担任左拾遗。李景俭是李瑀的孙子，进士及第。韩晔是韩滉的族侄。陈谏曾经担任侍御史。柳宗元与刘禹锡，当时担任监察御史。

【原文】

二十年（甲申，804年）

九月，太子始得风疾，不能言。

【译文】

二十年（甲申，公元804年）

九月，太子开始身患中风，不能讲话。

【原文】

顺宗至德弘道大圣大安孝皇帝永贞元年（乙酉，805年）

春，正月，辛未朔，诸王、亲戚入贺德宗，太子独以疾不能来，德宗涕泣悲叹，由是得疾，日益甚。凡二十余日，中外不通，莫知两宫安否。

癸巳，德宗崩；苍猝召翰林学士郑絪、卫次公等至金銮殿草遗诏。宦官或曰："禁中议所立尚未定。"众莫敢对。次公遽言曰："太子虽有疾，地居冢嫡，中外属心。必不得已，犹应立广陵王；不然，必大乱。"絪等从而和之，议始定。次公，河东人也。太子知人情忧疑，紫衣麻鞋，力疾出九仙门，召见诸军使，人心粗安。

甲午，宣遗诏于宣政殿，太子缞服见百官；丙申，即皇帝位于太极殿。卫士尚疑之，企足引领而望之，曰："真太子也！"乃喜而泣。

时顺宗失音，不能决事，常居宫中施帷帐，独宦者李忠言、昭容牛氏侍左右；百官奏事，自帷中可其奏。自德宗大渐，王伾先入，称诏召王叔文，坐翰林中使决事。伾以叔文意入言于忠言，称诏行下，外初无知者。以杜佑摄冢宰。二月，癸卯，上始朝百官于紫宸门。

唐　驯马陶俑

【译文】

唐顺宗永贞元年（乙酉，公元805年）

春季，正月，辛未朔（初一），诸王、亲戚前来宫中向德宗祝贺，唯独太子因病不能到来，德宗流着眼泪，唉声叹气，从此患病，并一天比一天加重，大约二十多天，内宫与外延断了消息，都不知道德宗与太子平安与否。

癸巳（二十三日），德宗驾崩。人们匆匆忙忙地把翰林学士郑絪、卫次公等人叫到金銮殿，起草德宗的遗诏。有个宦官说："内廷计议册立谁人还没有确定呢。"大家都不敢答话。卫次公赶忙说："虽然太子身患疾病，但是身居嫡长的地位，为朝廷内外所归向。如果没有别的办法，也应该册立广陵王。否则，肯定要出大乱子。"郑絪等人也随声附和卫次公的意见，这才算议定下来。卫次公是河东人。太子知道人们的情绪还在担忧疑虑，便身着紫衣，足穿麻鞋，勉强支撑着有病的身体，走出九仙门，召见各军使，才使人心略微安定了一些。

甲午（二十四日），德宗的遗诏在宣政殿宣布，太子穿着丧服，接见朝廷官员。丙申（二十六日），太子在太极殿正式继承皇位。卫士们仍然怀疑登位的不是太子，踮着脚，伸着脖子，向殿上张望了一番，这才说："是真正的太子！"于是高兴得哭了。

当时，顺宗无法讲话，不能处理朝中事务，经常住在宫中，周围挂着帘幕，只有宦官李忠言、牛昭容在顺宗身边侍奉，朝中官员奏请什么事情，顺宗便在帘幕中认可他们的奏请。自从德宗病情垂危以来，王伾率先进入内廷，声称有诏传召王叔文，让他坐在翰林院中处理朝中事务。王伾将王叔文的意图带进内廷，告诉李忠言，便声称诏书颁发下来，外界起初没有人知道这一内情。任命杜佑为摄冢宰。二月，癸卯（初三），顺宗在紫宸门初次受朝中官员的朝见。

资治通鉴第二百三十七卷

唐纪五十三

【原文】

宪宗昭文章武大圣至神孝皇帝上之上元和元年（丙戌，806年）

刘辟既得旌节，志益骄，求兼领三川，上不许。辟遂发兵围东川节度使李康于梓州，欲以同幕卢文若为东川节度使。推官莆田林蕴力谏辟举兵，辟怒，械系于狱，引出，将斩之，阴戒行刑者使不杀，但数砺刃于其颈，欲使屈服而赦之。蕴叱之曰："竖子，当斩即斩，我颈岂汝砥石邪！"辟顾左右曰："真忠烈之士也！"乃黜为唐昌尉。

上欲讨辟而重于用兵，公卿议者亦以为蜀险固难取，杜黄裳独曰："辟狂戆书生，取之如拾芥耳！臣知神策军使高崇文勇略可用，愿陛下专以军事委之，勿置监军，辟必可擒。"上从之。翰林学士李吉甫亦劝上讨蜀，上由是器之。戊子，命左神策行营节度使高崇文将步骑五千为前军，神策京西行营兵马使李元奕将步骑二千为次军，与山南西道节度使严砺同讨辟。时宿将名位素重者甚众，皆自谓当征蜀之选；及诏用崇文，皆大惊。

高崇文屯长武城，练卒五千，常如寇至，卯时受诏，辰时即行，器械糗粮，一无所阙。甲午，崇文军出斜谷，李元奕出骆谷，同趣梓州。崇文军至兴元，军士有食于逆旅，折人匕箸者，崇文斩之以徇。

刘辟陷梓州，执李康。二月，严砺拔剑州，斩其刺史文德昭。

高崇文引兵自阆州趣梓州，刘辟将邢泚引兵遁去，崇文入屯梓州。辟归李康于崇文以求自雪，崇文以康败军失计，斩之。丙子，严砺奏克梓州。丁丑，制削夺刘辟官爵。

东川节度使韦丹至汉中，表言"高崇文客军远斗，无所资，若与梓州，缀其士心，必能有功。"夏，四月，丁酉，以崇文为东川节度副使、知节度事。

刘辟城鹿头关，连八栅，屯兵万余人以拒高崇文。六月，丁酉，崇文击败之。辟置栅于关东万胜堆。戊戌，崇文遣骁将范阳高霞寓攻夺之，下瞰关城；凡八战皆捷。

秋，七月，癸丑，高崇文破刘辟之众万人于玄武。甲午，诏："凡西川继援之兵，悉取崇文处分。"

壬寅，高崇文又败刘辟之众于鹿头关；严秦败刘辟之众于神泉。河东将阿跌光颜将兵会高崇文于行营，愆期一日，惧诛，欲深入自赎，军于鹿头之西，断其粮道，城中忧惧。于是辟、绵江栅将李文悦、鹿头守将仇良辅皆以城降于崇文；获辟婿苏强，士卒降者万计。崇文遂长驱直指成都，所向崩溃，军不留行；辛亥，克成都。刘辟、卢文若帅数十骑西奔吐蕃，崇文使高霞寓等追之，及于羊灌田；辟赴江不死，擒之。文若先杀妻子，乃系石自沈。崇文入成都，屯于通衢，休息士卒，市肆不惊，珍货山积，秋豪不犯，槛刘辟送京师。斩辟大将邢泚、馆驿巡官沈衍，余无所问。军府事无巨细，命一遵韦南康故事，从容指抈，一境皆平。

杜黄裳建议征蜀及指受高崇文方略，皆悬合事宜。崇文素悃刘澭，黄裳使谓之曰："若无功，当以刘澭相代。"故能得其死力。及蜀平，宰相入贺，上目黄裳曰："卿之功也！"

戊子，刘辟至长安，并族党诛之。

【译文】

唐宪宗元和元年（丙戌，公元806年）

刘辟得到节度使的任命以后，愈发心志骄矜，又要求兼管整个三川，宪宗不肯答应。于是，刘辟派兵在梓州围困东川节度使李康，打算让本幕府的卢文若担任东川节度使。推官莆田人林蕴极力规劝刘辟不要起兵，刘辟大怒，给林蕴加上枷锁，投入监牢，后来又将他拖出来，做出将要杀他的样子，却又暗中告诫执行刑罚的人不要杀死他，只在他的脖子上用刀刃磨上几下，打算使他屈服而赦免他。林蕴呵斥执行刑罚的人说："小子！该杀就杀，我的脖子难道是你的磨刀石吗！"刘辟环顾着周围的人们说："林蕴真是一位忠烈之士啊！"于是，刘辟将林蕴贬斥为唐昌县尉。

宪宗打算讨伐刘辟，但是又不愿意轻易开启战端，公卿中议论此事的人们也认为蜀地险要坚固，难以攻取。唯独杜黄裳说："刘辟是一个心气狂傲但又戆直无谋的书生，征服他就如同拾取芥子一般容易。据我了解，神策军使高崇文有勇有谋，堪当此任，希望陛下将军中事务交托给他，不要设置监军，刘辟肯定能够就擒。"宪宗听从了他的建议。翰林学士李吉甫也规劝宪宗讨伐蜀中，宪宗由此便器重他了。戊子（正月二十三日），宪宗命令左神策行营节度使高崇文率领步、骑兵五千人担当前军，神策京西行营兵马使李元奕率领步、骑兵两千人担当后军，与山南西道节度使严砺共同讨伐刘辟。当时，名声与地位平素便为人们推重的老将很多，都自认为自己应当是征讨蜀中的人选，及至宪宗颁诏起用了高崇文，都感到非常惊讶。

高崇文在长武城驻扎时，训练了五千士兵，经常保持着战备状态。他在卯时接受诏命，到辰时便已启程，军中的器械装备与制成的干粮，没有一样是缺少的。甲午（二十九日），高崇文由斜谷出兵，李元奕由骆谷出兵，共同奔赴梓州。高崇文军来到兴元的时候，将士们途中在客舍进餐，有人把主人的筷子折断了，高崇文便将此人斩首示众。

刘辟攻陷梓州，捉住了李康。二月，严砺攻克剑州，将剑州刺史文德昭斩杀。

高崇文领兵由阆州奔赴梓州，刘辟的将领邢泚领兵逃走，高崇文进入梓州，屯扎下来。刘辟为了洗刷自己的罪责，将李康交还给高崇文，高崇文因李康打了败仗，失去梓州，便将他斩杀了。丙子（三月十二日），严砺奏称攻克梓州。丁丑（十三日），宪宗颁布制书革除刘辟的官职爵位。

东川节度使韦丹来到汉中后，上表声称："高崇文率领外来的军队长途征战，没有任何凭依，如果将梓州归属于他，维系他部下的心愿，他肯定能够获得成功。"夏季，四月，丁酉（初四），宪宗任命高崇文为东川节度副使，知节度使事。

刘辟修筑鹿头关，联结八座栅垒，屯聚兵马一万多人，以便抵御高崇文。六月，丁酉（初五），高崇文打败了刘辟。刘辟又在鹿头关东面的万胜堆设置栅垒。戊戌（初六），高崇文派遣骁将范阳人高霞寓前去攻取了万胜堆，由此可以俯视鹿头关全城。共计经过八次交战，高霞寓全都获胜。

秋季，七月，癸丑（疑误），高崇文在玄武打败刘辟的部众一万人。甲午（初三），宪宗颁诏："凡是在西川相继增援的军队，一概听从高崇文的指挥。"

壬寅（九月十二日），高崇文再次在鹿头关打败刘辟的部众，严秦在神泉也打败了刘辟的部众。河东将领阿跌光颜带领兵马与高崇文在行营会合，耽误了一天时间，因害怕高崇文杀他，打算深入前敌，赎回自己的过失，在鹿头关西面驻扎下来，断绝了刘辟的运粮通道，使鹿头关内将士忧愁恐惧。于是，刘辟的绵江栅守将李文悦、鹿头关守将仇良辅都率城向高崇文投降，还捉获了刘辟的女婿苏强，投降的士兵数以万计。于是，高崇文迅速地直逼成都，所到之处，无不崩溃，军队在行进中从未受阻。辛亥（二十一日），高崇文攻克成都。刘辟、卢文若带领数十人骑马向西逃奔吐蕃，高崇文让高霞寓等人追赶，并在羊灌田追上了他们。刘辟跳入长江，没有淹死，终被擒获。卢文若事先将妻子儿女杀死，然后便在身上系了石头沉江自杀。高崇文进入成都后，在四通八达的大道上驻扎下来，让士兵就地休息，市中的店铺没有受到惊动，市场上珍贵的货财堆积如山，也没有遭受丝毫的侵犯。高崇文将刘辟装入槛车，送往京城，斩杀了刘辟的大将邢泚和馆驿巡官沈衍，对其余的人一概不加追究。对军府的事务，无论大小，高崇文命令一律遵从南康郡王韦皋先前奉行的惯例，他从容不迫地指挥着，西川全境完全平定。

杜黄裳建议征讨蜀中并授意高崇文应采取的谋略。这些谋略对后来发生的事情完全适宜。由于高崇文平时畏惧刘澭，杜黄裳便让人告诉他说："如果你不能取得成功，便会让刘澭替代你。"所以杜黄裳能够使高崇文尽到最大的力量。及至平定蜀中后，宰相入朝祝贺，宪宗望着杜黄裳说："这是你的功劳啊！"

戊子（十月二十九日），刘辟被押送到长安，朝廷命令将他连同他的同族亲属一并诛杀。

【原文】

二年（丁亥，807年）

夏、蜀既平，藩镇惕息，多求入朝。镇海节度使李锜亦不自安，求入朝；上许之，遣中使至京口慰抚，且劳其将士。锜虽署判官王澹为留后，实无行意，屡迁行期，澹与敕使数劝谕之；锜不悦，上表称疾，请至岁暮入朝。上以问宰相，武元衡曰："陛下初即政，锜求朝得朝，求止得止，可否在锜，将何以令四海！"上以为然，下诏征之。锜诈穷，遂谋反。

王澹既掌留务，于军府颇有制置，锜益不平，密谕亲兵使杀之。会颁冬服，锜严兵坐幄中，澹与敕使入谒，有军士数百噪于庭曰："王澹何人，擅主军务！"曳下，脔食之；大将赵琦出慰止，又脔食之；注刃于敕使之颈，诟詈，将杀之；锜阳惊，救之。

冬，十月，己未，诏征锜为左仆射，以御史大夫李元素为镇海节度使。庚申，锜表言军变，杀留后、大将。先是锜选腹心五人为所部五州镇将，姚志安处苏州，李深处常州，赵惟忠处湖州，丘自昌处杭州，高肃处睦州，各有兵数千，伺察刺史动静。至是，锜各使杀其刺史，遣牙将庾伯良将兵三千治石头。常州刺史颜防用客李云计，矫制称招讨副使，斩李深，传檄苏、杭、湖、睦，请同进讨。湖州刺史辛秘潜募乡闾子弟数百，夜袭赵惟忠营，斩之。苏州刺史李素为姚志安所败，生致于锜，具桎梏钉于船舷，未及京口，会锜败，得免。

【译文】

二年（丁亥，公元807年）

夏州杨惠琳、蜀中刘辟被平定后，藩镇极为恐惧，多数请求入京朝见，镇海节度使李锜也感到不安，请求入京朝见。宪宗答应了他的请求，派遣中使前往京口抚慰他，而且慰劳他部下的将士们。李锜虽然委任判官王澹暂且担任留后，但实际并没有离开的打算，好几次拖延了启程的日期。王澹与宪宗派来的敕使屡次劝告他，李锜心中不快，上表声称身染疾病，请求延缓到年底再入京朝见。宪宗就此事征询宰相的意见，武元衡说："陛下刚刚执掌朝政大权，李锜要求朝见就得以朝见，要求中止朝见就得以中止朝见，由李锜决定去就，将来怎么就够对全国发号施令呢！"宪宗认为有理，便颁发诏书征召他前来。李锜计谋已穷，于是便策划造反。

王澹执掌留后事务后，对军府的建制颇有些改革，李锜愈发愤郁不满，便暗中谕示亲兵杀掉王澹。适逢发放冬季的服装，李锜全副武装地坐在帐幕中间，正当王澹与宪宗敕使进账谒见时，有数百名将士在庭院中喧噪着说："王澹是什么人，竟敢擅自掌管军中事务！"于是，将士们将他拖了出来，割他的肉吃。大将赵琦出来劝慰阻止将士们，大家又割他的肉吃。将士们用兵器直指宪宗敕使的脖颈痛骂，准备将他杀掉，李锜佯装大惊，将他救了下来。

冬季，十月，己未（初五），宪宗颁诏征调李锜出任左仆射，任命御史大夫李元素为镇海节度使。庚申（初六），李锜上表宣称军队发生变敌，杀害了留后与大将。在此之前，李锜选拔出五个亲信，担任他所管辖的五个州的镇守将领，姚志安在苏州，李深在常州，赵惟忠在湖州，丘自昌在杭州，高肃在睦州，各自拥有兵马数千人，伺察刺史的举动。至此，李锜让他们分别杀掉本州刺史，又派遣牙将庚伯良率领兵马三千人修整石头城。常州刺史颜防采用宾客李云的计策，假托制书已有任命，自称招讨副使，斩杀李深，向苏州、杭州、湖州、睦州传送檄文，请各州共同进军讨伐李锜。湖州刺史辛秘暗中募集乡里子弟数百人，在夜间袭击赵惟忠的营地，并将赵惟忠斩杀。苏州刺史李素被姚志安击败，姚志安将李素交送李锜，给李素带上脚镣手铐，再将脚镣手铐钉死在船舷上，但是在没有到达京口以前，赶上李锜失败，李素得以幸免。

【原文】

三年（戊子，808年）

夏，四月，上策试贤良方正直言极谏举人，伊阙尉牛僧孺、陆浑尉皇甫湜、前进士李宗闵皆指陈时政之失，无所避；吏部侍郎杨於陵、吏部员外郎韦贯之为考策官，贯之署为上第。上亦嘉之，诏中书优与处分。李吉甫恶其言直，泣诉于上，且言"翰林学士裴垍、王涯覆策。湜，涯之甥也，涯不先言；垍无所异同。"上不得已，罢垍、涯学士，垍为户部侍郎，涯为都官员外郎，贯之如果州刺史。后数日，贯之再贬巴州刺史，涯贬虢州司马。乙亥，以杨於陵为岭南节度使，亦坐考策无异同也。僧孺等久之不调，各从辟于藩府。僧孺，弘之七世孙；守闵，元懿之玄孙；贯之，福嗣之六世孙；湜，睦州新安人也。

【译文】

三年（戊子，公元808年）

夏季，四月，宪宗对有关部门推举的贤良方正、直言极谏科的考生举行考试，伊阙县尉牛僧孺、陆浑县尉皇甫湜、前科进士李宗闵等人，指明并陈述当时政务的过失，都能够毫无避讳。吏部侍郎杨於陵、吏部员外郎韦贯之担任主考策对的官员，韦贯之将牛僧孺等人纳入成绩优秀的上第中，宪宗对他们也很嘉许，颁诏命令中书省对他们从优安排。李吉甫讨厌他们言语直切，哭泣着向宪宗陈诉，而且说："策对考试是由翰林学士裴垍和王涯来复核审定的。皇甫湜是王涯的外甥，王涯没有事先说明，裴垍也没有提出异议。"宪宗没有办法，免除了裴垍与王涯翰林学士的职务，让裴垍出任户部侍郎，王涯出任都官员外郎，韦贯之出任果州刺史。几天以后，韦贯之又被贬为巴州刺史，王涯被贬为虢州司马。乙亥（二十三日），宪宗任命杨於陵为岭南节度使，他也是由于主考策对时没有提出异议而受到处罚。牛僧孺等人长期不得调任，分别被藩镇征用为幕府的僚属。牛僧孺是牛弘的七世孙。李宗闵是李元懿的玄孙。韦贯之是韦福嗣的六世孙。皇甫湜是睦州新安人。

【原文】

四年（己丑，809年）

成德节度使王士真薨，其子副大使承宗自为留后。河北三镇，相承各置副大使，以嫡长为之，父没则代领军务。

【译文】

四年（己丑，公元809年）

成德节度使王士真去世，他的儿子副大使王承宗自命为留后。河北三镇相继分别设置了副大使，由节度使的嫡长子担任，父亲去世后便代替父亲统领军中事务。

唐纪五十四

资治通鉴第二百三十八卷

【原文】

宪宗昭文章武大圣至神孝皇帝上之下元和四年（己丑，809年）

时吴少诚病甚，绛等复上言："少诚病必不起。淮西事体与河北不同，四旁皆国家州县，不与贼邻，无党援相助；朝廷命帅，今正其时，万一不从，可议征讨。臣愿舍恒冀难致之策，就申蔡易成之谋。脱或恒冀连兵，事未如意，蔡州有衅，势可兴师，南北之役俱兴，财力之用不足。傥事不得已，须赦承宗，则恩德虚施，威令顿废。不如早赐处分，以收镇冀之心，坐待机宜，必获申蔡之利。"既而承宗久未得朝命，颇惧，累表自诉。八月，壬午，上乃遣京兆少尹裴武诣真定宣慰，承宗受诏甚恭，曰："三军见迫，不暇俟朝旨，请献德、棣二州以明恳款。"

【译文】

唐宪宗元和四年（己丑，公元809年）

当时，吴少诚病情非常严重，李绛等人再次进言说："吴少诚的病肯定不会再好起来了。淮西的局势与河北并不相同，周围都是国家的州县，不与贼寇的疆境相毗邻，没有同党应援帮助，朝廷任命淮西主帅，现在正是时候，如果淮西不肯听从，可以计议出兵征讨他们。我希望陛下丢开恒冀这一难达目的的筹策，归向申蔡这一容易成功的谋划。假如对恒冀需要连续用兵，战事并不令人满意，而蔡州出现缝隙，具备可以发兵的形势，南北两方同时用兵，国家的财物人力的用度就难以充

足了。倘若事情出于迫不得已，而必须赦免王承宗，那就会使陛下的恩典与仁德空自施行，朝廷的威严与号令立刻废弃了。这就不如及早颁赐对王承宗的处理办法，以便收揽恒冀的归向之心，坐等时机，肯定能够在申蔡得到好处。"不久，王承宗因很久没有得到朝廷任命，感到很是恐惧，屡次上表自行陈诉。八月，壬午（初九），宪宗便派遣京兆少尹裴武前往真定安抚王承宗，王承宗接受诏旨时很是恭敬地说："由于我受到部下各军的逼迫，来不及等候朝廷颁旨任命。请让我献出德州与棣州，用以表明我的诚意。"

【原文】

五年（庚寅，810年）

春，正月，刘济自将兵七万人击王承宗，时诸军皆未进，济独前奋击，拔饶阳、束鹿。

丁卯，河东将王荣拔王承宗洄湟镇。吐突承璀至行营，威令不振，与承宗战，屡败；左神策大将军郦定进战死。定进，骁将也，军中夺气。

河南尹房式有不法事，东台监察御史元稹奏摄之，擅令停务；朝廷以为不可，罚一季俸，召还西京。至敷水驿，有内侍后至，破驿门呼骂而入，以马鞭击稹伤面；上复引稹前过，贬江陵士曹。翰林学士李绛、崔群言稹无罪。白居易上言："中使陵辱朝士，中使不问而稹先贬，恐自今中使出外益暴横，人无敢言者。又，稹为御史，多所举奏，不避权势，切齿者众，恐自今无人肯为陛下当官执法，疾恶绳愆，有大奸猾，陛下无从得知。"上不听。

上以河朔方用兵，不能讨吴少阳。三月，己未，以少阳为淮西留后。

秋，七月，庚子，王承宗遣使自陈为卢从史所离间，乞输贡赋，请官吏，许其自新。李师道等数上表请雪承宗，朝廷亦以师久无功，丁未，制洗雪承宗，以为成德军节度使，复以德、棣二州与之；悉罢诸道行营将士，共赐布帛二十八万端匹；加刘济中书令。

【译文】

五年（庚寅，公元810年）

春季，正月，刘济亲自带领兵马七万人进击王承宗。当时，各军都没有前进，只有刘济向前奋力进击，攻克了饶阳与束鹿。

丁卯（二十六日），河东将领王荣攻克了王承宗的洄湟镇。吐突承璀来到行营后，军威政令不振，与王承宗交战，屡次失败，左神策大将军郦定进战死。郦定进是一员骁勇的将领，军中将士因他的战死而士气低落。

河南尹房式做了不守法纪的事情，东台监察御史元稹奏请将他拘捕，同时擅自命令停止房式办理本职事务。朝廷认为不能够这样处理，罚元稹一个季度的薪俸，将他召回西京长安。元稹来到敷水驿时，有一个内侍宦官从后面赶到，撞开驿站的大门，叫喊喝骂着走了进去，用马鞭抽打元稹，打伤了他的脸。宪宗又联系元稹以前的过失，将他贬为江陵士曹。翰林学士李绛与崔群都说元稹是无罪的。白居易也进言说："中使欺凌羞辱朝中官员，不去追究中使的罪过，反而首先将元稹贬官，恐怕从今以后中使外出会愈加暴虐骄横，人们没有再敢说话的了。再者，元稹担任御史，提出不少检举奏报，对权贵势要人士无所避忌，痛恨他的人很多，现在将元稹贬逐了，恐怕从今以后没有人愿意为陛下担当官职而执行法令，憎恨邪恶而纠正过失了。即使出现了特大的奸险狡猾的人物，陛下也无法得知了。"宪宗不肯听他的谏言。

宪宗因河朔地区正在使用武力，不再能够讨伐吴少阳。三月，己未（十九日），任命吴少阳为淮西留后。

秋季，七月，庚子（初二），王承宗派遣使者陈述自己是被卢从史，请求缴纳赋税，要求朝廷任命官吏，允许他改过自新。李师道等人屡次上表请求为王承宗平反，朝廷也由于长期用兵，无所建树，丁未（初九），宪宗便颁布制书为王承宗平反，任命他为成德军节度使，将德州与棣州两地重新归属给他，将各道行营的将士们全部遣还，一共向他们颁赐布帛二十八万端匹，还加封刘济为中书令。

【原文】

六年（辛卯，811年）

六月，丁卯，李吉甫奏："自秦至隋十有三代，设官之多，无如国家者。天宝以后，中原宿兵，见在可计者八十余万，其余为商贾、僧、道不服田亩者什有五六，是常以三分劳筋苦骨之人奉七分待衣坐食之辈也。今内外官以税钱给俸者不下万员，天下千三百余县，或以一县之地而为州，一乡之民而为县者甚众，请敕有司详定废置，吏员可省者省之，州县可并者并之，入仕之涂可减者减之。又，国家旧章，依品制俸，官一品月俸钱三十缗；职田禄米不过千斛。艰难以来，增置使额，厚给俸钱，大历中，权臣月俸至九千缗，州无大小，刺史皆千缗。常衮为相，始立限约，李泌又量其闲剧，随事增加，时谓通济，理难减削。然犹有名存职废，或额去俸存，闲剧之间，厚薄顿异。请敕有司详考俸料、杂给，量定以闻。"于是命给事中段平仲、中书舍人韦贯之、兵部侍郎许孟容、户部侍郎李绛同详定。

己丑，以户部侍郎李绛为中书侍郎、同平章事。李吉甫为相，多修旧怨，上颇知之，故擢绛为相。吉甫善逢迎上意，而绛鲠直，数争论于上前；上多直绛而从其言，由是二人有隙。

【译文】

六年（辛卯，公元811年）

六月，丁卯（初四），李吉甫上奏说："由秦朝到隋朝的十三个朝代，设置官员的数量，没有比我朝更多的了。天宝年间以后，中原地区驻屯军队，现在能够计算出来的就有八十多万人，其余作为商人、僧人、道士等不从事农业的人口有十分之五六，这是经常以十分之三的劳苦筋骨的人们去奉养十分之七的不织而衣、不劳而食的人们。现在，朝廷内外需要以税收的钱财供给薪俸的官员不少于一万人，全国有一千三百多个县，以一个县的地方设置成一个州，以一个乡的人口编制成一个县的情况为数很多。请陛下敕令有关部门详细地规定州县的废弃与设立，对可以省除的吏员要省除，对可以合并的州县要合并，对可以减少的入仕途径要减少。再者，根据朝廷以往的典章制度，依照官员的品级制定薪俸，一品官员每月薪俸钱三十缗，职田上所产的禄米不超过一千斛。国家遭受艰难困苦以来，增设诸使的名额，发给优厚的薪俸钱，到大历年间，有权势的大臣每月薪俸达到钱九千缗，各州不分大小，刺史一概每月薪俸钱一千缗。常衮担任宰相时，开始设立限制约束，李泌又酌量职务清闲与繁重的不同情况，顺从事情的机宜增加薪俸，当时号称通达融贯，从道理上说来是难以削减的。然而，仍然还有名义存在而职事废弃，或者名额免除而薪俸存在的情形，在任职的清闲与繁重之间，薪俸的优厚与菲薄顿时显出差别来了。请陛下敕令有关部门详细考核薪俸食料、杂项供给，酌情参定，上报闻知。"因此，宪宗命令给事中段平仲、中书舍人韦贯之、兵部侍郎许孟容、户部侍郎李绛共同详细参定。

己丑（十二月二十八日），宪宗任命户部侍郎李绛为中书侍郎、同平章事。李吉甫出任宰相以来，往往报复旧日与自己结怨的人们，宪宗也略微了解一些情况，因此才提升李绛出任宰相。李吉甫善于逢迎皇上的意旨，而李绛刚正不阿，二人屡次在宪宗面前争论，宪宗时常认为李绛正确，听从他的主张。因此，二人有了嫌隙。

【原文】

七年（壬辰，812年）

三月，丙戌，上御延英殿，李吉甫言："天下已太平，陛下宜为乐。"李绛曰："汉文帝时兵木无刃，家给人足，贾谊犹以为厝火积薪之下，不可谓安。今法令所不能制者，河南、北五十余州；犬戎腥膻，近接泾、陇，烽火屡惊；加之水旱时作，仓廪空虚，此正陛下宵衣旰食之时，岂得谓之太平，遽为乐哉！"上欣然曰："卿言正合朕意。"退，谓左右曰："吉甫专为悦媚；如李绛，真宰相也！"

【译文】

七年（壬辰，公元812年）

三月，丙戌（二十八日），宪宗驾临延英殿，李吉甫进言说："天下已经太平，陛下应该作乐。"李绛说："汉文帝时，兵器钝弊，没有锋刃，家家富裕，人人丰足，贾谊尚且认为这是将火种放到堆积着的木柴下面，不能够说这是安定的。现在，朝廷的法纪号令不能够控制的地区，有河南、河北五十多个州；异族秽恶的气息，近处已经与泾州与陇州连接，边防上的烽火屡次报警；再加上水旱灾害经常发生，库存的粮食空匮乏用，这正是陛下应当天亮以前就起床、傍晚时分才进食时，怎么能够将现在称为太平，忙着作乐呢！"宪宗高兴地说："你的话恰好符合朕的心意。"退朝以后，宪宗对身边的人说："李吉甫专门阿谀献媚，像李绛那样，才是真正的宰相哩！"

资治通鉴第二百三十九卷

唐纪五十五

【原文】

宪宗昭文章武大圣至神孝皇帝中之上元和九年（甲午，814年）

闰月，丙辰，彰义节度使吴少阳薨。少阳在蔡州，阴聚亡命，牧养马骡，时抄掠寿州茶山以实其军。其子摄蔡州刺史元济，匿丧，以病闻，自领军务。

上自平蜀，即欲取淮西。淮南节度使李吉甫上言："少阳军中上下携离，请徙理寿州以经营之。"会朝廷方讨王承宗，未暇也。及吉甫入相，田弘正以魏博归附。吉甫以为汝州捍蔽东都，河阳宿兵，本以制魏博，今弘正归顺，则河阳为内镇，不应屯重兵以示猜阻。辛酉，以河阳节度使乌重胤为汝州刺史，充河阳、怀、汝节度使，徙理汝州。己巳，弘正检校右仆射，赐其军钱二十万缗，弘正曰："吾未若移河阳军之为喜也。"

吴少阳判官苏兆、杨元卿、大将侯惟清皆劝少阳入朝；元济恶之，杀兆，囚惟清。元卿先奏事在长安，具以淮西虚实及取元济之策告李吉甫，请讨之。时元济犹匿丧，元卿劝吉甫，凡蔡使入奏者，所在止之。少阳死近四十日，不为辍朝，但易环蔡诸镇将帅，益兵为备。元济杀元卿妻及四男以珋射埘。淮西宿将董重质，吴少诚之婿也，元济以为谋主。

李吉甫言于上曰："淮西非如河北，四无党援，国家常宿数十万兵以备之，劳费不可支也。失今不取，后难图矣。"上将讨之，张弘靖请先为少阳辍朝、赠官，遣使吊赠，待其有不顺之迹，然后加兵，上从之，遣工部员外郎李君何吊祭。元济不迎敕使，发兵四出，屠舞阳，焚叶，掠鲁山、襄城，关东震骇。君何不得入而还。

壬戌，以忠武节度副使李光颜为节度使。甲子，以严绶为申、光、蔡招抚使，督诸道兵招讨吴元济；乙丑，命内常侍知省事崔潭峻监其军。戊辰，以尚书左丞吕元膺为东都留守。

【译文】

唐宪宗元和九年（甲午，公元814年）

闰八月，丙辰（十二日），彰义节度使吴少阳去世。吴少阳任职蔡州，暗中聚合逃亡的罪犯，放养骡子、马匹，时常抢劫寿州茶山的财物来充实军需。他的儿子摄蔡州刺史吴元济，隐瞒了吴少阳的死讯，以吴少阳患病上报朝廷，由自己统领军中事务。

自从平定蜀中刘辟以来，宪宗就打算攻取淮西。淮南节度使李吉甫进言说："吴少阳军中将士对上面已有背叛之心，请将淮南的治所迁移到寿州去，以便让我来经略规划淮西。"适逢朝廷正在讨伐王承宗，没有余暇考虑他的建议。及至李吉甫担任宰相后，田弘正率领魏博归顺了朝廷，李吉甫认为："东都有汝州护卫着，在河阳屯驻兵马，本来是为了控制魏博的。现在，田弘正归顺了朝廷，河阳便成了内地的军镇，不应该屯驻重兵，显示对魏博的猜疑。"辛酉（十七日），宪宗任命河阳节度使乌重胤为汝州刺史，充任河阳、怀、汝节度使，将治所迁移汝州。己巳（二十五日），加封田弘正检校右仆射，赐给魏博军钱二十万缗。田弘正说："我没有像迁移河阳军那样高兴啦。"

吴少阳的判官苏兆、杨元卿和大将侯惟清等人都曾劝说吴少阳入京朝见。吴元济憎恶他们，诛杀了苏兆，囚禁了侯惟清。事前，杨元卿在长安奏请事情，将淮西的情况和攻取吴元济的计策全部告诉了李吉甫，并请求讨伐吴元济。当时，吴元济仍然在隐瞒吴少阳的死讯，杨元卿劝说李吉甫对入朝奏事的蔡州使者，各处均要阻止他们入朝。吴少阳死去将近四十天了，但朝廷并没有为他停止上朝以表示哀悼，只是改换了围绕着蔡州的各军镇将帅，增调兵马，做好防备。吴元济杀掉杨元卿的妻子和四个儿子,用他们的血涂射箭的靶子。淮西老将董重质是吴少诚的女婿,吴元济便让他作为自己的主谋人。

李吉甫向宪宗进言说:"淮西与河北不同,四周是没有同伙援助的。国家经常屯驻数十万兵马,以便防备淮西,将士的劳苦与国家的开支都是难以支撑下去的。如果现在失去攻取吴少阳的时机,以后便难以图谋了。"宪宗准备讨伐淮西,张弘靖请求事先为吴少阳之死停止上朝以表示哀悼,给他追赠官爵,派遣使者前去吊丧,赠送助丧的财物,等淮西出现了对朝廷不恭顺的行迹,然后以兵力相加。宪宗听从了他的建议,派遣工部员外郎李君何前去吊唁祭奠。吴元济不肯迎接敕使,派出兵马,四面出击,屠杀舞阳县,火烧叶县,掳掠鲁山与襄城,关东震恐惊骇。李君何无法进入淮西,只好回朝。

壬戌(十月十九日),宪宗任命忠武节度副使李光颜为节度使。甲子(二十一日),宪宗任命严绶为申、光、蔡招抚使,督促各道兵马招抚讨伐吴元济。乙丑(二十二日),宪宗命令内常侍知省事崔潭峻担任严绶的监军。戊辰(二十五日),宪宗任命尚书左丞吕元膺为东都留守。

【原文】

十年(乙未,815年)

吴元济纵兵侵掠,及于东畿。己亥,制削元济官爵,命宣武等十六道进军讨之。严绶击淮西兵,小胜,不设备,淮西兵夜还袭之;二月,甲辰,绶败于磁丘,却五十余里,驰入唐州而守之。寿州团练使令狐通为淮西兵所败,走保州城,境上诸栅尽为淮西所屠。癸丑,以左金吾大将军李文通代之,贬通昭州司户。

吴元济遣使求救于恒、郓;王承宗、李师道数上表请赦元济,上不从。是时发诸道兵讨元济而不及淄青,师道使大将将二千人趣寿春,声言助官军讨元济,实欲为元济之援也。

诸军讨淮西久未有功,五月,上遣中丞裴度诣行营宣慰,察用兵形势。度还,言淮西必可取之状,且曰:"观诸将,惟李光颜勇而知义,必能立功。"上悦。

丙申,李光颜奏败淮西兵于时曲。淮西兵晨压其垒而陈,光颜不得出,乃自毁其栅之左右，出骑以击之。光颜自将数骑冲其陈，出入数四，贼皆识之，矢集其身如猬毛；其子揽辔止之，光颜举刀叱去。于是人争致死，淮西兵大溃，杀数千人。上以裴度为知人。

上自李吉甫薨，悉以用兵事委武元衡。李师道所养客说李师道曰："天子所以锐意诛蔡者，元衡赞之也，请密往刺之。元衡死，则他相不敢主其谋，争劝天子罢兵矣。"师道以为然，即资给遣之。

王承宗遣牙将尹少卿奏事，为吴元济游说。少卿至中书，辞指不逊，元衡叱出之；承宗又上书诋毁元衡。

六月，癸卯，天未明，元衡入朝，出所居靖安坊东门；有贼自暗中突出射之，从者皆散走，贼执元衡马行十余步而杀之，取其颅骨而去。又入通化坊击裴度，伤其首，坠沟中，度毡帽厚，得不死；傔人王义自后抱贼大呼，贼断义臂而去。京城大骇，于是诏宰相出入，加金吾骑士张弦露刃以卫之，所过坊门呵索甚严。朝士未晓不敢出门。上或御殿久之，班犹未齐。

裴度病疮，卧二旬，诏以卫兵宿其第，中使问讯不绝。或请罢度官以安恒、郓之心，上怒曰："若罢度官，是奸谋得成，朝廷无复纲纪。吾用度一人，足破二贼。"甲子，上召度入对。乙丑，以度为中书侍郎、同平章事。度上言："淮西，腹心之疾，不得不除；且朝廷业已讨之，两河藩镇跋扈者，将视此为高下，不可中止。"上以为然，悉以用兵事委度，讨贼甚急。初，德宗多猜忌，朝士有相过从者，金吾皆伺察以闻，宰相不敢私第见客。度奏："今寇盗未平，宰相宜招延四方贤才与参谋议。"始请于私第见客，许之。

【译文】

十年（乙未，公元815年）

吴元济放纵兵马侵扰劫掠，到了东都洛阳周围的地区。己亥（正月二十七日），宪宗颁制削夺吴元济的官职与爵位，命令宣武等十六道进军讨伐吴元济。严绶进击淮西兵马，略微取得了一些胜利，便不再设置防备，淮西兵马在夜间返回来袭击严绶。二月，甲辰（初二），严绶在磁丘战败，后退了五十多里地，急速奔入唐州，据城防守。寿州团练使令狐通被淮西兵马打败，逃奔寿州城自保，州境上各处栅垒的士兵全部遭到淮西军的屠杀。癸丑（十一日），宪宗使左金吾大将军李文通代替令狐通，将令狐通贬为昭州司户。

吴元济派遣使者向恒州与郓州请求援救，王承宗和李师道屡次上表请求赦免吴元济，宪宗不肯听从。当时，朝廷征调各道兵马讨伐吴元济，还没有讨伐淄青，李师道便让大将率领二千人奔赴寿春，声称帮助官军讨伐吴元济，实际却是打算去援助吴元济。

各军长时间讨伐淮西，没有建树。五月，宪宗派遣御史中丞裴度前往行营抚慰将士，察看采取军事行

裴度

动的情况。裴度回朝后，陈述了淮西肯定能够攻取的情况，而且说："我观察各位将领，只有李光颜骁勇善战，深明大义，一定能够建立功勋。"宪宗感到高兴。

丙申（二十六日），李光颜奏称在时曲打败淮西兵马。早晨，淮西兵马紧紧逼迫着李光颜的营垒结成阵列，李光颜无法出兵，便自行毁除本军周围的栅栏，派出骑兵，向淮西军进击。李光颜亲自率领几个骑兵向淮西阵中冲锋，多次冲进去，杀出来，敌人都认识他，箭像刺猬毛般密集地向他身上射去。他的儿子抓住缰绳，请他停止冲锋，李光颜举起兵器，呵斥他走开。于是，人们争着拼死力战，淮西兵马大规模地溃退，被杀死了数千人。宪宗认为裴度是善于识别人才的。

自从李吉甫去世以后，宪宗将采取军事行动的事情全部交托给武元衡。李师道豢养的宾客规劝李师道说："天子专心一意地声讨蔡州的根由，在于有武元衡辅佐他，请让我秘密前去刺杀他。如果武元衡死了，其他宰相不敢主持讨伐蔡州的谋划，就会争着劝说天子停止用兵了。"李师道认为此言有理，当即发给盘资，打发他前去。

王承宗派遣牙将尹少卿奏报事情，为吴元济四处说情。尹少卿来到中书省时，言词的意旨颇不谦恭，武元衡便将他呵斥出去。王承宗又上书恶意诬蔑武元衡。

六月，癸卯（初三），天色尚未大亮，武元衡前往朝廷，从他居住的靖安坊东

门出来。突然，有一个贼人从暗地里出来用箭射他，随从人员纷纷逃散。贼人牵着武元衡的马匹走出十多步以后，将他杀死，砍下他的头颅，便离开了。贼人又进入通化坊，前去刺杀裴度，使他头部受伤，跌落到水沟中。由于裴度戴的毡帽很厚实，因而得以不死。随从王义从背后抱住贼人大声呼叫，贼人砍断他的胳臂，得以走脱。京城的人们都非常惊骇。于是，宪宗颁诏命令，宰相外出时，加派金吾骑士护卫。金吾骑士张满弓弦，亮出兵器，在需要经过的坊市门前喝呼搜索，很是严密。朝中百官在天未亮时不敢走出家门。有时皇上登殿，等了许久，朝班中的官员仍然不能到齐。

裴度创口不愈，卧病二十天，宪宗颁诏命令卫兵住在他的府第中，前去问候的中使接连不断。有人请求免除裴度的官职，以便使桓州王承宗、郓州李师道放下心来，宪宗生气地说："倘若免除裴度的官职，那就是邪恶的阴谋得逞了，朝廷不再有法度可言。我任用裴度一个人，就足够打败王承宗和李师道两个人。"甲子（二十四日），宪宗传召裴度入朝奏对。乙丑（二十五日），宪宗任命裴度为中书侍郎、同平章事。裴度进言说："淮西地区是腹心之患，不能不予根除。而且，朝廷已经讨伐淮西，河南、河北骄横强暴的藩镇，都打算比照此一战事，来决定对朝廷的态度，因此，讨伐吴元济是不能够半途而止的。"宪宗认为言之有理，便将采取军事行动的事务全部交托给裴度，对吴元济的讨伐甚为急切。当初，德宗往往猜疑妒忌臣下，对于相互往来的朝中百官，金吾卫一概侦察情报，上报德宗，宰相也不敢在私人宅第中会见客人。裴度奏称："如今敌人还没有平定，宰相应当招揽延引各地德才兼备的人才参与谋划计议。"于是，他初次请求在私人宅第中会见宾客，宪宗答应了他的请求。

【原文】

十一年（丙申，816年）

六月，甲辰，高霞寓大败于铁城，仅以身免。时诸将讨淮西者，胜则虚张杀获，败则匿之；至是，大败不可掩，始上闻，中外骇愕。宰相入见，将劝上罢兵，上曰："胜负兵家之常，今但当论用兵方略，察将帅之不胜任者易之，兵食不足者助之耳。岂得以一将失利，遽议罢兵邪！"于是独用裴度之言，他人言罢兵者亦稍息矣。己酉，霞寓退保唐州。

上责高霞寓之败，霞寓称李逊应接不至。秋，七月，贬霞寓为归州刺史，逊亦左迁恩王傅。以河南尹郑权为山南东道节度使。以荆南节度使袁滋为彰义节度、申、光、蔡、唐、随、邓观察使，以唐州为理所。

讨淮西诸军近九万，上怒诸将久无功，辛巳，命知枢密梁守谦宣慰，因留监其军，授以空名告身五百通及金帛，以劝死事。庚寅，先加李光颜等检校官，而诏书切责，示以无功必罚。

袁滋至唐州，去斥候，止其兵不使犯吴元济境，元济围其新兴栅，滋卑辞以请之，元济由是不复以滋为意。朝廷知之，甲寅，以太子詹事李愬为唐、随、邓节度使。愬，听之兄也。

【译文】

十一年（丙申，公元816年）

六月，甲辰（初十），高霞寓在铁城大败，仅仅使自己幸免于难。当时，讨伐淮西的诸位将领，打了胜仗便凭空夸大杀伤俘获的数额，打了败仗便将实情隐瞒下来。至此，巨大的失败已无法掩盖，这才往上奏报，朝廷内外都很惊异。宰相们入朝进见，准备劝说宪宗停止用兵，宪宗说："胜败乃兵家常事，现在只应该讨论使用兵力的方略，察明不能够胜任的将帅，将他们撤换下来，发现哪里军粮不充足，便去帮助哪里。难道能因为一个将领失利了，便忙着商议停止用兵吗？"于是，宪宗唯独采用了裴度的进言，其他主张停止用兵者的言论也逐渐平息了。己酉（十五日），高霞寓退兵防守唐州。

宪宗责问高霞寓兵败之事，高霞寓声称李逊没有前来接应。秋季，七月，宪宗将高霞寓贬为归州刺史，李逊也被降职为恩王傅。同时，宪宗任命河南尹郑权为山南东道节度道使，任命荆南节度使袁滋为彰义节使和申、光、蔡、唐、随、邓观察使，以唐州作为治所。

讨伐淮西各军有将近九万人，宪宗恼怒各将领长时间不能取得成功，辛巳（十一月二十日），命令知枢密梁守谦前去安抚将士，就此留下来监督各军，还交给他五百份空着姓名的委任官职的文凭及金帛等，以勉励人们为国效死。庚寅（二十九日），宪宗首先给李光颜等人加封散官，然后在诏书中严厉责备他们，向他们表示，如果不能取得成功，一定要遭受惩处。

袁滋来到唐州后，撤除了岗哨，不让他的士兵去侵犯吴元济的疆境。吴元济包围了袁滋的新兴栅，袁滋便以恭敬谦虚的言辞请求他撤围。从此，吴元济不再把袁滋放在心上。朝廷得到这一消息后，甲寅（十二月二十三日），任命太子詹事李愬为唐、随、邓节度使。李愬是李听的哥哥。

唐纪五十六

【原文】

宪宗昭文章武大圣至神孝皇帝中之下元和十二年（丁酉，817年）

春，正月，甲申，贬袁滋为抚州刺史。

李愬至唐州，军中承丧败之余，士卒皆惮战，愬知之，有出迓者，愬谓之曰："天子知愬柔懦，能忍耻，故使来抚循尔曹。至于战攻进取，非吾事也。"众信而安之。

愬亲行视士卒，伤病者存恤之，不事威严。或以军政不肃为言，愬曰："吾非不知也。袁尚书专以恩惠怀贼，贼易之，闻吾至，必增备，吾故示之以不肃。彼必以吾为懦而懈惰，然后可图也。"淮西人自以尝败高、袁二帅，轻愬名位素微，遂不为备。

李愬谋袭蔡州，表请益兵；诏以昭义、河中、鄜坊步骑二千给之。丁酉，愬遣十将马少良将十余骑巡逻，遇吴元济捉生虞候丁士良，与战，擒之。士良，元济骁将，常为东边患；众请剐其心，愬许之。既而召诘之，士良无惧色。愬曰："真丈夫也！"命释其缚。士良乃自言："本非淮西士，贞元中隶安州，与吴氏战，为其所擒，自分死矣，吴氏释我而用之，我因吴氏而再生，故为吴氏父子竭力。昨日力屈，复为公所擒，亦分死矣，今公又生之，请尽死以报德。"愬乃给其衣服器械，署为捉生将。

丁士良言于李愬曰："吴秀琳拥三千之众，据文城栅，为贼左臂，官军不敢近

者,有陈光洽为之谋主也。光洽勇而轻,好自出战,请为公先擒光洽,则秀琳自降矣。"戊申,士良擒光洽以归。

吴秀琳以文城栅降于李愬。戊子,愬引兵至文城西五里,遣唐州刺史李进诚将甲士八千至城下,召秀琳,城中矢石如雨,众不得前。进诚还报:"贼伪将,未可信也。"愬曰:"此待我至耳。"即前至城下,秀琳束兵投身马足下;愬抚其背慰劳之,降其众三千人。秀琳将李宪有材勇,愬更其名曰忠义而用之,悉迁妇女于唐州。于是唐、邓军气复振,人有欲战之志。贼中降者相继于道,随其所便而置之;闻有父母者,给粟帛遣之,曰:"汝曹皆王人,勿弃亲戚。"众皆感泣。

丁丑,李愬遣方城镇遏使李荣宗击青喜城,拔之。

愬每得降卒,必亲引问委曲,由是贼中险易远近虚实尽知之。愬厚待吴秀琳,与之谋取蔡。秀琳曰:"公欲取蔡,非李祐不可,秀琳无能为也。"祐者,淮西骑将,有勇略,守兴桥栅,常陵暴官军。庚辰,祐率士卒刈麦于张柴村,愬召厢虞候史用诚,戒之曰:"尔以三百骑伏彼林中,又使人摇帜于前,若将焚其麦积者。祐素易官军,必轻骑来逐之。尔乃发骑掩之,必擒之。"用诚如言而往,生擒祐以归。将士以祐罗日多杀官军,争请杀之;愬不许,释缚,待以客礼。

时愬欲袭蔡,而更密其谋,独召祐及李忠义屏人语,或至夜分,他人莫得与闻。诸将恐祐为变,多谏愬;愬待祐益厚。士卒亦不悦,诸军日有牒称祐为贼内应,且言得贼谍者具言其事。愬恐谤先达于上,已不及救,乃持祐泣曰:"岂天不欲平此贼邪!何吾二人相知之深而不能胜众口也。"因谓众曰:"诸君既以祐为疑,请令归死于天子。"乃械祐送京师,先密表其状,且曰:"若杀社祐则无以成功。"诏释之,以还愬。愬见之喜,执其手曰:"尔之得全,社稷之灵也!"乃署散兵马使,令佩刀巡警,出入帐中;或与之同宿,密语不寐达曙,有窃听于帐外者,但闻祐感泣声。时唐、随牙队三千人,号六院兵马,皆山南东道之精锐也。愬又以祐为六院兵马使。

吴元济见其下数叛,兵势日蹙,六月,壬戌,上表谢罪,愿束身自归。上遣中使赐诏,许以不死;而为左右及大将董重质所制,不得出。

诸军讨淮、蔡,四年不克,馈运疲弊,民至有以驴耕者。上亦病之,以问宰相。李逢吉等竞言师老财竭，意欲罢兵；裴度独无言，上问之，对曰："臣请自往督战。"乙卯，上复谓度曰："卿真能为朕行乎！"对曰："臣誓不与此贼俱生。臣比观吴元济表，势实窘蹙，但诸将心不壹，不并力迫之，故未降耳。若臣自诣行营，诸将恐臣夺其功，必争进破贼矣。"上悦，丙戌，以度为门下侍郎、同平章事、兼彰义节度使，仍充淮西宣慰招讨处置使。又以户部侍郎崔群为中书侍郎、同平章事。制下，度以韩弘已为都统，不欲更为招讨，请但称宣慰处置使；仍奏刑部侍郎马总为宣慰副使，右庶子韩愈为彰义行军司马，判官、书记，皆朝廷之选，上皆从之。度将行，言于上曰："臣若贼灭，则朝天有期；贼在，则归阙无日。"上为之流涕。

裴度过襄城南白草原，淮西人以骁骑七百邀之；镇将楚丘曹华知而为备，击却之。度虽辞招讨名，实行元帅事，以郾城为治所。甲申，至郾城。先是，诸道皆有中使监陈，进退不由主将，胜则先使献捷，不利则陵挫百端；度悉奏去之，诸将始得专军事，战多有功。

【译文】

唐宪宗元和十二年（丁酉，公元817年）

春季，正月，甲申（二十四日），宪宗将袁滋贬为抚州刺史。

李愬来到唐州。唐州的军队在经受死丧败亡后，将士们都害怕作战，李愬也知道这种状况。有些人出来迎接李愬，李愬便对他们说："天子知道我柔弱怯懦，能够忍受耻辱，因此让我来抚慰你们。至于采取军事行动，就不是我的事情了。"大家相信了他的话，都放心了。

李愬亲自去看望将士们，慰问抚恤受伤和生病的人，不摆威严的架子。有人进言说军中政事不够整肃，李愬说："我并不是不知道。袁尚书专门以恩惠安抚敌人，敌人轻视他。现在，敌人得知我来了，肯定要增设防备。我故意让敌人看到我军不够整肃，他们肯定以为我是懦弱而又懒惰的，此后才能够设法对付他们。"淮西人自认为曾经打败过高霞寓和袁滋的两个主帅，因李愬的名望与官位素来卑微而轻视他，便不再作防备。

李愬策划袭击蔡州，上表请求增派兵力，宪宗颁诏将昭义、河中、鄜坊的步、骑兵两千人拨给了他。丁酉（二月初七），李愬派遣十将马少良率骑兵十余人巡回侦察，遇到吴元济的捉生虞候丁士良，与他交战，将他擒获。丁士良是吴元济骁勇善战的将领，经常危害东部的唐州、邓州等地。大家请求将丁士良的心剜出来，李愬答应下来。不久，李愬把丁士良叫来，当面责问他，丁士良没有一点恐惧的神色。李愬说："丁士良真是一位大丈夫！"他命令为丁士良松绑。于是，丁士良主动说："我原来不是淮西的官吏，贞元年间我隶属安州，与吴氏作战，被吴氏擒获，自忖就要被处死了，吴氏却释放并起用了我。我因为吴氏而得以再次存活下来，所以我为吴氏父子尽力效命。昨天我力不能支，又被您所擒获，我也料想这次可要被处死了，现在您又让我存活下来。请让我竭尽全力，报答您的恩德。"于是，李愬将衣服和器具又给了他，任命他为捉生将。

李愬奇袭蔡州之战示意图

丁士良向李愬进言说："吴秀琳拥有三千兵马，据有文城栅，犹如敌人的左臂。官军不敢靠近他的缘由，就在于有陈光洽做他的主谋。陈光洽勇敢善战，但是不够稳重，喜欢亲自出来接战，请让我替您首先捉住陈光洽，吴秀琳自然就会投降了。"戊申（十八日），丁士良捉获了陈光洽，带着他回来了。

吴秀琳率文城栅兵马向李愬投降。戊子（三月二十八日），李愬领兵来到文城西面五里处，派遣唐州刺史李进诚率领兵士八千人来到城下，召呼吴秀琳，城中箭石密集如雨，大家无法上前。李进诚回来报告说："敌人是假装投降，是不能够相信的。"李愬说："这是等候我前去哩。"李愬当即来到城下，吴秀琳收起兵器，一头伏在李愬的马前，李愬抚摩着他的脊背，好言安慰他，收降了吴秀琳的三千人马。吴秀琳的将领李宪既有才能，又很勇敢，李愬为他改名为李忠义，并且起用了他。李愬将文城各将领的女眷全部迁移到唐州。于是，唐州与邓州军中的士气又振作起来，人人都有准备打仗的决心。前来投降的敌军在道路上一个接着一个，李愬便根据他们的具体情况，一一做出安置。得知归降者家中有父母需要照料的，便发给粮食与布帛，打发他们回去，还说："你们都是朝廷的百姓，不能丢下亲属不管。"大家都感到得哭起来。

丁丑（五月十八日），李愬派遣方城镇遏使李荣宗攻克青喜城。

每当李愬得到归降的士兵，一定要亲自领来询问淮西的底细，因此他对敌方的地形和兵力分布都了解清楚了。李愬优待吴秀琳，与他策划夺取蔡州。吴秀琳说："如果您打算夺取蔡州，非有李祐不可，我是无能为力的。"李祐是淮西的骑兵将领，勇敢而有谋略，防守兴桥栅，经常侵凌欺辱官军。庚辰（二十一日），李祐率领士兵在张柴村收割麦子，李愬叫来厢虞候史用诚，告诫他说："你带领骑兵三百人在那片树林中埋伏下来，再让人在前面摇动旗帜，做出将要焚烧他们的麦堆的样子。李祐平时小看官军，肯定会率领轻装的骑兵前来驱逐他们。这时，你便派骑兵袭取他，肯定能够将他擒获。"史用诚按照李愬的吩咐前往，活捉李祐而回。由于李祐往日杀害了许多官军，将士们争着请求将他杀掉。李愬不肯答应，给他松了绑，以宾客的礼节对待他。

当时，李愬准备掩袭蔡州，谋划更为隐秘。他单独叫来李祐和李忠义，摈退外人后才进行交谈，有时谈话一直延续到夜半，别人都不能够参与商议。各将领担心李祐制造变故，往往规劝李愬，而李愬对待李祐更为优厚。士兵们也不高兴，各军每天都有文书声称李祐是淮西的内应，而且说是听敌方奸细讲的。李愬担心诽谤事先传到朝廷，自己来不及拯救李祐，便握着李祐的手哭泣着说："难道是上天不愿意平定这伙贼人吗？为什么你我二人相互了解得如此深切，但就是不能够制服众人的议论呢？"因而，李愬对大家说："既然诸位怀疑李祐，请大家让他到天子那里接受死刑吧！"于是，李愬给李祐加上枷锁，将他送往京城，事先暗中上表讲清具体情况，而且说："如果杀了李祐，就无法取得成功。"宪宗颁诏释放李祐，将他还给李愬。李愬见到李祐时，高兴地握着李祐的手说："你得以保全，这是社稷的威灵有知啊!"李愬便任命李祐为散兵马使,让他带着佩刀,巡视警戒,在自己的账中往来。有时,李愬与他一同就寝,秘密交谈,直到透出曙色也不入睡,有人在账外暗中偷听,只能听到李祐感动的哭泣声。当时,唐州、随州节度使牙卫队三千人,号称六院兵马,都是山南东道精悍勇锐的军队,李愬又任命李祐为六院兵马使。

吴元济看到部下屡次背叛自己,军事形势日益紧迫,六月,壬戌(初四),他上表认罪,表示愿意亲自回朝投案。宪宗派遣中使向他颁赐诏书,答应可以免他一死。然而,吴元济被自己的亲信和大将董重质等人所控制,无法离开蔡州。

诸军讨伐淮西蔡州,历时四年,没有攻克,物资转运使人们疲惫不堪,以至于有些百姓只好用驴来耕种田地。宪宗也为此忧虑,便就此事询问宰相。李逢吉等人争着说军中士气低落,财物消耗已尽,意思是打算停止用兵。唯独裴度一言不发,宪宗征求他的意见,他回答说:"我请求亲自前去督战。"乙卯(七月二十八日),宪宗又对裴度说:"你果真能够为朕去走一遭吗?"裴度回答说:"我发誓不与这些贼人一起生存。近日我看了吴元济的奏表,他面临的形势实在已经窘困紧迫,但是各将领心不齐,不能够合力紧逼他,所以他还没有降顺。如果我亲自前往行营,各将领唯恐我夺去他们的功劳,肯定争先进军破敌了。"宪宗大悦,丙戌(疑误),任命裴度为门下侍郎、同平章事、兼彰义节度使,还充任淮西宣慰招讨处置使,同时任命户部侍郎崔群为中书侍郎、同平章事。制书下达后,裴度因韩弘已经出任都统,不打算再担当招讨使,请求只称宣慰处置使。他还奏请由刑部侍郎马总担任宣慰副使,右庶子韩愈担任彰义行军司马,判官、书记等职,都由朝廷选派,宪宗全部依从了他。在将要启程时,裴度对宪宗说:"倘若贼人覆灭了,我不久就会前来朝见陛下;倘若贼人尚在,我就不会回到朝廷中来。"宪宗听得此言,不禁流下了眼泪。

裴度经过襄城南面的白草原时,淮西军派出骁勇的骑兵七百人前来截击他。镇将楚丘人曹华事先得到消息,做好了准备,便将他们击退了。虽然裴度辞去了招讨的名称,实际上是行使元帅的职事,他选定郾城作为自己的官署。甲申(八月二十七日),裴度来到郾城。在此之前,诸道都有中使监督战阵,军队的行动不能由主将做主。打了胜仗,中使率先使人向朝廷报捷;作战失利了,中使便对将帅百般凌辱。裴度奏请将各处监督战阵的中使全部罢黜，各将领这才得以专力办理军中事务，在作战中经常取胜。

【原文】

十三年（戊戌，818年）

淮西既平，上浸骄侈。户部侍郎判度支皇甫镈、卫尉卿、盐铁转运程异晓其意，数进羡余以供其费，由是有宠。镈又以厚赂结吐突承璀。甲辰，镈以本官、异以工部侍郎并同平章事，判使如故。制下，朝野骇愕，至于市井负贩者亦嗤之。

功德使上言："凤翔法门寺塔有佛指骨，相传三十年一开，开则岁丰人安。来年应开，请迎之。"十二月，庚戌朔，上遣中使帅僧众迎之。

【译文】

十三年（戊戌，公元818元）

平定淮西后，宪宗逐渐骄傲奢侈起来。户部侍郎、判度支皇甫镈与卫尉卿、盐铁转运使程异晓得宪宗的心意，屡次进献额外税收，供给宪宗花销，因此两人都得到宪宗的宠爱。皇甫镈还用大量的贿赂来交结吐突承璀。甲辰（八月二十三日），皇甫镈以本来的官职，程异以工部侍郎的职务一并同平章事，兼任使职一如既往。制书颁布后，朝廷与民间都感到惊异，连市肆中担货贩卖之人也在嗤笑他们。

功德使进言说："凤翔法门寺的塔中有释迦牟尼佛的手指骨，相传寺塔三十年开放一次，开放时就会年成丰熟，人民安宁。明年法门寺塔正当开放，请去迎接佛指骨。"十二月，庚戌朔（初一），宪宗派遣中使率领僧众迎接佛指骨。

【原文】

十四（己亥，819年）

中使迎佛骨至京师，上留禁中三日，乃历送诸寺，王公士民瞻奉舍施，惟恐弗及，有竭产充施者，有然香臂顶供养者。

刑部侍郎韩愈上表切谏，以为："佛者，夷狄之一法耳。自黄帝以至禹、汤、文、武，皆享寿考，百姓安乐，当是时，未有佛也。汉明帝时，始有佛法。其后乱亡相继，运祚不长。宋、齐、梁、陈、元魏已下，事佛渐谨，年代尤促。惟梁武帝在位四十八年，前后三舍身为寺家奴，竟为侯景所逼，饿死台城，国亦寻灭。事佛求福，乃更得祸。由此观之，佛不足信亦可知矣！百姓愚冥，易惑难晓，苟见陛下如此，皆云'天下犹一心敬信，百姓微贱，于佛岂可更惜身命。'佛本夷狄之人，口不言先王之法言，身不服先王之法服，不知君臣之义、父子之恩。假如其身尚在，奉国命来朝京师，陛下容而接之，不过宣政一见，礼宾一设，赐衣一袭，卫而出于境，不令惑众也。况其身死已久，枯朽之骨，岂宜以入宫禁！古之诸侯行吊于国，尚先以桃茢祓除不祥，今无故取朽秽之物亲视之，巫祝不先，桃茢不用，群臣不言其非，御史不举其罪，臣实耻之！乞以此骨付有司，投诸水火，永绝根本，断天下之疑，绝后代之惑，使天下之人知大圣人之所作为，出于寻常万万也，岂不盛哉！佛如有灵，能作祸福，凡有殃咎，宜加臣身。"

上得表，大怒，出示宰相，将加愈极刑。裴度、崔群为言："愈虽狂，发于忠恳，宜宽容以开言路。"癸巳，贬愈为潮州刺史。

自战国之世，老、庄与儒者争衡，更相是非。至汉末，益之以佛，然好者尚寡。晋、宋以来，日益繁炽，自帝王至于士民，莫不尊信。下者畏慕罪福，高者论难空有。独愈恶其蠹财惑众，力排之，其言多矫激太过。惟《送文畅师序》最得其要，曰："夫鸟俯而啄，仰而四顾，兽深居而简出，惧物之为己害也，犹且不免焉。弱之肉，强之食。今吾与文畅安居而暇食，优游以生死，与禽兽异者，宁可不知其所自邪！"

【译文】

十四年（己亥，公元819年）

中使将佛骨迎接到京城，宪宗让佛骨在宫禁中停留了三天，于是遍送各寺。上自王公，下至士子与庶民，人人瞻仰供奉，施舍钱财，唯恐不能赶上。有人将全部家产充当布施，也有人在胳膊与头顶上点燃香火供养佛骨。

刑部侍郎韩愈上表直言极谏，他认为："佛是夷狄的一种法而已。由黄帝以至夏禹、商汤、周文王、周武王，都年高寿长，百姓安宁快活，那个时候，是没有佛的。东汉明帝时期，开始有了佛法。此后，中国变乱危亡接连不断，朝廷的命运与福气都不甚久长。宋、文、梁、陈、北魏以后，对佛的侍奉逐渐恭敬起来，而这些朝代存在的年代尤其短促。只有梁武帝在位四十八年，他曾前后三次舍身去当寺院的家奴，最终却遭受侯景的逼迫，在台城饿死，不久以后国家也灭亡了。侍奉佛是为了祈求福缘，但梁武帝却反而招致了祸殃。由此看来，佛不值得使人相信，也是清楚可见的了！百姓愚昧无知，冥顽不化，容易受到迷惑，难以晓谕开导，如果看到陛下都这样去做，都说：'天子尚且专心一意地敬佛信佛，我们老百姓低微下贱，对待佛难道还能够顾惜性命吗？'佛本来就是夷狄人氏，口中不讲先代帝王留传下来的合乎礼法的言论，身上不穿先代帝王规定下来的标准的中国服装，不懂得君臣之间的大义，不明白父子之间的恩情。假如佛本身尚在人世，接受本国的命令前来京城朝拜，陛下宽容地接待他，只不过在宣政殿见他一面，在礼宾院设上一宴，赐给他衣服一套，派人护卫他走出国境，是不会让他迷惑众人的。何况佛本身久已故去，剩下来的枯朽的骸骨，怎么宜于将它请进宫殿！古代的诸侯在国内举行吊唁，还要先使巫师用桃树与苕帚去驱除不吉祥的鬼魂，现在陛下没由来地拿腐朽秽浊的东西亲自观看，事先不让巫师降神祈福，不用桃树与苕帚除凶去垢，群臣不议论这种做法的错误，御史不纠举这种做法的罪责，我实在为此感到羞耻！请求陛下将此佛骨交付给有关部门，将它丢到水里火里消灭掉，永远断绝此事的本源，切断天下的疑问，杜绝后世的迷惑，使天下的人们知道大圣人做出的事情，超过平凡人物的千万倍，这难道不是盛大的事情吗！如果佛有灵性，能够制造祸福，一切灾殃与罪责，都加在我的身上好了。"

宪宗得到上表，非常恼怒，拿出来给宰帝相们传阅，准备以最严厉的刑罚处治韩愈。裴度与崔群与韩愈进言说："韩愈虽然狂妄，但他所言发自内心的忠诚，陛下应当对他宽容，以开通言路。"癸巳（正月十四日），宪宗将韩愈贬为潮州刺史。

自从战国时代以来，老子、庄子与儒家较量胜负，交相议论我是你非。及至东汉末年，又增加了佛家，但是喜好佛家的为数尚少。晋、宋年间以来，佛家日益繁盛，由帝王以至于士子庶民，没有不尊崇信奉佛家的。庸俗的人们害怕得罪，羡慕福缘，清高的人们谈论空泛诘难实有。唯独韩愈憎恶佛家损耗资财，迷惑百姓，尽力排斥佛家，他的话往往过于偏激。只有他的《送文畅师序》论述最得要领，文章说："大凡飞禽低下头来啄食，仰起头来四面张望，走兽在深密之处藏身，很少出来走动，这是害怕有些物种危害自己，但仍然不能幸免。弱者的血肉，就是强者的食物。现在我与文畅安心地居住，悠闲地饮食，从生到死都过着闲逸自得的生活，与飞禽走兽面临的境状不同，怎么能够不知道这是从哪里得来的呢！"

唐纪五十七

【原文】

宪宗昭文章武大圣至神孝皇帝下元和十五年（庚子，820年）

初，左军中尉吐突承璀谋立澧王恽为太子，上不许。及上寝疾，承璀谋尚未息；太子闻而忧之，密遣人问计于司农卿郭钊，钊曰："殿下但尽孝谨以俟之，勿恤其他。"钊，太子之舅也。

上服金丹，多躁怒，左右宦官往往获罪，有死者，人人自危；庚子，暴崩于中和殿。时人皆言内常侍陈弘志弑逆，其党类讳之，不敢讨贼，但云药发，外人莫能明也。

中尉梁守谦与诸宦官马进潭、刘承偕、韦元素、王守澄等共立太子，杀吐突承璀及澧王恽，赐左、右神策军士钱人五十缗，六军、威远人三十缗，左、右金吾人十五缗。

闰月，丙午，穆宗即位于太极殿东序。是日，召翰林学士段文昌等及兵部郎中薛放、驾部员外郎丁公著对于思政殿。放，戎之弟；公著，苏州人；皆太子侍读也。上未听政，放、公著常侍禁中，参预机密，上欲以为相，二人固辞。

【译文】

唐宪宗元和十五年（庚子，公元820年）

当初，左神策军护军中尉吐突承璀密谋拥立澧王李恽为皇太子，唐宪宗不许。

待到唐宪宗卧病时，吐突承璀的阴谋仍未止息。太子听说这个消息后，十分忧愁，密派人向司农卿郭钊询问应付此事的计策，郭钊说："殿下只要对皇上竭尽孝顺，等待事情发展的结果，而不要忧虑其他事情。"郭钊是皇太子的舅舅。

唐宪宗服用金丹后，常常暴躁发怒，左右随从宦官往往被怪罪责骂挨打，甚至有人被打死。由此人人自危。庚子（正月二十七日），唐宪宗在中和殿突然死亡，当时人都说是被内常侍陈弘志杀死的。陈弘志的同党内宫官员，为了隐瞒真相，不敢追究凶手，只是说宪宗吃金丹后药性发作而死，外人都无法辨明事情真假。

神策军护军中尉梁守谦和诸位宦官马进潭、刘承偕、韦元素、王守澄等人，共同拥立太子继皇帝位，杀吐突承璀和澧王李恽，赏赐左、右神策军士每人钱五十缗，左右羽林、左右龙武、左右神武六军、威远营军士每人钱三十缗，左右金吾军士每人钱十五缗。

闰正月，丙午（初三），唐穆宗在太极殿东厢即皇帝位。当天，在思政殿召见翰林学士段文昌等人，以及兵部郎中薛放、驾部员外郎丁公著。薛放，即德宋朝福建观察使幕僚薛戎的弟弟；丁公著是苏州人。二人都是穆宗即位前的皇太子侍读。穆宗这时正为宪宗服丧，尚未亲政。薛放和丁公著常常在宫中陪伴穆宗，参与朝廷的机密工作。穆宗打算任命这两个人为宰相，二人坚决推辞。

【原文】

穆宗睿圣文惠孝皇帝上长庆元年（辛丑，821年）

卢龙节度使刘总既杀其父兄，心常自疑，数见父兄为祟；常于府舍饭僧数百，使昼夜为佛事，每视事退则处其中，或处他室，则惊悸不敢寐。晚年，恐惧尤甚；亦见河南、北皆从化，己卯，奏乞弃官为僧；仍乞赐钱百万缗以赏将士。

翰林学士李德裕，吉甫之子也，以中书舍人李宗闵尝对策讥切其父，恨之。宗闵又与翰林学士元稹争进取有隙。右补阙杨汝士与礼部侍郎钱徽掌贡举，西川节度使段文昌、翰林学士李绅各以书属所善进士于徽；及榜出，文昌、绅所属皆不预，及第者，郑朗，覃之弟；裴撰，度之子；苏巢，宗闵之婿；杨殷士，汝士之弟也。

文昌言于上曰："今岁礼部殊不公，所取进士皆子弟无艺，以关节得之。"上以问诸学士，德裕、稹、绅皆曰："诚如文昌言。"上乃命中书舍人王起等覆试。夏，四月，丁丑，诏黜朗等十人，贬徽江州刺史，宗闵剑州刺史，汝士开江令。

或劝徽奏文昌、绅属书，上必悟，徽曰："苟无愧心，得丧一致，奈何奏人私书，岂士君子所为邪！"取而焚之，时人多之。绅，敬玄之曾孙；起，播之弟也。自是德裕、宗闵各分朋党，更相倾轧，垂四十年。

【译文】

唐穆宗长庆元年（辛丑，公元821年）

卢龙（幽州）节度使刘总自从杀死他的父亲和兄弟后，心中常常自疑不安，多次梦见父亲和兄弟变为鬼祟，危害自己。于是，经常在节度使府的一个房间招待几百名僧人就餐，让他们昼夜为自己念佛，以便避免灾祸。他每次办公后就住在这里，如果偶然住在别处，就会惊吓得睡不着觉。到了晚年，他更加恐惧。同时，看到河南、河北的藩镇都已归顺朝廷，己卯（二月十二日），上奏朝廷，乞请弃官为僧，并请求朝廷赐钱一百万缗，用来赏赐将士。

翰林学士李德裕是李吉甫的儿子，因为中书舍人李宗闵曾经在元和三年科举考试的对策中讽刺他的父亲，十分痛恨。李宗闵又与翰林学士元稹争官，二人产生矛盾。这一年，右补阙杨汝士和礼部侍郎钱徽二人主持进士考试。西川节度使段文昌、翰林学士李绅分别给钱徽写信，推荐自己所亲近的考生。等到放榜后，文昌和李绅所推荐的考生都落选了，中榜的进士当中：郑郎是郑覃的弟弟；裴撰是裴度的儿子；苏巢是李宗闵的女婿；杨殷士是杨汝士的弟弟。

段文昌对唐穆宗说："今年，礼部考试很不公正，所录取的进士都是朝廷公卿大臣的子弟，没有才能，靠行贿和托人情才考中的。"穆宗将段文昌所说的情况问翰林诸位学士，李德裕、元稹、李绅都异口同声说："确实像文昌说的那样。"于是，穆宗命中书舍人王起等人复试。夏季，四月，丁丑（十一日），下诏废除郑郎等十个进士，贬钱徽为江州刺史；李宗闵为剑州刺史，杨汝士为开江令。

有人劝钱徽向朝廷揭发段文昌、李绅曾写信为自己的亲友请托，认为这样的话，皇上必定会明白是非曲直，收回诏书。钱徽说："如果我问心无愧，无论升官还是贬官，都无所谓，为什么要去揭发人家的私人信件？这难道是士大夫和君子所应当干的事吗？"说完，就把段文昌和李绅的信拿出来烧了，当时的人都称赞他有君子的风度。李绅是唐高宗时宰相李敬玄的曾孙；王起是王播的弟弟。从此以后，李德裕和李宗闵二人各分为朋党，相互倾轧，近四十年。

唐纪五十八

资治通鉴第二百四十二卷

【原文】

穆宗睿圣文惠孝皇帝中长庆元年（辛丑，821年）

秋，七月，甲辰，韦雍出，逢小将策马冲其前导，雍命曳下，欲于街中杖之。河朔军士不贯受杖，不服。雍以白弘靖，弘靖命军虞候系治之。是夕，士卒连营呼噪作乱，将校不能制，遂入府舍，掠弘靖货财、妇女，囚弘靖于蓟门馆，杀幕僚韦雍、张宗元、崔仲卿、郑塤、都虞候刘操、押牙张抱元。明日，军士稍稍自悔，悉诣馆谢弘靖，请改心事之，凡三请，弘靖不应，军士乃相谓曰："相公无言，是不赦吾曹。军中岂可一日无帅！"乃相与迎旧将朱洄，奉以为留后。洄，克融之父也，时以疾废卧家，自辞老病，请使克融为之；众从之。众以判官张彻长者，不杀。彻骂曰："汝何敢反，行且族灭！"众共杀之。

甲寅，幽州监军奏军乱；丁巳，贬张弘靖为宾客、分司；己未，再贬吉州刺史。庚申，以昭义节度使刘悟为卢龙节度使。悟以朱克融方强，奏请"且授克融节钺，徐图之。"乃复以悟为昭义节度使。

【译文】

唐穆宗长庆元年（辛丑，公元821年）

秋季，七月，甲辰（初十），韦雍外出，碰到一个小将骑马冲撞他的仪仗前导，韦雍下令把小将从马上拉下来，打算在街道中间杖责。河朔地区的军士不习惯受杖

责，拒不服从。韦雍于是报告张弘靖，张弘靖命令军虞候把小将拘捕治罪。当晚，士卒连营呼噪作乱，将校制止不住，士卒便冲入节度使府舍，掠夺张弘靖的财产和妻妾，随后，把张弘靖关押在蓟门馆，杀死他的幕僚韦雍、张宗元、崔仲卿、郑埙、都虞候刘操、押牙张抱元。第二天，军士渐渐悔悟，都到蓟门馆向张弘靖请罪，表示愿意洗心革面，仍然跟随张弘靖，做他的部从。军士几次请求，张弘靖闭口不言。于是，军士商议说："张相公闭口不言，是不愿赦免我们，但是，军中岂可一日没有统帅！"便一齐去迎接幽州的老将朱洄，拥戴他为留后。朱洄，即朱克融的父亲，这时由于身患疾病，在家卧床休养，他以自己年老多病，辞谢留后，请求让给儿子朱克融，军士都表示同意。军士因为判官张彻年长而没有杀他，张彻骂道："你们怎敢反叛朝廷，马上就会被族灭的！"军士一拥而上，把张彻杀死。

甲寅（二十日），幽州监军奏报军乱。丁巳（二十三日），穆宗贬张弘靖为太子宾客、分司东都。己未（二十五日），再贬张弘靖为吉州刺史。庚申（二十六日），任命昭义节度使刘悟为卢龙（幽州）节度使。刘悟认为朱克融势力正强，奏请"暂且任命朱克融为节度使，然后，再慢慢想办法除掉他"。于是，仍任命刘悟为昭义节度使。

【原文】

二年（壬寅，822年）

初，上在东宫，闻天下厌苦宪宗用兵，故即位，务优假将卒以求姑息。三月，壬辰，诏："神策六军使及南牙常参武官具由历、功绩，牒送中书，量加奖擢。其诸道大将久次及有功者，悉奏闻，与除官。应天下诸军，各委本道据守旧额，不得辄有减省。"于是商贾、胥吏争赂藩镇，牒补列将而荐之，即升朝籍。奏章委积，士大夫皆扼腕叹息。

庚辰，上与宦者击球于禁中，有宦者坠马，上惊，因得风疾，不能履地，自是人不闻上起居；宰相屡乞入见，不报。裴度三上疏请立太子，且请入见。十二月，辛卯，上见群臣于紫宸殿，御大绳床，悉去左右卫官，独宦者十余人侍侧，人情稍安。李逢吉进言："景王已长，请立为太子。"裴度请速下诏，副天下望。既而两省官亦继有请立太子者。癸巳，诏立景王湛为皇太子。上疾瘳。

【译文】

二年（壬寅，公元822年）

当初，唐穆宗在东宫为皇太子时，听说天下人苦于宪宗长期用兵削藩伐叛，因此，即位以后，尽量宽容和优赏将士，以求相安无事。三月，壬辰（初一），下诏："凡北衙禁军神策军，羽林、龙武、神武六军军使，以及南衙常参武官，各将自己所历任军职、功绩报送中书省，朝廷根据各人情况，适当予以奖励提拔。诸道大将任职已久及有功者，也都报告朝廷，授予官职。各地军队，都由本道遵循以往既定的兵额，不得随便裁减人数。"诏书下达后，各地商贾和官府中的小吏都争相贿赂藩镇节度使、观察使，以便由藩镇补授一个军将的职务，再推荐到朝廷，授予官衔。各道的奏章成批地堆积在中书省，士大夫都扼腕叹息授官太滥，而无可奈何。

庚辰（十一月二十四日），唐穆宗和宦官在宫中踢球，有一宦官不慎从马上掉下来，穆宗受惊，得了手足麻木的病，不能下地走路。以后，百官都不知穆宗的日常活动和行踪。宰相多次请求入宫面见，都没有答复。裴度多次上奏，请求立皇太子，并请入宫面见穆宗。十二月，辛卯（初八），穆宗在紫宸殿接见群臣百官，坐在大绳床上，命左右禁卫兵暂且退下，仅留十多个宦官在身边侍候。于是，人心逐渐安定。李逢吉上言说："景王已长大成人，请立为皇太子。"裴度请求穆宗尽快下诏立皇太子，以便符合天下人的心意。接着，中书、门下两省的官员也有人相继上奏，请求皇太子。癸巳（初十），穆宗下诏，立景王李湛为皇太子。随后，穆宗的病渐渐痊愈。

唐纪五十九

资治通鉴第二百四十三卷

【原文】

穆宗睿圣文惠孝皇帝长庆三年（癸卯，823年）

户部侍郎牛僧孺，素为上所厚。初，韩弘之子右骁卫将军公武为其父谋，以财结中外。及公武卒，弘继薨，稚孙绍宗嗣，主藏奴与吏讼于御史府。上怜之，尽取弘财簿自阅视，凡中外主权，多纳弘货，独朱句细字曰："某年月日，送户部牛侍郎钱千万，不纳。"上大喜，以示左右曰："果然，吾不缪知人！"三月，壬戌，以僧孺为中书侍郎、同平章事。

时僧孺与李德裕皆有入相之望；德裕出为浙西观察使，八年不迁，以为李逢吉排己，引僧孺为相。由是牛、李之怨愈深。

【译文】

唐穆宗长庆三年（癸卯，公元823年）

户部侍郎牛僧孺向来被唐穆宗所器重。当初，宣武节度使韩弘的儿子，右骁卫将军韩公武为了巩固父亲的地位，向朝廷内外的许多当权的官员行贿。后来，韩公武去世。接着，韩弘也去世了，韩弘的小孙子韩绍宗继承家业。这时，韩绍宗家里主管储藏的家奴和宣武的官吏向御史台起诉韩公武行贿的问题。穆宗怜悯韩绍宗，于是，把韩弘家里的财产登记本全部调来，亲自审阅，发现朝廷内外凡当权的官员，大多接受过韩弘的贿赂。登记本上只有一处用红笔小字记载着："某年某月某日,送户部牛侍郎钱一千万,拒而不收。"穆宗看后大喜,拿来给左右侍从看,并说:"果然不出我的所料,我没有看错人!"三月,壬戌(初七),任命牛僧孺为中书侍郎、同平章事。

这时,牛僧孺和李德裕都有升迁宰相的希望,但李德裕被任命为浙西道观察使,以后八年没有升迁。因此,他认为是宰相李逢吉为了排斥自己,而引荐牛僧孺为宰相。从此以后,牛僧孺和李德裕二人之间的怨恨越来越深。

【原文】

四年（甲辰,824年）

庚午,上疾复作;壬申,大渐,命太子监国。宦官欲请郭太后临朝称制,太后曰:"昔武后称制,几危社稷。我家世守忠义,非武氏之比也。太子虽少,但得贤宰相辅之,卿辈勿预朝政,何患国家不安!自古岂有女子为天下主而能致唐、虞之理乎!"取制书手裂之。太后兄太常卿钊闻有是议,密上笺曰:"苟果徇其请,臣请先帅诸子纳官爵归田里。"太后泣曰:"祖考之庆,钟于吾兄。"是夕,上崩于寝殿。癸酉,以李逢吉摄冢宰。丙子,敬宗即位于太极东序。

【译文】

四年（甲辰,公元824年）

庚午(正月二十日),唐穆宗疾病再次发作。壬申(二十二日),病重,命皇太子代理朝政。宦官想请郭太后临朝代行皇权,太后说:"过去,武皇后称帝,几乎危害江山社稷,我家世代恪守忠义,绝非武氏所能相比。太子虽然年轻,但如果能有德才兼备的宰相辅佐,你们这些人也都不干预朝政,就不用忧虑国家不安定!自古以来,岂有女人主宰天下,而能达到像唐尧、虞舜那样的天下大治吗?"说完,把宦官拟定的制书拿过来撕了。郭太后的兄弟、太常卿郭钊听到宦官的建议,秘密上书给郭太后说:"如果您听从宦官的请求,那么,我就和儿子们把自己的官衔和爵位交还朝廷,然后回家种田。"郭太后哭着说:"祖先庆幸有我的兄弟这样的好后

代。"当晚，穆宗在寝殿驾崩。癸酉（二十三日），朝廷任命李逢吉兼任冢宰，主持穆宗的治丧事宜。丙子（二十六日），唐敬宗李湛在太极殿东厢即位。

【原文】

敬宗睿武昭愍孝皇帝宝历元年（乙巳，825年）

上欲幸骊山温汤，左仆射李绛、谏议大夫张仲方等屡谏不听，拾遗张权舆伏紫宸殿下，即头谏曰："昔周幽王幸骊山，为大戎所杀；秦始皇葬骊山，国亡；玄宗宫骊山而禄山乱；先帝幸骊山，享年不长。"上曰："骊山若此之凶邪？我宜一往以验彼言。"十一月，庚寅，幸温汤，即日还宫，谓左右曰："彼即头者之言，安足信哉！"

【译文】

唐敬宗宝历元年（乙巳，公元825年）

唐敬宗打算前往骊山温泉游玩，左仆射李绛、谏议大夫张仲方等人多次劝阻，敬宗不听。拾遗张权舆拜伏在紫宸殿下，叩头劝阻说："过去，周幽王到骊山巡行游玩时，被犬戎杀死；秦始皇埋葬在骊山，后来秦朝也灭亡了；唐玄宗在骊山建筑宫殿，结果导致安禄山叛乱；先帝由于到骊山去游乐，后来寿命不长。"敬宗说："骊山真的这么不吉利吗？那么，我应当亲自前往一次，以便验证他说的话是否灵验。"十一月，庚寅（二十一日），敬宗前往骊山温泉，当天回到宫中，对左右侍从说："那个叩头的人所说的话，能相信吗？"

【原文】

二年（丙午，826年）

上游戏无度，狎昵群小，善击球，好手搏，禁军及诸道争献力士，又以钱万缗付内园令召募力士，昼夜不离侧；又好深夜自捕狐狸。性复褊急，力士或恃恩不逊，辄配流、籍没；宦官小过，动遭捶挞，皆怨且惧。十二月，辛丑，上夜猎还

宫,与宦官刘克明、田务澄、许文端及击球军将苏佐明、王嘉宪、石从宽、阎惟直等二十八人饮酒。上酒酣,入室更衣,殿上烛忽灭,苏佐明等弑上于室内。刘克明等矫称上旨,命翰林学士路隋草遗制,以降王悟权句当军国事。壬寅,宣遗制,绛王见宰相百官于紫宸外庑。

克明等欲易置内侍之执权者,于是枢密使王守澄、杨承和、中尉魏从简、梁守谦定议,以卫兵迎江王涵入宫,发左、右神策、飞龙兵进讨贼党,尽斩之。克明赴井,出而斩之。绛王为乱兵所害。

时事起苍猝,守澄以翰林学士韦处厚博通古今,一夕处置,皆与之共议。守澄等欲号令中外,而疑所以为辞。处厚曰:"正名讨罪,于义何嫌;安可依违,有所讳避!"又问:"江王当如何践阼?"处厚曰:"诘朝,当以王教布告中外以已平内难。然后群臣三表劝进,以太皇太后令册命即皇帝位。"当时皆从其言,时不暇复问有司,凡百仪法,皆出于处厚,无不叶宜。

乙巳,文宗即位,更名昂。戊申,尊母萧氏为皇太后,王太后为宝历太后。是时,郭太后居兴庆宫,王太后居义安殿,萧太后居大内。上性孝谨,事三宫如一,每得珍异之物,先荐郊庙,次奉三宫,然后进御。萧太后,闽人也。

上自为诸王,深知两朝之弊,及即位,励精求治,去奢从俭。诏宫女非有职掌者皆出之,出三千余人。五坊鹰犬,准元和故事,量留校猎外,悉放之。有司供宫禁年支物,并准贞元故事。省教坊、翰林、总监冗食千二百余员,停诸司新加衣粮。御马坊场及近岁别贮钱谷所占陂田,悉归之有司。先宣索组绣、雕镂之物,悉罢之。敬宗之世,每月视朝不过一二,上始复旧制,每奇日未尝不视朝,对宰相群臣延访政事,久之方罢。待制官旧虽设之,未尝召对,至是屡蒙延问。其辍朝、放朝皆用偶日,中外翕然相贺,以为太平可冀。

【译文】

二年(丙午,公元826年)

唐敬宗游乐毫无节制,和身边的小人亲密无间,经常一起游玩。他擅长踢球,喜爱摔跤,于是,禁军和诸道藩镇争相进献大力士,供他游乐。敬宗又出钱一万缗给内园栽接使，命令他们为自己招募大力士。这些大力士陪同敬宗摔跤游玩，昼夜不离开他的身旁。敬宗还喜欢深夜外出捕捉狐狸。他的性情极为急躁，大力士们有时恃宠出言不逊，动不动就被流放，甚至没收家产；宦官稍有小的过失，动不动就用棍棒毒打一顿，众人既怒又怕。十二月，辛丑（初八），敬宗在夜里外出打猎后回到宫中，与宦官刘克明、田务澄、许文端以及踢球军将苏佐明、王嘉宪、石从宽、阎惟直等二十八人一起饮酒。敬宗酒兴正浓时，到房中换衣，这时，大殿里的火烛忽然被吹灭，苏佐明等人乘机在房中杀死敬宗。刘克明等人假传敬宗的旨意，命翰林学士路隋起草遗制，由绛王李悟暂时代理朝政。壬寅（初九），宣布敬宗的遗制，然后，绛王在紫宸殿的外廊接见宰相和百官。

刘克明等人打算撤换内侍省掌权的宦官，消息传出，于是，枢密使王守澄、杨承和、神策军护军中尉魏从简、梁守谦四人商议决定，派禁军前往迎接江王李涵入宫，同时，发左右神策军和飞龙兵讨伐杀害敬宗的贼党，全部斩首。刘克明跳井躲藏，被禁军搜出斩首。绛王也被乱兵所杀害。

这时，由于诛讨贼党的事件决定得非常仓促，王守澄认为翰林学士韦处厚博通古今，所以，当天晚上的所有决定，都和他共同商议。王守澄等人打算对朝廷内外发号施令，疑虑用什么名义来措辞。韦处厚说："讨伐贼党的目的是为了端正国家的名分，这对于忠君的大义有什么嫌疑呢？在这个关系国家命运的紧急关头，怎么能够犹豫不决、模棱两可而躲避嫌疑！"王守澄又问："江王应当采取什么方式登基？"韦处厚说："明天百官上朝时，应当首先以江王教令的名义宣告天下，声称已经平定宫廷内部的叛乱，然后百官再三上表劝江王登基，最后由太皇太后下令，正式册命江王即皇帝位。"当时，王守澄等人都同意韦处厚的意见，也无暇再去问有关部门是否正确，凡江王登基的种种仪式和法规，都出于韦处厚，无不适宜。

乙巳（十二日），文宗李涵正式即皇帝位，改名为李昂。戊申（十五日），尊奉母亲萧氏为皇太后，敬宗的母亲王太后为宝历太后。这时，穆宗的母亲郭太后住在兴庆宫，王太后住在义安殿，萧太后住在太极宫。文宗生性孝顺谨慎，侍奉三位太后如同一人，每次得到珍贵奇异的食品，首先用来祭天以及奉献祖庙，其次奏献三位太后，最后才自己吃。萧太后是福建人。

唐文宗自从被封为亲王后，深知穆宗、敬宗两朝的弊政，因此，即位以后，励精求治，除去奢侈，厉行节俭。于是下诏：凡宫女未担任后宫职务者全部放出，共放三千多人。五坊使所养的鹰和猎狗，按照元和年间唐宪宗的规定，除保留少数用于游猎外，其余一律放出。度支、盐铁、户部和州府每年供应宫中的日常用品，一律按照贞元年间唐德宗规定的数额供给，不得增加。裁减教坊、翰林院和宫苑总监所辖多余人员一千二百多人。停止唐敬宗对内诸司所辖宦官增加的衣粮待遇。皇家养马坊场和近年来为皇上另外积存钱谷所占用的水田，一律归还当地州县收管。此前，敬宗在各地按规定所贡奉朝廷的数额之外所下诏勒索的绣缎、彫镂等物，一律停罢。敬宗在世时，每月上朝不过一两次，文宗开始恢复过去的制度，每逢单日都去上朝，向宰相和群臣百官访询朝政大事，很晚才罢朝。过去，朝廷虽然设置了待制官，但未曾召集咨询，这时，才多次被文宗召集顾问。另外，凡是对大臣去世表示哀悼等原因而辍朝，以及因酷暑或雨雪天气而放朝，也都尽量安排在双日，以便不影响单日上朝商议朝政大事。于是，朝廷内外都一致相互庆贺，认为可以期望天下太平。

【原文】

文宗元圣昭献孝皇帝上之上太和元年（丁未，827年）

忠武节度使王沛薨。庚申，以太仆卿高瑀为忠武节度使。

自大历以来，节度使多出禁军，其禁军大将资高者，皆以倍称之息贷钱于富室，以赂中尉，动逾亿万，然后得之，未尝由执政；至镇，则重敛以偿所负。及沛薨，裴度、韦处厚始奏以瑀代之。中外相贺曰："自今债帅鲜矣！"

【译文】

唐文宗太和元年（丁未，公元827年）

忠武节度使王沛去世。庚申（四月二十九日）唐文宗任命太仆卿高瑀为忠武节度使。

自从唐代宗大历年间以来，藩镇节度使大多出自禁军将领。禁军大将凡是资历较高者，都愿出百分之一百的利息向富豪贷款，用来贿赂神策军护军中尉，请求授任节度使。贿赂的钱数动不动就是数万，数额巨大，所以，往往能够达到预期的目的，而不曾经过宰相。他们赴任以后，再重税盘剥百姓，以便偿还所欠的本息。王沛去世后，裴度、韦处厚方才奏请由高瑀继任。于是，朝廷内外官员都相互庆贺说："从今以后，'债帅'就少了！"

【原文】

二年（戊申，828年）

自元和之末，宦官益横，建置天子在其掌握，威权出人主之右，人莫敢言。上亲策制举人，贤良方正昌平刘蕡对策，极言其祸，其略曰："陛下宜先忧者，宫闱将变、社稷将危、天下将倾、海内将乱。"又曰："陛下将杜篡弑之渐，则居正位而近正人，远刀锯之贱，亲骨鲠之直，辅相得以专其任，庶职得以守其官，奈何以亵近五六人总天下大政！祸稔萧墙，奸生帷幄，臣恐曹节、侯览复生于今日。"又曰："忠贤无腹心之寄，阉寺持废立之权，陷先君不得正其终，致陛下不得正其始。"又曰："威柄陵夷，藩臣跋扈。或有不达人臣之节，首乱者以安君为名；不究《春秋》之微，称兵者以逐恶为义。则政刑不由乎天子，征伐必自于诸侯。"又曰："陛下何不塞阴邪之路，屏亵狎之臣，制侵陵迫胁之心，复门户扫除之役，戒其所宜戒，忧其所宜忧！既不能治于前，当治于后；既不能正其始，当正其终；则可以虔奉典谟，克承丕构矣。昔秦之亡也失于强暴，汉之亡也失于微弱。强暴则贼臣畏死而害上，微弱则奸臣窃权而震主。伏见敬宗皇帝不虞亡秦之祸，不翦其萌。伏惟陛下深轸亡汉之忧，以杜其渐，则祖宗之鸿业可绍，三、五之遐轨可追矣。"又曰："臣闻昔汉元帝即位之初，更制七十余事，其心甚诚，其称甚美，然而纪纲日紊，国祚日衰，奸宄日强，黎元日困者，以其不能择贤明而任之，失其操柄也。"又曰："陛下诚能揭国权以归相，持兵柄以归将，则心无不达，行无不孚矣。"又曰："法宜画一，官宜正名。今分外宫、中官之员，立南司、北司之局，或犯禁于南则亡命于北，或正刑于外则破律于中，法出多门，人无所措，实由兵农势异而中外法殊也。"又曰："今夏官不知兵籍，止于奉朝请；六军不主兵事，止于养勋阶。军容合中官之政，戎律附内臣之职。首一戴武弁，疾文吏如仇雠；足一蹈军门，视农夫如草芥。谋不足以翦除凶逆而诈足以抑扬威福，勇不足以镇卫社稷而暴足以侵轶里间。羁继藩臣，於陵宰辅，隳裂王度，汩乱朝经。张武夫之威，上以制君父；假天子之命，下以御英豪。有藏奸观衅之心，无伏节死难之义。岂先王经文纬武之旨邪！"又曰："臣非不知言发而祸应，计行而身戮，盖痛社稷之危，哀生人之困，岂忍姑息时忌，窃陛下一命之宠哉！"

甲午，贤良方正裴休、李郃、李甘、杜牧、马植、崔玙、王式、崔慎由等二十二人中第，皆除官。考官左散骑常侍冯宿等见刘蕡策，皆叹服，而畏宦官，不敢取。诏下，物论嚣然称屈。谏官、御史欲论奏，执政抑之。李郃曰："刘蕡下第，我辈登科，能无厚颜！"乃上疏，以为："蕡所对策，汉、魏以来无与为比。今有司以蕡指切左右，不敢以闻，恐忠良道穷，纲纪遂绝。况臣所对不及蕡直。"不报。蕡由是不得仕于朝，终于使府御史。牧，佑之孙；植，勋之子；式，起之子；慎由，融之玄孙也。

【译文】

二年（戊甲，公元828年）

自从元和末年以后，宦官日益骄横跋扈，皇帝废立都由他们掌握，权威远在皇帝之上，百官敢怒而不敢言。这时，唐文宗亲自主持科举考试，贤良方正科考生、昌平县人刘蕡在回答文宗的对策中，愤怒抨击宦官专权的罪行，大意说："陛下首先应当忧虑的是，宫廷即将发生变乱，国家即将出现危机，天下即将倾覆，海内即将大乱。"又说："陛下如果真想杜绝有人可能篡夺皇位的野心，就应当端正自己的言行，亲近百官，疏远宦官，信用耿直忠正的大臣做宰相，主持朝政，使朝廷各个部门都能忠于自己的职守。但是，为什么现在却放任身边的五六个宦官专制朝政！这样下去，宫廷内部就必然酝酿祸乱，陛下身边出现奸邪小人，我担心汉桓帝时宦官曹节、侯览专权的局面又可能在今天重演。"又说："忠正贤良的大臣得不到朝廷的信用，而宦官小人却窃取了废立皇帝的大权，使敬宗皇帝惨遭杀害，不能堂堂正正地终了一生，而陛下又被宦官所拥立即位，也不能堂堂正正地开始亲政。"又说："现在，朝廷威信扫地，藩镇骄横跋扈，在此情况下，如果有不懂儒家人臣礼义的武夫悍将，就可能以安定皇位为名，首先举兵发动叛乱；而不明白孔子在《春秋》中微言大义的节将大臣，也可能以清君侧为旗号，举兵发动内战。这样一来，朝廷的大政方针就由不得陛下做主，征战讨伐都出于藩镇的好恶。"又说："陛下为什么不下决心杜绝奸邪小人往上爬的门路，革除身边那些阿谀放纵的臣僚，制止当权宦官的凌辱和威吓总结历史经验，从中汲取必要的教训，引以为戒；同时和朝廷大臣一起制定周密的计划，并注意保守秘密，设身处地替他们的处境考虑，以免遭受当权宦官的诬陷迫害。因此，我认为陛下既然已经未能在这以前有效地治理天下，也应当在今后力求做到这一点；既然已经未能在即位之初堂堂正正地开始亲政，也应当在今后堂堂正正地执掌朝政。如果这样，也就算是真正的奉行儒家的经典，继承祖宗所开创的宏图大业了。过去秦朝灭亡是由于皇帝强横残暴，而汉朝灭亡则是由于皇帝软弱无能。皇帝强横残暴，则乱臣贼子惧怕被杀，千方百计地谋害皇上；皇帝软弱无能，则朝廷大权易被奸臣窃取，威震皇上。先帝敬宗皇帝未能汲取秦朝灭亡的经验教训，把可能发生的问题消灭在萌芽之中，而导致自身被害。所以，陛下应当深入地总结汉朝灭亡的经验教训，根绝朝廷大权可能旁落的根源。这样，不仅能够真正继承祖宗的宏图大业，而且，也可追随三皇五帝所开创的圣贤大德。"又说："我听说过去汉元帝刚刚即位的时候，就大刀阔斧地革除朝廷弊政七十多件，励精图治，内心十分虔诚，由此而获得朝廷内外对他的美好赞誉。然而，没过多久，朝政却日益紊乱，国家日益衰败，奸臣日益强盛，百姓日益贫困，原因在于他未能选拔德才兼备的大臣予以重任，以至朝廷大权落到奸臣手中的缘故。"又说："陛下如果真的能够把朝廷大权交还宰相掌握，把军权交还大将执掌，那么，您励精图治的愿望就会完全实现，您所发布的诏令就会全部得到贯彻执行。"又说："朝廷执法应当内外统一，设官任职应当名正言顺。现在，朝廷的官制区分为外官、内官，设置南衙、北司分别统辖。有人在南衙犯法，就逃往北司躲避；同一罪行在南衙被判刑，在北司却被枉法释免，以致法出多门，人们不知所措。原因在于国家自从府兵制度崩溃后，兵农分离，宦官执掌军权，因而对中官、外官法律不一的缘故。"又说:"现在,朝廷的兵部不管军队,仅仅上朝时充数装装门面,禁卫六军大将不统帅兵马,仅仅靠勋爵领取俸禄而已。而由宦官担任的军容使掌握军权,藩镇军将都依附于由宦官担任的监军。宦官一旦身着军装,就视文官如同仇敌,鄙视农夫如同草芥。他们在朝廷用兵伐叛时毫无谋略,而耀武扬威时却诡计多端;保卫国家时胆怯无勇,而侵掠百姓时却凶狠残暴。他们在地方钳制和欺凌节度使,在朝廷凌辱宰相,败坏法纪,搅乱朝政。他们倚仗掌握军权的威势,在朝廷挟制皇上,同时,又假借皇上的诏命,对下驾驭百官和藩镇,心怀叵测,伺机而动,牟取私利,却毫无忠义之心去为国家赴难而死的节义。朝政弄到这个地步,难道是古代的圣王所倡导的用文治武功治理天下的本意吗?"又说:"我并非不知道自己毫无顾忌地抨击宦官后,必然遭受他们的打击报复,即使皇上采纳我的意见,我也难免被迫害致死。只是由于痛感国家面临危机,百姓身处水深火热,因此,岂能姑息这些现实丑恶的现象,窃取陛下对我的恩宠呢!"

甲午(闰三月初九),参加贤良方正科考试的考生裴休、李郃、李甘、杜牧、马植、崔玙、王式、崔慎由等二十二人应试中选,都被授予官职。担任考官的左散骑常侍冯宿等人看到刘蕡的对策后,都赞叹不绝,十分佩服他的才能和胆识,但由于惧怕宦官,而不敢录取。朝廷录取的诏书宣布后,舆论哗然,都认为刘蕡被冤屈。谏官和御史台官员打算上奏反映,被当权宰相所制止。考生李郃说:"刘蕡落选,而我们却中举了,能不感到厚颜无耻吗?"于是上疏,认为:"刘蕡对策的水平,自从汉和魏以来,没有人能够和他相比。现在,考官考虑到刘蕡的对策抨击陛下左右的亲信宦官,不敢把他的对策上报陛下,我担心这样一来,忠正贤良的读书人今后入仕做官再无指望,朝廷的法纪至此荡然无存。况且我的对策远不如刘蕡,请求朝廷把授予我的官职转授给刘蕡,作为对他的表彰。"没有得到答复。于是,刘蕡一直未能在朝廷任职,到他去世为止,都在藩镇担任幕僚。杜牧是杜佑的孙子;马植是马勋的儿子;王式是王起的儿子;崔慎由是崔融的玄孙。

唐纪六十

【原文】

文宗元圣昭献孝皇帝上之下太和三年（己酉，829年）

征浙西观察使李德裕为兵部侍郎，裴度荐以为相。会吏部侍郎李宗闵有宦官之助，甲戌，以宗闵同平章事。

上性俭素，九月，辛巳，命中尉以下毋得衣纱縠绫罗；听朝之暇，惟以书史自娱，声乐游畋未尝留意。驸马韦处仁尝著夹罗巾，上谓曰："朕慕卿门地清素，故有选尚。如此巾服，听其他贵戚为之，卿不须尔。"

壬辰，以李德裕为义成节度使。李宗闵恶其逼己，故出之。

长沙窑狮座诗文瓷枕　唐

【译文】

唐文宗太和三年（己酉，公元829年）

唐文宗征召任命浙西道观察使李德裕为兵部侍郎。裴度推荐李德裕为宰相。这时，吏部侍郎李宗闵得到宦官的帮助，甲戌（八月二十七日），文宗任命李宗闵为同平章事。

唐文宗生性节俭朴素。九月，辛巳（初四），命令神策护军中尉以下官员不得穿纱縠绫罗之类的高级丝织品。文宗在处理朝政以外的闲暇时间，仅仅以读书观史为乐，对于女色、音乐和外出打猎从来不曾留意。一次，驸马韦处仁曾头戴夹罗巾，文宗对他说："朕羡慕你家门第清高素雅，所以，挑选你做驸马。像这样贵重的头巾，听任其他贵戚去戴，你不必这样。"

壬辰（十五日），唐文宗任命李德裕为义成节度使。宰相李宗闵嫉恨李德裕可能威胁自己的地位，所以建议文宗任命他外出赴任。

【原文】

四年（庚戌，830年）

李宗闵引荐牛僧孺；辛卯，以僧孺为兵部尚书、同平章事。于是二人相与排摈李德裕之党，稍稍逐之。

南诏之寇成都也，诏山南西道发兵救之，兴元兵少，节度使李绛募兵千人赴之，未至，蛮退而还。

兴元兵有常额，诏新募兵悉罢之。二月，乙卯，绛悉召新军，谕以诏旨而遣之，仍赐以廪麦，皆怏怏而退。往辞监军，监军杨叔元素恶绛不奉己，以赐物薄激之。众怒，大噪，掠库兵，趋使牙。绛方与僚佐宴，不为备，走登北城。或劝缒而出，绛曰："吾为元帅，岂可逃去！"麾推官赵存约令去。存约曰："存约受明公知，何可苟免！"牙将王景延与贼力战死，绛、存约及观察判官薛齐皆为乱兵所害，贼遂屠绛家。

戊午，叔元奏绛收新军募直以致乱。庚申，以尚书右丞温造为山南西道节度使。是时，三省官上疏共论李绛之冤；谏议大夫孔敏行具呈叔元激怒乱兵，上始悟。

温造行至襄城，遇兴元都将卫志忠征蛮归，造密与之谋诛乱者，以其兵八百人为牙队，五百人为前军，入府，分守诸门。已卯，造视事，飨将士于牙门，造曰："吾欲问新军去留之意，宜悉使来前。"既劳问，命坐，行酒。志忠密以牙兵围之，既合，唱"杀！"新军八百余人皆死。杨叔元起，拥造靴求生，造命囚之。其手杀绛者，斩之百段，余皆斩首，投尸汉水，以百首祭李绛，三十首祭死事者，具事以闻。己丑，流杨叔元于康州。

上患宦者强盛，宪宗、敬宗弑逆之党犹有在左右者；中尉王守澄尤专横，招权纳贿，不上能制。尝密与翰林学士宋申锡言之，申锡请渐除其逼。上以申锡沈厚忠谨，可倚以事，擢为尚书右丞；七月，癸未，以申锡同平章事。

西川节度使郭钊以疾求代，冬，十月，戊申，以义成节度使李德裕为西川节度使。

蜀自南诏入寇，一方残弊，郭钊多病，未暇完补。德裕至镇，作筹边楼，图蜀地形，南入南诏，西达吐蕃。日召老于军旅、习边事者，虽走卒蛮夷无所间，访以山川、城邑、道路险易广狭远近，未逾月，皆若身尝涉历。

【译文】

四年（庚戌，公元830年）

宰相李宗闵向文帝推荐牛僧孺。辛卯（正月十六日），文宗任命牛僧孺为兵部尚书、同平章事。于是，二人一起排挤李德裕的党羽，逐渐把他们从朝廷中贬逐出去。

南诏国当初侵犯成都的时候，朝廷诏命山南西道派兵前往增援。山南西道节度使驻地兴元府的兵力太少，于是，节度使李绛招募新兵一千人前往，尚未到达西川，南诏兵已经退走，新兵于是返回兴元。

兴元府的兵力编制历来有严格规定，因此朝廷诏命新招募的兵士一律遣返。二月，乙卯（初十），李绛召集新兵，传达朝廷的诏令，然后，每人赏赐麦子，命令他们回家。新兵闷闷不乐而退，前去向监军杨叔元辞别。杨叔元向来恨李绛不阿谀奉迎自己，就借口说赏赐的东西太少，故意激怒新兵对李绛不满。新兵果然被激怒，顿时哗变，掠抢库存的兵器后，直向节度使衙门冲去。这时，李绛正和自己的幕僚在一起饮酒宴乐，毫无防备，于是慌忙向北城跑去。有人劝李绛从城上缒下逃走，李绛说："我是节度使，岂能逃走！"命令推官赵存约赶快走。赵存约说："我以往得到您的赏识和重用，岂可现在自己苟且偷生！"牙将王景延和乱兵拼力厮杀而死。李绛、赵存约和观察判官薛齐都被乱兵杀害。接着，乱兵屠杀了李绛的全家。

戊午（十三日），杨叔元上奏朝廷说，李绛擅自收取招募新兵用的财物，因而导致新兵哗变。庚申（十五日），唐文宗任命尚书右丞温造为山南西道节度使。这时，中书省、门下省、尚书省的官员联名上疏，申诉李绛冤枉，谏议大夫孔敏行把杨叔元如何激怒新兵作乱的事实经过呈奏文宗，文宗这才明白李绛被害的事实真相。

温造赶赴山南西道上任，走到褒城时，遇到兴元都将卫志忠刚刚讨伐蛮人回来。温造和卫志忠秘密商议诛讨新兵哗变者的方案。于是，以卫志忠所率领的八百人作为自己的亲兵，另外五百人作为前锋，到达兴元后，进入节度使衙门，分兵把守各门。己卯（三月初五），温造开始办公，在衙门用酒肉犒劳将士，他对部下说："我想问一问新兵是愿走还是愿留，请把他们全部找来。"温造慰劳新兵后，命大家都坐下，然后开始喝酒。这时，卫志忠秘密地布置亲兵包围新兵，包围圈刚刚完成，卫志忠大喊一声"杀！"顿时，新兵八百多人全被杀死。监军杨叔元急忙起身，抱住温造的靴子请求免死，温造下令把他拘捕。当时亲手杀死李绛的凶手，被斩成一百段，其余的新兵，都被斩首，尸体全被投到汉江中。温造命用一百个新兵的首级祭奠李绛，三十个首级祭奠其他死者，然后，把以上情况向朝廷报告。己丑（十五日），唐文宗下令，将杨叔元流放到康州。

唐文宗忧虑宦官势力过于强盛，这时，杀害唐宪宗、唐敬宗的凶手，仍有人在文宗左右侍从。神策军中尉王守澄尤其专横跋扈，招权纳贿，文宗无法驾驭。一次，文宗秘密地对翰林学士宋申锡谈及宦官专权的问题，宋申锡认为应当逐渐剪除宦官势力。文宗认为宋申锡性情深沉宽厚，忠正谨慎，可以信任依靠，和他密议诛除宦官。于是，提拔宋申锡为尚书右丞。七月，癸未（十一日），任命宋申锡为同平章事。

剑南西川节度使郭钊由于身体有病，请求辞职。冬季，十月，戊申（初七），唐文宗任命义成节度使李德裕为剑南西川节度使。

西川自从遭南诏国侵掠以后，残破凋敝。郭钊由于身体多病，因而未暇修补。

李德裕上任后，修建筹边楼，派人绘制西川的地形图，南到南诏国，西到吐蕃国。他又每天召集那些长期在军队中供职，熟悉边防情况的将士，即使是士卒或夷人、蛮人也不放过，向他们仔细询问山川、城市、道路的险易、宽窄和远近情况。不到一个月，就了如指掌，如身历其境一般。

【原文】

五年（辛亥，831年）

上与宋申锡谋诛宦官，申锡引吏部侍郎王璠为京兆尹，以密旨谕之。璠泄其谋，郑注、王守澄知之，阴为之备。

上弟漳王凑贤，有人望，注令神策都虞候豆卢著诬告申锡谋立漳王。戊戌，守澄奏之，上以为信然，甚怒。守澄欲即遣二百骑屠申锡家，飞龙使马存亮固争曰："如此，则京城自乱矣！宜召他相与议其事。"守澄乃止。

是日，旬休，遣中使悉召宰相至中书东门。中使曰："所召无宋公名。"申锡知获罪，望延英，以笏扣头而退。宰相至延英，上示以守澄所奏，相顾愕眙。上命守澄捕豆卢著所告十六宅宫市品官晏敬则及申锡亲事王师文等，于禁中鞫之；师文亡命。三月，庚子，申锡罢为右庶子。自宰相大臣无敢显言其冤者，独京兆尹崔琯、大理卿王正雅连上疏请出内狱付外廷核实，由是狱稍缓。正雅，翃之子也。晏敬则等自诬服，称申锡遣王师文达意于王，结异日之知。

狱成，壬寅，上悉召师保以下及台省府寺大臣面询之。午际，左常侍崔玄亮、给事中李固言、谏议大夫王质、补阙卢钧、舒元褒、蒋系、裴休、韦温等复请对于延英，乞以狱事付外覆按。上曰："吾已与大臣议之矣。"屡遣之出，不退。玄亮叩头流涕曰："杀一匹夫犹不可不重慎，况宰相乎！"上意稍解，曰："当更与宰相议之。"乃复召宰相入，牛僧孺曰："人臣不过宰相，今申锡已为宰相，假使如所谋，复与何求！申锡殆不至此！"郑注恐覆按诈觉，乃劝守澄请止行贬黜。癸卯，贬漳王凑为巢县公，宋申锡为开州司马。存亮即日请致仕。玄亮，磁州人；质，通五世孙；系，父之子；元褒，江州人也。晏敬则等坐死及流窜者数十百人，申锡竟卒于贬所。

【译文】

五年（辛亥，公元831年）

唐文宗和宰相宋申锡密谋诛除宦官，宋申锡推荐吏部侍郎王璠为京兆尹，把文宗打算诛除宦官的意图透露给他。王璠泄露了文宗的意图，郑注、王守澄得知后，暗地里进行防备。

文宗的弟弟漳王李凑德才兼备，很有声望。郑注令神策军都虞候豆卢著诬告宋申锡阴谋拥立漳王，戊戌（二月二十九日），王守澄把豆卢著的诬告奏报文宗，文宗信以为真，大为恼怒。王守澄随即要派二百个骑兵去屠杀宋申锡全家，飞龙使马存亮再劝阻说："如果这样，京城肯定大乱！最好召集宰相一起商议这件事。"王守澄这才作罢。

这天，正值宰相休假，文宗派宦官召集全体宰相到中书省东门。宰相到齐后，宦官说："皇上召集的名单中没有宋申锡。"宋申锡明白自己被人诬告，于是，遥望延英殿，手执笏板磕头后退下。宰相到延英殿后，文宗拿出王守澄的奏折让宰相看，宰相们大吃一惊，面面相觑。文宗命令王守澄派人逮捕豆卢著所诬告的管理十六宅官晏敬则、宋申锡的亲信侍从王师文等人，押到宫中由宦官审讯。王师文得知消息后逃亡。三月，庚子（初二），宋申锡被罢免宰相职务，担任太子右庶子。从宰相到大臣百官，几乎没有人敢上书为宋申锡辩冤，只有京兆尹崔琯、大理卿王正雅接连上疏，请求将宫中审讯的结果交付御史台复核。于是，宦官对此案的审理才稍微放缓。王正雅是王翃的儿子。晏敬则等人承认豆卢著所诬告的都是事实，并声称确是宋申锡派王师文向漳王转达他的意向，将来拥立漳王为皇帝。

审讯结束后，壬寅（初四），文宗召集太子太师、太子太保以下官员，以及御史台，中书、门下、尚书三省，大理寺的大臣当面询问审讯的情况。快到中午时，左常侍崔玄亮、给事中李固言、谏议大夫王质、补阙卢钧、舒元褒、蒋系、裴休、韦温等人再次请求在延英殿面见文宗，乞请将审讯结果交御史台复审。文宗说："我已经和朝廷大臣商议过了。"接着，多次下令这几个人退出，崔玄亮等人不退。崔玄亮一边磕头，一边哭着说："杀掉一个百姓都不能不慎重，何况宰相呢！"文宗的怒气逐渐缓解,说:"我打算再和宰相商议。"于是,再次召集宰相来延英殿。宰相们到后,牛僧孺说:"做臣下的地位再高也不过是宰相,现在,宋申锡已经担任了宰相。假如他真的想拥立漳王而谋反,那么,他又能得到什么呢!我认为宋申锡决不会傻到这种地步!"郑注恐怕复审使他们的骗局揭穿,于是,劝王守澄奏请文宗尽快结案处理。癸卯(初五),唐文宗贬漳王李凑为巢县公,宋申锡为开州司马。飞龙使马存亮知宋申锡被冤枉,而自己无法为他辩冤,同时憎恨王守澄专横跋扈,于是,当日请求退休。崔玄亮是磁州人;王质是王通的第五代子孙;蒋系是蒋乂的儿子;舒元褒是江州人。晏敬则等近百人因此案牵连而被判处死刑或被流放。宋申锡最后死在被贬之地。

【原文】

七年(癸丑,833年)

丙戌,以兵部尚书李德裕同平章事。德裕入谢,上与之论朋党事,对曰:"方今朝士三分之一为朋党。"时给事中杨虞卿与从兄中书舍人汝士、弟户部郎中汉公、中书舍人张元夫、给事中萧浣等善交结,依附权要,上干执政,下挠有司,为士人求官及科第,无不如志,上闻而恶之,故与德裕言首及之;德裕因得以排其所不悦者。初,左散骑常侍张仲方尝驳李吉甫谥,及德裕为相,仲方称疾不出。三月,壬辰,以仲方为宾客分司。

前邠宁行军司马郑注,依倚王守澄,权势熏灼,上深恶之。九月,丙寅,侍御史李款阁内奏弹注:"内通敕使,外连朝士,两地往来,卜射财贿,昼伏夜动,干窃化权,人不敢言,道路以目;请付法司。"旬日之间,章数十上。守澄匿注于右军,左军中尉韦元素、枢密使杨承和、王践言皆恶注。左军将李弘楚说元素曰:"郑注奸猾无双;卵翼不除,使成羽翼,必为国患。今因御史所劾匿军中,弘楚请以中尉意,诈为有疾,召使治之,来则中尉延与坐,弘楚侍侧,伺中尉举目,擒出杖杀之。中尉因见上叩头请罪,具言其奸,杨、王必助中尉进言。况中尉有翼戴之功,岂以除奸而获罪乎!"元素以为然,召之。注至,蠖屈鼠伏,佞辞泉涌;元素不觉执手款曲,谛听忘倦。弘楚诇伺再三,元素不顾,以金帛厚遗注而遣之。弘楚怒曰："中尉失今日之断，必不免他日之祸矣！"因解军职去；顷之，疽发背卒。王涯之为相，注有力焉，且畏王守澄，遂寝李款之奏。守澄言注于上而释之；寻奏为侍御史，充右神策判官，朝野骇叹。

庚子，上始得风疾，不能言。于是王守澄荐昭义行军司马郑注善医；上征注至京师，饮其药，颇有验，遂有宠。

【译文】

七年（癸丑，公元833年）

丙戌（二月二十八日），唐文宗任命兵部尚书李德裕为同平章事。李德裕前来拜谢，文宗和他讨论朋党的问题，李德裕说："现今朝廷中有三分之一的人都参与了朋党活动。"这时，给事中杨虞卿和他的堂兄中书舍人杨汝士，他弟弟户部郎中杨汉公，中书舍人张元夫、给事中萧浣等人相互交结，关系亲密。他们依附于朝廷中的权贵，在上层攀附宰相，在下层干扰有关部门，为读书人求取官职和科举考试中榜及第，无不达到目的。文宗得知后十分憎恨，所以和李德裕先说起这方面的事。此后，李德裕因此而得以排挤他所不喜欢的人。当初，左散骑常侍张仲方曾经驳斥

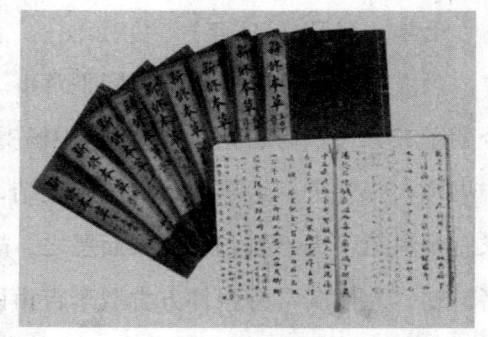

唐《新修本草》书影

过朝廷礼官给李德裕父亲李吉甫拟定的谥号太优，这时，李德裕被任命为宰相，张仲方于是借口身体有病，请假而不上朝。三月，壬辰（初五），朝廷任命张仲方为太子宾客、分司东都。

前邠宁行军司马郑注依赖右神策军中尉王守澄，权势熏天，唐文宗十分憎恨他。九月，丙寅（十三日），侍御史李款在紫宸殿弹劾郑注说："郑注在宫中交结宦官，在南衙交结百官，两地往来奔走，收取贿赂，窥测动向，窃取大权，人们都敢怒而不敢言。请求朝廷批准把他交付御史台审查治罪。"在十多天的时间里，他接连几十次上书弹劾郑注。王守澄把郑注藏在右神策军中。左神策中尉韦元素、枢

密使杨承和、王践言也都憎恨郑注。这时，左神策军将李弘楚劝韦元素说："郑注阴险狡诈，举世无双。如果不乘他尚在卵翼的时候及时除去，等到羽毛丰满时，必定成为国家的心腹大患。现在，他被侍御史李款弹劾，躲藏在右神策军中。我请求让我以您的名义去见他，借口说您身体有病，请他前来诊断。来后您请他坐下来谈话，我站在旁边侍候，看到您用眼睛向我示意，我就把他抓出去杀掉。然后，您面见皇上，叩头请罪，把他以往的罪行一一向皇上汇报。届时，枢密使杨承和、王践言肯定会帮助您说话。况且您对皇上有拥立的功劳，怎么会因为除去一个奸人而被怪罪！"韦元素认为很有道理，就派李弘楚去召唤郑注。郑注来后，对韦元素点头哈腰，毕恭毕敬，接着，夸夸其谈，奸邪的言辞像泉水一样，源源不断。韦元素听得入了迷，不知不觉亲切地拉住他的手，聚精会神，不觉疲倦。李弘楚在旁边多次暗示韦元素应该动手，韦元素根本不理。随后，赠送郑注大批金银钱帛，送他回去。李弘楚大怒，说："您失去今天诛杀他的机会，将来必然难免遭受他的陷害。"于是，辞职而去。不久，背部长疮去世。当初王涯升任宰相时，郑注曾在幕后为他活动。这时，王涯惧怕王守澄的权势，因而把李款弹劾郑注的奏章压下来，不在朝廷讨论。王守澄又在文宗的面前为郑注辩护，于是，文宗赦免了郑注。不久，王守澄又奏请朝廷任命郑注为侍御史，充任右神策军判官。朝廷内外无不惊骇感叹。

庚子（十二月十八日），唐文宗中风后不能说话。王守澄向文宗推荐说，昭义行军司马郑注擅长医术。文宗召郑注来京城，吃了他开的药后，很有效果。于是，郑注开始得到文宗的宠爱。

唐纪六十一

【原文】

文宗元圣昭献孝皇帝中太和八年（甲寅，834年）

九月，辛亥，征昭义节度副使郑注至京师。王守澄、李仲言、郑注皆恶李德裕，以山南西道节度使李宗闵与德裕不相悦，引宗闵以敌之。壬戌，诏征宗闵于兴元。

庚寅，以李宗闵为中书侍郎、同平章事。甲午，以中书侍郎、同平章事李德裕同平章事，充山南西道节度使。是日，以李仲言为翰林侍讲学士。给事中高铢、郑肃、韩佽，谏议大夫郭承嘏、中书舍人权璩等争之，不能得。承嘏，晞之孙；璩，德舆之子也。

李德裕见上自陈，请留京师。丙午，以德裕为兵部尚书。

李宗闵言李德裕制命已行，不宜自便。乙亥，复以德裕为镇海节度使，不复兼平章事。时德裕、宗闵各有朋党，互相挤援。上患之，每叹曰："去河北贼易，去朝廷朋党难！"

十二月，己卯，以昭义节度副使郑注为太仆卿。郭承嘏累上疏言其不可，上不听。于是注诈上表固辞，上遣中使再以告身赐之，不受。

白釉三足大盘　唐

【译文】

唐文宗太和八年（甲寅，公元 834 年）

九月，辛亥（初三），文宗命昭义节度副使郑注来京城。王守澄、李仲言、郑注都憎恨李德裕，鉴于山南西道节度使李宗闵和李德裕有矛盾，于是，向文宗推荐李宗闵，以便排挤李德裕。壬戌（十四日），文宗下诏，命李宗闵从山南西道的治所兴元来京城。

庚寅（十月十三日），唐文宗任命李宗闵为中书侍郎、同平章事。甲午（十七日），任命中书侍郎、同平章事李德裕以同平章事头衔，充任山南西道节度使。同日，任命李仲言为翰林侍讲学士。给事中高铢、郑肃、韩佽，谏议大夫郭承嘏，中书舍人权璩等人争辩，认为不可，但他们的意见不被文宗采纳。郭承嘏是郭晞的孙子。权璩是权德舆的儿子。

李德裕面见文宗，表示不愿出任山南西道节度使，请求留在京城任职。丙午（二十九日），文宗任命他为兵部尚书。

宰相李宗闵上言说，朝廷任命李德裕为山南西道的制书已经下达，不应当由于他自己不愿上任就中途改变。乙亥（十一月二十九日），唐文宗任命李德裕为镇海节度使，不再兼任同平章事的头衔。这时，李德裕和李宗闵各有自己的党羽，相互之间极力排挤对方，声援同党。文宗对此十分忧虑，经常感叹地说："诛除河北三镇的叛贼容易，但去除朝廷的朋党实在太难！"

十二月，己卯（初三），唐文宗任命昭义节度副使郑注为太仆卿。谏议大夫郭承嘏多次上疏认为不可，文宗不听。于是，郑注上表，虚假地一再表示不能接受任命。文宗又派宦官把任命书授予郑注，郑注仍然不接受。

【原文】

九年（乙卯，835年）

癸巳，以郑注守太仆卿，兼御史大夫、注始受之，仍举仓部员外郎李款自代曰："加臣之罪，虽于理而无辜；在款之诚，乃事君而尽节。"时人皆晒之。

初，京兆尹河南贾𫗧，性褊躁轻率，与李德裕有隙，而善于李宗闵、郑注。上巳，赐百官宴于曲江，故事，尹于外门下马，揖御史。𫗧恃其贵势，乘马直入，殿中侍御史杨俭、苏特与之争，𫗧骂曰："黄面儿敢尔！"坐罚俸。𫗧耻之，求出，诏以为浙西观察使；尚未行，戊戌，以𫗧为中书侍郎、同平章事。

初，宋申锡获罪，宦官益横；上外虽包容，内不能堪。李训、郑注既得幸，揣知上意，训因进讲，数以微言动上。上见其才辨，意训可与谋大事；且以训、注皆因王守澄以进，冀宦官不之疑，遂密以诚告之。训、注遂以诛宦官为己任，二人相挟，朝夕计议，所言于上无不从，声势烜赫。注多在禁中，或时休沐，宾客填门，赂遗山积。外人但知训、注倚宦官擅作威福，不知其与上有密谋也。

上之立也，右领军将军兴宁仇士良有功；王守澄抑之，由是有隙。训、注为上谋，进擢士良以分守澄之权。五月，乙丑，以士良为左神策中尉，守澄不悦。

京诚讹言郑注为上合金丹，须小儿心肝，民间惊惧，上闻而恶之。郑注素恶京兆尹杨虞卿，与李训共构之，云此语出于虞卿家人。上怒，六月，下虞卿御史狱。注求为两省官，中书侍郎、同平章事李宗闵不许，注毁之于上。会宗闵救杨虞卿，上怒，叱出之；壬寅，贬明州刺史。

李训、郑注为上画太平之策，以为当先除宦官，次复河、湟，次清河北，开陈方略，如指诸掌。上以为信然，宠任日隆。

【译文】

九年（乙卯，公元835年）

癸巳（四月十八日），唐文宗任命郑注为太仆卿，兼御史大夫。郑注这才接受任命，同时推荐仓部员外郎李款代替自己原来的职务，他说："李款加罪于我，我是无辜的；李款出于忠诚，是为侍奉君王而弹劾过我，但是，他这样做也是尽节。"当时人都嘲笑他假装宽宏大度。

含元殿复原图

当初，京兆尹、河南人贾𫗧性情急躁轻率。他和李德裕有矛盾，和李宗闵、郑注关系亲近。上巳（三月三日），唐文宗在曲江举行宴会，招待百官。按照以往惯例，京兆尹应当在门外下马，向御史台官员行礼，然后进门。贾𫗧依恃他的地位和权势，乘马直接入门。殿中侍御史杨俭、苏特和他争论起来，贾𫗧破口大骂，说："你们这些黄脸儿怎么敢挡我！"于是，因罪而被罚俸禄。贾𫗧觉得十分耻辱，请求出任藩镇职务。文宗下诏，任命他为浙西道观察使。尚未成行，戊戌（疑误），唐文宗任命他为中书侍郎、同平章事。

当初，宋申锡被判罪贬官后，宦官更加骄横。文宗虽然外表不露声色，内心却不能容忍。李训、郑注得到文宗信用后，揣摩了解了文宗的心思。于是，李训在给文宗讲读经典时，多次暗示文宗。文宗觉得李训很有才能，能言善辩，认为可以和他商议除宦官。同时考虑到李训和郑注都是宦官王守澄推荐的，估计和二人商议，宦官不会疑心，于是，把自己的意图秘密地告诉了二人。李训、郑注因此以诛除宦官为己任。二人相互依赖，昼夜商议对策，凡给文宗的建议，文宗无不采纳，声势显赫。郑注经常待在宫中，有时休假在家，要求拜见他的人站满他的门前，贿赂他的财物堆积如山。外面人只知道李训和郑注依靠宦官的权势擅自作威作福，却不知道他们二人和文宗密谋诛除宦官。

当初文宗被拥立为皇帝时，右领军将军、循州兴宁县人仇士良曾经有很大的功劳。但他受到王守澄的压制，于是，二人产生了矛盾。这时，李训、郑注向文宗建议，提拔仇士良以便分割王守澄的权力。五月，乙丑（二十一日），文宗任命仇士良为左神策军护军中尉，王守澄得知后很不高兴。

京城长安盛传谣言，说郑注为皇上合制金丹，必须用小孩的心肝入药，百姓为此而惊扰惧怕。文宗得知后十分恼恨。郑注向来憎恶京兆尹杨虞卿，于是，他和李训一起诬陷杨虞卿，说谣言出于虞卿的家属。文宗大怒，六月，下令将杨虞卿逮捕，押在御史台狱中。此前，郑注曾经求做中书、门下两省的官员，中书侍郎、同平章事李宗闵不许，郑注因此在文宗面前诽谤李宗闵。这时，正好李宗闵为杨虞卿辩解，文宗大怒，呵斥李宗闵出宫。壬寅（初四），贬李宗闵为明州刺史。

李训、郑注为文宗谋划革除朝廷弊政，收复失地，达到天下大治太平的策略，认为应当首先诛除宦官，其次出兵收复河、湟地区，最后平定河北三镇。二人开陈方略，了如指掌。文宗认为言之有理，宠信日益隆重。

【原文】

开成元年（丙辰，836年）

昭义节度使刘从谏上表请王涯等罪名，且言："涯等儒生，荷国荣宠，咸欲保身全族，安肯构逆！训等实欲讨除内臣，两中尉自为救死之谋，遂致相杀；诬以反逆，诚恐非辜。设若宰相实有异图，当委之有司，正其刑典，岂有内臣擅领甲兵，恣行剽劫，延及士庶，横被杀伤！流血千门，僵尸万计，搜罗枝蔓，中外恟疑。臣欲身诣阙庭，面陈臧否，恐并陷孥戮，事亦无成。谨当修饰封疆，训练士卒，内为陛下心腹，外为陛下藩垣。如奸臣难制，誓以死清君侧！"丙申，加从谏检校司徒。

刘从谏复遣牙将焦楚长上表让官，称："臣之所陈，系国大体。可听则涯等宜蒙湔洗，不可听则赏典不宜妄加！安有死冤不申而生者荷禄！"因暴扬仇士良等罪恶。辛酉，上召见楚长，慰谕遣之，时士良等恣横，朝臣日忧破家。及从谏表至，士良等惮之。由是郑覃、李石粗能秉政，天子倚之亦差以自强。

上自甘露之变，意忽忽不乐，两军球鞠之会什减六七，虽宴享音伎杂沓盈庭，未尝解颜；闲居或徘徊眺望，或独语叹息。壬午，上于延英谓宰相曰："朕每与卿等论天下事，则不免愁。"对曰："为理者不可以速成。"上曰："朕每读书，耻为

凡主。"李石曰："方今内外之臣，其间小人尚多疑阻，愿陛下更以宽御之，彼有公清奉法如刘弘逸、薛季棱者，陛下亦宜褒赏以劝为善。"甲申，上复谓宰相曰："我与卿等论天下事，有势未得行者，退但饮醇酒求醉耳！"对曰："此皆臣等之罪也。"

【译文】

开成元年（丙辰，公元836年）

昭义节度使刘从谏上表朝廷，请问宰相王涯等人被杀的罪名，说："王涯等人都是读书人出身，享受国家的荣华恩宠，谁不愿意保全自己的身家性命，怎么能够谋反呢！李训等人实际上是想诛讨宦官，左、右神策军护军中尉是为自身性命考虑，因而把他们杀掉。但是，却诬陷说他们要谋反。我认为，他们实在都是无辜的。假如宰相真是想谋反，那也应当交给御史台等有关部门，根据国家法律治罪。怎么能够由宦官擅自率领兵马，恣意剽掠杀戮，以至士大夫和百姓都遭到伤亡！宫门附近流血遍地，尸体达万人之多。接着，又以搜捕同党为名，牵连亲朋好友。朝廷内外，人人自危。我本想前往京城，向陛下当面陈述我对朝政得失的看法，但又恐怕连我也被诬陷杀害，以至于事无成。因此，我想最好还是恪守自己的职位，训练士卒，在朝廷内部，充当陛下的心腹，在朝廷外部，则充当捍卫陛下的疆吏。如果朝廷中的奸臣确实骄横难以控制的话，我向陛下保证，誓死以清君侧！"丙申（二月二十六日），唐文宗任命刘从谏为检校司徒。

昭义节度使刘从谏又派牙将焦楚长上表朝廷，辞让授予自己的检校司徒的职务。上表说："我在这以前上奏朝廷的意见，都是关系到国家前途命运的大事。如果朝廷采纳，那么，就应当为王涯等人平反昭雪；如果不予采纳，那么，也不应当随便给我升迁。现在，怎么能不去为王涯等含冤而死的官员申冤平反，反而为我们这些活着的人升官加赏呢？"于是，他大肆抨击仇士良等人的罪恶。辛酉（三月二十二月），文宗召见焦楚长，好言安抚，然后命他返回。这时，仇士良等人骄横跋扈，百官人人自危，每天都担心会家破人亡。等到刘从谏的上奏送达朝廷后，仇士良等人畏惧。由此宰相郑覃、李石开始能够主持朝政，文宗也倚赖刘从谏而得以自强。

　　唐文宗自从甘露之变以后，心情闷闷不乐，左、右神策军踢球的集会也因此而十减六七。即使在出席宴会时，奏乐的伎工遍布庭院，文宗也不曾解开愁容。文宗在退朝后闲暇的时候，有时徘徊眺望，有时一个人自言自语地叹息。壬午（十一月十七日），文宗在延英殿对宰相说："朕每次和你们商议天下大事，就不免发愁。"宰相说："治理天下不可能速成。"文宗说："朕每次读书，看到古往今来的君臣事迹，耻为碌碌无为的平凡君主。"李石说："现今南衙和北司的臣僚中，有些小人对陛下还有很多的不满，但愿陛下以宽容的态度对待他们。如果他们中间有人能像刘弘逸、薛季棱那样奉公守法，就应当加以表彰，以劝勉官员们奉公守法。"甲申（十九日），文宗又对宰相说："我和你们商议天下大事后，有些被奸臣所迫而无法实行，退朝后只好喝醇酒，以便大醉，借酒浇愁罢了！"宰相回答说："这都是我们的罪过。"

唐纪六十二

资治通鉴第二百四十六卷

【原文】

文宗元圣昭献孝皇帝下开成三年（戊午，838年）

春，正月，甲子，李石入朝，中涂有盗射之，微伤，左右奔散，石马惊，驰归第。又有盗邀击于坊门，断其马尾，仅而得免。上闻之大惊，命神策六军遣兵防卫，敕中外捕盗甚急，竟无所获。乙丑，百官入朝者九人而已。京城数日方安。

中书侍郎、同平章事李石，承甘露之乱，人情危惧，宦官恣横，忘身徇国，故纪纲粗立。仇士良深恶之，潜遣盗杀之，不果。石惧，累表称疾辞位；上深知其故而无知之何。丙子，以石同平章事，充荆南节度使。

【译文】

唐文宗开成三年（戊午，公元838年）

春季，正月，甲子（初五），宰相李石上朝时，半路上有盗贼用弓箭暗杀他，受了轻伤，左右侍从一哄而散。李石的马受惊后驰回他的住宅，又有盗贼在街坊的门口进行拦击，斩断马的尾巴。李石幸免于难。唐文宗得知后大惊，下令神策军和禁军六军派兵防卫宰相，同时下敕，命朝廷内外迅速派人捉拿刺客，最后一无所获。乙丑（初六），百官仅仅九个人去上朝。京城几天后才安定下来。

中书侍郎、同平章事李石在甘露之变以后，人心恐惧不安、宦官骄横的情况下，为国家忘我操劳，以致朝廷的法制初步恢复，朝政运转基本正常，左神策军护

军中尉仇士良因此十分痛恨他,秘密地派遣刺客去暗杀他,没有达到目的。李石非常恐惧,多次以身体有病为由,上表请求辞职。唐文宗完全明白李石辞职的原因,但也无可奈何。丙子(十七日),任命李石以同平章事的头衔,充任荆南节度使。

【原文】

四年(己未,839年)

冬,十月,乙卯,上就起居舍人魏謩取记注观之,謩不可,曰:"记注兼书善恶,所以儆戒人君。陛下但力为善,不必观史!"上曰:"朕曩尝观之。"对曰:"此乃曩日史官之罪也。若陛下自观史,则史官必有所讳避,何以取信于后!"上乃止。

杨妃请立皇弟安王溶为嗣,上谋于宰相,李珏非之。丙寅,立敬宗少子陈王成美为皇太子。

丁卯,上幸会宁殿作乐,有童子缘橦,一夫来往走其下如狂。上怪之,左右曰:"其父也。"上泫然流涕曰:"朕贵为天子,不能全一子!"召教坊刘楚材等四人,宫人张十十等十人责之曰:"构会太子,皆尔曹也,今更立太子,复欲尔邪?"执以付吏,己巳,皆杀之。上因是感伤,旧疾遂增。

乙亥,上疾少间,坐思政殿,召当直学士周墀,赐之酒,因问曰:"朕可方前代何主?"对曰:"陛下尧、舜之主也。"上曰:"朕岂敢比尧、舜!所以问卿者,何如周赧、汉献耳?"墀惊曰:"彼亡国之主,岂可比圣德!"上曰:"赧、献受制于强诸侯,今朕受制于家奴,以此言之,朕殆不如!"因泣下沾襟,墀伏地流涕,自是不复视朝。

【译文】

四年(己未,公元839年)

冬季,十月,乙卯(初七),唐文宗命起居舍人魏謩把记载朝政大事的《起居注》拿来观看。魏謩认为不妥,说:"《起居注》既记载善行,也记载恶事,用来警诫帝王,去恶从善。陛下只管努力勤政为善,而不必观看《起居注》!"文宗说:

"过去我曾经看过。"魏謩说:"这是以往史官的过错。如果陛下亲自观看本朝的《起居注》,那么,史官在记载时就会有所避讳,将来怎样让后人相信呢!"文宗这才作罢。

杨妃请求文宗立自己的弟弟安王李溶为太子。文宗和宰相商议,李珏反对。丙寅(十八日),文宗立敬宗的小儿子陈王李成美为皇太子。

丁卯(十九日),文宗亲临会宁殿观赏音乐杂技。有一个儿童表演爬杆,底下有一人来往如狂奔,进行保护。文宗很奇怪,左右侍从说:"那人是这个儿童的父亲。"文宗顿时伤心流泪说:"朕贵为天子,却不能保全自己的一个儿子!"于是,召见教坊刘楚材等四人,宫女张十十等十人斥责说:"当初设计陷害皇太子李永,都是你们这些人。现在已重新立皇太子,难道你们还要陷害他吗?"随即命人把他们逮捕。己巳(二十一日),下令全部杀死。文宗由此而感伤不已,旧病逐渐加重。

乙亥(十一月二十七日),唐文宗病情稍有好转,这一天,坐在思政殿,召见翰林院值班学士周墀,赐他一起喝酒,问道:"朕可以和前代的哪些帝王相比?"周墀回答说:"陛下是尧、舜一类的帝王。"文宗说:"朕岂敢和尧、舜相比!我问你的意思是,我是否能赶上周赧王和汉献帝?"周墀大惊,说:"周赧王和汉献帝都是最后亡国的帝王,怎么比得上陛下的大圣大德。"文宗说:"周赧王、汉献帝不过受制于各地强大的诸侯,而今朕受制于宦官家奴。就此而言,我实在还不如他们!"文宗因此哭泣,泪下沾襟。周墀也拜伏在地,流泪不已。从此以后,文宗不再上朝。

【原文】

五年(庚申,840年)

春,正月,己卯,诏立颍王瀍为皇太弟,应军国事权令句当。且言太子成美年尚冲幼,未渐师资,可复封陈王。时上疾甚,命知枢密刘弘逸、薛季棱引杨嗣复、李珏至禁中,欲奉太子监国。中尉仇士良、鱼弘志以太子之立,功不在己,乃言太子幼,且有疾,更议所立。李珏曰:"太子位已定,岂得中变!"士良、弘志遂矫诏立瀍为太弟。是日,士良、弘志将兵诣十六宅,迎颍王至少阳院,百官谒见于思贤殿。瀍沈毅有断，喜愠不形于色。与安王溶皆素为上所厚，异于诸王。

辛巳，上崩于太和殿。以杨嗣复摄冢宰。

癸未，仇士良说太弟赐杨贤妃、安王溶、陈王成美死。敕大行以十四日殡，成服。谏议大夫裴夷直上言期日太远，不听。时仇士良等追怨文宗，凡乐工及内侍得幸于文宗者，诛贬相继。夷直复上言："陛下自藩维继统，是宜俨然在疚，以哀慕为心，速行丧礼，早议大政，以尉天下。而未及数日，屡诛戮先帝近臣，惊率土之视听，伤先帝之神灵，人情何瞻！国体至重，若使此辈无罪，固不可刑；若其有罪，彼已在天网之内，无所逃伏，旬日之外行之何晚！"不听。

辛卯，文宗始大敛。武宗即位。甲午，追尊上母韦妃为皇太后。

初，上之立非宰相意，故杨嗣复、李珏相继罢去，召淮南节度使李德裕入朝；九月，甲戌朔，至京师，丁丑，以德裕为门下侍郎、同平章事。

开府仪同三司、左卫上将军兼内谒者监仇士良请以开府荫其子为千牛，给事中李中敏判曰："开府阶诚宜荫子，谒者监何由有儿？"士良惭恚。李德裕亦以中敏为杨嗣复之党，恶之，出为婺州刺史。

【译文】

五年（庚甲，公元840年）

春季，正月，己卯（初二），唐文宗下诏，立颖王李瀍为皇太弟，凡国家大事，由他全权决定。诏令又说，皇太子李成美尚年幼，没有经过老师的训导，仍封为陈王。当时，文宗病重，命知枢密刘弘逸、薛季棱引宰相杨嗣复、李珏来宫中，打算由二人辅佐太子代行皇上职权，处理朝政。左、右神策军护军中尉仇士良、鱼弘志鉴于当初立皇太子的时候，自己没有一点功劳，于是上言，说皇太子年幼，而且有病，建议废除重立。李珏说："皇太子的地位已定，怎么能轻易改变！"于是仇士良、鱼弘志假称文宗的诏令，立李瀍为皇太弟。当天，仇士良、鱼弘志率禁兵至十六宅宫，迎颖王李瀍到少阳院。接着，百官在思贤殿拜见李瀍。李瀍性情深沉而刚毅，处理问题十分果断，喜怒不形于色。他和安王李溶，都向来为文宗所厚爱，而区别于其他皇子诸王。

辛巳（初四），唐文宗在太和殿驾崩。朝廷任命杨嗣复暂摄冢宰，主持治丧。

癸未（初六），仇士良劝说皇太弟李瀍下令，命杨贤妃、安王李溶、陈王李成美自尽。李瀍又下敕，命于本月十四日举行文宗入棺大殓的仪式，凡亲属和百官等一律穿上丧服。谏议大夫裴夷直上言大殓的日期太远，李瀍不听。这时，仇士良等人仍怨恨文宗，于是，凡教坊的乐工和曾经被文宗宠爱的宦官，相继被诛杀或贬逐。裴夷直又上言说："陛下由藩王的身份继承帝位，所以应当像真正忧病一样，尽心哀悼文宗皇帝，迅速举行丧礼，从而早日亲政，以便安抚天下人心。但现在文宗皇帝去世还不到几天，就多次诛杀他的亲近臣僚，以致各地的官员都被惊扰，先帝的神灵不免也被伤害。这样下去，人们会怎样看待陛下呢！现在，国家的体面最为重要，假如先帝的亲近臣僚无罪，就不应惩罚他们；假如有罪，他们已经处于国家法律的天罗地网之中，无法脱逃，等十天后先帝入棺大殓结束，再加惩罚也不晚！"李瀍不听。

辛卯（十四日），文宗的尸体正式入棺大殓。同日，武宗李瀍即位。甲午（十七日），武宗追尊母亲韦妃为皇太后。

当初，武宗被立为皇太弟，不是出于宰相的建议。所以，武宗即位后，相继罢免宰相杨嗣复、李珏的职务，召淮南节度使李德裕来京。九月，甲戌期（初一），李德裕抵达京城。丁丑（初四），李德裕被任命为门下侍郎、同平章事。

开府仪同三司、左卫上将军兼内谒者监仇士良请求朝廷批准，根据自己的官爵等级，授予儿子千牛备身的职务。给事中李中敏批文说："按照开府仪同三司的品级，应当授予他的儿子官位，但仇士良作为宦官，怎么能有儿子呢？"仇士良惭愧而愤怒。李德裕也因为李中敏是杨嗣复的党羽，因而厌恶他，把他调出朝廷担任婺州刺史。

【原文】

武宗至道昭肃孝皇帝上会昌元年（辛酉，841年）

初，知枢密刘弘逸、薛季棱有宠于文宗，仇士良恶之。上之立，非二人及宰相意，故杨嗣复出为湖南观察使，李珏出为桂管观察使。士良屡谮弘逸等于上，劝上除之，乙未，赐弘逸、季棱死，遣中使就潭、桂州诛嗣复及珏。户部尚书杜悰奔马见李德裕曰："天子年少，新即位，兹事不宜手滑！"丙申，德裕与崔珙、崔郸、陈夷行三上奏，又邀枢密使至中书，使人奏。以为："德宗疑刘晏动摇东宫而杀之，中外咸以为冤，两河不臣者由兹恐惧，得以为辞；德宗后悔，录其子孙。文宗疑宋申锡交通藩邸，窜谪至死；既而追悔，为之出涕。嗣复、珏等若有罪恶，乞更加重贬；必不可容，亦当先行讯鞫，俟罪状著白，诛之未晚。今不谋于臣等，遽遣使诛之，人情莫不震骇。愿开延英赐对！"至晡时，开延英，召德裕等入。

德裕等泣涕极言："陛下宜重慎此举，毋致后悔！"上曰："朕不悔。"三命之坐，德裕等曰："臣等愿陛下免二人于死，勿使既死而众以为冤。今未奉圣旨，臣等不敢坐。"久之，上乃曰："特为卿等释之。"德裕等跃下阶舞蹈。上召升坐，叹曰："朕嗣位之际，宰相何尝比数！李珏、季棱志在陈王，嗣复、弘逸志在安王。陈王犹是文宗遗意，安王则专附杨妃。嗣复仍与妃书云：'姑何不效则天临朝！'曏使安王得志，朕那复有今日？"德裕等曰："兹事暧昧，虚实难知。"上曰："杨妃尝有疾，文宗听其弟玄思入侍月余，以此得通指意。朕细询内人，情状皎然，非虚也。"遂追还二使，更贬嗣复为潮州刺史，李珏为昭州刺史，裴夷直为驩州司户。

【译文】

唐武宗会昌元年（辛酉，公元841年）

当初，知枢密刘弘逸、薛季棱很得唐文宗的宠信，因而仇士良厌恶他二人。唐武宗即位，并非出于刘、薛二人和宰相的本意，所以武宗即位后，罢免宰相杨嗣复、李珏的职务，把他们调出朝廷，分别担任湖南观察使和桂管观察使。仇士良又多次在武宗面前说刘弘逸等人的坏话，劝武宗诛除他们。乙未（三月二十四日），武宗命刘弘逸、薛季棱自尽，并派宦官前往潭州、桂州杀杨嗣复和李珏。户部尚书杜悰得知后，急忙骑马去见李德裕，说："皇上年轻，刚刚即位，这件事不应当让他放手蛮干！"丙申（二十五日），李德裕和同僚崔珙、崔郸、陈夷行联名几次上奏，又邀请枢密使到中书省，让他们也劝阻武宗。李德裕等人的奏折说："过去，德宗曾怀疑刘晏动摇自己当初为皇太子时的地位，因而把他诛杀。朝廷内外的官员都认为刘晏冤枉，黄河南北割据跋扈的藩镇因而都感到恐惧，于是，以此为理由，更加骄横跋扈。德宗后来悔悟，录用刘晏的子孙到朝廷做官。文宗曾猜疑宋申锡和漳王李凑交结，结果，贬逐宋申锡，以至于死。但后来又后悔，为宋申锡冤死而流泪。杨嗣复、李珏等人如果真有罪恶，请求陛下再加重贬。假如陛下还不能容忍，也应当先进行审讯，待他们的犯罪事实昭然若揭，再杀也不晚。现在，陛下不和我们商议，就急忙派使者前往诛杀，百官得知后，无不震惊。希望陛下开延英殿让我们当面奏对！"直到傍晚，武宗才命开延英殿，召见李德裕等人。

李德裕等人哭泣着，极力劝阻武宗说："陛下应慎重地决定这件事，不要以后再后悔！"武宗说："朕不后悔。"随即几次命李德裕等人坐下。李德裕等人说："我们希望陛下赦免杨嗣复和李珏的死刑，以免二人死后，百官都认为冤枉。现在，陛下尚未批准，我们不敢坐。"过了很久，武宗才说："朕考虑到你们的请求，特此赦免他们。"李德裕等人高兴地跳下台阶，向武宗行舞蹈礼。武宗命李德裕等人向前坐下，感叹地说："朕被立为皇太弟的时候，当时的宰相哪里曾想到要我继位！李珏、薛季棱的意图是立陈王李成美，杨嗣复、刘弘逸的意图是立安王李溶。立陈王还算是文宗的遗言，立安王，则是专意阿附杨妃。据说杨嗣复曾给杨妃写信说：'您为什么不效法武则天而临朝称帝！'假如安王被立为皇太子继承帝位，朕哪里还有今日？"李德裕等人说："这件事十分暧昧，是真是假难以得知。"武宗说："杨妃曾经患病，文宗同意她弟弟玄思到宫中侍候过一个多月，杨嗣复就是通过他向杨妃转达自己的书信的。朕已经仔细问过宦官，事实一清二楚，绝不是虚构。"于是，武宗派人追回诛杀杨嗣复和李珏的使者，再贬杨嗣复为潮州刺史，李珏为昭州刺史，裴夷直为驩州司户。

【原文】

二年（壬戌，842年）

上信任李德裕，观军容使仇士良恶之。会上将受尊号，御丹凤楼宣赦。或告士良，宰相与度支议草制减禁军衣粮及马刍粟，士良扬言于众曰："如此，至日，军士必于楼前喧哗！"德裕闻之，乙酉，乞开延英自诉。上怒，遽遣中使宣谕两军：

"赦书初无此事。且赦书皆出朕意,非由宰相,尔安得此言!"士良乃惶愧称谢。丁亥,群臣上尊号曰仁圣文武至神大孝皇帝;赦天下。

【译文】

二年（壬戌，公元842年）

唐武宗信任宰相李德裕，观军容使仇士良因此憎恨李德裕。这时，武宗即将由百官上尊号，御临丹凤楼宣赦天下。于是，有人告诉仇士良，说宰相正和度支商议起草制书，减少禁军的衣粮待遇，以及军马的草料。仇士良在稠人广众中扬言说："如果这样，那么到了百官上尊号的那天，禁军军士肯定要在丹凤楼前喧哗闹事!"李德裕得知后，乙酉（四月二十一日），请求武宗开延英殿，让自己当面申诉。武宗得知后大怒，立即派宦官转告左、右神策军中尉说："赦书从一开始就没有这方面的内容，况且赦书的内容都出自朕的本意，而不是宰相的意思，你们怎能这样讲!"仇士良惊慌而惭愧，连连谢罪。丁亥（二十三日），群臣为武宗上尊号，称为仁圣文武至神大孝皇帝。然后，武宗大赦天下。

唐纪六十三

【原文】

武宗至道昭肃孝皇帝中会昌三年（癸亥，843年）

夏，四月，辛未，李德裕乞退就闲局，上曰："卿每辞位，使我旬日不得所。今大事皆未就，卿岂得求去！"

初，昭义节度使刘从谏累表言仇士良罪恶，士良亦言从谏窥伺朝廷。及上即位，从谏有马高九尺，献之，上不受。从谏以为士良所为，怒杀其马，由是与朝廷相猜恨。遂招纳亡命，缮完兵械，邻境皆潜为之备。

李德裕

从谏疾病，谓妻裴氏曰："吾以忠直事朝廷，而朝廷不明我志，诸道皆不我与。我死，他人主此军，是吾家无炊火矣！"乃与幕客张谷、陈杨庭谋效河北诸镇，以弟右骁卫将军从素之子稹为牙内都知兵马使，从子匡周为中军兵马使，孔目官王协为押牙亲事兵马使，以奴李士贵为使宅十将兵马使，刘守义、刘守忠、董可武、崔玄度分将牙兵。谷，郓州人；扬庭，洪州人也。

从谏寻薨，稹秘不发丧。王协为稹谋曰："正当如宝历年样为之，不出百日，旌节自至。但严奉监军，厚遗敕使，四境勿出兵，城中暗为备而已。"使押牙姜鉴奏求国医，上遣中使解朝政以医问疾。积又逼监军崔士康奏称从谏疾病，请命其子积为留后。上遣供奉官薛士干往渝指云："恐从谏疾未平，宜且就东都疗之；俟稍瘳，别有任使。仍遣积入朝，必厚加官爵。"

【译文】

唐武宗会昌三年（癸亥，公元843年）

夏季，四月，辛未（十三日），宰相李德裕乞请辞职，退居闲散的职位。唐武宗说："你每次提出辞职，都让我十来天心神不宁，现在，朝廷的大政方针还都没有安排就绪，你怎么能辞职呢！"

当初，昭义节度使刘从谏多次上表指斥左神策军护军中尉仇士良的罪行，仇士良也向朝廷上言，说刘从谏窥伺朝廷的动向。唐武宗即位以后，刘从谏把自己一匹高达九尺的良马献给武宗。武宗拒绝没有接受。刘从谏认为是仇士良从中作梗，大怒，杀掉了这匹良马。从此以后，和朝廷之间相互猜忌怨恨。于是，招收亡命之徒，修造完善各种兵器军械。与昭义邻接的藩镇都秘密地防备他。

后来，刘从谏身患疾病，对他的妻子裴氏说："我对朝廷忠心直言，但朝廷却不明了我的心意，各个藩镇也都不了解我。我死了以后，如果朝廷另外派人来担任昭义节度使，我们家的香火从此也就断绝了！"于是，他和幕僚张谷、陈扬庭密谋效法河北藩镇，实行割据，任命他的弟弟右骁卫将军刘从素的儿子刘积为牙内都知兵马使，侄子刘匡周为中军兵马使，孔目官王协为押牙亲事兵马使，家奴李士贵为使宅十将兵马使。命令刘守义、刘守忠、董可武、崔玄度分别统辖亲兵。张谷是郓州人；陈扬庭是洪州人。

不久，刘从谏去世，刘积封锁消息，不为刘从谏治丧。王协为刘积谋划说："现在，只要你按照宝历元年刘悟去世后，刘从谏得以世袭而为节度使那样行事，尊奉监军，对朝廷的使者厚加贿赂，四邻边境切勿出兵侵扰，城中秘密地进行防备。这样，不出一百天，朝廷任命你为节度使的旌节自然就会送来。"于是，刘积命押牙姜鉴向朝廷上奏，请求派宫廷中著名的医生为刘从谏治病。武宗派遣宦官解朝政携朝廷医官前往昭义，为刘从谏诊断。刘积又逼迫监军崔士康上奏，说刘从谏

身患疾病，请求朝廷任命他的侄子刘稹为留后。武宗于是又派供奉官薛士干出使昭义，传达武宗的旨意说："朝廷恐怕刘从谏的病一直不好，因此让他暂且到东都洛阳去治病，等到病情逐渐好转，再另外安排任命。并让刘从谏命刘稹到京城朝拜，朝廷必定授予优厚的官爵。"

【原文】

四年（甲子，844年）

上好神仙，道士赵归真得幸，谏官屡以为言。丙子，李德裕亦谏曰："归真，敬宗朝罪人，不宜亲近！"上曰："朕宫中无事时与之谈道涤烦耳。至于政事，朕必问卿等与次对官，虽百归真不能惑也。"德裕曰："小人见势利所在，则奔趣之，如夜蛾之投烛。闻旬日以来，归真之门，车马辐凑。愿陛下深戒之！"

【译文】

四年（甲子，公元844年）

唐武宗喜好道教的神仙，于是，道士赵归真等人得到宠爱。谏官多次上言劝阻武宗。丙子（四月二十三日），李德裕劝阻武宗说："赵归真是敬宗朝的罪人，这种人不应当亲近！"武宗说："朕只不过是在宫中没事的时候和他谈论道教，以便解除烦闷罢了。至于朝政大事，朕肯定要和你以及其他宰相、次对官商议，即使有一百个赵归真，也不可能迷惑我。"李德裕说："小人唯利是图，看到有利的地方，就拼命钻营，就像黑夜中的飞蛾扑向烛火一样。听说近十多天以来，赵归真的门口，车马拥挤，不少人看他得陛下的宠爱，争相去和他交结。希望陛下深加戒备！"

唐纪六十四

【原文】

武宗至道昭肃孝皇帝下会昌四年（甲子，844 年）

刘稹年少懦弱，押牙王协、宅内兵马使李士贵用事，专聚货财，府库充溢，而将士有功无赏，由是人心离怨。刘从谏妻裴氏，冕之支孙也，忧稹将败，其弟问，典兵在山东，欲召之使掌军政。士贵恐问至夺己权，且泄其奸状，乃曰："山东之事仰成于五舅，若召之，是无三州也。"乃止。

王协荐王钊为洺州都知兵马使；钊得众心，而多不遵使府约束，同列高元武、安玉言其有贰心。稹召之，钊辞以"到洺州未立少功，实所惭恨，乞留数月，然后诣府。"许之。

王协请税商人，每州遣军将一人主之，名为税商，实籍编户家赀，至于什器无所遗，皆估为

唐武宗

绢匹，十分取其二，率高其估。民竭浮财及糗粮输之，不能充，皆汹汹不安。

军将刘溪尤贪残，刘从谏弃不用；溪厚赂王协，协以邢州富商最多，命溪主之。裴问所将兵号"夜飞"，多富商之弟，溪至，悉拘其父兄；军士诉于问，问为之请，溪不许，以不逊语答之。问怒，密与麾下谋杀溪归国，并告刺史崔嘏，嘏从之。丙子，嘏、问闭城，斩城中大将四人，请降于王元逵。时高元武在党山，闻

之，亦降。

先是使府赐洺州军士布，人一端，寻有帖以折冬赐。会税商军将至洺州，王钊因人不安，谓军士曰："留后年少，政非己出。今仓库充实，足支十年，岂可不少散之以慰劳苦之士！使帖不可用也。"乃擅开仓库，给士卒人绢一匹，谷十二石，士卒大喜。钊遂闭城请降于何弘敬。安玉在磁州，闻二州降，亦降于弘敬。尧山都知兵马使魏元谈等降于王元逵，元逵以其久不下，皆杀之。

八月，辛卯，镇、魏奏邢、洺、磁三州降，宰相入贺。李德裕曰："昭义根本尽在山东，三州降，则上党不日有变矣。"上曰："郭谊必枭刘稹以自赎。"德裕曰："诚如圣料。"上曰："于今所宜先处者何事？"德裕请以卢弘止为三州留后，曰"万一镇、魏请占三州，朝廷难于可否。"上从之。诏山南东道兼昭义节度使卢钧乘驿赴镇。

潞人闻三州降，大惧。郭谊、王协谋杀刘稹以自赎；稹再从兄中军使匡周兼押牙，谊患之，言于稹曰："十三郎在牙院，诸将皆莫敢言事，恐为十三郎所疑而获罪，以此失山东。今诚得十三郎不入，则诸将始敢尽言，采于众人，必获长策。"稹召匡周谕之，使称疾不入。匡周怒曰："我在院中，故诸将不敢有异图；我出院，家必灭矣！"稹固请之，匡周不得已，弹指而出。

谊令稹所亲董可武说稹曰："山东之叛，事由五舅，城中人人谁敢相保！留后今俗何如？"稹曰："今城中尚有五万人，且当闭门坚守耳。"可武曰："非良策也。留后不若束身归朝，如张元益，不失作刺史。且以郭谊为留后，俟得节之日，徐奉太夫人及室家金帛归之东都，不亦善乎？"稹曰："谊安肯如是？"可武曰："可武已与之重誓，必不负也。"乃引谊入。稹与之密约既定，乃白其母，母曰："归朝诚为佳事，但恨已晚。吾有弟不能保，安能保郭谊！汝自图之！"稹乃素服出门，以母命署谊都知兵马使。王协已戒诸将列于外厅，谊拜谢稹已，出见诸将，稹治装于内厅。李士贵闻之，帅后院兵数千攻谊。谊叱之曰："何不自取赏物，乃欲与李士贵同死乎！"军士乃退，共杀士贵。谊易置将吏，部署军士，一夕俱定。

明日，使董可武入谒稹曰："请议公事。"稹曰："何不言之！"可武曰："恐惊太夫人。"乃引稹步出牙门，至北宅，置酒作乐。酒酣，乃言："今日之事欲全太尉一家，须留后自图去就，则朝廷必垂矜闵。"稹曰："如所言，稹之心也。"可武遂前执其手，崔玄度自后斩之，因收稹宗族，匡周以下至襁褓中子皆杀之。又杀刘从谏父子所厚善者张谷、陈扬庭、李仲京、郭台、王羽、韩茂章、茂实、王渥、贾庠等凡十二家，并其子侄甥婿无遗。仲京，训之兄；台，行余之子；羽，涯之从孙；茂章、茂实，约之子；渥，璠之子；庠，悚之子也。甘露之乱，仲京等亡归从谏，从谏抚养之。凡军中有小嫌者，诩日有所诛，流血成泥。乃函稹首，遣使奉表及书，降于王间。首过泽州，刘公直举营恸哭，亦降于宰。

【译文】

唐武宗会昌四年（甲子，公元844年）

刘稹年轻性情懦弱，其部将押牙王协、宅内兵马使李士贵居中用事掌权，二人专事聚敛财货，使府库财货充斥溢满，而部下将士却有功而得不到赏赐，于是人心离散怨恨。刘从谏的妻子裴氏，是前宰相裴冕的旁支孙女，忧虑刘稹将遭败亡，她的弟弟裴问，率领军队在太行山以东戍守，裴氏想召裴问回来掌握昭义镇的军政。李士贵担心裴问到来后收夺自己的权柄，且使自己的奸状暴露，于是向刘稹进言说："太行山以东的军政大事全仰仗于五舅裴问，如果将裴问召回，邢、洺、磁三州之地将无法控制。"由于李士贵从中作梗，所以召裴问回镇之事不再提了。

昭义军府押牙王协推荐王钊为洺州都知兵马使；王钊很得部众的心，而其部众大都不遵从节度使府的约束，王钊的同僚将领高元武、安玉声言王钊有二心。刘稹召王钊，王钊推辞说："到洺州来没有立下多少功劳，实在是惭愧自恨，乞求再留任洺州几个月，然后再回节度使府效劳。"刘稹也只好准许。

王协又请刘稹向商人收税，每州派遣军将一人主持收税事宜，名义上说是收税，实际上却是把所有百姓的财产都登记造册，以至于连家庭日用器具也一扫无遗，这些器具全用来估价折算成绢匹，按其价值十分收取其二，并动不动就将其价估高，多收税钱。百姓虽然竭尽浮财以及存粮交纳给军府，也无法充实军府的税收，以致群情激愤，上下不安。

昭义军将刘溪尤其贪暴残忍，以前刘从谏对他弃而不用。刘溪用丰厚的财物贿赂王协,王协见邢州富商最多,任命刘溪为邢州主税官。当时裴问所率领的兵将号称"夜飞",大多是富商子弟,刘溪到邢州主税,将他们的父兄全部拘捕;夜飞军士向裴问申诉,裴问为他们向刘溪求情,并请求释放士兵家属,刘溪不许,竟用极不礼貌的语言回答裴问。裴问勃然大怒,秘密与麾下谋划杀刘溪,归降朝廷,并告知邢州刺史崔嘏,崔嘏表示赞同。丙子(闰七月二十五日),崔嘏、裴问将邢州城关闭,斩城中四员大将,向成德节度使王元逵请降,当时高元武在党山,闻知此讯,也向官军投降。

先前昭义节度使府曾赐给洺州军士布匹,每人得一端,不久使府又下帖文,要以这一端布折充为冬赐。恰值使府派遣的税商军将来到洺州,致使人心不安,王钊趁机向军士鼓动说:"留后刘稹年少,军政命令并非由刘稹所出。今军府仓库充实,足可支付十年的用度,岂可以不稍微散出一些财物,用以慰劳辛苦备至的士兵!节度使府的使帖我们不能从命。"于是擅自打开仓库,分给士卒每人绢一匹,谷十二石,士卒皆大为欢喜。王钊趁势关闭洺州城门,请降于魏博节度使何弘敬。安玉在滋州,闻知邢州、洺州都已投降,也以磁州请降于何弘敬。尧山都知兵马使魏元谈等也降于成德度使王元逵,王元逵对魏元谈等人据守尧山久攻不克,于是,将他们全都杀掉。

八月,辛卯(十一日),镇州、魏州藩镇使府向朝廷上奏,称邢、洺、磁三州皆已投降,宰相们入朝向唐武宗庆贺。李德裕对唐武宗说:"昭义镇的根本尽在太行山以东,邢、洺、磁三州归降朝廷后,上党肯定在不久之内会有变战。"唐武宗说:"郭谊必定会斩下刘稹的首级,挂在付杆上,归降朝廷以赎自己的罪。"李德裕回答说:"实际情况必定会如皇上所预料的那样。"唐武宗说:"那么,现在首先应该处理什么事呢?"李德裕请求以卢弘止为邢、洺、磁三州留后,说:"万一镇、魏藩镇请求占有三州,朝廷将难于表态。"唐武宗同意了李德裕的请求。颁下诏书任命山南东道兼昭义节度使卢钧乘驿马赶赴镇治。

潞州人听说邢、洺、磁三州降唐,大为恐惧。郭谊、王协密谋杀刘稹以向朝廷赎罪;刘稹的远房堂兄中军使刘匡周兼任押牙,郭谊对他有顾虑,于是对刘稹说:"由于十三郎刘匡周在牙院,诸位将领都不敢说话言事,恐怕为十三郎猜疑而获罪,正因如此，我们才失去了太行山以东三个州。今天如果使十三郎不入牙院，诸位将领才敢于尽其所言，您如果听计于众人，必定能获得万全长策。"刘稹听后召刘匡周晓以道理，让刘匡周宣称有疾病而不入牙院。刘匡周勃然大怒说："正由于我在牙院中，诸将领才不敢有异图；我若出牙院，刘家必遭破灭！"刘稹还是坚持要刘匡周出牙院，刘匡周不得已，又气又恨，只得即刻走出了牙院。

　　郭谊又指使刘稹所信任的董可武游说刘稹说："太行山以东三州的叛变，事由您的五舅裴问发起，现在上党城中人谁敢保护您！您今天想怎么办？"刘稹回答说："目前上党城中尚有五万人，应当紧闭城门坚守吧！"董可武说："这不是良策，留后您不如将自己捆绑起来归降朝廷，如文宗时张元益那样，还不失做一个刺史。应暂让郭谊充任留后，待得到旌节的时候，从容不迫地奉太夫人以及家室财产归居东都洛阳，不是也很好吗？"刘稹说："郭谊怎么肯这么做呢？"董可武说："我已与郭谊立下重誓，必定不会背负誓约的。"于是引郭谊入见刘稹。刘稹与郭谊密谋降唐事宜，密约既定，然后告诉母亲裴氏，裴氏说："归降朝廷当然是一件好事，只恨已经太晚。我弟裴问尚不忠于你，又如何能保证郭谊不背负于你呢！请您自己再三考虑吧！"刘稹不假思索，穿着素服出使府牙门，以母亲裴氏之命任郭谊为都知兵马使。这时王协已经告诫诸将领，于使府外庭站立排列，郭谊拜谢刘稹礼毕后，出使府门接见诸位将领，刘稹则于内厅整理行装。李士贵听说事变，率领后院兵数千人攻击郭谊。郭谊向后院兵大喊说："你们为何不各自求取赏物，而想与李士贵同死吗！"军士听后纷纷后退，共同将李士贵杀死。郭谊改换使府将吏，安插自己的亲信，重新部署军士，一个晚上就全部准备就绪。

　　次日，郭谊又指使董可武入室谒见刘稹，说："郭公请您商讨公事。"刘稹说："为何不到此对我讲？"董可武说："恐怕惊动了太夫人。"于是引刘稹步行出使府牙门，来到使府之北的别宅，摆设酒宴作乐痛饮。当喝得痛快之时，董可武对刘稹说："今天的事是想保全您祖父太尉刘悟传下的一家人，但您必须自己决定去留，这样朝廷才会同情和照顾您的家属。"刘稹回答说："如您所说，我心里也这么想！"于是董可武上前抓住刘稹的手，崔玄度自后面将刘稹斩首。接着，收捕刘稹宗族家人，刘匡周以下以至襁褓之中的婴儿全部杀死。又杀死原刘从谏父子所信任

善待的张谷、陈扬庭、李仲京、郭台、王羽、韩茂章、韩茂实、王渥、贾库等总共十二家,并株连他们的子侄、外甥、女婿等,无一人能幸存。李仲京是李训的兄长;郭台为郭行余的儿子;王羽是王涯的族孙;韩茂章、韩茂实兄弟皆为韩约的儿子;王渥是王璠的儿子;贾库为贾餗的儿子。唐文宗时甘露之变,李仲京等人逃亡投奔刘从谏,得到刘从谏的保护和抚养。这时郭谊总揽昭义军政大权,凡军中对他稍有嫌隙的人,郭谊也将其诛杀,以致每天都要杀人,血流在地上碾成了血泥。大局稳定后,郭谊将刘稹的首级封装在一个盒子里,派遣使者带着表文和书札,向王宰投降。刘稹的首级经过泽州,刘公直及其营垒的将士痛哭失声,也就一同投降王宰。

【原文】

五年(乙丑,845年)

祠部奏括天下寺四千六百,兰若四万,僧尼二十六万五百。

上恶僧尼耗蠹天下,欲去之,道士赵归真等复劝之;乃先毁山野招提、兰若,敕上都、东都两街各留二寺,每寺留僧三十人;天下节度、观察使治所及同、华、商、汝州各留一寺,分为三等:上等留僧二十人,中等留十人,下等五人。余僧及尼并大秦穆护、祆僧皆勒归俗。寺非应留者,立期令所在毁撤,仍遣御史分道督之。财货田产并没官,寺材以葺公廨驿舍,铜像、钟磬以铸钱。

八月,李德裕等奏:"东都九庙神主二十六,今贮于太微宫小屋,请以废寺材复修太庙。"

壬午,诏陈释教之弊,宣告中外。凡天下所毁寺四千六百余区,归俗僧尼二十六万五百人,大秦穆护、祆僧二千余人,毁招提、兰若四万余区。收良田数千万顷,奴婢十五万人。所留僧皆隶主客,不隶祠部。百官奉表称贺。寻又诏东都止留僧二十人,诸道留二十人者减其半,留十人者减三人,留五人者更不留。

五台僧多亡奔幽州。李德裕召进奏官谓曰:"汝趣白本使,五台僧为将必不如幽州将,为卒必不如幽州卒,何为虚取容纳之名,梁于人口!独不见近日刘从谏招聚无算闲人,竟有何益!"张仲武乃封二刀付居庸关曰:"有游僧入境则斩之。"

上饵方士金丹，性加躁急，喜怒不常。冬，十月，上问李德裕以外事，对曰："陛下威断不测，外人颇惊惧。向者寇逆暴横，固宜以威制之；今天下既平，愿陛下以宽理之，但使得罪者无怨，为善者不惊，则为宽矣。"

上自秋冬以来，觉有疾，而道士以为换骨。上秘其事，外人但怪上希复游猎，宰相奏事者亦不敢久留。诏罢来年正旦朝会。

【译文】

五年（乙丑，公元845年）

祠部上奏朝廷，全国有佛教寺院四千六百座，小拂祠四万，僧尼有二十六万五百人。

唐武宗厌恶像蠹虫一样耗费天下财物的和尚和尼姑，企图将他们罢废还俗。道士赵归真等人又竭力劝武宗废佛。于是唐武宗下令先拆毁山野之间的寺庙，上都长安和东都洛阳的左、右两街各留佛寺两所，每个寺院留僧侣三十人；天下各镇凡节度使、观察使的治所以及同州、华州、商州、汝州各留一所佛寺，将佛寺分为三等：上等可留僧侣二十人，中等可留僧侣十人，下等可留僧侣五人。其余僧侣及尼姑以及大秦穆护（摩尼教）、袄教僧人也一并勒令还俗。

唐鉴真和尚东渡日本弘扬佛法

寺庙除应该留下的以外，立即命令所在官府拆毁，并且由朝廷派遣御史到各道去进行监督。佛寺的财产、田产全部没收入官府，寺庙的建筑材料用以修缮公家的官舍和驿站的房屋，佛教铜像、钟磬等器物熔化后用以铸造钱币。

八月，李德裕等人向唐武宗奏言："东都洛阳九庙有高祖以来神主二十六尊，现在贮藏在太微宫小屋子里，请求用拆毁佛寺所得的木材来修复太庙。"

壬午（初七），唐武宗下诏陈述佛教的危害弊端，并宣告朝廷内外。在全国范围内拆毁佛寺四千六百余区，勒令还俗的僧侣、尼姑有二十六万零五百人，大秦穆护（摩尼孝）、祆教僧人也有二千余人，又拆毁大小佛祠四万余区。从寺院收得良田数千万顷，收得寺院奴婢十五万人。其余所留下的僧侣都隶属于尚书省礼部主客郎中管辖，而不再隶属于尚书省礼部祠部郎中。对于上述处置，朝廷百官都奉表称赞庆贺。不久，唐武宗又命令东都只留僧侣二十人。诸道原留僧侣二十人者减去一半，留十人者减去三人，留五人者全部减去，一个不留。

五台山的僧侣有很多逃亡投奔幽州。李德裕召来幽州的进奏官，对他说："你回去告诉你的节度使，五台山的僧人充当将领必定不如幽州的将领，为士卒也必定不如幽州的士卒，为何要平白无故地得一个容纳僧侣的恶名，而成为人家的口实！你没有看见不久前刘从谏招纳收聚无数的闲人，最终有什么好处！"幽州节度使张仲武于是将两把刀封好送给居庸关的守将，宣称："若有游僧进入幽州之境，一概斩首。"

唐武宗吃下道教方士炼的金丹，性情更加暴躁，喜怒无常。冬季，十月，唐武宗问李德裕朝外之事，李德裕回答说："您的严厉决断人们难以猜测，朝外人士感到很惊诧和恐惧。以前贼寇叛逆专横暴虐，当然应该用严厉的威刑来制服他们；但如今天下既已平定，希望您能以宽容治理政事，如果能使犯罪的人服罪无怨言，为善的人不感到惊慌恐怖，那就能称得上为政宽容了。"

唐武宗自从秋冬之际以来，感觉患有疾病，而道士却认为是换骨。唐武宗将疾病隐瞒起来，宫禁之外的朝臣只是奇怪唐武宗很少出来游猎，宰相入朝奏事也不敢停留太久。武宗又下诏书取消明年元旦的大朝会。

【原文】

六年（丙寅，846 年）

上自正月乙卯不视朝，宰相请见，不许；中外忧惧。

初，宪宗纳李锜妾郑氏，生光王怡。怡幼时，宫中皆以为不慧，太和以后，益自韬匿，群居游处，未尝发言。文宗幸十六宅宴集，好诱其言以为戏笑，上性豪迈，尤所不礼。及上疾笃，旬日不能言。诸宦官密于禁中定策，辛酉，下诏称：

"皇子冲幼，须选贤德，光王怡可立为皇太叔，更名忱，应军国政事令权句当。"太叔见百官，哀戚满容；裁决庶务，咸当于理，人始知有隐德焉。

甲子，上崩。以李德裕摄冢宰。丁卯，宣宗即位。宣宗素恶李德裕之专，即位之日，德裕奉册；既罢，谓左右曰："适近我者非太尉邪？每顾我，使我毛发洒淅。"夏，四月，辛未朔，上始听政。

壬申，以门下侍郎、同平章政事李德裕同平章事，充荆南节度使。德裕秉权日久，位重有功，众不谓其遽罢，闻之莫不惊骇。甲戌，贬工部尚书、判盐铁转运使薛元赏为忠州刺史，弟京兆少尹、权知府事元龟为崖州司户，皆德裕之党也。

杖杀道士赵归真等数人，流罗浮山人轩辕集于岭南。五月，乙巳，赦天下。上京两街先听留两寺外，更各增置八寺；僧、尼依前隶功德使，不隶主客，所度僧、尼仍令祠部给牒。

以循州司马牛僧孺为衡州长史，封州流人李宗闵为郴州司马，恩州司马崔珙为安州长史，潮州刺史杨嗣复为江州刺史，昭州刺史李珏为郴州刺史。僧孺等五相皆武宗所贬逐，至是，同日北迁。宗闵未离封州而卒。

【译文】

六年（丙寅，公元846年）

唐武宗自从正月乙卯（十三日）以来就不再上朝视事，宰相请求见皇上，也不获允许；朝廷内外都深感忧惧。

起初，唐宪宗收纳李锜的妾郑氏，生光王李怡。李怡年幼时，后宫中人们都认为他不聪明，唐文宗太和年以后，李怡更是自己韬光养晦，在大庭广众游乐相处时，从不发言。唐文宗到十六宅为诸王设宴集会，喜欢引逗李怡发言以作笑料，唐武宗性格豪迈，对光王李怡更加无礼。唐武宗危病，十来天不能说话，诸宦官于是暗中在宫禁内策划立新皇帝，辛酉（二月二十日），禁中传出以唐武宗名义颁发的诏书称："皇子们都太年幼，必须选择贤德的皇族成员继承皇位，光王李怡可以立为皇太叔，改其名称李忱，所有军国政事可让他暂时处置。"皇太叔李忱出宫见百官时，满脸悲哀戚惨的样子；而裁决细小军政事务时，都能合情合理，人们这才知

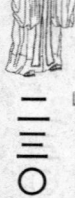

道他隐德。

甲子（二十三日），唐武宗驾崩。李德裕受命兼任冢宰办理后事。丁卯（二十六日），唐宣宗李忱即皇帝位。唐宣宗李忱平素厌恶李德裕专权，即皇帝位的那一天，由李德裕手捧册封的诏书；册立仪式结束后，宣宗对左右近传说："刚才靠近我的是不是李太尉呢？每看我一眼，都使人毛骨悚然。"夏季，四月，辛未朔（初一），唐宣宗开始上朝听政。

壬申（初二），唐宣宗下令调门下侍郎、同平章政事李德裕仍带平章事衔，出任荆南节度使。李德裕在朝掌握权柄很久，位望崇重，立有大功，众朝官想不到他突然被罢免，消息传来，百官无不感到惊骇。甲戌（初四），唐宣宗又下令贬工部尚书、判盐铁转运使薛元赏为忠州刺史，他的弟弟京兆少尹、权知府事薛元龟贬为崖州司户，因为他们都是李德裕的党羽。

唐宣宗下令用棍棒打杀道士赵归真等数人，将罗浮山人轩辕集流放到岭南。五月，乙巳（初五），宣告大赦天下。又宣告上京长安两街除以前留下的两座佛教寺庙外，再各增置八座寺庙；佛教僧侣、尼姑依照以前的规定隶属于左、右街功德使，不隶属于尚书省礼部主客郎中，这些寺庙所度的僧侣、尼姑都可由祠部发给度牒，准许他们出家。

唐宣宗任命循州司马牛僧孺为衡州长史，任命流放封州的李宗闵为郴州司马，任命恩州司马崔珙为安州长史，任命潮州刺史杨嗣复为江州刺史，任命昭州刺史李珏为郴州刺史。牛僧孺等五位前宰相都是唐武宗所贬逐的，到这时，五人同日北还。李宗闵还未离开封州就死了。

【原文】

宣宗元圣至明成武献文睿智章仁神聪懿道大孝皇帝上大中元年（丁卯，847年）

三月，敕："应会昌五年所废寺，有僧能营葺者，听自居之，有司毋得禁止。"是时君、相务反会昌之政，故僧、尼之弊皆复其旧。

【译文】

唐宣宗大中元年（丁卯，公元847年）

三月，唐宣宗颁下诏敕："在会昌五年毁佛时所拆毁的寺庙，如果僧人有能力修缮或营造的，听任他自己居处，官府不得禁止。"这时，唐宣宗和白敏中等君主、宰相，都竭力反对会昌年间唐武宗和李德裕的政策，所以僧侣、尼姑的弊端全部恢复了原样。

【原文】

二年（戊辰，848年）

秋，九月，甲子，再贬潮州司马李德裕为崖州司户，湖南观察使李回为贺州刺史。

十一月，庚午，万寿公主适起居郎郑颢。颢，䌹之孙，登进士第，为校书郎、右拾遗内供奉，以文雅著称。公主，上之爱女，故选颢尚之。有司循旧制请用银装车，上曰："吾欲以俭约化天下，当自亲者始。"令依外命妇以铜装车。诏公主执妇礼，皆如臣庶之法，戒以毋得轻夫族，毋得预时事。又申以手诏曰："苟违吾戒，必有太平、安乐之祸。"颢弟顗，尝得危疾，上遣使视之，还，问"公主何在？"曰："在慈恩寺观戏场。"上怒，叹曰："我怪士大夫家不欲与我家为婚，良有以也！"亟命召公主入宫，立之阶下，不之视。公主惧，涕泣谢罪。上责之曰："岂有小郎病，不往省视，乃观戏乎！"遣归郑氏。由是终上之世，贵戚皆兢兢守礼法，如山东衣冠之族。

【译文】

二年（戊辰，公元848年）

秋季，九月，甲子（八日），唐宣宗再次将潮州司马李德裕贬为崖州司户，将湖南观察使李回贬为贺州刺史。

十一月，庚午（十四日），万寿公主嫁起居郎郑颢。郑颢是郑絪的孙子，举进士第，任校书郎、右拾遗内供奉，以文才风度儒雅而著称员。而万寿公主是唐宣宗的爱女，所以宣宗选郑颢娶公主。有关官员请遵循旧制度用银子装饰马车，唐宣宗说："我想要以俭朴节约来教化天下人，应当从我的亲人开始。"于是命令礼官依照一品外命妇的标准用铜装饰车辆。唐宣宗又颁下诏书令万寿公主要执守妇人的礼节，一切规矩都依照臣下庶民的法律，并告诫万寿公主不得轻视丈夫家族的人，不得干预时事。唐宣宗自写诏书告诫万寿公主说："如果违背我给你的告诫，必然会有当年太平公主、安乐公主那样的祸患。"郑颢之弟郑颐，曾患有重病，十分危急，唐宣宗派遣使者去探视，回宫后，唐宣宗问道："万寿公主在什么地方"使者回答说："在慈恩寺观戏场。"唐宣宗听后勃然大怒，感叹地说："我奇怪士大夫家族不想与我家结婚，确实是有原因的！"立即命令召万寿公主入禁宫，让她站立在庭殿台阶之下，看也不看她一眼。万寿公主感到恐慌，泪流满面，向父皇谢罪。唐宣宗责备女儿说："哪有小叔子病危，嫂子不去探望，却去看戏的道理呢！"派人将万寿公主送回郑颢家。于是，直到唐宣宗死，终其朝，皇亲贵戚都兢兢遵守礼法，不敢有违逆，像崤山以东以礼法门风相尚的世族一样。

资治通鉴第二百四十九卷

唐纪六十五

【原文】

宣宗元圣至明成武献文睿智章仁神聪懿道大孝皇帝下大中四年（庚午，850年）

夏，四月，庚戌，以中书侍郎、同平章事马植为天平节度使。上之立也，左军中尉马元贽有功焉，由是恩遇冠诸宦者，植与之叙宗姓。上赐元贽宝带，元贽以遗植，植服之以朝，上见而识之，植变色，不敢隐。明日，罢相，收植亲吏董侔，下御史台鞫之，尽得植与元贽交通之状，再贬常州刺史。

唐宣宗

【译文】

唐宣宗大中四年（庚午，公元850年）

夏季，四月，庚戌（初二），唐宣宗任命中书侍郎、同平章事马植为天平节度使。唐宣宗被立为皇帝，宦官左神策军中尉马元贽出了大力，于是唐宣宗对他的恩遇超过其他宦官。马植与马元贽攀亲，叙为马姓宗族，唐宣宗赐给马元贽金宝腰带，马元贽转赠给马植，马植系上宝带上朝，被唐宣宗看见并认出，马植当即脸上变色，不敢隐瞒。第二天，唐宣宗罢马植宰相官位，收捕马植的亲信胥吏董侔，送交御史台加以审问，将马植与马元贽内外交通的情状全部查清，于是再贬马植为常州刺史。

【原文】

五年（辛未，851年）

春，正月，壬戌，天德军奏摄沙州刺史张义潮遣使来降。义潮，沙州人也，时吐蕃大乱，义潮阴结豪杰，谋自拔归唐；一旦，帅众被甲噪于州门，唐人皆应之，吐蕃守将惊走，义潮遂摄州事，奉表来降。以义潮为沙州防御使。

以兵部侍郎裴休为盐铁转运使。休，肃之子也。自太和以来，岁运江、淮米不过四十万斛，吏卒侵盗、沈没，舟达渭仓者什不三四，大堕刘晏之法，休穷究其弊，立漕法十条，岁运米至渭仓者百二十万斛。

进士孙樵上言："百姓男耕女织，不自温饱，而群僧安坐华屋，美衣精撰，率以十户不能养一僧。武宗愤其然，发十七万僧，是天下一百七十万户始得苏息也。陛下即位以来，修复废寺，天下斧斤之声至今不绝，度僧几复其旧矣。陛下纵不能如武宗除积弊，奈何兴之于已废乎！日者陛下欲修国东门，谏官上言，遽为罢役。今所复之寺，岂若东门之急乎？所役之功，岂若东门之劳乎？愿早降明诏，僧未复者勿复，寺未修者勿修，庶几百姓犹得以息肩也。"秋，七月，中书门下奏："陛下崇奉释氏，群下莫不奔走，恐财力有所不逮，因之生事扰人，望委所在长吏量加搏节。所度僧亦委选择有行业者，若容凶粗之人，则更非敬道也。乡村佛舍，请罢兵日修。"从之。

张义潮发兵略定其旁瓜、伊、西、甘、肃、兰、鄯、河、岷、廓十州，遣其兄义泽奉十一州图籍入见，于是河、湟之地尽入于唐。十一月，置归义军于沙州，以义潮为节度使。十一州观察使；又以义潮判官曹义金为归义军长史。

【译文】

五年（辛未，公元851年）

春季，正月，壬戌（疑误），唐天德军向朝廷奏称代理沙州刺史张义潮派遣使者来归降。张义潮是沙州人，时值吐蕃内部发生大变乱，张义潮暗中联结沙州豪杰

之士，谋划以自己的力量攻拔沙州，归降唐朝；一天早晨，张义潮率领部众全副武装在州门前喧噪鼓动，原属唐朝的汉族人全都响应，吐蕃族的守将惊慌失措逃走，于是张义潮摄领沙州军政事务，向唐朝上表归降。唐宣宗任命张义潮为沙州防御使。

唐宣宗任命兵部侍郎裴休为盐铁转运使。裴休是裴肃的儿子。自从唐文宗太和年间以来，每年漕运到京师的江、淮地区的大米不过四十万斛，由于路上遭受官吏和士卒的偷盗侵吞以及船沉没于河底，运米船到达渭仓的不到十分之三四，使刘晏创立的漕运之法遭到极大的破坏，裴休坚决追究漕运过程中的弊端，制定漕运法规十条，使每年通过漕运输送至渭仓的江、淮大米达到一百二十万斛。

进士孙樵向唐宣宗上言："老百姓男耕女织，辛勤劳动却不能使自己获得温饱，而一大群不劳而获的佛教僧侣却安然自得地坐在华丽的房间里，身穿华美的衣裳，吃精美的饭菜，大概十户农家也养不起一个僧侣。武宗对僧侣不劳而食，蠹耗国家感到愤慨，勒令十七万僧侣蓄发还俗，使得天下一百七十万农户得以喘息复苏，而陛下即位以来，却下令修复被废的佛教寺庙，以致到今天天下修复庙宇的斧头刀锯之声仍不绝于耳，重新剃度的僧尼几乎恢复到以前的数目。您即使不能像武宗那样革除僧侣蠹国的积弊，又为什么要使已废除的积弊重新复兴呢！近日您想修缮长安城东门，谏官上言劝阻，您立即就罢黜这项工役。而目前所恢复的寺庙，岂能比修复东门更加急迫？所花费工役，岂能比修缮东门更少？希望您尽早降下圣明的诏书，命令凡僧尼还没有恢复身份的不准再予恢复，寺庙还未修复的也不准再修，或许劳苦的百姓为此仍然可以获得喘息的机会。"秋季，七月，中书门下奏称："陛下您崇奉佛教，使下面的人莫不为之奔走，恐怕国家的财力无法承受，且因为推奉佛教而引发事端，骚扰人民，希望陛下能命令掌管佛事的有关官吏，对修建寺庙的费用适当地加以节约。对所剃度的僧侣也让有关部门加以选择，让有道行通佛性的人出家，如果容纳凶残粗野的人入佛门，当然就不是敬奉佛法了。乡村间的小佛舍，请等到收复河、湟罢兵后再修。"唐宣宗表示同意。

张义潮调发军队平定沙州近旁的瓜、伊、西、甘、肃、兰、鄯、河、岷、廓十州之地，派遣他的兄长张义泽奉十一州地图名籍入朝见唐宣宗，于是河、湟之地全部归入唐朝版图。十一月，唐宣宗置归义军于沙州，任命张义潮为归义军节度使、十一州观察使；又任命张义潮的判官曹义金为归义军长史。

【原文】

八年（甲戌，854年）

上自即位以来，治弑宪宗之党，宦官、外戚乃至东宫官属，诛窜甚众。虑人情不安，丙申，诏："长庆之初，乱臣贼子，顷搜擿余党，流窜已尽，其余族从疏远者，一切不问。"

秋，九月，丙戌，以右散骑常侍高少逸为陕虢观察使。有敕使过硖石，怒饼黑，鞭驿吏见血；少逸封其饼以进。敕使还，上责之曰："深山中如此食岂易得！"谪配恭陵。

上以甘露之变，惟李训、郑注当死，自余王涯、贾𫗧等无罪，诏皆雪其冤。

上召翰林学士韦澳，托以论诗，屏左右与之语曰："近日外间谓内侍权势何如？"对曰："陛下威断，非前朝之比。"上闭目摇首曰："全未，全未！尚畏之在。卿谓策将安出？"对曰："若与外廷议之，恐有太和之变，不若就其中择有才识者与之谋。"上曰："此乃末策。自衣黄、衣绿至衣绯，皆感恩，才衣紫则相与为一矣！"上又尝与令狐绹谋尽诛宦官，绹恐滥及无辜，密奏曰："但有罪勿舍，有阙勿补，自然渐耗，至于尽矣。"宦者窃见其奏，由是益与朝士相恶，南北司如水火矣。

【译文】

八年（甲戌，公元854年）

唐宣宗自从即皇帝位以来，整治弑唐宪宗的逆党，宦官、外戚以至东宫的官属，很多人受牵连，被诛杀的和被流放的人很多。由于怕造成人心不安，丙申（正月十一日），唐宣宗颁布诏书宣称："长安初年的乱臣贼子，前一段时间搜捕其余党，已经全部依罪流放，其余与罪犯较疏远的亲族，一概不予追究。"

秋季，九月，丙戌（初四），唐宣宗任命右散骑常侍高少逸为陕虢观察使。有一位宦官敕使路过硖石县，对驿馆供给他食用的饼太黑感到愤怒，用鞭抽打驿吏，使驿吏流血；高少逸将那块饼封于盒送交朝廷，当这位宦官敕使还朝时，唐宣宗斥责他说："在深山中这样的食物，又岂能是容易得到的！"即将他降职发配去守恭陵。

唐宣宗认为甘露之变，唯有李训、郑注应当处死，其余王涯、贾𫗧等人无罪，颁布诏书昭雪他们的冤枉。

唐宣宗召来翰林学士韦澳，假借讨论诗文，屏去左右近侍对韦澳说："近日禁宫外对内侍宦官的权势有哪些说法？"韦澳回答说："都说陛下对宦官的处置威严果断，不是前朝皇帝可以相比的。"唐宣宗闭上眼睛摇摇头说："都不是这么回事，都不是这么回事！朕对宦官还有畏惧呢。你看有什么良策能对付宦官呢？"韦澳回答说："如果与宫廷之外的宰相大臣谋议诛除宦官，恐怕会有象太和年间那样的变故，还不如就在宦官当中选择一些有才识的人，与他们来谋议。"唐宣宗说："这是末策，朕已试行过，当朕提拔他们，让他们穿上黄色衣裳、绿色衣裳，以至绯衣时，他们都感恩戴德，一旦赐给他们紫衣时，他们便与为首作恶的宦官抱成一团，不再听朕的话了！"唐宣宗又曾经与令狐绹密谋，企图将宦官全部诛杀干净，令狐绹恐怕会滥杀无辜，秘密地奏告唐宣宗说："只要对有罪的宦官不予防守，宦官有缺不予补充，就会自然而然地慢慢消耗，最后死光，用不着您操劳忧虑了。"有宦官偷偷地看到了令狐绹的奏状，于是更加与外朝士大夫过不去，使南衙朝官与北司宦官势如水火。

【原文】

九年（乙亥，855年）

二月，以醴泉令李君奭为怀州刺史。初，上校猎渭上，有父老以十数，聚于佛祠，上问之，对曰："醴泉百姓也。县令李君奭有异政，考满当罢，诣府乞留，故此祈佛，冀谐所愿耳。"及怀州刺史阙，上手笔除君奭，宰相莫之测。君奭入谢，上以此奖励，众始知之。

上尝苦不能食，召医工梁新诊脉，治之数日，良已。新因自陈求官，上不许，但敕盐铁使月给钱三千缗而已。

【译文】

九年（乙亥，公元855年）

二月，唐宣宗任命醴泉县令李君奭为怀州刺史。起初，唐宣宗于渭上游猎，看见十几位父老聚集在一个佛祠前，唐宣宗上前讯问其缘故，父老们回答说："我们是醴泉县百姓，县令李君奭有优异的政绩，任期届满当罢官，我们到官府乞求他留任，为此而祈祷于佛祠，希望都能如我们所愿。"后来怀州刺史空缺，唐宣宗亲手写诏敕任命李君奭，宰相们对李君奭的升迁摸不到头脑。李君奭入朝向唐宣宗谢恩，唐宣宗以所得于父老之言来奖励李君奭，众人这才明白了李君奭被提升的缘故。

唐宣宗曾经为不能吃东西而困扰，召医工梁新来把脉诊治，治疗了几天，病情好转。梁新为此自己开口向唐宣宗要求赏一个官位，唐宣宗不予准许，只是下敕命令盐铁使每月给梁新三千缗钱而已。

【原文】

十年（丙子，856年）

上以京兆久不理，夏，五月，丁卯，以翰林学士、工部侍郎韦澳为京兆尹。澳为人公直，既视事，豪贵敛手。郑光庄吏恣横，积年租税不入，澳执而械之。上于延英问澳，澳具奏其状，上曰："卿何以处之？"澳曰："欲置于法。"上曰："郑光甚爱之，何如？"对曰："陛下自内庭用臣为京兆，欲以清畿甸之积弊；若郑光庄吏积年为蠹，得宽重辟，是陛下之法独行于贫户，臣未敢奉诏。"上曰："诚如此。但郑光殢我不置；卿与痛杖，贷其死，可乎？"对曰："臣不敢不奉诏，愿听臣且系之，俟征足乃释之。"上曰："灼热可。朕为郑光故挠卿法，殊以为愧。"澳归府，即杖之；督租数百斛足，乃以吏归光。

【译文】

十年（丙子，公元 856 年）

唐宣宗因为京兆地方很久得不到治理，夏季，五月，丁卯（二十五日），任命翰林学士、工部侍郎韦澳为京兆尹。韦澳为人公正爽直，既到京兆府上任办公，豪猾贵戚均有所收敛，不敢为非作歹。国舅郑光庄园的庄吏骄横无比，多年的租税不交官府，韦澳将他逮捕并锁了起来。唐宣宗于延英殿问韦澳，韦澳将逮捕郑光庄吏的原委全部向唐宣宗陈奏，唐宣宗说："你怎么处置他呢"韦澳回答说："将依照法律处置。"唐宣宗又说："郑光特别喜爱这位庄吏，怎么办呀？"韦澳回答说："陛下从宫禁内庭的翰林院任用我为京兆尹，希望我扫清京畿地区多年的积弊；如果郑光的庄史多年为蠹害，却能得到宽大免于刑事处分，那么陛下所制定的法律，看来只是用来约束贫困户，我实在是不敢奉陛下的诏命再去办事了。"唐宣宗说："你说的确实全合乎道理，但朕舅舅郑光的面子朕不能不顾；你可以用棍杖狠狠地处罚庄吏，但免他一死，行吗？"韦澳回答说："我不敢不听从陛下的当面诏告，请求陛下让我关押那个骄横的庄吏，等到他租税交足之后再释放他。"唐宣宗说："你的话灼然可行，朕为母舅郑光的缘故阻挠你依法行事，的确是惭愧呀。"韦澳回到京兆府，即重杖庄吏：督促他交满数百斛租税后，才将他交还郑光。

【原文】

十一年（丁丑，857 年）

上欲幸华清宫，谏官论之甚切，上为之止。上乐闻规谏，凡谏官论事、门下封驳，苟合于理，多屈意从之；得大臣章疏，必焚香盥手而读之。

教坊祝汉贞，滑稽敏给，上或指物使之口占，摹咏有如宿构，由是宠冠诸优。一日，在上前抵掌诙谐，颇及外事，上正色谓曰："我畜养尔曹，正供戏笑耳，岂得辄预朝政邪！"自是疏之。会其子坐赃，杖死，流汉贞于天德军。

乐工罗程，善琵琶，自武宗朝已得幸；上素晓音律，尤有宠。程恃恩暴横，以睚眦杀人，系京兆狱。诸乐工欲为之请，因上幸后苑奏乐，乃设虚坐，置琵琶，而罗拜于庭，且泣。上问其故，对曰："罗程负陛下，万死，然臣等惜其天下绝艺，不复得奉宴游矣！"上曰："汝曹所惜者罗程艺，朕所惜者高祖、太宗法。"竟杖杀之。

【译文】

十一年（丁丑，公元 857 年）

唐宣宗想去华清宫，谏官们极力上言加以劝阻，为此唐宣宗放弃了去华清宫游玩的想法。唐宣宗喜欢听规诛之言，凡是谏官们论事、门下省封驳，只要合乎情理，大都能虚心接受，表示听从。得到重臣所奏上的章疏，必烧香洗手然后阅读。

宫廷教坊里有一个优人名祝汉贞，为人滑稽敏捷，唐宣宗有时随意指着某一物件，让祝汉贞当场表演口戏，祝汉贞即照着唐宣宗所指物编造故事笑话，口若悬河，就像早已编造好了一样，使听者捧腹大笑，于是得到唐宣宗的喜爱，受宠超过其他各位伎优。一天，祝汉贞又在唐宣宗面前拍着手掌表演谈谐戏，所说口戏涉及许多外朝政事，唐宣宗马上正色训斥祝汉贞："我养你们这群优人，只是要你演戏以供我嬉笑休息罢了，你岂得随意干预朝政呢！"从此以后即对祝汉贞疏远。正值祝汉贞的儿子因贪赃判杖刑被乱棍打死，唐宣宗即将祝汉贞流放于天德军。

宫廷乐工罗程，善于弹奏琵琶，自唐武宗朝已得到宠幸；唐宣宗平素通晓音律，对罗程更加宠爱。罗程依恃皇帝的恩宠暴虐专横，有人对他瞪一眼，就将人杀死，因此被京兆府逮捕入狱。宫廷诸乐工想请求唐宣宗赦免罗程，待唐宣宗到后苑听音乐演奏时，为罗程设一虚坐，放上罗程的琵琶，并一起跪拜于庭前，哭泣不已。唐宣宗问诸乐工为何哭泣，乐工们回答说："罗程辜负了陛下的恩情，罪该万死，但我们可惜罗程的琵琶演奏是天下无双的绝艺，恐怕以后在陛下的宴会和游乐中，再也听不到这样精美的表演了。"唐宣宗说："你们可惜的是罗程的琵琶演奏技艺，朕所珍惜的是高祖、太宗留下的法律。"最后，罗程被判处杖刑，被乱棍打死。

【原文】

十二年（戊寅，858年）

冬，十月，建州刺史于延陵入辞，上曰："建州去京师几何？"对曰："八千里。"上曰："卿到彼为政善恶，朕皆知之，勿谓其远！此阶前则万里也，卿知之乎？"延陵悸慑失绪，上抚而遣之。到官，竟以不职贬复州司马。

令狐绹拟李远杭州刺史，上曰："吾闻远诗云：'长日惟消一局棋，'安能理人！"绹曰："诗人托此为高兴耳，未必实然。"上曰："且令往试观之。"

【译文】

十二年（戊寅，公元858年）

冬季，十月，建州刺史于延陵入朝向唐宣宗辞行，唐宣宗说："建州距离京师有多远？"于延陵回答说："八千里。"唐宣宗说："你到建州后为政的善恶，朕都知道，不要以为距朝廷太远就胡作非为！万里之遥就像在这台阶之前一样，你知道吗？"于延陵被吓得惊恐失措，应对错乱，唐宣宗抚慰他并让他出宫。于延陵到建州刺史任，最后因为不称职而被贬为复州司马。

令狐绹想任用李远为杭州刺史，唐宣宗说："我听说李远写过这么一句诗：'长日唯消一局棋'，这样一个棋迷怎么能处理好人事！"令狐绹说："诗人写诗，假托下棋以尽其兴致，以为高兴罢了，李远未必当真如此。"唐宣宗说："可暂且让李远任杭州刺史，试一试看吧。"

【原文】

十三年（己卯，859年）

初，上长子郓王温，无宠，居十六宅，余子皆居禁中。夔王滋，第三子也，上爱之，欲以为嗣，为其非次，故久不建东宫。

上饵医官李玄伯、道士虞紫芝、山人王乐药，疽发于背。八月，疽甚，宰相及

朝士皆不得见。上密以夔王属枢密使王归长、马公儒、宣徽南院使王居方，使立之。三人及右军中尉王茂玄，皆上平日所厚也。独左军中尉王宗实素不同心，三人相与谋，出宗实为淮南监军；宗实已受敕于宣化门外，将自银台门出，左军副使亓元实谓宗实曰："圣人不豫逾月，中尉止隔门起居；今日除改，未可辨也。何不见圣人而出？"宗实感寤，复入，诸门已踵故事增人守捉矣。开元实翼导宗实直至寝殿，上已崩，东首环泣矣。宗实叱归长等，责以矫诏；皆捧足乞命。乃遣宣徽北院使齐元简迎郓王。壬辰，下诏立郓王为皇太子，权句当军国政事，仍更名漼。收归长、公儒、居方，皆杀之。癸巳，宣遗制，以令狐綯摄冢宰。

宣宗性明察沉断，用法无私，从谏如流，重惜官赏，恭谨节俭，惠爱民物，故大中之政，迄于唐亡，人思咏之，谓之小太宗。

丙申，懿宗即位。癸卯，尊皇太后为太皇太后。以王宗实为骠骑上将军。李玄伯、虞紫芝、王乐皆伏诛。

【译文】

十三年（己卯，公元859年）

起初，唐宣宗的长子郓王李温不为父亲喜爱，居住于十六宅，而唐宣宗的其他儿子都居住于宫中。夔王李滋，是唐宣宗第三个儿子，备受父亲宠爱，唐宣宗想以他为皇嗣；因为李滋上有兄长，依照礼法轮不到他当皇太子，所以唐宣宗久久不立太子。

唐宣宗吃了医官李玄伯、道士虞紫芝、山人王乐所炼的丹药，背上长起毒疮。八月，毒疮发作，唐宣宗卧病不起，宰相和朝士都不得见。唐宣宗密将夔王李滋托付给宦官枢密使王归长、马公儒、宣徽南院使王居方，让他们出来立李滋继承皇位。三人和右神策军中尉王茂玄都是唐宣宗平日所信重的人。唯有左神策军中尉王宗实素来就不与他们同心，王归长等三人密谋，将王宗实挤出禁廷，外任淮南监军；王宗实已于宣化门外接受出任淮南监军的敕令，将由银台门出禁宫，左神策军副使亓元实对王宗实说："皇上卧病不起已一个多月了，中尉您只是隔着门问皇上的起居；今日改任你为淮南监军的诏敕，真假未可分辨。为什么不见到皇上之后再出来呢!"王宗实恍然大悟,再入禁宫,禁宫诸门已按旧规矩增人把守。亓元实引导王宗实直走到唐宣宗的寝殿,唐宣宗已经驾崩,周围的人正都在失声痛哭。王宗实大骂王归长等人,斥责他们假造皇帝的诏命;王归长等人皆跪下乞求饶命。王宗实于是派遣宣徽北院使齐元简去十六宅迎接郓王李温,壬辰(初九),王宗实等以唐宣宗的名义颁布诏书,立郓王为皇太子,暂时掌管军国政事,并改名为李漼。将王归长、马公儒、王居方收捕,全部杀死。癸巳(初十),宣布唐宣宗的遗诏,以令狐绹摄冢宰,主持后事。

  唐宣宗聪明细致,沉着果断,用法不徇私情,能虚心纳谏,从谏如流,不轻易将官位赏人,谦恭谨慎,生活节俭,爱护百姓的财物,所以大中年间的政治较清明,一直到唐朝灭亡,都有人思念歌咏,称唐宣宗为小太宗。

  丙申(十三日),唐懿宗即皇帝位。癸卯(二十日),唐懿宗尊皇太后为太皇太后。任命王宗实为骠骑上将军。给唐宣宗吃丹药的李玄伯、虞紫芝、王乐都被处死。

唐纪六十六

【原文】

懿宗昭圣恭惠孝皇帝上咸通元年（庚辰同，860年）

于是山海诸盗及他道无赖亡命之徒，四面云集，众至三万，分为三十二队。其小帅有谋略者推刘暀，勇力推刘庆、刘从简。群盗皆遥通书币，求属麾下。甫自称天下都知兵马使，改元曰罗平，铸印曰天平。大聚资粮，购良工，治器械，声震中原。

三月，辛亥朔，式入对，上问以讨贼方略。对曰："但得兵，贼必可破。"有宦官侍侧，曰："发兵，所费甚大。"式曰："臣为国家惜费则不然。兵多贼速破，其费省矣。若兵少不能胜贼，延引岁月，贼势益张，则江、淮群盗将蜂起应之。国家用度尽仰江、淮，若阻绝不通，则上自九庙，下及十军，皆无以供给，其费岂可胜计哉！"上顾宦官曰："当与之兵。"乃诏发忠武、义成、淮南等诸道兵授之。

及王式除书下，浙东人心稍安。裘甫方与其徒饮酒，闻之不乐。刘暀叹曰："有如此之众而策画未定，良可惜也！今朝廷遣王中丞将兵来，闻其人智勇无敌，不四十日必至。兵马使宜急引兵取越州，凭城郭，据府库，遣兵五千守西陵，循浙江筑垒以拒之，大集舟舰。得间，则长驱进取浙西，过大江，掠扬州货财以自实，还，修石头城而守之，宣歙、江西必有响应者。遣刘从简以万人循海而南，袭取福建。如此，则国家贡赋之地尽入于我矣；但恐子孙不能守耳，终吾身保无忧也。"甫曰："醉矣，明日议之！"暀以甫不用其言，怒，阳醉而出。有进士王辂在贼中，贼客之。辂说甫曰："如刘副使之谋，乃孙权所为也。彼乘天下大乱，故能据有江东；今中国无事，此功未易成也。不如拥众据险自守，陆耕海渔，急则逃入海岛，此万全策也。"甫畏式，犹豫未决。

先是，贼谍入越州，军吏匿而饮食之。文武将吏往往潜与贼通，求城破之日免死及全妻子；或诈引贼将来降，实窥虚实；城中密谋屏语，贼皆知之。式阴察知，悉捕索，斩之；刑将吏尤横猾者；严门禁，无验者不得出入，警夜周密，贼始不知我所为矣。

式命诸县开仓廪以赈贫乏，或曰："贼未灭，军食方急，不可散也。"式曰："非汝所知。"

官军少骑卒，式曰："吐蕃、回鹘比配江、淮者，其人习险阻，便鞍马，可用也。"举籍府中，得骁健者百余人。虏久羁旅，所部遇之无状，因喂甚；式既犒饮，又周其父母妻子，皆泣拜欢呼，愿效死，悉以为骑卒，使骑将石宗本将之。凡在管内者，皆视此籍之，又奏得龙陂监马二百匹，于是骑兵足矣。

或请为烽燧以訽贼远近众寡，式笑而不应，选懦卒，使乘健马，少与之兵，以为候骑；众怪之，不敢问。

于是阅诸营见卒，及土团子弟，得四千人，使导军分路讨贼；府下无守兵，更籍土团千人以补之。乃命宣歙将白琮、浙西将凌茂贞帅本军，北来将韩宗政等帅土团，合千人，石宗本帅骑兵为前锋，自上虞趋奉化，解象山之围，号东路军。又以义成将白宗建、忠将游君楚、淮南将万璘帅本军与台州唐兴军合，号南路军。令之曰："毋争险易，毋焚庐舍，毋杀平民以增首级！平民胁从者，募降之。得贼金帛，官无所问。俘获者，皆越人也，释之。"

府中闻甫入剡，复大恐，王式曰："贼来就擒耳！"命趋东、南两路军会于剡，辛卯，围之。贼城守甚坚，攻之，不能拔；诸将议绝溪水以渴之，贼知之，乃出战。三日，凡八十三战，贼虽败，官军亦疲。贼请降，诸将出白式，式曰："贼欲少休耳，益谨备之，功垂成矣。"贼果复出，又三战。庚子夜，裘甫、刘暀、刘庆从百余人出降，遥与诸将语，离城数十步，官军疾趋，断其后，遂擒之。壬寅，甫等至越州，式腰斩暀、庆等二十余人，械甫送京师。

诸将还越，式大置酒。诸将乃请曰："某等生长军中，久更行陈，今年得从公破贼，然私有所不谕者，敢问：公之始至，军食方急，而遣散以赈贫乏，何也？"

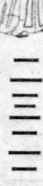

式曰："此易知耳。贼聚谷以诱饥人，吾给之食，则彼不为盗矣。且诸县无守兵，贼至，则仓谷适足资之耳。"又问："不置烽燧，何也？"式曰："烽燧所以趣救兵也，兵尽行，城中无兵以继之，徒惊士民，使自溃乱耳。"又问："使懦卒为候骑而少给兵，何也？"式曰："彼勇卒操利兵，遇敌且不量力而斗；斗死，则贼至不知矣。"皆曰："非所及也！"

【译文】

唐懿宗咸通元年（庚辰，公元860年）

（春正月）由于裘甫打败浙东官军，山林海岛中的盗贼以及其他地方的无赖亡命之徒，四面云集于裘甫的旗帜之下，部众发展到三万余人，分为三十二个队。各队小帅中较有谋略者首推刘暀，有武勇力气者推刘庆、刘从简。群盗都由远处地方向裘甫通信送款，要求归属于裘甫麾下。裘甫自称天下都知兵马使，改元称罗平，铸造的大印上刻着天平。于是大量聚积资财粮草，雇请优良的工匠，制造军用器械，其浩大的声势震动了中原。

三月，辛亥朔（初一），王式入朝问对，唐懿宗问王式有关讨伐裘甫贼军的方略。王式回答说："只要给我军队，贼军必然可以攻破。"有宦官侍立在唐懿宗近侧，说："调发军队，所花费的军费太大。"王式说："我为国家珍惜费用就不是这样。调发的军队多，贼军可迅速消灭，所用军费反而可以节省。若调发军队少，不能战胜贼军，或者是将战事拖延几年几月，贼军的势力日益壮大，江、淮之间的群盗就将蜂起响应。现在国家的财政用度几乎全部仰仗于江、淮地区，如果这一地区被叛乱的贼众阻绝，使财赋输送之路不通，就会使上自九庙，下及北门十军，都没有办法保证供给，那样耗费的费用岂可胜计！"唐懿宗望着宦官说："应当给王式调兵。"于是颁下诏书，调发忠武、义成、淮南等诸道军队交给王式指挥。

当王式任浙东观察使的委任文书颁发下后，浙东地区的人心才稍微安定。裘甫正与部下徒众饮酒，得知王式到来，很不高兴。刘暀感叹地说："我们有如此众多的军队，而战略计划还没有制定，实在是可惜！今天朝廷派遣王中丞率军队来镇压，听说这个人智勇双全，所向无敌，不过四十天时间必然会赶到。裘将军您应该赶快率领军队攻取越州，凭借越州高大的城郭，占据官府的仓库，再派遣五千军队驻守西陵，沿浙江修筑堡垒，以抗拒王式所率官军，同时要大量地收集各种船舰。如果获得机会，就率大军长驱进取浙西，渡过长江，掠取扬州的货物财宝来充实自己的军资费用，回军后，修缮石头城坚守，这时宣歙、江西地区必定会有人起而响应。您再派遣刘从简率领军队一万人沿海南征，袭取福建。这样，就使唐朝的东南贡赋之地全部归于我们手中；虽然说我们的子孙恐怕不能守住东南半壁山河，但我们这辈子可以保证无忧虑了。"裘甫说："喝醉了，明天再商议吧！"刘暀因为裘甫不用他的战略谋划，十分愤怒，假装喝醉走出。有一位名叫王辂的唐朝进士在裘甫军中，被当作宾客受到优礼。王辂对裘甫说："如果按兵马副使刘暀的谋划行事，正是当年孙权所做的割据江东的事业。但孙权是乘天下大乱的机会，因而能保据江东；如今中原无事，划江称帝的功业不容易办成。不如率领部众去占据险要地方，自守天涯一角，在陆地上耕种，在大海中捕鱼，事危急时就逃入海岛，这才是万全的计策。"裘甫畏惧王式，犹豫而不能决。

先前，裘甫派间谍潜入越州，越州军府官吏竟把他们藏起来，给他们供应饮食。州府文武将吏也往往暗中与裘甫军通款，以求城被贼军攻破的日子，能免死并保全妻子儿女；有的人假装引裘甫手下将领来投降，实际上是来窥探军情虚实；城中官府的密谋和暗语，裘甫军全都知道。（四月）王式暗中将这一切查明，把通敌将吏全部逮捕，并处斩；又对州府中特别专横狡猾的将吏用刑，严格门禁法规，没有过关凭证公验的人不得出入，夜里安排周密的警戒，裘甫贼军于是不再能探知官军的虚实了。

王式命令越州所属诸县打开仓库的储粮，用以赈救贫苦乏食的百姓，有人说："裘甫贼寇还未消灭，军粮正急于要用，不可散发。"王式说："这就不是你所能知道的了。"

唐官军缺少骑兵，王式说："吐蕃、回鹘的降俘发配到江、淮的人不少，这些人在艰难险阻的环境中生活惯了，熟悉鞍马骑射，可以起用他们。"于是查明发配到浙东观察城，无法攻拔；王式部下诸将议论断绝溪水，渴死城内人，裘甫贼军知道官军要断绝其水源，于是出城交战。三天内共交战八十三次，贼军虽被战败，官军也很疲倦。裘甫贼军请求投降，王式部下诸将向王式报告，王式说："裘甫贼企图获得稍许休整时间，我们应更加谨慎守备，大功就要告成了。"裘甫贼军果然再出城，又与官军交战了三次。庚子（二十一日）夜，裘甫、刘暀、刘庆率百余人出城投降，并远远地对官军诸将喊话，请求收纳，官军迅速赶往城下，切断裘甫等人的后路，于是将裘甫等百余人擒获。壬寅（二十三日），裘甫等人被押送到越州，王式下令将刘暀、刘庆等二十余人拦腰处斩，将裘甫锁于监车上，押送到京师长安去报功。

官军诸将回到越州，王式大摆酒宴庆功。诸镇将领于是向王式请教说："我们这些人生长在军队行伍之中，久经战阵，今年能够随从您攻破裘甫贼党，实在是荣幸，但我们有些事仍没有明白过来，请问：您刚到越州上任时，军粮正紧张，而您立即将官府仓库的屯粮散给老百姓，赈救贫困乏粮者，其中用意是什么？"王式回答说："这个道理容易理解，裘甫贼众屯聚谷米来引诱饥饿的人民，我分发粮食，饥民就不会被裘甫引诱入伙为盗贼。况且诸县没有守兵，裘甫贼军赶到，官府仓库的谷米正好成为贼寇的资粮，为盗贼所用。"诸将又问道："您不设置烽火台，这又是为什么？"王式说："设烽火台是为了求取救兵，我手下的军队都已安排了任务，越州城中没有军队可用作援兵，设烽火台不过是徒费功夫，惊扰士民，使我军自乱溃散而已。"诸部将领又问："您派懦弱的士兵充当侦察骑兵，而且给他们配以很少的武器，这是什么道理呢？"王式回答说："如果侦察骑兵选派勇武敢斗的士兵，并配给锋利的兵器，遇到敌军就可能会不自量力上前搏斗，搏斗战死，就没有人回来报告，我们就不知道贼军来了，这样的侦察兵有什么用呢？"众部将听完后，都十分佩服，说："这都不是我们的智力所能达到的啊！"

资治通鉴第二百五十一卷

唐纪六十七

【原文】

懿宗昭圣恭惠孝皇帝中咸通九年（戊子，868年）

初，南诏陷安南，敕徐泗募兵二千赴援，分八百人别戍桂州，初约三年一代。徐泗观察使崔彦曾，慎由之从子也，性严刻；朝廷以徐兵骄，命镇之。都押牙尹戡、教练使杜璋、兵马使徐行俭用事，军中怨之。戍桂州者已六年，屡求代还，戡言于彦曾，以军帑空虚，发兵所费颇多，请更留戍卒一年；彦曾从之。戍卒闻之，怒。

都虞候许佶、军校赵可立、姚周、张行实皆故徐州群盗，州县不能讨，招出之，补牙职。会桂管观察使李丛移湖南，新使未至，秋，七月，佶等作乱，杀都将王仲甫，推粮料判官庞勋为主，劫库兵北还，所过剽掠，州县莫能御。

戊午，行及徐城，勋与许佶等乃言于众曰："吾辈擅归，思见妻子耳。今闻已有密敕下本军，至则支分灭族矣！丈夫与其自投网罗，为天下笑，曷若相与戮力同心，赴蹈汤火，岂徒脱祸，兼富贵可求！况城中将士皆吾辈父兄子弟，吾辈一唱于外，彼必响应于内矣。然后遵王侍中故事，五十万赏钱，可翘足待也！"众皆呼跃称善。将士赵武等十二人独忧惧，欲逃去，悉斩之，遣使致其首于彦曾，且为申状，称："勋等远戍六年，实怀乡里；而武等因众心不安，辄萌奸计。将士诚知洼误，敢避诛夷！今既蒙恩全宥，辄共诛首恶以补愆尤。"

初，辛云京之孙谠，寓居广陵，喜任侠，年五十不仕；与杜慆有旧，闻庞勋作乱，诣泗州，劝慆挈家避之，慆曰："安平享其禄位，危难弃其城池，吾不为也！

且人各有家，谁不爱之？我独求生，何以安众！誓与将士共死此城耳！"谠曰："公能如是，仆与公同死！"乃还广陵，与其家诀，壬辰，复如泗州。时民避乱，扶老携幼，塞途而来，见谠，皆止之曰："人皆南走，子独北行，取死何为！"谠不应。至泗州，贼已至城下，谠急棹小舟得入，慆即署团练判官。

丁未夜，乘小舟潜渡淮，至洪泽，说厚本，厚本不听，比明，复还。己酉，贼攻城益急，欲焚水门，城中几不能御；谠请复往求救。慆曰："前往徒还，今往何益？"谠曰："此行得兵则生返，不得则死之。"慆与之泣别。谠复乘小舟负户突围出，见厚本，为陈利害。厚本将从之，淮南都将袁公弁曰："贼势如此，自保恐不足，何暇救人！"谠拔剑嗔目谓公弁曰："贼百道攻城，陷在朝夕；公受诏救援而逗留不进，岂惟上负国恩！若泗州不守，则淮南遂为寇场，公讵能独存邪！我当杀公而后止耳！"起，欲击之，厚本起，抱止之，公弁仅免。谠及回望泗州，恸哭终日，士卒皆为之流涕。厚本乃许分五百人与之，仍问将士，将士皆愿行。谠举身叩头以谢将士，遂帅之抵淮南岸，望贼方攻城，有军吏言曰："贼势已似入城，还去则便。"谠逐之，揽得其髻，举剑击之，士卒共救之，曰："千五百人判官，不可杀也。"谠曰："临陈妄言惑众，必不可舍！"众请不能得，乃共夺之。谠素多力，众不能夺。谠曰："将士但登舟，我则舍此人。"众竞登舟，乃舍之。士卒有回顾者。则斫之。驱至淮北，勒兵击贼。慆于城上布兵与之相应，贼遂败走，鼓噪逐之，至晡而还。

泗州援兵既绝，粮且尽，人食薄粥。闰月，己亥，辛谠言于杜慆，请出求救于淮、浙，夜，帅敢死士十人，执长柯斧，乘小舟，潜往斫贼水寨而出。明旦，贼乃觉之，以五舟遮其前，以五千人夹岸追之。贼舟重行迟，谠舟轻行疾，力斗三十余里，乃得免。癸卯，至扬州，见令狐绹；甲辰，至润州，见杜审权。时泗州久无声问，或传已陷，谠既至，审权乃遣押牙赵翼将甲士二千人，与淮南共输米五千斛、盐五百斛以救泗州。

【译文】

唐懿宗咸通九年（戊子，公元868年）

起初，南诏蛮军攻陷安南，唐懿宗下敕令徐泗镇招募士兵二千人往安南赴援，并分其中八百人另往桂州屯戍，最初约定三年轮换一批。徐泗观察使崔彦曾是崔慎由的侄子，性情严酷刻薄；朝廷因为徐州士兵骄横，所以任命崔彦曾镇抚徐泗。都押牙尹戡、教练使杜璋、兵马使徐行俭在使府用事掌权，遭到军中将士的怨愤，当时戍守桂州的徐泗士兵已戍边六年，屡次请求轮换回乡，尹戡向崔彦曾上言，军府帑藏空虚，再调军队往桂州轮换替代，费用太多，请让桂林戍卒再留一年；崔彦曾听从了尹戡的建议。戍卒们得知消息，怒火冲天。

戍军都虞候许佶、军校赵可立、姚周、张行实都是以前的徐州盗贼，州县不能征讨，于是招安出山，用以补充军队，出任牙职。恰值桂管观察使李丛调往湖南镇守，新任观察使尚未到任，秋季，七月，许佶等人发动叛乱，杀死都将王仲甫，推举粮料判官庞勋为主帅，抢劫军用仓库的兵器，武装起来结队北还，他们在所过之地四处劫掠，地方州县不能抵御。

戊午（九月二十八日），庞勋等行至徐城县，庞勋与许佶等人对部众宣称："我辈擅自归来，是因为思念妻儿，日夜想和他们相见啊。今天听说，已有皇帝的密敕到了徐州军府，到徐州我们将被肢解灭族！大丈夫与其自投罗网，为天下人所笑，还不如大家同心协力，赴汤蹈火干一番大事业。这样不仅摆脱祸殃，而且可以求得富贵！更何况徐州城内的将士都是我们的父兄子弟，我们在外一声高喊，他们在城内必然响应。然后遵照王智兴侍中过去所做的事去办，五十万缗赏钱，可以翘足以待！"众戍卒听后都欢呼雀跃，拍手称好。只有将士赵武等十二人感到忧虑和恐惧，企图逃之夭夭，庞勋将他们全部处斩，派遣使者将赵武等十二人的首级送交崔彦曾，并且再递上申诉状，宣称："庞勋等远戍桂州六年，实在是怀念故乡故里；而赵武等人因为众心不安，竟萌生奸计，骗我们擅自归来。将士们当然知道被赵武等迷误将受到处罚，怎敢冒着诛灭全家的危险不听府使的命令！今天既承蒙观察使的大恩，得以免罪保全性命，大家也就立即将首恶分子赵武等十二人诛死，以弥补我们所犯下的罪过。"

起初，辛云京的孙子辛谠，在广陵闲居，行使仗义，已五十岁了却不愿入朝做官；辛谠与杜慆早年友好，听说庞勋在徐泗叛乱，来到泗州，劝杜慆携带家属弃城逃走，杜慆说："平安时期享有朝廷的俸禄官位，危难时期抛弃朝廷委交给我管理的城池，这是我所不能干的！况且人各有自己的家，谁不爱自己的家呢？我独自逃走求生，如何来安定部众的心！我誓与将士同生死，要死也一起死在泗州城！"辛谠说："您能这样做，我也与您一同死在城里！"于是回到广陵，与自己的家属诀别，壬辰（十一月初三），再回到泗州城。当时民众为避战乱，扶老携幼，向南逃亡，道路也被人流所堵塞，逃亡的百姓见到辛谠，都劝阻他说："人们都往南走，您独自北行，不是去找死吗！"辛谠不搭理。来到泗州，叛军已开到城下，辛谠拼命地划小船，得入城内，杜慆当即任命辛谠为团练判官。

丁未（十八日）夜晚，辛谠乘小船偷渡淮河，来到洪泽，游说郭厚本，郭厚本不听，到天亮，辛谠回到泗州城。己酉（二十日），贼军攻城更加急迫，企图焚烧泗州城的水门，城中将士几乎不能抵御；辛谠请求再往洪泽求救。杜慆说："您前次去没有搬来救兵，独自回来，今天再去又有何用？"辛谠说："这次去能搬来救兵就活着回来，搬不到救兵就死在那里。"杜慆于是与辛谠流着眼泪告别。辛谠再乘小船背朝着泗州突围而出，见到郭厚本，陈说利害。郭厚本正要听从辛谠的劝说，淮南镇都将袁公弁说："叛贼势力这样强大，我们自保恐怕还不足够，还有什么余力去援救别人！"辛谠拔出剑瞪着眼对袁公弁说："叛贼从四面八方进攻泗州城，泗州城沦陷就在朝夕之间；您受皇上的诏敕率军前来援救，却逗留不进，岂止是上负国家的恩情！如果泗州城守不住，淮南就要成为贼寇逐鹿的战场，您怎么能够独自生存呢？我应当先杀死您，然后自杀！"于是愤然起身，举剑要杀袁公弁，郭厚本忙起来抱住辛谠，按住辛谠的手，袁公弁得免遭一剑。辛谠于是回头望着泗州，痛哭终日，士卒们都被感动得流泪。郭厚本于是准许分五百人给辛谠，并问将士谁愿随辛谠去，将士们都表示愿意前往。辛谠转身向将士们叩头，表示感谢，于是率领士兵进抵淮河南岸，看见贼军正在围攻泗州城，有一个军吏叫喊："贼军势强，似乎已攻入了城，还是回去为好。"辛谠追上前去，抓住军吏的头发，举起剑将杀死他，士兵们都来求情赦免，说："他是一千五百人的判官，不可杀死。"辛谠说："临阵信口胡说，妖言惑众，绝对不能免他的死！"大家见求情无效，于是一齐来夺辛谠手中的剑。辛谠很有力气，众人夺不下他的剑。于是辛谠说："大家只要登上船，我就放下这个人。"众人竞相登船，辛谠这才放手舍下那位军吏。船上士卒有谁回头看，辛谠即用剑砍谁。船行至淮河北岸，辛谠即率领士卒向贼军发动袭击。杜慆在泗州城上布置军队与辛谠相接应，贼军于是被打败退走，官军敲鼓呼喊着追逐，直到午后才回城。

泗州的援兵既已断绝，粮食也将吃尽，人们只能喝稀粥。闰十二月，己亥（初十），辛谠对杜慆说，请出城向淮、浙地区请求救兵，夜晚，辛谠率领敢死战士十人，手持长柄斧，乘小船，偷偷地砍断贼军水寨栅围逃出。次日早晨，贼军才发现，于是派五艘船阻击辛谠的小船，又派五千军队夹着河岸追击。贼军的船大体重，行动迟缓，辛谠的船小轻便，划得较快，辛谠与贼军奋力拼斗了三十余里，终于突出重围。癸卯（十四日），来到扬州，见到唐淮南节度使令狐绹；甲辰（十五日），又为到润州，见到唐镇海节度使杜审权。当时已很久没有得到泗州的消息，有传言说泗州已沦陷，辛谠既赶到，杜审权于是派遣押牙赵翼率领武装得很好的士兵二千人，与淮南共输送大米五千斛、盐五百斛，前往援救泗州。

【原文】

十年（己丑，869年）

辛谠以浙西之军至楚州，敕使张存诚以舟助之。徐贼水陆布兵，锁断淮流，浙西军惮其强，不敢进，谠曰："我请为前锋，胜则继之，败则汝走。"犹不可；谠乃募选军中敢死士数十人，牒补职名，先以米舟三艘、盐舟一艘乘风逆流直进，贼夹攻之，矢著舟板如急雨，及锁，谠帅众死战，斧断其锁，乃得过。城上人喧呼动地，杜慆及将佐皆泣迎之。乙酉，城上望见舟师张帆自东来，识其旗浙西军也；去城十余里，贼列火船拒之，帆止不进。慆令谠帅死士出迎之，乘战舰冲贼陈而过，见张存诚帅米舟九艘，曰："将士在道前却，存诚屡欲自杀，仅得至此，今又不进。"谠扬言："贼不多，甚易与耳。"帅众扬旗鼓噪而前，贼见其势猛锐，避之，遂得入城。

先是，辛谠复自泗州引骁勇四百人迎粮于杨、润，贼夹岸攻之，转战百里，乃得出。至广陵，止于公馆，不敢归家，舟载盐米二万石，钱万三千缗，乙未，还至斗山。贼将王弘芝帅众万余，拒之于盱眙，密布战舰百五十艘以塞淮流，又纵火船逆之。谠命以长叉托过，自卯战及未，众寡不敌，官军不利。贼缚木于战舰，旁出四五尺为战棚，谠命勇士乘小舟入其下，矢刃所不能及，以枪揭火牛焚之，战舰既然，贼皆溃走，官军乃得过入城。

丙申，引兵发徐州。

戊午，开门出降。玄稔见承训，肉袒膝行，涕泣谢罪。承训慰劳，即宣敕，拜御史中丞，赐遗甚厚。

玄稔复进言："今举城归国，四远未知，请诈为城陷，引众趋苻离及徐州，贼党不疑，可尽擒也！"承训许之。宿州旧兵三万，承训益以数百骑，皆赏劳而遣之。玄稔复入城，暮发平安火如常日。己未向晨，玄稔积薪数千束，纵火焚之，如城陷军溃之状，直趋苻离，苻离纳之，既入，斩其守将，号令城中，皆听命，收其兵，复得万人，北趋徐州。庞举直、许佶闻之，婴城拒守。

辛酉，玄稔至彭城，引兵围之，按兵未攻，先谕城上人曰："朝廷唯诛逆党，不伤良人；汝曹奈何为贼城守？若尚狐疑，须臾之间，同为鱼肉矣！"于是守城者稍稍弃甲投兵而下。崔彦曾故吏路审中开门纳官军，庞举直、许佶帅其党保子城，日昃，贼党自北门出，玄稔遣兵追之，斩举直、佶首，余党多赴水死，悉捕戍桂州者亲族，斩之，死者数千人，徐州遂平。

庞勋将兵二万自石山西出，所过焚掠无遗。庚申，承训始知，引步骑八万西击之，使朱邪赤心将数千骑为前锋。勋袭宋州，陷其南城，刺史郑处冲守其北城，贼知有备，舍去，渡汴，南掠亳州，沙陀追及之。勋引兵循涣水而东，将归彭城，为沙陀所逼，不暇饮食，至蕲，将济水，李兖发桥，勒兵拒之。贼惶惑不知所之，至县西，官军大集，纵击，杀贼近万人，余皆溺死，降者才及千人，勋亦死而人莫之识，数日，乃获其尸。贼宿迁等诸寨皆杀其守将而降。宋威亦取萧县，吴迥独守濠州不下。

【译文】

十年（己丑，公元869年）

辛谠率领浙西军队赶到楚州，宦官敕使张存诚率领船队来协助。徐州叛贼在水上和陆上布置了军队，封锁截断了淮河水流，浙西军队畏惧贼军的强大，不敢前进，辛谠对张存诚及诸将领们说："我请求当前锋，得胜你们就跟着我前进，失败你们就赶快撤退。"仍然得不到同意；辛谠于是招募军中的敢死士兵数十人，用牒写下委任的职位姓名，先驾驶装米的船三艘，装盐的船一艘，乘风逆流而进，直冲泗州城，贼军在两岸夹击，箭头射在船板上，犹如急雨，船行至贼军封锁河道的铁锁前，辛谠率领部众奋力死战，用斧砍断铁锁，船得以通过。泗州城上欢呼之声震天动地，杜慆及部下将佐都哭着赶来迎接。乙酉（正月二十七日），泗州城上官军望见有战船张帆自东方而来，认出船上的旗帜是浙西军；离泗州城有十余里，徐州贼军排列火船进行阻挡，使浙西船队拉下船帆无法前进。杜慆命令辛谠率领敢死士兵出城迎接，辛谠乘战船冲向贼军阵地，冲过敌船后，看见张存诚率领装米的船九艘停在河中，张存诚喊："将士们惧怕贼军不敢前进，在河道中停留，我几次要自杀，才将船开到这里，现在船又不敢前进。"辛谠扬言说："贼军不多，前进并不太难。"于是率领众军扬起军旗，打鼓喧噪，奋力前行。贼军见浙西船队来势相当凶猛，避而不敢迎战，于是船队得入泗州城。

此前，辛谠再次从泗州率领骁勇士兵四百人到扬州、润州迎粮，贼军在河岸夹击，辛谠转战一百里，才突围而出。来到广陵，住宿于官府旅馆，不敢回家，用船运载盐米二万石、钱一万三千缗回泗州，乙未（四月初八），来到斗山。贼军将领王弘芝率领一万余人，将辛谠阻挡于盱眙县，贼军在淮河密布战船一百五十艘，用以堵塞淮河水道，又放火船冲撞辛谠的船队。辛谠命令将士用长杈将火船拖走，自卯时战到未时，由于寡不敌众，官军处境极为不利。贼军在战船上绑上木头，出船侧四五尺作为战棚，辛谠派勇士划小船钻入贼船战棚下，船上的刀剑均打不到，用长矛绑上草，放火烧贼船。贼船既已燃烧，贼军都跳船逃走，辛谠于是得率船队进入泗州城。

丙申（初九），庞勋率领军队自徐州出发。

戊午（九月初四），张玄稔打开宿州城门率众出城投降。张玄稔见康承训时，袒胸露臂，跪地爬行，号哭流泪，口称请罪。康承训慰劳张玄稔等人，当即宣布唐懿宗的敕令，拜张玄稔为御史中丞，赐给的也相当丰厚。

张玄稔又向康承训进言献策："我今天举宿州城归降朝廷，远方四邻尚不知道，请让我假装为城被攻陷，率部众往符离及徐州，贼将党羽不会猜疑我，可将他们全部擒获！"康承训表示同意。宿州原有军队三万人，康承训再增补数百骑兵，均给予赏钱，厚加慰劳，派遣他们出征。张玄稔再入宿州城，至傍晚时像平常一样点燃平安火。己未（初五）凌晨，张玄稔堆积干柴数千捆，纵火焚烧，做出城被攻陷军队溃散的模样，率领军队直奔符离城，符离贼军收纳张玄稔，既入城，张玄稔率军斩符离贼军守将，向城中军民发号施令，众人都听从命令，于是纠集符离城中军队，再收得一万人，向北进攻徐州。庞举直、许佶得知张玄稔叛变的情况，紧闭徐州城门拒守。

辛酉（初七），张玄稔赶到彭城，指挥军队将城团团围住，按兵未做进攻，先告谕城上的人说："朝廷只诛杀叛贼逆党，不会伤害好人；你们为什么要为叛贼守城呢？如果还迟疑不降，要不了多少时间，你们就要同叛贼逆党一同去见阎王，成为俎上的鱼肉！"于是城上渐渐有人脱去衣甲，抛下武器而跳下城。原先在崔彦曾手下办过事的官吏路审中打开徐州城门接纳官军，庞举直、许佶率领部下党羽退到内城拒守，太阳偏西时，庞举直等贼党从北门逃出，张玄稔派遣军队追击，砍下庞举直、刘佶的头，其余党羽大都跳到水里淹死，张玄稔将桂州戍卒叛乱者的亲属家族全部逮捕，处斩刑，被杀死的人有好几千，徐州于是被讨平。

庞勋率领军队二万人从石山向西进发，所过之处烧杀抢掠，一无所存。庚申（初六），康承训才知道庞勋的动向，于是率领步兵和骑兵八万人向西讨击庞勋，派遣朱邪赤心率领数千骑兵为前锋。庞勋袭击宋州，攻破宋州南城，宋州刺史郑处冲据守宋州北城，庞勋等知道城里官军有准备，即放弃宋州，渡过汴水，向南攻掠亳州，结果被沙陀骑兵追上。庞勋率领军队沿涣水向东走，企图回彭城，由于沙陀骑兵的追逼，日夜奔波，连吃饭的功夫都没有，赶到蕲县，准备渡河，李衮阻断桥梁，令官军摆好阵势准备抵抗。庞勋及其部众无法渡河，惶恐疑惑不知往哪里去为好，转至蕲县西面，大批官军赶到，纵兵进击，杀死贼军近一万人，其余的人都跳于河中淹死，投降的才一千人，庞勋也战死，但没有人认识他，数天后，才获得他的尸体。贼军设在宿迁县等地的几个营寨的士兵都杀死守将投降。宋威也攻取萧县，只有贼将吴迥据守濠州城未能攻下。

唐纪六十八

【原文】

懿宗昭圣恭惠孝皇帝下咸通十一年（庚寅，870年）

西川之民闻蛮寇将至，争走入成都。时成都但有子城，亦无壕，人所占地各不过一席许，雨则戴箕盎以自庇；又乏水，取摩诃池泥汁，澄而饮之。

将士不习武备，节度使卢耽召彭州刺史吴行鲁使摄参谋，与前泸州刺史杨庆复共修守备，选将校，分职事，立战棚，具炮檑，造器备，严警逻。先是，西川将士多虚职名，亦无禀给。至是，揭榜募骁勇之士，补以实职，厚给粮赐，应募者云集。庆复乃谕之曰："汝曹皆军中子弟，年少材勇，平居无由自进，今蛮寇凭陵，乃汝曹取富贵之秋也，可不勉乎！"皆欢呼踊跃。于是列兵械于庭，使之各试所能，两两角胜，察其勇怯而进退之，得选兵三千人，号曰"突将"。行鲁，彭州人也。

二月，癸未朔，蛮合梯冲四面攻成都，城上以钩缳挽之使近，投火沃油焚之，攻者皆死。卢耽以杨庆复、摄左都押牙李骧各帅突将出战，杀伤蛮二千余人，会暮，焚其攻具三千余物而还。蜀人素怯，其突将新为庆复所奖拔，且利于厚赏，勇气自倍，其不得出者，皆愤郁求奋。后数日，贼取民篱，重沓湿而屈之，以为蓬，置人其下，举以抵城而劚之，矢石不能入，火不能然，庆复熔铁汁以灌之，攻者又死。

初，韦皋招南诏以破吐蕃，既而蛮诉以无甲弩，皋使匠教之，数岁，蛮中甲弩皆精利。又，东蛮苴那时、勿邓、梦冲三部助皋破吐蕃有功，其后边吏遇之无状，东蛮怨唐深，自附于南诏，每从南诏入寇，为之尽力，得唐人，皆虐杀之。

朝廷贬窦滂为康州司户，以颜庆复为东川节度使，凡援蜀诸军，皆受庆复节制。癸巳，庆复至新都，蛮分兵往拒之。甲午，与庆复遇，庆复大破蛮军，杀二千余人，蜀民数千人争操芟刀、白棓以助官军，呼声震野。乙未，蛮步骑数万复至，会右武卫上将军宋威以忠武二千人至，即与诸军会战，蛮军大败，死者五千余人，退保星宿山。威进军沱江驿，距成都三十里。蛮遣其臣杨定保诣支详请和，详曰："宜先解围退军。"定保还，蛮围城如故。城中不知援军之至，但见其数来请和，知援军必胜矣。戊戌，蛮复请和，使者十返，城中亦依违答之。蛮以援军在近，攻城尤急，骠信以下亲立矢石之间。庚子，官军至城下与蛮战，夺其升迁桥，是夕，蛮自烧攻具遁去，比明，官军乃觉之。

初，朝廷使颜庆复救成都，命宋威屯绵、汉为后继。威乘胜先至城下，破蛮军功居多，庆复疾之。威饭士欲追蛮军，城中战士亦欲与北军合势俱进，庆复牒威，夺其军，勒归汉州。蛮至双流，阻新穿水，造桥未成，狼狈失度。三日，桥成，乃得过，断桥而去，甲兵服物遗弃于路，蜀人甚恨之。黎州刺史严师本收散卒数千保邛州，蛮围之，二日，不克，亦舍去。

颜庆复始教蜀人筑瓮门城，穿堑引水满之，植鹿角，分营铺，蛮知有备，自是不复犯成都矣。

【译文】

唐懿宗咸通十一年（庚寅，公元870年）

西川人民听说南诏蛮军将要入侵，争相避难逃入成都，使城中人口爆满。当时成都只有内城，连护城壕也没有，每人平均所占不过一席之地，因无住房，下雨天只好戴斗笠和木盆以避雨淋。又缺乏饮水，只好取摩诃池泥汁，待沉淀见清后饮用。

西川军队缺少训练，将士不习武备，节度使卢耽为此召彭州刺史吴行鲁充当参谋，与前泸州刺史杨庆复共同修复守备，选拔将校，分配守城职事。又搭起临时战棚，储存大量石炮和檑木，修造各种军用器械。并在城内设警备巡逻。先前，西川将士中很多是虚额职名，也没有固定的粮饷给养。至此开始揭榜公开招募，招徕骁

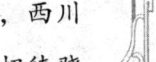

十二生肖玩具俑　唐

1955年出土于陕西省西安市韩森寨。中国古代用天干、地支记年、计时，后来把十二种动物与十二地支相配，称"十二生肖"。

勇之士以补充军队缺额，充实军官队伍，并厚给粮饷，因而应募的人很多。杨庆复教谕应募者说："你们都是军人子弟，年轻有为，有智有勇，平时太平无事，没有施展才能的机会，而今南蛮入侵，欺凌百姓，这正是你们报效国家，获取功名富贵的时刻，与诸位共勉，切莫错失良机啊！"应募者听后都情绪高涨，欢呼雀跃。于是在大庭排列各式兵器，让应募者大显身手，各试所能，并让他们两人一组进行角力，通过考察选用勇者，辞退怯者。于是选得精壮三千人，号称"突将"。吴行鲁是彭州人。

二月，癸未朔（初一），南诏蛮军架云梯和冲车向成都城四面围攻，城上唐军用环钩套住云梯，向下浇滚烫的沸油，并投火焚烧，城下攻城的蛮军大都被烧死。卢耽命杨庆复和摄左都押牙李骧各率突将出城袭击，杀伤南诏蛮军二千余人，至日暮之时，焚南诏攻城器械三千余具，回到城中。蜀人一向懦怯，而"突将"却是最近选拔出来的勇士，加上给赏优厚，所以勇气百倍，未能出城作战的人，也个个求战请缨，深为自己未能出战而惋惜。几天之后，南诏军又取民间的篱笆，用水浇湿后编成竹篷，兵将在其下举着进抵城下，一时城上矢石不能入，火也不能燃烧。南诏军在竹篷掩护下挖掘城墙，杨庆复命唐军熔铁汁往下倾倒，结果城下蛮军全被烧死。

先前，韦皋招致南诏军队以进攻吐蕃，南诏军声称没有兵甲弓弩，韦皋于是派工匠往南诏教其制造，几年后，南诏所造兵甲弓弩都很精良锋利。另外，东蛮苴那时、勿邓、梦冲三部曾协助韦皋击破吐蕃军队，有功于唐朝，而后来唐朝的边境官吏却对他们敲诈勒索，引致东蛮怨恨唐朝，依附于南诏，经常随南诏军入侵唐朝边境，为南诏尽力，凡捕获唐人，都横加虐待并杀死。

朝廷将窦滂贬为康州司户，任颜庆复为东川节度使，凡援蜀的诸路军队，全都受颜庆复节制。癸巳（十一日）颜庆复到达新都，南诏分兵往新都抗拒颜庆复。甲午（十二日），南诏军与颜庆复所统率的唐军相遇，颜庆复指挥唐军大破南诏蛮军，杀死二千多人，蜀中老百姓数千人也拿着刀和木棒争先恐后地赶来助战，呼喊声震动山野。乙未（十三日），南诏蛮军步骑数万人又来拒战，恰好唐右武卫上将军宋威率忠武军二千人赶到，与颜庆复指挥的诸路唐军会合，南诏蛮军被杀得大败，死者五千多人，蛮军退守星宿山，宋威率军进至沱江驿，距成都仅三十里。这时，南诏再遣使臣杨定保往支详处请和，支详声言：“应先解成都围退军。”杨定保回到军中，南诏军仍然围城如故。成都城内并不知道唐援军已至，但见到南诏屡派使者来请和，推测援军必定胜利。戊戌（十六日），南诏又遣使者来成都请和，使者往返十来次，城中也不给予明确答复。南诏军见唐援军就在成都近边，攻城更加急迫，骠信以下军官都亲自立于矢石之间。庚子（十八日），唐官军赶到城下与蛮军接战，夺得南诏的升迁桥，至夜晚，南诏军烧毁其攻城器具而遁走，至第二天清晨，唐军才察觉南诏蛮军已离去。

起初，朝廷派颜庆复往救成都，而命宋威率军屯于绵州、汉州作后继。但宋威乘胜先至成都城下，破南诏蛮军所立战功最多，遭到颜庆复的妒忌。南诏蛮军乘夜逃走后，宋威令士兵赶紧吃饭，企图追击蛮军，成都城中的战士也想与自北而来的唐军合势共同追击，颜庆复行文给宋威，收夺其兵权，令宋威归汉州据守。南诏蛮军退至双流，被新穿水阻挡，一时造桥不成，军队狼狈拥挤失去控制，三天后才造好桥，得以通过新穿水，其兵甲器物衣服很多都遗弃于路上。蜀中人士对颜庆复不准宋威追击蛮军的举动极为痛恨。黎州刺史严师本收集散卒数千人保据邛州，被南诏军围困，围攻两天不能克，南诏军也只得舍城而去。

颜庆复开始教蜀中士民筑瓮门城，即于城门之外再筑垣墙以遮住城门，又挖壕堑并灌满水，在城外空旷之地插木极为鹿角，在城上分立营寨，住守士卒。南诏知唐人已严加守备，自后不再进犯成都了。

【原文】

僖宗惠圣恭定孝皇帝上之上乾符元年（甲午，874年）

南沼乘胜陷黎州，入邛崃关，攻雅州。大渡河溃兵奔入邛州，成都惊扰，民争入城，或北奔他州。城中大为守备，而堑垒比向时严固。骠信使其坦绰遗节度使牛丛书云："非敢为寇也，欲入见天子，面诉数十年为谗人离间冤抑之事。倘蒙圣恩矜恤，当还与尚书永敦邻好。今假道贵府，欲借蜀王厅留止数日，即东上。"丛素懦怯，欲许之，杨庆复以为不可；斩其使者，留二人，授以书，遣还，书辞极数其罪，詈辱之，蛮兵及新津而还。丛恐蛮至，豫焚城外，民居荡尽，蜀人尤之。诏发河东、山南西道、东川兵援之，仍命天平节度使高骈诣西川制置蛮事。

【译文】

唐僖宗乾符元年（甲午，公元874年）

南诏蛮军乘胜攻陷黎州，进入邛崃关，又攻雅州。大渡河溃散下来的唐兵逃奔入邛州，消息传来，成都一片惊慌，士民争先恐后地逃入成都城，有的人还向北逃奔其他州府。成都城中更加强守备，修筑的堑壕与堡垒比先时更加严固。南诏骠信遣其官员给唐节度使牛丛送信，声称："我们不敢侵犯唐境，是想入朝见唐天子，当面诉说数十年来南诏受小人进谗离间所遭受的冤屈事，若蒙唐天子的圣恩怜悯和抚恤，我们就将与牛尚书永远结为睦邻友好。今天借道来到贵军府，希望能借成都城内的蜀王厅留住数天，然后我们就东上长安。"牛丛一向胆小怯懦，想要准许南诏的要求，杨庆复认为这样做不可；于是斩南诏使者，仅留下二人，让他们持回信回到南诏蛮军中。牛丛的复信尽数南诏蛮军侵犯唐境的罪恶，并恶语辱骂，南诏军进至新津后即退走。牛丛恐怕蛮军来攻，事先将成都城外的居民住屋烧了个精光，使蜀地百姓非常怨恨。唐僖宗颁下诏书调发河东、山南西道、东川的军队救援成都，并且命令天平军节度使高骈前往西川布置和指挥对南诏蛮军抗战之事。

【原文】

二年（乙未，875年）

春，正月，丙戌，以高骈为西川节度使。

高骈于剑州，先遣使走马开成都门。或曰："蛮寇逼近成都，相公尚远，万一豨突，奈何？"骈曰："吾在交趾破蛮二十万众，蛮闻我来，逃窜不暇，何敢辄犯成都！今春气向暖，数十万人蕴积城中，生死共处，污秽郁蒸，将成疠疫，不可缓也！"使者至成都，开城纵民出，各复常业，乘城者皆下城解甲；民大悦。蛮方攻雅州，闻之，遣使请和，引兵去。骈又奏："南蛮小丑，易以枝梧。今西川新旧兵已多，所发长武、鄜坊、河东兵，徒有劳费，并乞勒还。"敕止河东兵而已。

高骈至成都，明日，发步骑五千追南诏，至大渡河，杀获甚众，擒其酋长数十人，至成都，斩之。修复邛崃关、大渡河诸城栅，又筑城于戎州马湖镇，号平夷军，又筑城于沐源川，皆蛮人蜀之要路也，各置兵数千戍之。自是蛮不复入寇。骈召黄景复，责以大渡河失守，腰斩之。骈又奏请自将本管及天平、昭义、义成等军共六万人击南诏，诏不许。

先是，南诏督爽屡牒中书，辞语怨望，中书不答。卢携奏称："如此，则蛮益骄，谓唐无以答，宜数其十代受恩以责之。然自中书发牒，则嫌于体敌，请赐高骈及岭南西道节度使辛谠诏，使录诏白，牒与之。"从之。

王仙芝及其党尚君长攻陷濮州、曹州，众至数万；天平节度使薛崇出兵击之，为仙芝所败。

冤句人黄巢亦聚众数千人应仙芝。巢少与仙芝皆以贩私盐为事，巢善骑射，喜任侠，粗涉书传，屡举进士不第，遂为盗，与仙芝攻剽州县，横行山东，民之困于重敛者争归之，数月之间，众至数万。

【译文】

二年（乙未，公元875年）

春季，正月，丙戌（初二），朝廷任命高骈为西川节度使。

高骈来到剑州，先派遣使者骑马让成都打开诸城门，有人声称："南诏蛮寇已逼近成都，高相公距成都尚很远，万一出现意外，将如何是好？"高骈回答说："我在交趾大破蛮军二十万余，蛮军听说我来了，逃窜都来不及，如何敢在

黄巢

这时侵犯成都！目前春季气候转暖，数十万军民拥挤在城中，虽生死共处，但污秽郁积，恐怕发生疾疫，这就更难办了。请传我命令，开城门切不可缓！"使者赶到成都，打开诸城门放士民出城使他们各自恢复日常产业，守城的军人也都下城解去兵甲，一时士民欢悦，紧张的情绪一下子放松了。南诏蛮军正进攻雅州，听到高骈到来，成都解除戒备，也遣使向唐军请和，引兵归国。高骈因此又上奏朝廷："南蛮小丑，很容易对付。目前西川新兵、旧兵已很多，原先征发来赴援的长武、鄜坊、河东军队自远道来赴，只是徒然耗费军饷，请求让这些军队归还原处。"朝廷得到高骈奏文后，只是下令河东兵归镇而已。

高骈到达成都，第二天即调发步兵和骑兵五千人追击南诏军队，至大渡河，俘获和杀死南诏军人很多，并擒获南诏酋长几十人，送至成都斩首。高骈又下令修复邛崃关和大渡河诸城堡、栅寨，并于戎州马湖镇筑城，号为平夷军，又于沐源川筑城，这些城堡都是南诏入蜀的要路，每个城堡和栅寨均各置数千士兵戍守。此后南诏蛮军不再敢侵犯蜀地。高骈将黄景复召至西川节度使府，指责他在大渡河失守，处以腰斩。高骈又上奏朝廷，请求亲自率领西川兵马及天平、昭义、义成等军队共六万人进击南诏，僖宗下诏不许。

先前，南诏督爽官屡次向唐中书门下送牒文，牒文辞语怨望无礼，中书门下不

予回答。卢携上表称："倘若这样不理不睬，南蛮必定越来越骄横，以为唐廷无言以答，应该历数南诏十代受恩于唐，责备他们负义背恩。然而由朝廷中书门下发牒文，又有将南蛮置于朝廷平起平坐的地位的嫌疑，请将诏文赐予高骈及岭南西道节度使辛谠，让他们抄录诏文，以地方官的身份给南诏下牒文。"唐僖宗遵从卢携的建议。

（六月）王仙芝及其党羽尚君长率军攻陷濮州、曹州，其队伍发展至数万人，唐天平军节度使薛崇出兵讨伐，被王仙芝打败。

冤句人黄巢也聚集了数千人响应王仙芝。黄巢少年时与王仙芝都以贩私盐为生，黄巢善于骑马射箭，性格豪爽任侠，粗略地涉猎了史传经书，但屡次参加进士科考试均未及第，于是成为盗贼，与王仙芝攻略州、县，横行于山东，农民在官府重敛下无以为生，于是争相投奔黄巢，几个月内，队伍即发展到数万人。

【原文】

三年（丙申，876年）

丙子，王仙芝陷汝州，执刺史王镣。镣，铎之从父兄弟也。东都大震，士民挈家逃出城。乙酉，敕赦王仙芝、尚君长罪，除官，以招谕之。

十二月，王仙芝攻申、光、庐、寿、舒、通等州。

王仙芝攻蕲州。蕲州刺史裴偓，王铎知举时所擢进士也。王镣在贼中，为仙芝以书说偓。偓与仙芝约，敛兵不战，许为之奏官；镣亦说仙芝许以如约。偓乃开城延仙芝及黄巢辈三十余人入城，置酒，大陈货贿以赠之，表陈其状。诸宰相多言："先帝不赦庞勋，期年卒诛之。今仙芝小贼，非庞勋之比，赦罪除官，益长奸宄。"王铎固请，许之；乃以仙芝为左神策军押牙兼监察御史，遣中使以告身即蕲州授之。

仙芝得之甚喜，镣、偓皆贺。未退，黄巢以官不及己，大怒曰："始者共立大誓，横行天下，今独取官赴左军，使此五千余众安所归乎！"因殴仙芝，伤其首，其众喧噪不已。仙芝畏众怒，遂不受命，大掠蕲州，城中之人，半驱半杀，焚其庐舍。偓奔鄂州，敕使奔襄州，镣为贼所拘。贼乃分其军三千余人从仙芝及尚君长，

二千余人从巢，各分道而去。

【译文】

三年（丙申，公元876年）

丙子（九月初二），王仙芝攻陷汝州城，活捉唐汝州刺史王镣。王镣是王铎的叔伯堂兄弟。消息传来，东都洛阳人心震动，一片惊慌，士民携带家眷争先恐后地逃出城去。乙酉（十一日），颁下诏敕赦免王仙芝、尚君长的罪，给二人任以官爵，企图招降他们。

十二月，王仙芝率军进攻申州、光州、庐州、寿州、舒州、通州等地。

王仙芝率军攻蕲州。蕲州刺史裴偓是王铎主掌科举考试时所选取的进士。王镣被俘后在贼军中，为王仙芝写书信劝说裴偓，于是裴偓与王仙芝约和，将军队收回不再进行争战，并答应为王仙芝向朝廷奏请求得一个官爵。王镣也劝说王仙芝准许裴偓的约和请求。于是裴偓大开蕲州城请王仙芝及黄巢等三十余人入城，置酒设宴，并摆出大量的宝货赠送给王仙芝等人，以表示其约和的诚意。朝廷诸宰相大都以为不可，说："先帝唐懿宗不赦庞勋之罪，当年就将庞勋诛除，今天王仙芝不过是一个小贼，其势力无法与庞勋相比，赦免他的罪而给予官爵，只能是更加助长奸贼的反叛气焰。"只有王铎坚持招降王仙芝，唐僖宗听信王铎之言，准许招降；于是任命王仙芝为左神策军押牙兼监察御史，派遣宦官中使将委任状送到蕲州以授给王仙芝。

王仙芝得到委任状欢喜万分，王镣、裴偓均来祝贺。王仙芝等尚未退出蕲州，黄巢以朝廷给官没有自己的份，勃然大怒，对王仙芝说："我与你曾共同立下誓言，要横行天下，今天你独自获得朝廷的官爵而要赴长安为禁军左军军官，让我们五千多弟兄怎么办？归于何处？"愤怒之余，黄巢竟殴打王仙芝，将王仙芝的头打伤，其余部众也喧闹不已。王仙芝畏惧士众的怒气，于是不接受唐廷的委任状，在蕲州大肆剽掠，蕲州城内的百姓，一半被驱出城外，一半被屠杀，居民的房屋被焚毁。唐蕲州刺史裴偓逃奔鄂州，宦官中使逃奔襄州，王镣被贼军拘留。于是贼军分兵三千余人跟从王仙芝及尚君长，二千余人随黄巢北上，各自分路离去了。

唐纪六十九

资治通鉴第二百五十三卷

【原文】

僖宗惠圣恭定孝皇帝上之下乾符四年（丁酉，877年）

招讨副使、都监杨复光遣人说谕王仙芝，仙芝遣尚君长等请降于复光，宋威遣兵于道中劫取君长等。十二月，威奏与君长等战于颍州西南，生擒以献；复光奏君长等实降，非威所擒。招侍御归仁绍等鞫之，竟不能明；斩君长等于狗脊岭。

【译文】

唐僖宗乾符四年（丁酉，公元877年）

招讨副使、宦官都监杨复光派遣使者往王仙芝处劝谕，王仙芝派遣尚君长等为代表向杨复光请降，宋威企图邀功，派遣士兵于道路上将尚君长等人劫走。十二月，宋威向朝廷奏称与贼帅尚君长等在颍州西南战斗，生擒尚君长等献给朝廷；杨复光向朝廷奏称尚君长等人确实是来投降，并不是宋威于战阵中擒获。唐僖宗上诏命侍御使归仁绍等进行审查，居然无法查明真相；于是将尚君长等人斩于狗脊岭。

【原文】

五年（戊戌，878年）

曾元裕奏大破王仙芝于黄梅，杀五万余人，追斩仙芝，传首，余党散去。

黄巢方攻亳州未下，尚让帅仙芝余众归之，推巢为主，号冲天大将军，改元王霸，署官属。巢袭陷沂州、濮州。既而屡为官军所败，乃遗天平节度使张扬书，请奏之。诏以巢为右卫将军，令就郓州解甲；巢竟不至。

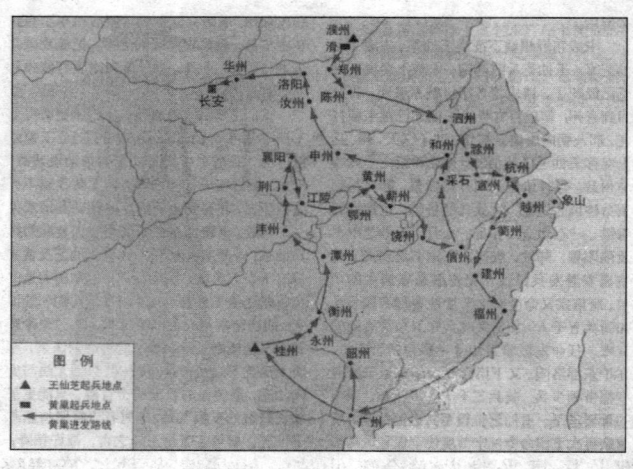

黄巢起义路线图

【译文】

五年（戊戌，公元878年）

（二月）曾元裕上奏，称在黄梅大破王仙芝率领的贼军，杀五万余人，并追斩王仙芝，传首京师，王仙芝党羽大都散去。

黄巢率军正围攻亳州不下，尚让率领王仙芝余众来归，合兵一处，众人共推黄巢率为盟主，号称"冲天大将军"，改年号为王霸，设置官职属僚。又领兵攻陷沂州、濮州。然后却屡次被唐朝官军打败，于是黄巢给唐天平节度使张扬一封求信降，请求代向朝廷上奏。唐僖宗得到奏文后下诏任命黄巢为右卫将军，命令黄巢部众到郓州解除武装；黄巢没有从命，根本未去郓州。

【原文】

六年（己亥，879年）

黄巢与浙东观察使崔璆、岭南东道节度使李迢书，求天平节度使，二人为之奏闻，朝廷不许。巢复上表求广州节度使，上命大臣议之。左仆射于琮以为："广州市舶宝货所聚，岂可令贼得之！"亦不许，乃议别除官。六月，宰相请除巢府率，从之。

九月，黄巢得率府率告身，大怒，诟执政，急攻广州，即日陷之，执节度使李迢，转掠岭南州县。巢使迢草表述其所怀，迢曰："予代受国恩，亲戚满朝，腕可断，表不可草。"巢杀之。

黄巢在岭南，士卒罹瘴疫死者什三四，其徒劝之北还以图大事，巢从之。自桂州编大筏数十，乘暴水，沿湘江而下，历衡、永州，癸未，抵潭州城下。李系婴城不敢出战，巢急攻，一日，陷之，系奔朗州。巢尽杀戍兵，流尸蔽江而下。尚让乘胜进逼江陵，众号五十万。时诸道兵未集，江陵兵不满万人，王铎留其将刘汉宏守江陵，自帅众趣襄阳，云欲会刘巨容之师。铎既去，汉宏大掠江陵，焚荡殆尽，士民逃窜山谷。会大雪，僵尸满野。后旬余，贼乃至。汉宏，兖州人也，帅其众北归为群盗。

【译文】

六年（己亥，公元879年）

黄巢向唐浙东观察使崔璆、岭南东道节度使李迢投书，请求天平节度使的职位，崔璆和李迢为黄巢奏闻于朝廷；朝廷不准。黄巢再向朝廷上表乞求广州节度使的职位，唐僖宗命满朝大臣对此事讨论。左仆射于琮认为："广州有市舶司，每年蕃船往来，聚集到大量宝货，这样重要的地方岂能让盗贼控制。"于是又不批准黄巢乞任广州节度使的要求，而让大臣们议论给黄巢其他官职。六月，宰相们提出可任黄巢为率府率，唐僖宗表示同意。

九月，黄巢得到朝廷给予的率府率的委任状，大怒，大骂当朝宰相，并率军急攻广州，当天即将广州攻陷，活捉广州节度使李迢，并挥师转掠岭南地区各州县。黄巢又让李迢草写表文向朝廷申述自己想当广州节度使的愿望，李迢回答说："我世代蒙受国家的恩典，亲戚当官的布满朝廷，我宁愿被斩断手腕，决不为你草写表文。"黄巢将他杀死。

黄巢军在岭南地区，士卒得瘴疫死者有十分之三四，黄巢的部下劝黄巢北还以图大事，黄巢表示赞同。于是自桂州编制大木筏数十个，乘洪水沿湘江顺流而下，穿过衡州、永州，癸未（十月二十七日），抵达潭州城下。李系紧把城门不敢出来迎战，黄巢急攻一日，将城攻陷，李系逃奔朗州。黄巢将潭州戍兵全部杀死，将尸体抛入湘江顺流而下，以致死尸把江面都遮盖住了。尚让率军乘胜进逼江陵，号称五十万。当时诸道军队尚未集结，江陵官军兵不满万人，王铎留下部将刘汉宏据守江陵，自己率众赶往襄阳，宣称将要会合刘巨容所率军队。王铎既已离去，刘汉宏趁机对江陵大肆抢劫，几乎将江陵城烧了个干净。士民逃窜于山谷，值天降大雪，大批冻死于山野，使山上一片僵尸。十多天后，黄巢的军队才赶到。刘汉宏是兖州人，这时率领其部众向北逃亡成为群盗。

【原文】

广明元年（庚子，880年）

秋，七月，黄巢自采石渡江，围天长、六合，兵势甚盛。淮南将毕师铎言于高骈曰："朝廷倚公为安危，今贼数十万众乘胜长驱，若涉无人之境，不据险要之地以击之，使逾长淮，不可复制，必为中原大患。"骈以诸道兵已散，张璘复死，自度力不能制，畏怯不敢出兵，但命诸将严备，自保而已，且上表告急，称："贼六十余万屯天长，去臣城无五十里。"先是，卢携谓："骈有文武长才，若悉委以兵柄，黄巢不足平。"朝野虽有谓骈不足恃者，然犹庶几望之。及骈表至，上下失望，人情大骇。诏书责骈散遣诸道兵，致贼乘无备渡江。骈上表言："臣奏闻遣归，亦非自专。今臣竭力保卫一方，必能济办；但恐贼迤逦过淮，宜急敕东道将士善为御备。"遂称风痹，不复出战。

【译文】

广明元年（庚子，公元880年）

秋季，七月，黄巢军从采石渡过长江，围攻天长、六合，兵势相当强大。淮南军将毕师铎向高骈进言："朝廷把安危倚仗于您，如今贼众数十万乘胜长途驱进，

有如进入无人之境，倘若不及时占据险要之地攻击贼军，让他们越过长淮，就再也没有办法制服他们了，必定要成为中原的大患。"高骈因诸道援军已遣散，张璘又战死，自己感到不能制止黄巢北进，畏惧之心加上懦怯使他不敢出兵，只是命令诸将严加戒备，采取自保策略而已，并且上表朝廷告急，声称："黄巢贼六十余万众屯聚天长，距我城不到五十里。"先前，卢携声言："高骈有文武大才，如果将兵柄全都委交于他，平定黄巢将不在话下。"朝野人士虽然有不少人说高骈不足以依恃，但犹对他抱有一线希望。当高骈的表文送达朝廷，使朝野上下一片失望，人情震恐。唐僖宗下诏谴责高骈妄自遣散诸道军，致使黄巢贼众乘唐军无备而渡过长江。高骈上表辩解说："我上奏建议遣归诸道军队，不能算是自我专权。今天我竭尽全力保卫一方，必定是能办到的。只是恐怕贼众连绵曲折渡过淮河，应紧急命令东面诸道将士加强戒备，奋力抵御为是。"于是高骈宣称患有风痹症，不再派兵与黄巢军作战。

资治通鉴第二百五十四卷

唐纪七十

【原文】

僖宗惠圣恭定孝皇帝中之上广明元年（庚子，880年）

汝郑把截制置都指挥使齐克让奏黄巢自称天补大将军，转牒诸军云，"各宜守垒，勿犯吾锋！吾将入东都，即至京邑，自欲问罪，无预众人。"上召宰相议之。豆卢瑑、崔沆请发关内诸镇及两神策军守潼关。壬戌，日南至，上开延英，对宰相泣下。

丁卯，黄巢陷东都，留守刘允章率百官迎谒；巢入城，劳问而已，闾里晏然。以周岌为忠武节度使。初，薛能遣牙将上蔡秦宗权调发至蔡州，闻许州乱，托云赴难，选募蔡兵，遂逐刺史，据其城。及周岌为节度使，即以宗权为蔡州刺史。

十二月，庚辰朔，承范等至潼关，搜菁中，得村民百许，使运石汲水，为守御之备；与齐克让军皆绝粮，士卒莫有斗志。是日，黄巢前锋军抵关下，白旗满野，不见其际，克让与战，贼小却，俄而巢至，举军大呼，声振河、华。克让力战，自午至酉始解，士卒饥甚，遂喧噪，烧营而溃，克让走入关。关左有谷，平日禁人往来，有榷征税，谓之"禁坑"。贼至仓猝，官军忘守之，溃兵自谷而入，谷中灌木寿藤茂密如织，一夕践为坦途。承范尽散其辎囊以给士卒，遣使上表告急，称："臣离京六日，甲卒未增一人，馈饷未闻影响。到关之日，巨寇已来，以二千余人拒六十万众，外军饥溃，蹋开禁坑。臣之失守，鼎镬甘心；朝廷谋臣，愧颜何寄！或闻陛下已议西巡，苟銮舆一动，则上下土崩。臣敢以犹生之躯奋冒死之语，愿与

近密及宰臣熟议，急征兵以救关防，则高祖、太宗之业庶几犹可扶持，使黄巢继安禄山之亡，微臣胜哥舒翰之死！"

辛巳，贼急攻潼关，承范悉力拒之，自寅及申，关上矢尽，投石以击之。关外有天堑，贼驱民千余人入其中，掘土填之，须臾，即平，引兵而度。夜，纵火焚关楼俱尽。承范分兵八百人，使王师会守禁坑，比至，贼已入矣。壬午旦，贼夹攻潼关，关上兵皆溃，师会自杀，承范变服帅余众脱走。至野狐泉，遇奉天援兵二千继至，承范曰："汝来晚矣！"博野、凤翔军还至渭桥，见所募新军衣裘温鲜，怒曰："此辈何功而然，我曹反冻馁！"遂掠之，更为贼乡导，以趣长安。

甲申，以翰林学士承旨、尚收左丞王徽为户部侍郎，翰林学士、户部侍郎裴澈为工部侍郎，并同平章事。以卢携为太子宾客、分司。田令孜闻黄巢已入关，恐天子责己，乃归罪于携而贬之，荐徽、澈为相。是夕，携饮药死。澈，休之从子也。

百官退朝，闻乱兵入城，布路窜匿。令孜帅神策兵五百奉帝自金光门出，惟福、穆、泽、寿四王及妃嫔数人从行，百官皆莫知之。上奔驰昼夜不息，从官多不能及。车驾既去，军士及坊市民竞入府库盗金帛。

晡时，黄巢前锋将柴存入长安，金吾大将军张直方帅文武数十人迎巢于霸上。巢乘金装肩舆，其徒皆被发，约以红缯，衣锦绣，执兵以从，甲骑如流，辎重塞途，千里络绎不绝。民夹道聚观，尚让历谕之曰："黄王起兵，本为百姓，非如李氏不爱汝曹，汝曹但安居无恐。"巢馆于田令孜第，其徒为盗久，不胜富，见贫者，往往施与之。居数日，各出大掠，焚市肆，杀人满街，巢不能禁；尤憎官吏，得者皆杀之。

庚寅，黄巢杀唐宗室在长安者无遗类。辛卯，巢始入宫。壬辰，巢即皇帝位于含元殿，画皂缯为衮衣，击战鼓数百以代金石之乐。登丹凤楼，下赦书；国号大齐，改元金统。谓广明之号，去唐下体而著黄家日月，以为己符瑞。唐官三品以上悉停任，四品以下位如故。以妻曹氏为皇后。以尚让为太尉兼中书令，赵璋兼侍中，崔璆、杨希古并同平章事，孟楷、盖洪为左右仆射、知左右军事，费传古为枢密使。以太常博士皮日休为翰林学士。璆，邠之子也，时罢浙东观察使，在长安，巢得而相之。

丁酉，车驾至兴元，诏诸道各出全军收复京师。

己亥，黄巢下令，百官诣赵璋第投名衔者，复其官。

【译文】

唐僖宗广明元年（庚子，公元880年）

汝郑把截制置都指挥使齐克让向朝廷奏称：黄巢已自称天补大将军，并写牒文转送给唐诸镇军，宣称："你们应各自据守自己的城垒，不要阻犯我军的兵锋！我将亲率大军攻入东都，接着攻入京师，向朝廷问罪，与你们没有关系。"唐僖宗将宰相们召到内殿商议对策。豆卢瑑、崔沆建议调发在关内的诸藩镇军及左、右神策军去拒守潼关。壬戌（十一月十二日），冬至，唐僖宗开延英殿最高决策会议，由于找不到御敌良策，竟对着宰相们流泪。

丁卯（十七日），黄巢军攻陷东都，唐东都留守刘允章率领百官迎拜；黄巢大军入城，对城中百姓劳问而已，坊里和平常一样，人民生活正常。

又任命周岌为忠武军节度使。起初，薛能派遣其牙将上蔡人秦宗权调发军队到蔡州，闻知许州发生军乱，托言赴难，选募蔡州人为兵，于是驱逐蔡州刺史，占据蔡州城。这时周岌为忠武军节度使，当即任命秦宗权为蔡州刺史。

十二月，庚辰朔（初一），张承范等率军赶到潼关，在青草茂密处搜得村民一百来人，即让他们为役运石汲水，作守城的准备。这时张承范军与齐克让军都已绝粮，士卒个个都没有斗志。这一天，黄巢军的前锋进抵潼关城下，白旗遍布山野，一望无际，齐克让率军出战，黄巢军小败，接着黄巢率大军赶到，全军大声呐喊，声音震撼黄河、华山。齐克让奋力拼战，自午时至酉时才停战，这时士卒已饿极了，于是呼喊喧闹着把营寨烧毁，溃散而去，齐克让也奔入潼关。潼关左边有山谷，平时禁止人在谷中往来，以便榷征商税，人们称此谷为"禁坑"。黄巢大军来得仓促，官军猝不及防，溃兵自山谷而入禁坑，里面灌木长藤茂密犹如蜘蛛网，一夕之间踏成一条平坦的大道。张承范将辎重和私囊全部散发给士卒，派人上表朝廷告急，表称："我率军离京六天，士卒没有增加一人，军饷更连影也未见到。到潼关之日，黄巢巨寇已来到关下，我以二千余人抗拒六十万敌众，在关外的齐克让军因饥饿而溃散，踏开禁坑。我如果将潼关失守，就是处以投身油锅的极刑也心甘情愿；但是朝廷宰相谋臣，羞愧之颜又寄托于何处！听人说陛下已经议论要西巡至蜀中，而如果陛下的金銮轿子一动，恐怕朝廷上下将土崩瓦解。我敢在战死之前，以尚存一刻的身躯，大胆说几句冒死之话，希望陛下与亲近宦官及宰相大臣深思熟虑，紧急征兵来救援潼关的关防，如果潼关能守，我大唐高祖、太宗创立的基业或许还可以扶持，使黄巢步安禄山的后尘遭到灭亡，而微臣我战死了也比哥舒翰要强！"

辛巳（初二），黄巢军猛攻潼关，张承范竭尽全力进行抵抗，自寅时到申时，关上官军弓箭已无矢可射，于是用石头投向黄巢军，潼关外有壕沟，黄巢军驱赶平民千余人来壕中，掘土将壕沟填上，不一会儿，即将壕沟填平，于是黄巢军渡过壕沟。入夜，纵火将关楼全部焚烧干净。张承范于是分八百士兵，交王师会，令他拒守禁坑，当王师会率军赶到禁坑时，黄巢军已经通过。壬午（初三）早晨，黄巢军夹攻潼关，关上唐守军全部溃散，王师会自杀，张承范身穿便服率领残余士兵逃脱回到长安，行至野狐泉，遇到相继到来的奉天援兵二千人，张承范对他们说："你们来晚了！"于是退还。博野镇和凤翔镇的军队退至渭桥，见田令孜所招募的新军穿着新衣皮裘，十分愤怒，说："这些家伙有什么功劳能穿上这样好的衣服，我们殊死拼战反倒受冻挨饿！"于是抢劫新军，并为黄巢军做向导，往长安进发。

甲申（初五），唐僖宗任命翰林学士承旨、尚书左丞王徽为户部侍郎，任翰林学士、户部侍郎裴澈为工部侍郎，二人都为同平章事。贬宰相卢携为太子宾客、分司东都。田令孜听说黄巢率大军已进入关中，恐怕天下人追究自己的责任，于是归罪于卢携，而将他贬官，荐举王徽、裴澈为宰相。这天傍晚，卢携喝毒药自杀身亡。裴澈是裴休的侄子。

百官退出朝堂，听说乱兵已入长安城，分路躲藏。田令孜率领神策军士兵五百人护卫着唐僖宗自金光门出城，只有福王、穆王、泽王、寿王等四王及几个妃嫔随銮驾而去，百官竟无人知晓，不知皇帝去向。唐僖宗昼夜不停地奔驰，随从官员大多跟不上。唐僖宗的车驾既已远去，长安城中的军士及坊市百姓争先恐后地闯入皇家府库盗取金帛。

临近傍晚时，黄巢部下前锋将柴存进入长安城，唐金吾大将军张直方率文武官数十人往霸上迎接黄巢。黄巢坐着用黄金装饰的轿子，其部下全都披着头发，穿着红丝锦绣衣裳，手持兵器跟从着，铁甲骑兵行如流水，辎重车辆塞满道路，大军延绵千里络绎不绝。长安居民夹道聚观，尚让挨个向士民们宣谕说："我黄王起兵，本为了百姓！不像唐朝李氏皇帝不爱你们，你们只管安居乐业，不要恐慌。"黄巢住宿于田令孜的家，其部下将士为盗贼既久，极为富有，看到贫穷的人，往往施舍财物。但居住几天以后，又各自出来大肆抢劫，焚烧坊市，到处杀人，使死尸满街，黄巢无法禁止。黄巢部下尤其憎恨唐朝官吏，凡抓获到的全部杀死。

庚寅（十一日），黄巢将留在长安的唐朝宗室全部杀光，一个不剩。辛卯（十二日），黄巢始入居禁宫。壬辰（十三日），黄巢在含元殿即皇帝位，在黑色丝织物上作画，作为天子礼服，敲响战鼓数百声，以替代金石音乐，作为登基之礼。黄巢登上丹凤楼，颁下赦书：定国号为大齐，改年号为金统。宣称僖宗年号廣明，"廣"字去掉"唐"字的下半截而加上了"黄"家，再将日、月合并"明"，认为这正是自己将当皇帝的符瑞。黄巢又发布命令，凡唐朝三品以上官员全部停任，四品以下官员保留官位如故。又册立其妻子曹氏为皇后。任命尚让为太尉兼中书令，赵璋为兼侍中，崔璆、杨希古并为同平章事，孟楷、盖洪为左右仆射、知左右军事，费传古为枢密使。又任命太常博士皮日休为翰林学士。崔璆即崔邠的儿子，当时正罢去浙东观察使的官职，居住在长安，被黄巢俘获而任为宰相。

丁酉（十八日），唐僖宗的车驾来到兴元，即向天下诸道颁发诏书，命令各道调发全军收复京师。

己亥（二十日），黄巢颁布命令：唐朝百官到大齐宰相赵璋的宅第投报官位姓名者，可以恢复其官位。

【原文】

中和元年（辛丑，881年）

黄巢以其将王玫为邠宁节度使，邠州通塞镇将朱玫起兵诛之，让别将李重古为节度使，自将兵讨巢。

是时，唐弘夫屯渭北，王重荣屯沙苑，王处存屯渭桥，拓跋思恭屯武功，郑畋屯盩厔。弘夫乘龙尾之捷，进薄长安。

壬午，黄巢帅众东走，程宗楚先自延秋门入，弘夫继至，处存帅锐卒五千夜入城。坊市民喜，争欢呼出迎官军，或以瓦砾击贼，或拾箭以供官军。宗楚等恐诸将分其功，不报凤翔、鄜夏，军士释兵入第舍，掠金帛、妓妾。处存令军士系白缯为号，坊市少年或窃其号以掠人。贼露宿霸上，訽知官军不整，且诸军不相继，引兵还袭之，自诸门分入，大战长安中，宗楚、弘夫死，军士重负不能走，是以甚败，死者什八九。处存收余众还营。

丁亥，巢复入长安，怒民之助官军，纵兵屠杀，流血成川，谓之洗城。于是诸军皆退，贼势愈炽。

【译文】

中和元年（辛丑，公元881年）

黄巢任命其部将王玫为邠宁节度使，唐邠州通塞镇将朱玫起兵将王玫诛杀，让别将李重古为邠州节度使，自己率领军队攻讨黄巢军。

这时，唐弘夫率军驻扎于渭北，王重荣率军屯驻沙苑，王处存驻军渭桥，拓跋思恭屯军武功，郑畋统率大军进驻盩厔，形成四面合围长安的形势。唐弘夫乘龙尾大捷的余威率军猛进，逼近长安。

壬午（四月初五），黄巢率军出长安城向东方撤退，唐将程宗楚率军首先自延秋门进入长安城，唐弘夫紧接着率军赶到，王处存率领精锐士兵五千人于夜晚也进入长安。长安坊市居民十分欢喜，争先恐后地出来欢迎官军，欢呼声响成一片，有的人还用瓦砾投击黄巢军，也有人收拾箭头供给官军。入城的程宗楚等人恐怕其他将领入城分去他们的战功，竟不通报凤翔节度使郑畋和鄜夏节度使拓跋思恭，入城的官军士兵们放下军器进入居民私宅，抢夺金帛，掠取妓妾。王处存下令军士系上白色丝绸头巾作为记号，但坊市无赖少年不少人也戴上白丝头巾，照样掠人劫货，使长安城内一片混乱。黄巢率军露宿于霸上，侦察到城内官军号令不整，而且围长安的诸路官军互不联系，于是率军还袭长安，黄巢军自诸城门分别进入，大战于城中，唐将程宗楚、唐弘夫都被杀死，官军士兵由于抢劫财物太多，负重而走不动路，被黄巢军杀得大败，死者有十分之八九。王处存收拾残兵余众归还到渭桥扎营地。

丁亥，（十日）黄巢再进入长安，对长安居民帮助官军感到极为愤怒，于是纵兵进行屠杀，长安城血流成河，称之为洗城。于是唐诸路军全部撤退，黄巢军的声势更盛。

唐纪七十一

资治通鉴第二百五十五卷

【原文】

僖宗惠圣恭定孝皇帝中之下中和二年（壬寅，882年）

黄巢所署同州防御使朱温屡请益兵以捍河中，知右军事孟楷抑之，不报。温见巢兵势日蹙，知其将亡，亲将胡真、谢瞳劝温归国，九月，丙戌，温杀其监军严实，举州降王重荣。温以舅事重荣，王铎承制以温为同华节度使，使瞳奉表诣行在。

以朱温为右金吾大将军、河中行营招讨副使，赐名全忠。

黄巢兵势尚强，王重荣患之，谓行营都监杨复光曰："臣贼则负国，讨贼则力不足，奈何？"复光曰："雁门李仆射，骁勇，有强兵，其家尊与吾先人尝共事相善，彼亦有徇国之志；所以不至者，以与河东结隙耳。诚以朝旨谕郑公而召之，必来，来则贼不足平矣！"东面宣慰使王徽亦以为然。时王铎在河中，乃以墨敕召李克用，谕郑从谠。十一月，克用将沙陀万七千自岚、石路趣河中，不敢入太原境，独与数百骑过晋阳城下与从谠别，从谠以名马、器币赠之。

【译文】

唐僖宗中和二年（壬寅，公元882年）

黄巢任命的同州防御使朱温多次请求增兵，以固守河中一带，知右军事孟楷把这事压下而不上报。朱温看到黄巢队伍的形势越来越紧迫，知道其将以失败告终，

亲信将领胡真、谢瞳二人规劝朱温归顺大唐。九月，丙戌（十七日），朱温杀掉监军严实，率同州全部人马投降王重荣。朱温把王重荣当作舅舅来侍奉。王铎秉承旨意，让朱温做同华节度使，派谢瞳恭奉表文到皇帝处所报告。

（十月）唐僖宗以朱温为右金吾大将军、河中行营招讨副使，并赐名为全忠。

黄巢的兵势还比较强大，王重荣对此深表忧虑，他对行营都监杨复光说："对贼寇称臣就辜负了大唐，讨伐贼寇又兵力不足，怎样才好？"杨复光说："雁门节度使李克用，作战勇猛，并拥有强大的军队，他的父亲与我已故的养父曾经一同共事，相处很好，他也有以身殉国的宏大志愿，他之所以不来，是因为他与河东的郑从谠有矛盾。若是诚恳地用朝廷的旨意谕劝郑从谠，从而召唤李克用，李克用一定会来。李克用若来，则平灭贼寇不在话下了！"东面宣慰使王徽也这样认为。当时王铎在河中，就用墨敕召集李克用，谕劝郑从谠。十一月，李克用带领一万七千沙陀人马，从岚州、石州赶往河中，但不敢进入太原境内，只带几百骑兵经过晋阳城与郑从谠告别，郑从谠赠送给他名马、器具和钱币。

【原文】

三年（癸卯，883年）

李克用与忠武将庞从、河中将白志迁等引兵先进，与黄巢军战于渭南，一日三战，皆捷；义成、义武等诸军继之，贼众大奔。甲辰，克用等自光泰门入京师，黄巢力战不胜，焚宫室遁去。贼死及降者甚众，官军暴掠，无异于贼，长安室屋及民所存无几。巢自蓝田入商山，多遗珍宝于路，官军争取之，不急追，贼遂逸去。

克用时年二十八，于诸将最少，而破黄巢，复长安，功第一，兵势最强，诸将皆畏之。克用一目微眇，时人谓之"独眼龙"。

【译文】

三年（癸卯，公元883年）

李克用与忠武将军庞从、河中将军白志迁等带领人马先行进军，在渭南与黄巢军队展开激战，一天交战三次，都获得胜利；义成、义武等军相继赶到，黄巢人马只好争相败逃。甲辰（四月初八），李克用等从光泰门进入京师长安，黄巢顽强争战而不能取胜，最后放火焚烧宫殿后逃跑。贼寇战死和投降的人很多，但官军横暴抢掠，与贼寇没有什么两样，长安城内的房屋和百姓所剩无几。黄巢从蓝田进入商山，在路上扔下许多珍宝，官军争抢这些东西，而不急于追击，贼寇于是逃脱了。

李克用当时年仅二十八岁，在各位将领中是最年轻的，可是打败黄巢、收复长安，李克用的功劳实属第一，军队实力也最强大，各位将领对他都很畏惧。李克用的一只眼睛略微小些，当时人们都叫他"独眼龙"。

【原文】

四年（甲辰，884年）

五月，癸亥，大雨，平地三尺，黄巢营为水所漂，且闻李克用将至，遂引兵东北趣汴州，屠尉氏。尚让以骁骑五千进逼大梁，至于繁台，宣武将丰人朱珍、南华庞师古击却之。全忠复告急于李克用，丙寅，克用与忠武都监使田从异发许州，戊辰，追及黄巢于中牟北王满渡，乘其半济，奋击，大破之，杀万余人，贼遂溃。尚让帅其众降时溥，别将临晋李谠、曲周霍存、甄城葛从周、冤句张归霸及弟归厚帅其众降朱全忠。巢逾汴而北，己巳，克用追击之于封丘，又破之。庚午夜，复大雨，贼惊惧东走，克用追之，过胙城、匡城。巢收余众近千人，东奔兖州；辛未，克用追至冤句，骑能属者才数百人，昼夜行二百余里，人马疲乏，粮尽，乃还汴州，欲裹粮复追之，获巢幼子及乘舆器服符印，得所掠男女万人，悉纵遣之。

甲戌，李克用至汴州，营于城外；朱全忠固请入城，馆于上源驿。全忠就置酒，声乐、馔具皆精丰，礼貌甚恭；克用乘酒使气，语颇侵之，全忠不平。薄暮，罢酒，从者皆沾醉，宣武将杨彦洪密与全忠谋，连车树栅以塞衢路，发兵围驿而攻之，呼声动地。克用醉，不之闻；亲兵薛志勤、史敬思等十余人格斗，侍者郭景铢灭烛，扶克用匿床下，以水沃其面，徐告以难，克用始张目援弓而起。志勤射汴人，死者数十。须臾，烟火四合，会大雨震电，天地晦冥，志勤扶克用帅左右数人逾垣突围，乘电光而行，汴人扼桥，力战得度，史敬思为后拒，战死。克用登尉氏门,缒城得出,监军陈景思等三百余人,皆为汴人所杀。杨彦洪谓全忠曰:"胡人急则乘马,见乘马则射之。"是夕,彦洪乘马适在全忠前,全中射之,殪。

克用妻刘氏,多智略,左右先脱归者以汴人为变告,刘氏神色不动,立斩之,阴召大将约束,谋保军以还。比明,克用至,欲勒兵攻全忠,刘氏曰:"公比为国讨贼,救东诸侯之急,今汴人不道,乃谋害公,自当诉之朝廷。若擅举兵相攻,则天下孰能辨其曲直!且彼得以有辞矣。"克用从之,引兵去,但移书责全忠。全忠复书曰:"前夕之变,仆不之知,朝廷自遣使者与杨彦洪谋,彦洪既伏其辜,惟公谅察。"

【译文】

四年(甲辰,公元884年)

五月,癸亥(初三),天下大雨,雨水淹没地面三尺深,黄巢的军营被水淹漫,又听说李克用将要来到,于是带领人马往东北方向的汴州奔去,进屠尉氏。尚让带领精壮骑兵五千逼近大梁,到达繁台,宣武将军丰州人朱珍、南华人庞师古将尚让击退。朱全忠又向李克用告急请求援救,丙寅(初六),李克用与忠武都监使田从异从许州出发,戊辰(初八),在中牟北面的王满渡追赶上黄巢,李克用乘黄巢人马渡到汴河一半的时候,奋勇攻打,击败黄巢的队伍,斩杀一万余人,贼寇于是溃退。尚让率领他的人马向时溥投降,其他将领临晋人李谠、曲周人霍存、甄城人葛从周、冤句人张归霸以及他的堂弟张归厚带领所部向朱全忠投降。黄巢经过汴河向北奔去,己巳(初九),李克用在封丘追上黄巢,又将黄巢打败。庚午(初十)夜间,又下大雨,贼寇惊慌畏惧向东逃跑,李克用穷追不舍,先后经过胙城、匡城。黄巢把剩余的人马收集起将近一千人,向东奔往兖州;辛未(十一日),李克用追到冤句,统领的骑兵仅几百人,一天一夜行程二百余里,士兵和马匹都疲惫不堪,粮食也断绝了,于是回到汴州,想携带这里的粮食再次追击黄巢。李克用捉住黄巢的幼子,缴获了黄巢乘坐的车马和他的器具、服装、符节和印章,并收得黄巢以前掠抢的男女百姓有一万多,把他们全部放回去。

甲戌(十四日),李克用到达汴州,在城外安营扎寨;朱全忠坚持请李克用进入城内，在上源驿为李克用设立馆舍。朱全忠为李克用置办酒席招待，有精彩的歌舞音乐，丰盛的美食佳肴，礼貌十分恭谦。李克用乘着酒兴大发脾气，多有恶语伤人之处，朱全忠心里愤愤不平。到了傍晚，酒宴结束，李克用的随从都饮酒大醉胸襟沾湿而不能自持，宣武将军杨彦洪与朱全忠谋划，把马车连起来用树木做栅栏以堵塞主要道路，然后派出军队包围上源驿攻打李克用，呼喊的声音惊天动地。李克用已醉，不知道这一切，他的亲兵薛志勤、史敬思等十几人展开激烈的搏杀，侍卫郭景铢扑灭蜡烛，搀扶李克用藏到床下，用凉水浇李克用的脸，慢慢地告诉他所发生的灾难，李克用才睁开眼睛拿着弓箭站起来。薛志勤用箭射汴州的人，射死几十名。不一会儿，浓烟烈火从四面扑来，恰好天下大雨，电闪雷鸣，天地昏暗，薛志勤扶着李克用率领身边的几名卫兵，越过墙垣突破包围，乘着闪电的光亮向前走，汴州军队把守渡桥，经过激烈的交战李克用才过去，史敬思在后面阻击掩护，战死。李克用登上汴州城的南门尉氏门，用绳子拴住身体溜下去，得以逃出，监军陈景思等三百余人，都被汴州军队杀害。杨彦洪对朱全忠说："北方的胡人遇有急事就乘骑马匹，我们见到有骑马人便射他。"当天晚上，杨彦洪恰好骑着马出现在朱全忠的面前，朱全忠当即射箭，杀死了杨彦洪。

　　李克用的妻子刘氏，智多善谋，李克用身边的人有的先从汴州城内逃脱回去，把汴州城内朱全忠发动变乱一事告诉给她，刘氏不动声色，立即将逃回来的人斩杀，暗中召集各大将军，谋划以求全军回还。等到天亮，李克用回来，要率领所部官兵去攻打朱全忠，刘氏说："你正在为国家讨伐贼寇，解救东面各路官军的燃眉之急，今天汴州朱全忠一伙人不仁道，竟阴谋杀害你，正应当去呈诉朝廷。如果你擅自带领人马去攻打他，那么天下的人谁还能辨别这件事的是非曲直！而且那样会让朱全忠有话可说了。"李克用听从了妻子刘氏的话，带领军队离去，只是写信责备朱全忠。朱全忠回信说："前天晚上的变乱，我实在不知道，是朝廷派遣的使臣与杨彦洪相谋划的，杨彦洪既然已经服罪处死，只有请你体察原谅了。"

资治通鉴第二百五十六卷

唐纪七十二

【原文】

僖宗惠圣恭定孝皇帝下之上中和四年（甲辰，884年）

甲辰，武宁将李师悦与尚让追黄巢至瑕丘，败之。巢众殆尽，走至狼虎谷，丙午，巢甥林言斩巢兄弟妻子首，将诣时溥；遇沙陀博野军，夺之，并斩言首以献于溥。

【译文】

唐僖宗中和四年（甲辰，公元884年）

甲辰（六月十五日），武宁将军李师悦和尚让追击黄巢到瑕丘，打败黄巢。黄巢的人马没剩下多少，逃到泰山东南部的狼虎谷。丙午（十七日），黄巢的外甥林言斩下黄巢和黄巢的兄弟、妻子的头颅，正要拿着送到时溥那里，遇上了沙陀博野军，将黄巢等人的头颅夺去，并且砍下林言的脑袋，一同献给了时溥。

【原文】

光启元年（乙巳，885年）

初，田令孜在蜀募新军五十四都，每都千人，分隶两神策，为十军以统之，又南牙、北司官共万余员，是时藩镇各专租税，河南·北、江、淮无复上供，三司转运无调发之所，度支惟收京畿、同、华、凤翔等数州租税，不能赡，赏赉不时，士卒有怨言。令孜患之，不知所出。先是，安邑、解县两池盐皆隶盐铁，置官榷之；中和以来，河中节度使王重荣专之，岁献三千车以供国用，令孜奏复如旧制隶盐铁。夏，四月，令孜自兼两池榷盐使，收其利以赡军。重荣上章论诉不已，遣中使往谕之，重荣不可。

王重荣求救于李克用，克用方怨朝廷不罪朱全忠，选兵市马，聚结诸胡，议攻汴州，报曰："待吾先灭全忠，还扫鼠辈如秋叶耳！"重荣曰："待公自关东还，吾为

三彩骑卧驼俑 唐

虏矣。不若先除君侧之恶，退擒全忠易矣。"时朱玫、李昌符亦阴附朱全忠，克用乃上言："玫、昌符与全忠相表里，欲共灭臣，臣不得不自救，已集蕃、汉兵十五万，决以来年济河，自渭北讨二镇；不近京城，保无惊扰。既诛二镇，乃旋师灭全忠以雪仇耻。"上遣使者谕释，冠盖相望。

朱玫欲朝廷讨克用，数遣人潜入京城，烧积聚，或刺杀近侍，声云克用所为，于是京师震恐，日有讹言。令孜遣玫、昌符将本军及神策鄜、延、灵、夏等军各三万人屯沙苑，以讨王重荣，重荣发兵拒之，告急于李克用，克用引兵赴之。十一月，重荣遣兵攻同州，刺史郭璋出战，败死。重荣与玫等相守月余，克用兵至，与重荣俱壁沙苑，表请诛令孜及玫、昌符；诏和解之，克用不听。十二月，癸酉，合战，玫、昌符大败，各走还本镇，溃军所过焚掠。克用进逼京城，乙亥夜，令孜奉天子自开远门出幸凤翔。

初，黄巢焚长安宫室而去，诸道兵入城纵掠，焚府寺民居什六七，王徽累年补葺，仅完一二，至是复为乱兵焚掠，无孑遗矣。

【译文】

光启元年（乙巳，公元885年）

起初，田令孜在蜀地招募新的军队设五十四都，每都一千人，分别隶属左右神策军，共组成十个军进行统率，还有南牙、北司的官员共一万余人，当时各藩镇独占田租赋税，河南道、河北道、江南道、淮南道不再向朝廷进贡纳赋，朝廷的盐铁使、度支使、户部使三司转运钱粮而没有调取征发的地方，财政上只是收取京畿、同州、华州和凤翔等几个州的田租赋税，不够用，赏赐不能准时，军中士卒有怨言。田令孜对此很担心，但又不知从何处开辟财源。在这以前，安邑、解县两处池盐都隶属盐铁使，朝廷命官吏管理池盐专卖事宜。中和年号以来，河中节度使王重荣独占池盐收入，每年向朝廷进献三千车盐供国家调用，田令孜上奏请求恢复过去的制度仍由盐铁使管理安邑、解县两盐池。夏季，四月，田令孜自己兼任安邑、解县两盐池的榷盐使，收取所得利钱来供养军队。王重荣不停地上奏辩论申诉，唐僖宗派遣宦官前往晓谕，王重荣仍不罢休。

王重荣向李克用请求救援，李克用正在怨恨朝廷对朱全忠在上源驿陷害他而不治罪，挑选兵卒购买马匹，聚集联合北方的各胡族部落，商议攻打汴州，他回答王重荣说：“等我先消灭了朱全忠，回头再收拾这些鼠辈就像秋风扫落叶一样容易！”王重荣说：“等您从关东回来，我已成为阶下囚了。不如先除掉皇帝身边的恶棍，然后再退兵擒拿朱全忠就容易了。”当时朱玫、李昌符也暗中归附朱全忠，李克用于是上疏说：“朱玫、李昌符与朱全忠内外勾结，要一起消灭我，我不得不自救，现已集结蕃夷和汉族的军队十五万，决意在明年过河，从渭河的北面讨伐朱玫、李昌符；但不逼近京城，保证长安不会受到惊扰。杀掉朱玫、李昌符二人之后，便撤回军队消灭朱全忠，以报仇雪耻。”唐僖宗接连不断地派遣使臣前往李克用处进行规劝解释。

朱玫想使朝廷讨伐李克用，多次派人偷偷进入京城，纵火焚烧积聚的财物，或者刺杀近臣，放出风声说是李克用干的，于是京师长安震惊恐慌，每天都有谣言传出。田令孜派遣朱玫、李昌符带领他们自身的军队以及神策军、鄜州、延州、灵州、夏州等地的军队共三万人，驻扎在沙苑，以征伐王重荣，王重荣派出军队进行抵抗，并向李克用告急，李克用带领人马赶往这里。十一月，王重荣派遣军队攻打同州，刺史郭璋出来迎战，战败身亡。王重荣与朱玫、李昌符相互对峙一个多月，李克用的军队赶到，与王重荣一起在沙苑设置营垒，进呈表文请求诛杀田令孜及朱玫、李昌符。唐僖宗颁诏劝李克用与田令孜等和解，李克用拒绝接受。十二月，癸酉（二十三日），双方会战，朱玫、李昌符大败，分别逃回自己的镇所，溃败的军队在所经过的地方大肆焚烧抢掠。李克用逼近京城，乙亥（二十五日）夜间，田令孜侍奉唐僖宗从长安城的开远门出奔凤翔。

当初，黄巢离开长安时曾纵火焚烧宫殿房舍，各道官兵进入长安城后大肆抢掠，焚烧官府、寺庙和民房有十分之六七，经王徽多年修补，仅完成了十分之一二，到这时再次遭到作乱军队的焚烧抢掠，就没有什么遗留的了。

【原文】

二年（丙午，886年）

李克用还军河中，与王重荣同表请大驾还宫，因罪状田令孜，请诛之。上复以飞龙使杨复恭为枢密使。

戊子，令孜请上幸兴元，上不从。是夜，令孜引兵入宫，劫上幸宝鸡，黄门卫士从者才数百人，宰相朝臣皆不知。翰林学士承旨杜让能宿直禁中，闻之，步追乘舆，出城十余里，得人所遗马，无羁勒，解带系颈而乘之，独追及上于宝鸡；明日，乃有太子少保孔纬等数人继至。

时田令孜弄权，再致播迁，天下共忿疾之；朱玫、李昌符亦耻为之用，且惮李克用、王重荣之强，更与之合。

朱玫以田令孜在天子左右，终不可去，言于萧遘曰："主上播迁六年，中原将士冒矢石，百姓供馈饷，战死饿死，什减七八，仅得复京城。天下方喜车驾还宫，主上更以勤王之功为敕使之荣，委以大权，使堕纲纪，骚扰藩镇，召乱生祸。玫昨奉尊命来迎大驾，不蒙信察，反类胁君。吾辈报国之心极矣，战贼之力殚矣，安能垂头弭耳，受制于阉寺之手哉！李氏孙尚多，相公盍改图以利社稷乎？"遘曰："主

上践阼十余年，无大过恶；正以令孜专权肘腋，致坐不安席，上每言之，流涕不已。近日上初无行意，令孜陈兵帐前，迫胁以行，不容俟旦。罪皆在令孜，人谁不知！足下尽心王室，正有引兵还镇，拜表迎銮。废立重事，伊、霍所难，遘不敢闻命！"玫出，宣言曰："我立李氏一王，敢异义者斩！"

夏，四月，壬子，玫逼凤翔百官奉襄王熅权监军国事，承制封拜指挥，仍遣大臣入蜀迎驾，盟百官于石鼻驿。玫使萧遘为册文，遘辞以文思荒落；仍使兵部侍郎判户部郑昌图为之。乙卯，熅受册，玫自兼左、右神策十军使，帅百官奉熅还京师；以郑昌图同平章事、判度支、盐铁、户部，各置副使，三司之事一以委焉。河中百官崔安潜等上襄王笺，贺受册。

戊戌，襄王熅遣使至晋阳赐李克用诏，言："上至半途，六军变扰，苍黄晏驾，吾为藩镇所推，今已受册。"朱玫亦与克用书，克用闻其谋皆出于玫，大怒。大将盖寓说克用曰："銮舆播迁，天下皆归咎于我，今不诛玫，黜李熅，无以自湔洗。"克用从之，燔诏书，囚使者，移檄邻道，称："玫敢欺藩方，明言晏驾。当道已发蕃、汉三万兵进讨凶逆，当共立大功。"寓，蔚州人也。

杨复恭传檄关中，称："得朱玫首者，以静难节度使赏之。"王行瑜战数败，恐获罪于玫，与其下谋曰："今无功，归亦死；曷若与汝曹斩玫首，迎大驾，取邠宁节钺乎？"众从之。甲寅，行瑜自凤州擅引兵归京师，玫方视事，闻之，怒，召行瑜，责之曰："汝擅归，欲反邪？"行瑜曰："吾不反，欲诛反者朱玫耳！"遂擒斩之，并杀其党数百人。诸军大乱，焚掠京城，士民无衣冻死者蔽地。裴澈、郑昌图帅百官二百余人奉襄王奔河中，王重荣诈为迎奉，执熅，杀之，囚澈、昌图；百官死者殆半。

【译文】

二年（丙午，公元886年）

李克用撤军回到河中，与王重荣一同进呈表章请唐僖宗返回长安，并指出田令孜的罪状，请求诛杀田令孜。唐僖宗再次任命飞龙使杨复恭为枢密使。

戊子（正月初八），田令孜请僖宗前往兴元，唐僖宗不同意。这天夜间，田令孜带领军队进入僖宗的行宫，劫持僖宗前去宝鸡，跟随的宦官侍卫士兵仅几百人，宰相和朝中大臣都不知道。翰林学士承旨杜让能这天正在唐僖宗行宫值宿，听说僖宗被劫持，跑步追赶皇帝的车舆，出了凤翔城十几里，杜让能碰到一匹别人遗弃的马，没有笼头缰绳，便解下腰带绑在马脖子上，骑马独自追到宝鸡见到僖宗。第二天，才有太子少保孔纬等几个人相继赶到。

当时田令孜玩弄权势，以致皇帝再次离开京城流亡迁徙，天下的人们都对田令孜愤怒痛恨。朱玫、李昌符也感到被田令孜利用的羞耻，并且惧怕李克用、王重荣兵力的强大，便改弦更张与李克用、王重荣联合起来。

朱玫因为田令孜在唐僖宗身边，到头来还是没有把他除掉，就对萧遘说："六年来皇上流离迁徙，中原一带的将领士卒出入于刀剑之中，老百姓供给军粮，交战中阵亡和饥饿致死的人，十分已去了七八，才得以收复京师。天下官民正为皇上返回长安宫殿高兴，皇上却把拯救皇室的功劳归于宦官田令孜，将朝廷大权委任给他，致使朝纲法纪遭到践踏，各藩镇不时受到骚扰，招致王重荣兴兵作乱惹出祸害。我昨天奉您的命令来迎接皇上，不但没有受到信任理解，反而似乎有胁迫皇上的嫌疑。我们这些人报效国家的一片忠心最为赤诚，征讨贼寇竭尽全力，现在怎能俯首帖耳，去受宦官们的控制管束！大唐皇室李氏的子孙还有许多，你为什么不为社稷国家的长治久安而另做图谋呢？"萧遘对他说："当今皇上即位十几年来，没有什么大的过错。正是因为田令孜在皇上身边擅揽大权，致使皇上坐立不安，皇上每当谈到这些，都痛哭流涕不止。近些天的事，皇上起初没有意图迁移，无奈田令孜在皇上的住所安置兵卒，强迫皇上出走，竟不容许等到天亮。一切罪过都在田令孜身上，人们有谁不知。你对皇室尽心效力，正应当带领人马回到镇所，进呈表章迎接皇上。废黜和拥立皇上事关重大，商朝伊尹放逐商王太甲、汉朝霍光废黜昌邑王都曾感到为难，我萧遘可不敢遵命。"朱玫出去后，公开宣告说："我拥立大唐皇室李氏的一个王，有敢反对的人一律斩头！"

夏季，四月，壬子（初三），朱玫逼迫留在凤翔的朝中百官尊奉襄王李煴暂且监管军国大事，受命授任指挥各官，仍派遣大臣进入蜀地迎接车驾，在石鼻驿会盟百官。朱玫让萧遘撰写拥立襄王李煴的册文，萧遘以文笔生疏思路不畅为托词推辞了。于是朱玫委命兵部侍郎判户部郑昌图起草册文。乙卯（初六），李煴接受众官拥立他的册文，朱玫自己兼任左、右神策十军使，率领朝中百官侍奉李煴返回京师长安。又任命郑昌图为同平章事，判度支、盐铁、户部事，分别设置副使，所有三司的事务都委托给他一人。留在河中府的朝中百官崔安潜等人向襄王李煴进呈表笺，恭贺他接受拥立。

戊戌（五月二十日），襄王李煴派遣使臣赴晋阳赐给李克诏书，诏书上说："皇帝行至半路，朝廷的禁卫军发生变乱纷扰，皇帝不幸死去，我被各藩镇推举拥立，现在已接受册封。"朱玫也给李克用写了信，李克用听说拥立襄王李煴这件事都是朱玫谋划的，勃然大怒。大将军盖寓规劝李克用说："皇帝流离迁徙，天下都归罪于我们当初进逼京师，现在如果不诛杀朱玫，废黜襄王李煴，就没有办法洗清我们自己。"李克用听从盖寓的话，焚烧了襄王李煴的诏书，囚禁派来的使臣，向邻近各道发出檄文，说："朱玫竟敢欺骗藩镇，公然说皇帝死了。本道已派出蕃夷、汉族军队三万人讨伐这一凶顽恶逆，大家应当一起建立大的功业。"盖寓是蔚州人。

杨复恭向关中传发檄文，说："谁能斩下朱玫脑袋，就把朱玫静难节度使转授给他。"王行瑜与李铤、满存交战，屡战屡败，担心朱玫治他的罪，就与属下谋划说："现在没有战功，回去也是死，不如和你们一起砍下朱玫的脑袋，迎接皇帝回来，拿到邠宁的符节与黄钺，怎么样？"大家依从王行瑜的意见。甲寅（十二月初十），王行瑜从凤州擅自带领军队返回京师长安，朱玫正在料理政事，听说此事，十分震怒，召来王行瑜，责问他说："你擅自回来，要谋反吗？"王行瑜说："我不谋反，而是要诛杀谋反的人朱玫！"于是将朱玫擒获斩杀，并且杀死朱玫的党羽几百人，各路军队顿时乱成一团，焚烧抢掠京城长安，士人百姓因没有衣服被冻死的，尸体遍地都是。裴澈、郑昌图率领众官二百多人侍奉襄王李煴奔往河中，王重荣假装出来迎接，抓住李煴，将他杀死，囚禁裴澈、郑昌图，众官被处死的将近一半。

唐纪七十三

【原文】

僖宗惠圣恭定孝皇帝下之下光启三年（丁未，887年）

高骈闻秦宗权将寇淮南，遣左厢都知兵马使毕师铎将百骑屯高邮。

时吕用之用事，宿将多为所诛，师铎自以黄巢降将，常自危。师铎有美妾，用之欲见之，师铎不许；用之因师铎出，窃往见之，师铎惭怒，出其妾，由是有隙。

师铎将如高邮，用之待之加厚，师铎益疑惧，谓祸在旦夕。

会骈子四十三郎者素恶用之，欲使师铎帅外镇将吏疏用之罪恶，闻于其父，密使人绐之曰："用之比来频启令公，欲因此相图，已有委曲在张尚书所，宜备之！"师铎问神剑曰："昨夜使司有文书，翁胡不言？"神剑不寤，曰："无之。"师铎不自安，归营，谋于腹心，皆劝师铎起兵诛用之，师铎曰："用之数年以来，人怨鬼怒，安知天不假手于我诛之邪！淮宁军使郑汉章，我乡人，昔归顺时副将也，素切齿于用之，闻吾谋，必喜。"乃夜与百骑潜诣汉章，汉章大喜，悉发镇兵及驱居民合千余人从师铎至高邮。师铎诘张神剑以所得委曲，神剑惊曰："无有。"师铎声色浸厉，神剑奋曰："公何见事之暗！用之奸恶，天地所不容。况近者重赂权贵得岭南节度，复不行，或云谋窃据此土，使其得志，吾辈岂能握刀头事此妖物邪！要问此数贼以谢淮海，何必多言！"汉章喜，遂命取酒，割臂血沥酒，共饮之。乙巳，众推师铎为行营使，为文告天地，移书淮南境内，言诛用之及张守一、诸葛殷之意。

庚戌，詗骑以白高骈，吕用之匿之。

毕师铎兵奄至广陵城下，城中惊扰。

乙卯，师铎射书入城，用之不发，即焚之。

丁巳，用之以甲士百人入见骈于延和阁下，骈大惊，匿于寝室，久而后出，曰："节度使所居，无故以兵入，欲反邪！"命左右驱出。用之大惧，出子城南门，举策指之曰："吾不可复入此！"自是高、吕始判矣。

乙丑，师铎纵兵大掠。骈不得已，命彻备，与师铎相见于延和阁下，交拜如宾主之仪，署师铎节度副使、行军司马，仍承制加左仆射，郑汉章等各迁官有差。

左莫邪都虞候申及，本徐州健将，入见骈，说之曰："师铎逆党不多，请令公及此选元从三十人，夜自教场门出，比师知觉之，追不及矣。然后发诸镇兵，还取府城，此转祸为福也。若一二日事定，浸恐艰难，及亦不得在左右矣。"言之，且泣，骈犹豫不听。及恐语泄，遂窜匿，会张雄至东塘，及往归之。

【译文】

唐僖宗光启三年（丁未，公元887年）

高骈听说秦宗权将要侵扰淮南，派遣左厢都知兵马使毕师铎带领一百骑兵驻扎高邮。

当时吕用之当权，有丰富经验的老将大多被他诛杀，毕师铎因为是从黄巢那里投降过来的将领，常常为自己的安危担忧。毕师铎有一个漂亮的小妾，吕用之想见见她，毕师铎不准许；吕用之趁着毕师铎外出的机会，偷偷地前去看那美妾，毕师铎羞愧恼怒，将小妾休掉，为此毕师铎与吕用之结下了仇怨。

毕师铎将要去高邮，吕用之对待他更加优厚，毕师铎却越来越疑虑恐惧，认为大祸就在眼前了。

恰好高骈的一个叫四十三郎的儿子一向憎恨吕用之，想让毕师铎率领在外镇守的将领官吏分条陈述吕用之的罪恶行径，报告给他的父亲高骈，并且暗中派人欺骗毕师铎说："吕用之近来一再诱导高骈，想要以此来谋害你，已经有机密文书在张神剑那里，应当早做防备！"毕师铎去问张神剑说："昨天夜间淮南节度使司送来了机密信函，你怎么不对我说？"张神剑不清楚怎么回事，说："没有什么机密信函。"毕师铎不能安下心来，便回到军营中，与心腹亲信商量对策，都劝毕师铎发兵讨伐吕用之，毕师铎说："多年来，对吕用之人民怨恨，鬼神愤怒，苍天是不是要借助我的力量来诛灭吕用之呀！淮宁军使郑汉章，是我的同乡，当初离开黄巢投奔高骈时是个副将，一向痛恨吕用之，如果知道了我讨伐吕用之的计谋，他一定会高兴的。"于是毕师铎连夜与一百骑兵秘密到达郑汉章那里，郑汉章大为高兴，把镇所的军队全部发动起来又驱使当地百姓总共一千余人跟随毕师铎到达高邮。毕师铎追问张神剑收到的秘密文书，张神剑惊异地说："根本没有机密信函。"毕师铎的声色更加严厉，张神剑激奋地说道："你看事情怎么这样糊涂！吕用之奸邪凶恶，是天地所不容的。况且近来他大肆贿赂身居高位有权势的人，得到岭南东道节度使的官职，又不前去赴任，有的人说吕用之是在筹谋夺取这里的地盘，假使他的狂妄野心得逞，我们这些人怎么能够手握刀把为这种妖魔鬼怪做事！我们要把吕用之这几个乱臣贼子千刀万剐以答谢淮海一带的人民，还有什么可说的！"郑汉章听后大快，于是命令拿酒来，用刀划破胳膊让血滴到酒里，把酒喝掉。乙巳（四月初二），大家推举毕师铎为行营使，起草檄文祭告天地，向淮南境内传送檄文，说明讨伐吕用之以及张守一、诸葛殷的意图。

庚戌（初七），毕师铎派告密骑兵前往广陵向高骈禀告出师情由，被吕用之隐匿起来。

毕师铎的军队忽然到达广陵城下，城内兵民惊慌混乱。

乙卯（十二日），毕师铎写信，用箭射入广陵城，吕用之竟不开启，当即烧掉。

丁巳（十四日），吕用之带着身披战甲的士兵一百人到延和阁下去见高骈，高骈大为吃惊，隐藏在卧室里，很长时间才出来，说道："节度使所居住的地方，你无故带着士兵进入，要谋反吗？"命令身边侍卫将他们赶出去。吕用之十分恐惧，从内城的南门出去，手举马鞭指着广陵内城说："我不再进入这里了！"从此，高骈和吕用之分道扬镳。

乙丑（二十二日），毕师铎怂恿军队大肆掠抢。高骈没有办法，命令撤除防备，与毕师铎在延和阁下相互见面，彼此行礼只像宾客和主人一样，高骈任毕师铎为节度副使、行军司马，依然承制加封他左仆射，郑汉章等人的官职也分别有不同的升迁。

左莫邪都虞候申及，本来是徐州勇猛强健的将领，他进城拜见高骈，劝说道："毕师铎一伙叛逆党羽人数不多，请你趁着这个机会挑选主要的随从人员三十人，今天夜间就从教场门出去，等到毕师铎察觉到，追赶也来不及了。离开广陵城后再发动各个镇所的军队，回来攻取广陵城，就能把灾祸转变为福音。如果过了一两天大局已定，恐怕形势更加危险紧迫，我申及也不能再留在你的身边了。"申及一面说这些话一面哭泣，高骈犹豫不决没有听从申及的劝告。申及担心自己的话泄漏出去，于是逃走藏匿起来，适逢张雄来到广陵东塘，申及便投奔了张雄。

唐纪七十四

【原文】

昭宗圣穆景文孝皇帝上之上龙纪元年（己酉，889年）

上在藩邸，素疾宦官，及即位，杨复恭恃援立功，所为多不法，上意不平；政事多谋于宰相，孔纬、张浚劝上举大中故事抑宦者权。复恭常乘肩舆至太极殿。他日，上与宰相言及四方反者，孔纬曰："陛下左右有将反者，况四方乎！"上矍然问之，纬指复恭曰："复恭陛下家奴，乃肩舆造前殿，多养壮士为假子，使典禁兵，或为方镇，非反而何！"复恭曰："子壮士，欲以收士心，卫国家，岂反邪！"上曰："卿欲卫国家，何不使姓李而姓杨乎？"复恭无以对。

【译文】

唐昭宗龙纪元年（己酉，公元889年）

昭宗身为寿王居住藩邸时，一向憎恨宦官，到了他登基称帝以后，杨复恭倚仗着当初拥立昭宗即位有功，所作所为大多违犯法度，昭宗在心中对他愤愤不平。有关朝政事务，昭宗大多和宰相商讨，孔纬、张浚奉劝皇帝施行大中年间的成例，抑制宦官的权力。杨复恭经常乘坐轿子到太极殿。有一天，昭宗与宰相谈论四方谋反叛乱的人，孔纬说："陛下的身边就有将要谋反的人，何况四方呢！"昭宗惊惶地追问他，孔纬指着杨复恭说："杨复恭是陛下的家奴，竟敢乘坐轿子到前殿，招养许多壮士为养子，委任他们统管朝廷的军队，有的则充任地方节度使、刺史，这不是

唐长安城西门

谋反是什么！"杨复恭辩解说："我招养壮士为义子，是想收拢将士的心，保卫国家，哪里是谋反呀！"昭宗说："你想保卫国家，为什么不让这些壮士姓李而姓杨？"杨复恭无话可答。

【原文】

大顺元年（庚戌，890年）

赫连铎、李匡威表请讨李克用。朱全忠亦上言："克用终为国患，今因其败，臣请帅汴、滑、孟三军，与河北三镇共除之。乞朝廷命大臣为统帅。"

初，张浚因杨复恭以进，复恭中废，更附田令孜而薄复恭。及复恭再用事，深恨之。上知浚与复恭有隙，特亲倚之；浚亦以功名为己任，每自比谢安、裴度。克用之讨黄巢屯河中也，浚为都统判官。克用薄其为人，闻其作相，私谓诏使曰："张公好虚谈而无实用，倾覆之士也。主上采其名而用之，他日交乱天下，必是人也。"浚闻而衔之。

上从容与浚论古今治乱，浚曰："陛下英睿如此，而中外制于强臣，此臣日夜所痛心疾首也。"上问以当今所急,对曰:"莫若强兵以服天下。"上于是广募兵于京师,至十万人。

及全忠等请讨克用,上命三省、御史台四品以上议之,以为不可者什六七,杜让能、刘崇望亦以为不可。浚欲倚外势以挤扬复恭,乃曰:"先帝再幸山南,沙陀所为也。臣常虑其与河朔相表里,致朝廷不能制。今两河藩镇共请讨之,此千载一时。但乞陛下付臣兵柄,旬月可平。失今不取,后悔无及。"孔纬曰:"浚言是也。"复恭曰:"先朝播迁,虽藩镇跋扈,亦由居中之臣措置未得其宜。今宗庙甫安,不宜更造兵端。"上曰:"克用有兴复大功,今乘其危而攻之,天下其谓我何?"纬曰:"陛下所言,一时之体也;张浚所言,万世之利也。昨计用兵、馈运、犒赏之费,一二年间未至匮乏,在陛下断志行之耳。"上以二相言叶,俛俛从之,曰:"兹事今付卿二人,无贻朕羞!"

五月,诏削夺克用官爵、属籍。

【译文】

大顺元年(庚戌,公元890年)

(四月)赫连铎、李匡威进呈表章请求讨伐李克用。朱全忠也向朝廷进言说:"李克用最终是国家祸患,现在趁着他势力衰败,我请求率领汴州、滑州、孟州三路军队,和河北的三镇人马一起去除掉李克用。恳望朝廷任命大臣充任统帅。"

当初,张浚凭借杨复恭的势力得以晋升,杨复恭后来失宠,张浚便又去依附田令孜而疏远了杨复恭。等到杨复恭再次当权,他对张浚深怀嫉恨。唐昭宗知道张浚与杨复恭有怨仇,便格外地亲近倚重张浚;张浚也把已有的功名看成是自己所能胜任的,常常把自己比作谢安、裴度。李克用讨伐黄巢驻扎在河中时,张浚充任都统判官。李克用蔑视张浚的为人,听说他做了宰相,私下对传达诏令的使臣说:"张浚喜好空谈而不能务实办事,是个颠覆朝廷的人,皇上听信他的虚名而重用他,将来有一天导致天下大乱的,一定是这个人。"张浚听到这些,对李克用怀恨在心。

昭宗从容地与张浚谈论从古到今的乱世治理,张浚说:"陛下这样英明聪慧,却在内在外受制于宦官、藩镇,这是我日日夜夜所痛心疾首的事。"昭宗向张浚询问当今最为紧迫的事情是什么,张浚回答说:"任何事情都不如增强军队以威服天下重要。"唐昭宗于是大规模招募军队,聚集在京师长安,人数达到十万。

等到朱全忠等人请求讨伐李克用,昭宗使命令尚书省、门下省、中书省和御史台四品以上的官员共同商议这件事,认为不能兴兵讨伐的人占十分之六七,杜让能、刘崇望也认为不能这样做。张浚试图凭借外边的势力来排挤杨复恭,于是说:"先帝第二次巡幸山南,是李克用带着沙陀人马逼迫的。我常常忧虑担心李克用与黄河以北的藩镇内外勾结,致使朝廷不能控制。现在河南的朱全忠、河北的李匡威共同请求讨伐李克用,这是千载难逢的一个时机。只请求陛下授予我统领军队的大权,一个月就可以消灭李克用。如果错失现在的良机而不争取,那么将后悔莫及。"孔纬附和道:"张浚说得对。"杨复恭则说:"先帝流离迁徙,虽然由于藩镇骄横跋扈造成,但也是因为朝中大臣举止不当措施不力。现在朝廷刚刚安定下来,不应当再兴兵大战。"昭宗说:"李克用有打败黄巢收复京城的大功,现在趁着他处于困境而去攻打,天下的人们会怎样说我?"孔纬说:"陛下所说的,是现在一时的体面;张浚所说的,是今后世代的大利。昨天计算调遣军队、运送物资、犒劳奖赏的费用,一两年内都不至于缺乏,就在陛下当机立断兴兵讨伐了!"昭宗因为张浚和孔纬两位宰相一唱一和,不得已依从了他们的意见,说:"这件事现在就交给你们二人去办理,但不要给朕带来羞辱!"

五月,昭宗颁发诏令削去李克用的官职、爵位及赐他李姓后所编的属籍。

【原文】

二年(辛亥,891年)

庚申,制以太保、门下侍郎、同平章事孔纬为荆南节度使,中书侍郎、同平章事张浚为鄂岳观察使。

杨复恭使人劫孔纬于长乐坡,斩其旌节,资装俱尽,纬仅能自免。李克用复遣使上表曰:"张浚以陛下万代之业,邀自己一时之功,知臣与朱温深仇,私相连结。臣今身无官爵,名是罪人,不敢归陛下藩方,且欲于河中寄寓,进退行止,伏俟指麾。"诏再贬孔纬均州刺史,张浚连州刺史。赐克用诏,悉复其官爵,使归晋阳。

【译文】

二年（辛亥，公元891年）

庚申（正月初九），唐昭宗颁发诏令，将太保、门下侍郎、同平章事孔纬贬职为荆南节度使，中书侍郎、同平章事张浚贬为鄂岳观察使。

杨复恭派出人马在长乐坡拦截抢劫孔纬，斩断孔纬的节度使旌旗节钺，抢光了孔纬的资财装备，孔纬仅能保住自身一命。李克用再次派遣使者向唐昭宗进呈表章说："张浚用陛下世世代代的基业，来谋取他自己一时的功名，他知道我与朱温有着很深的怨仇，便与朱温在暗中勾结。我现在身上已没有官职爵位，是被朝廷指名讨伐的罪人，不敢再回去做陛下的藩镇，只是想在河中一带留居，是进是退如何举动，敬候朝廷指示。"唐昭宗诏令将孔纬再次贬职，降为均州刺史，张浚也再次贬职，降为连州刺史。同时，向李克用赐发诏书，全部恢复他以前的官职爵位，让他回到晋阳。

资治通鉴第二百五十九卷

唐纪七十五

【原文】

昭宗圣穆景文孝皇帝上之中景福元年（壬子，892年）

丁酉，杨行密帅众归扬州；秋，七月，丙辰，至广陵，表田頵守宣州，安仁义守润州。

先是，扬州富庶甲天下，时人称扬一、益二，及经秦、毕孙、杨兵火之余，江、淮之间，东西千里扫地尽矣。

八月，以杨行密为淮南节度使、同平章事，以田頵知宣州留后，安仁义为润州刺史。

孙儒降兵多蔡人，行密选其尤勇健者五千人，厚其禀赐，以皂衣蒙甲，号"黑云都"，每战，使之先登陷陈，四邻畏之。

行密以用度不足，欲以茶盐易民布帛，掌书记舒城高勖曰："兵火之余，十室九空，又渔利以困之，将复离叛。不若悉我所有易邻道所无，足以给军；选贤守令劝课农桑，数年之间，仓库自实。"行密从之。田頵闻之曰："贤者之言，其利远哉！"行密驰射武伎，皆非所长，而宽简有智略，善抚御将士，与同甘苦，推心待物，无所猜忌。尝早出，从者断马鞯，取其金，行密知而不问，他日，复早出如故，人服其度量。

淮南被兵六年，士民转徙几尽；行密初至，赐与将吏，帛不过数尺，钱不过数百；而能以勤俭足用，非公宴，未尝举乐。招抚流散，轻徭薄敛，未及数年，公私富庶，几复承平之旧。

【译文】

唐昭宗景福元年（壬子，公元892年）

丁酉（六月二十五日），杨行密率领人马返回扬州；秋季，七月，丙辰（十四日），杨行密回到广陵，上表请求任命田頵为宣州长官，安仁义为润州长官。

在此之前，扬州的富庶天下无比，当时人们称颂扬州第一，益州第二，等到经过秦彦、毕师铎、孙儒、杨行密各股军队的战火之后，江、淮之间，东西千里方圆一片败落景象。

八月，朝廷任命杨行密为淮南节度使、同平章事，委任田頵为宣州留后，任命安仁义为润州刺史。

孙儒投降过来的军队大多是蔡州人，杨行密挑选他们当中特别勇猛强健的人五千名，予以丰厚的俸饷和赏赐，用黑色的外衣蒙盖上甲胄，号称"黑云都"，每当作战时，就让这些人首先冲锋陷阵，四周邻近的军队都很惧怕他们。

杨行密因为军中费用缺乏，想用茶叶和食盐换取百姓的布帛，掌书记舒城人高勖说："战乱刚刚过去，老百姓十户有九家是空的，官府却又要以商谋利使他们艰难窘迫，这将会使百姓再次叛离我们。不如拿出我们拥有的东西去与缺少此物的邻道贸易，这样完全可以供给军队，再挑选贤明的地方长官劝勉人民耕作纺织，几年的时间，仓库自然就会充盈。"杨行密采纳了高勖的意见。田頵听到这件事后说："贤明人士的话，其利益深远呀！"杨行密对于骑马射箭比武这些技艺，都没有什么专长，可是他对人宽厚，生活节俭又有智谋胆略，善于安抚驾御宫中将士，与他们同甘共苦，待人处事推心置腹，没有任何猜疑顾忌。有一次早晨出去，跟随的人剪断驾辕马臀部的皮带，拿走那上面的金饰，杨行密知道了也不追问，后来，仍像以前一样在早晨外出，人们都佩服他的心胸度量。

淮南一带遭受战乱接连六年，当地士人和百姓辗转迁移几乎走光了；杨行密刚到这里时，赏赐将领官吏，布帛不过几尺，银钱不到几百。可是杨行密能够靠勤奋节俭保证军中供给充足，除非因公摆设宴会，他自己从不举办歌舞声乐。杨行密招收安抚流离的人民，减轻徭役少征赋税，没有几年的功夫，官府和人民都富有起来，几乎恢复到太平盛世时的状态。

【原文】

二年（癸丑，893年）

王建屡请杀陈敬瑄、田令孜，朝廷不许。夏，四月，乙亥，建使人告敬瑄谋作乱，杀之新津。又告令孜通凤翔书，下狱死。建使节度判官冯涓草表奏之曰："开匣出虎，孔宣父不责他人；当路斩蛇，孙叔敖盖非利己。专杀不行于阃外，先机恐失于彀中。"涓，宿之孙也。

李茂贞恃功骄横，上表及遗杜让能书，辞语不逊。上怒，欲讨之。茂贞又上表，略曰："陛下贵为万乘，不能庇元舅之一身；尊极九州，不能戮复恭之一竖。"又曰："今朝廷但观强弱，不计是非。"又曰："约衰残而行法，随盛壮以加恩；体物镏铢，看人衡纩。"又曰："军情易变，戎马难羁，唯虑甸服生灵，因兹受祸，未审乘舆播越，自此何之！"上益怒，决讨茂贞，命杜让能专掌其事，让能谏曰："陛下初临大宝，国步未夷，茂贞近在国门，臣愚以为未宜与之构怨，万一不克，悔之无及。"上曰："王室日卑，号令不出国门，此乃志士愤痛之秋。药弗瞑眩，厥疾弗瘳。朕不能甘心为孱懦之主，悁悁度日，坐视陵夷。卿但为朕调兵食，朕自委诸王用兵，成败不以责卿！"让能曰："陛下必欲行之，则中外大臣共宜胁力以成圣志，不当独以任臣。"上曰："卿位居元辅，与朕同休戚，无宜避事！"让能泣曰："臣岂敢避事！况陛下所欲行者，宪宗之志也；顾时有所未可，势有所不能耳。但恐他日臣徒受晁错之诛，不能弭七国之祸也。敢不奉诏，以死继之！"上乃命让能留中书，计画调度，月余不归。崔昭纬阴结邠、岐，为之耳目，让能朝发一言，二镇夕必知之。李茂贞使其党纠合市人数百千人，拥观军容使西门君遂马诉曰："岐帅无罪，不宜致讨，使百姓涂炭。"君遂曰："此宰相事，非吾所及。"市人又邀崔昭纬、郑延昌肩舆诉之，二相曰："兹事主上专委杜太尉，吾曹不预知。"市人因乱投瓦石，二相下舆走匿民家，仅自免，丧堂印及朝服。上命捕其唱帅者诛之，用兵之意益坚。京师民或亡匿山谷，严刑所不能禁。八月，以嗣覃王嗣周为京西招讨使，

神策大将军李铤副之。

李存孝夜犯李存信营,虏奉诚军使孙考老。李克用自引兵攻邢州,掘堑筑垒环之。存孝时出兵突击,堡垒不能成。河东牙将袁奉韬密使人谓存孝曰:"大王惟俟堑成即归晋阳,尚书所惮者独大王耳,诸将非尚书敌也。大王若归,咫尺之堑,安能沮尚书之锋锐邪!"存孝以为然,按兵不出。旬日,堑垒成,飞走不能越,存孝由是遂穷。

乙亥,覃王嗣周帅禁军三万送凤翔节度使徐彦若赴镇,军于兴平。李茂贞、王行瑜合兵近六万,军于盩厔以拒之。禁军皆新募市井少年,茂贞、行瑜所将皆边兵百战之余,壬午,茂贞等进逼兴平,禁军皆望风逃溃,茂贞等乘胜进攻三桥,京城大震,士民奔散,市人复守阙请诛首议用兵者。崔昭纬心害太尉、门下侍郎、同平章事杜让能,密遗茂贞书曰:"用兵非主上意,皆出于杜太尉耳。"甲申,茂贞陈于临皋驿,表让能罪,请诛之。让能言于上曰:"臣固先言之矣,请以臣为解。"上涕下不自禁,曰:"与卿诀矣!"是日,贬让能梧州刺史,制辞略曰:"弃卿士之臧谋,构藩垣之深衅,咨询之际,证执弥坚。"又流观军容使西门君遂于儋州,内枢密使李周潼于崖州,段诩于欢州。乙酉,上御安福门,斩君遂、周潼、诩,再贬让能雷州司户。遣使谓茂贞曰:"惑联举兵者,三人也,非让能之罪。"以内侍骆全瓘、刘景宣为左右军中尉。

李茂贞勒兵不解,请诛杜让能然后还镇,崔昭纬复从而挤之。冬,十月,赐让能及其弟户部侍郎弘徽自尽。复下诏布告中外,称"让能举枉错直,爱憎系于一时;卖官鬻爵,聚敛逾于巨万。"自是朝廷动息皆禀于邠、岐,南、北司往往依附二镇以邀恩泽。有崔鋋、王超者,为二镇判官,凡天子有所可否,其不逞者,辄诉于鋋、超,二人则教茂贞、行瑜上章论之,朝廷少有依违,其辞语已不逊。

制复以茂贞为凤翔节度使兼山南西道节度使、守中书令,于是茂贞尽有凤翔、兴元、洋、陇秦等十五州之地。

【译文】

二年(癸丑,公元893年)

王建一再请求杀掉陈敬瑄、田令孜,朝廷不准许。夏季,四月,乙亥(初七),

王建指使人告发陈敬瑄谋反作乱，在新津将他杀死。又指使人告发田令孜与凤翔节度使李茂贞暗中通信，把他囚禁狱中致死。王建命令节度判官冯涓起草表章奏报说："打开木笼放出猛虎，孔子责备其弟子不责备别人；孙叔敖将两头蛇杀死，并不是为了他自己的利益。统兵在外的将帅如果没有专杀大权，重要的机会就要在奸臣的圈套中丧失。"冯涓是冯宿的孙子。

李茂贞倚仗有功骄傲强横，向昭宗进呈表章以及给杜让能写信，言语很不恭谦。昭宗十分愤怒，想要讨伐李茂贞。李茂贞再次上表，大略说："陛下身为一统天下的大唐皇帝，却不能庇护皇舅王瓖一人的性命；陛下在天下最受尊崇，却不能斩杀扬复恭这个家伙。"又说："现在朝廷只看各节度使的强弱与否，而不计议是非曲直。"还说："朝廷约束势力弱者对他们行之以法，附和势力强盛者对他们施加恩赏；处事视其轻重而斤斤计较，看人权衡利害而仰人鼻息。"他又说："军中情形千变万化，战争胜负难以约束，我是担心京畿一带的百姓因此遭受祸害，不知道皇帝流离迁徙，今后还能到哪里去！"昭宗更加愤怒，决心讨伐李茂贞，命令杜让能专门掌管征讨事宜，杜让能劝昭宗说："陛下刚刚即位不久，国家的命运还不平安，凤翔的李茂贞离京师长安这样近，我认为不应当与他结下怨仇，万一不能消灭他，那么后悔也来不及了。"昭宗说："现在皇室的地位越来越低下，朝廷的号令在京师以外的地方就得不到推行，这正是仁人志士痛心疾首的时刻。服药不到使眼睛昏花程度，疾病就不会痊愈。朕不能甘心做一个软弱可欺的君主，默默无闻地度过时日，坐在这里看着别人来欺侮。你只管为朕调动军队粮食，朕亲自委派各王统领军队，不论成功与失败都不会追究你的责任。"杜让能回答说："陛下一定要兴兵讨伐李茂贞，那么朝廷内外的大臣都应当齐心协力效助陛下实现宏图大志，而不应当唯独任用我一人。"昭宗对杜让能说："你身为宰相，与朕应当同甘共苦，不应遇事躲避！"杜让能流着泪说："我怎么敢遇事躲避呢！况且陛下所要施行的事情，是当年宪宗皇帝的志愿；只是天时还有所不利，形势也不允许罢了。只恐怕将来有一天我会像汉景帝时的晁错一样白白遭受杀身大祸，而不能平息吴楚等七国叛乱的战祸。我怎敢不奉行诏令，以死相报！"昭宗于是任命杜让能留在中书省，筹划调度，一个多月没有回家。崔昭纬暗中与邠州、岐州交结，探听消息，杜让能早晨说一句话，邠州、岐州傍晚就一定会知道。李茂贞指使他的党羽纠集集市中成百上千的人，包围在观军容使西门君遂马前诉说："李茂贞大帅没有罪，不应当对他进行征讨，而使百姓遭受战祸。"西门君遂说："这是宰相的事，不是我力所能及的。"那些被纠集的人又拦截崔昭纬、郑延昌乘坐的轿子进行诉说，两位宰相说："这件事皇帝专门委任太尉杜让能料理，我们事先也不知道。"市中百姓于是四处乱投砖瓦石块，崔昭纬、郑延昌两位宰相慌忙下了轿子跑到民户家里躲藏起来，仅以自身得免，大堂官印和上朝服装都丢失了。唐昭宗命令捕拿这次闹事中倡导的人予以诛杀，出兵讨伐的念头更加坚定。京师长安的人民有的逃到山谷中藏匿起来，虽然动用严酷的刑法也禁止不住。八月，唐昭宗任命续任覃王李嗣周为京西招讨使，神策大将军李鐬为副使。

李存孝在夜间进攻李存信的营寨，虏获了奉诚军使孙考老。李克用亲自率领军队攻打邢州，环绕邢州城挖掘堑壕修筑营垒。李存孝不时派出军队突然袭击，使他的堑壕营垒不能建成。河东牙将袁奉韬秘密派人对李存孝说："陇西郡王李克用只是等着堑壕营垒修成就返回晋阳，尚书你所惧怕的只有大王李克用罢了，他手下的各位将领都不是你的对手。大王李克用如果返回晋阳，几尺宽的堑壕，怎么能阻止住尚书你的锋芒锐势呢！"李存孝认为很对，便止住军队不再出城袭击。十几天的时间，李克用的堑壕营垒修造完毕，即使插上翅膀飞也越不过去，李存孝因此处境艰难。

乙亥（九月初十），覃王李嗣周率领禁军三万护送凤翔节度使徐彦若前赴镇所，在兴平驻扎。李茂贞、王行瑜联合军队约近六万人，驻扎在盩厔进行抗击。朝廷禁军都是刚刚从市街上招募来的少年，而李茂贞、王行瑜所带领的都是边防士兵，经历过大大小小上百次的战斗，壬午（十七日），李茂贞等进军逼近兴平，朝廷禁军都望风逃散，李茂贞等乘胜进攻三桥，京师长安大为震惊，士人百姓四处奔逃，市街的百姓又踞守在皇宫门前请求诛杀首先倡议发兵进行征伐的人。崔昭纬存心陷害太尉、门下侍郎、同平章事杜让能，秘密给李茂贞送去书信说："朝廷用兵征伐并不是皇帝的意图，都是太尉杜让能出的主意罢了。"甲申（十九日），李茂贞在长安城西的临皋驿陈列军队，向唐昭宗进呈表章历数杜让能的罪行，请求将他诛杀。

杜让能对唐昭宗说:"我本来就有言在先,现在就请通过惩处我来排解战事吧。"唐昭宗痛哭流涕不能控制,对杜让能说:"只能与你分别了!"当天,就把杜让能贬职为梧州刺史,诏令大略说:"朕没有听取谋臣的深谋远虑,构成了藩镇的挑衅,最后商议之时,争执更加坚决。"接着,唐昭宗又把观军容使西门君遂流放到儋州,内枢密使李周潼流放到崖州,段诩流放到驩州。乙酉(二十日),唐昭宗亲临安福门,将西门君遂、李周潼、段诩处斩,将杜让能再次贬为雷州司户,派遣使臣对李茂贞说:"蛊惑朕出兵的,是西门君遂、李周潼和段诩这三个人,不是杜让能的罪过。"朝廷任命宦官骆全瓘、刘景宣为左、右军中尉。

　　李茂贞控制军队而不解除对京师的威胁,表示只有朝廷杀掉杜让能才能返回凤翔,崔昭纬又在内怂恿施加压力。冬季,十月,昭宗赐令杜让能和他的弟弟户部侍郎杜弘徽自杀。还向朝廷内外颁布诏书,说:"杜让能荐举邪恶的人而不用质朴的人,对人的喜好和憎恶都凭一时决定;他拿案狱官司做买卖,卖官卖爵,搜刮的钱财超过上万。"从这以后,朝廷的一举一动都要禀告邠州、岐州,朝廷官员和宫内宦官也往往依附李茂贞、王行瑜以博得恩赏提拔。崔铤、王超二人,是邠州、岐州的判官,凡是昭宗对一些事情的决断,使某些人未能得逞,他们就向崔铤、王超申诉,崔铤、王超二人便教唆李茂贞、王行瑜上呈表章进行辩论,朝廷对他们的事稍微有些不同意见,李茂贞、王行瑜便出言不逊。

　　昭宗颁发诏令重新任命李茂贞为凤翔节度使兼任山南西道节度使、守中书令,于是李茂贞占据了凤翔、兴元、洋州、陇秦等十五个州的全部地盘。

唐纪七十六

【原文】

昭宗圣穆景文孝皇帝上之下乾宁二年（乙卯，895年）

初，王行瑜求尚书令不获，由是怨朝廷。畿内有八镇兵，隶左右军。邠阳镇近华州，韩建求之；良原镇近邠州，王行瑜求之。宦官曰："此天子禁军，何可得也！"王珂、王珙争河中，行瑜、建及李茂贞皆为珙请，不能得，耻之。珙使人语三帅曰："珂不受代而与河东婚姻，必为诸公不利，请讨之。"行瑜使其弟匡国节度使行约攻河中，珂求救于李克用。行瑜乃与茂贞、建各将精兵数千人朝，甲子，至京师，坊市民皆窜匿。上御安福门以待之，三帅盛陈甲兵，拜伏舞蹈于门下。上临轩，亲诘之曰："卿等不奏请俟报，辄称兵入京城，其志欲何为乎？若不能事朕，今日请避贤路！"行瑜、茂贞流汗不能言，独韩建粗述入朝之由。上与三帅宴，三帅奏称："南、北司互有朋党，堕紊朝政。韦昭度讨西川失策，李谿作相，不合众心，请诛之。"上未之许。是日，行瑜等杀昭度、谿于都亭驿，又杀枢密使康尚弼及宦官数人。又言："王珂、王珙嫡庶不分，请除王珙河中，徙王行约于陕，王珂于同州。"上皆许之。始，三帅谋废上，立吉王保；至是，闻李克用已起兵于河东，行瑜、茂贞各留兵二千人宿卫京师，与建皆辞还镇。贬户部尚书杨堪为雅州刺史。堪，虞卿之子，昭度之舅也。

李克用大举蕃、汉兵南下，上表称王行瑜、李茂贞、韩建称兵犯阙，贼害大臣，请讨之，又移檄三镇，行瑜等大惧。克用军至绛州，刺史王瑶闭城拒之；克用进攻，旬日，拔之，斩瑶于军门，杀城中违拒者千余人。秋，七月，丙辰朔，克用至河中，王珂迎谒于路。

右军指挥使李继鹏，茂贞假子也，本姓名阎珪，与骆全瓘谋劫上幸凤翔；中尉刘景宣与王行实知之，欲劫上幸邠州；孔纬面折景宣，以为不可轻离宫阙。向晚，继鹏连奏请车贺出幸，于是王行约引左军攻右军，鼓噪震地。上闻乱，登承天楼，欲谕止之，捧日都头李筠将本军，于楼前待卫。李继鹏以凤翔兵攻筠，矢拂御衣，著于楼楣，左右扶上下楼；继鹏复纵火焚宫门，烟炎蔽天。时有盐州六都兵屯京师，素为两军所惮，上急召令入卫；既至，两军退走，各归邠州及凤翔。城中大乱，互相剽掠，上与诸王及亲近幸李筠营，护跸都头李居实帅众继至。

或传王行瑜、李茂贞欲自来迎车驾，上惧为所迫，辛酉，以筠、居实两都兵自卫，出启夏门，趣南山，宿莎城镇。士民追从车驾者数十万人，比至谷口，喝死者三之一，夜，复为盗所掠，哭声震山谷。时百官多扈从不及，户部尚书、判度支及盐铁转运使薛王知柔独先至，上命权知中书事及置顿使。

李克用遣兵攻华州；韩建登城呼曰：「仆于李公未尝失礼，何为见攻？」克用使谓之曰：「公为人臣，逼逐天子，公为有礼，孰为无礼者乎！」会郓廷昱至，言李茂贞将兵三万至盩厔，王行瑜将兵至兴平，皆欲迎车驾，克用乃释华州之围，移兵营渭桥。

时宫室焚毁，未暇完葺，上寓居尚书省，百官往往无袍笏仆马。

李克用引兵逼邠州，王行瑜登城，号哭谓克用曰：「行瑜无罪，追胁乘舆，皆李茂贞及李继鹏所为，请移兵问凤翔，行瑜愿束身归朝。」克用曰：「王尚父何恭之甚！仆受诏讨三贼臣，公预其一，束身归朝，非仆所得专也。」丁卯，行瑜挈族弃城走。克用入邠州，封府库，抚居人，命指挥使高爽权巡抚军城，奏趣苏文建赴镇。行瑜走至庆州境，部下斩行瑜，传首。

【译文】

唐昭宗乾宁二年（乙卯，公元 895 年）

当初，王行瑜谋求尚书令官职未能获得，因此怨恨朝廷。京师长安所辖地区有八镇军队,隶属左、右神策军。邠阳镇靠近华州,韩建请求兼管;良原镇接近邠州,王行瑜希望由他统领。宫内宦官说:"这都是皇帝的禁卫军,怎么能让他们得到!"王珂、王珙争夺河中节度使这一官职,王行瑜、韩建以及李茂贞都为王珙请求,结果王珙却未能得到,这几个人都感到很耻辱。王珙派人对王行瑜、韩建、李茂贞三位节度使说:"王珂在河中不接受我的代替而与河东节度使李克用结成姻亲,对你们各位一定不利,请求你们讨伐王珂。"王行瑜便派他的弟弟匡国节度使王行约攻打河中,王珂向李克用请求救援。王行瑜于是与李茂贞、韩建各带领精兵几千人奔赴朝廷。甲子(五月初八),王行瑜等人率军到达京师,长安街市居民都到处逃窜躲藏。唐昭宗来到安福门等待他们,三位节度使把披甲军队大规模排列开来,在安福门下行大跪大拜礼仪。昭宗走到门楼前,亲自责问他们说:

三彩镇墓兽 唐

"你们不上表奏请等待朝廷回话,就发动军队进入京城,你们的意图究竟要干什么?如果你们不能侍奉朕,今天就请你们退离官位让给贤明的人!"王行瑜、李茂贞听后浑身冒冷汗而不能说一句话,唯有韩建粗略地陈述了前来京师的原因。昭宗与三位节度使宴会,三位节度使向皇帝奏道:"朝中大臣和宫内宦官互相结党为奸,败坏扰乱朝廷大政。韦昭度讨伐西川决策失误,李谿充任宰相,不合群臣的心愿,请将李谿诛杀。"昭宗没有准许他们的奏请。这一天,王行瑜等在朱雀门外都亭驿将韦昭度、李谿杀死,又杀掉枢密使康尚弼及宦官好几人。王行瑜等又向唐昭宗进言说:"王珂、王珙的任用是不分嫡子和庶子的尊卑,现在请求任命王珙为河中节度使,把王行约调往陕州,王珂调到同州。"昭宗都予以同意。开始,王行瑜等三位节度使谋划废黜唐昭宗,拥立吉王李保称帝。这时,听说李克用已在河东起兵,王行瑜、李茂贞便分别留下军队二千人守护京师,与韩建一同辞别返回镇所。昭宗又诏令把户部尚书杨堪贬职为雅州刺史。杨堪是杨虞卿的儿子,韦昭度的舅舅。

李克用大规模地发动蕃族和汉人的军队向南开进，他向唐昭宗上表声称王行瑜、李茂贞、韩建派兵进犯京师，残害朝中大臣，请求讨伐他们。李克用又向王行瑜、李茂贞、韩建三位节度使发去征讨檄文，王行瑜等大为恐惧。李克用的军队到达绛州，绛州刺史王瑶关闭城门抵抗；李克用发动进攻，十天，就将绛州攻克，在军营的大门将王瑶斩杀，并杀掉城内进行抵抗的一千余人。秋季，七月，丙辰朔（初一），李克用到达河中，王珂在路上迎接拜见他。

右军指挥使李继鹏，是李茂贞的养子，原本叫阎珪，他与骆全瓘策划劫持唐昭宗前往凤翔。中尉刘景宣与王行实知道了，则想劫持昭宗前赴邠州。孔纬当面驳斥刘景宣，认为皇帝不能轻易离开长安宫殿。近傍晚时，李继鹏接连上奏请昭宗出走凤翔，王行约见李继鹏要抢先劫走昭宗，便带领他的左军攻打李继鹏的右军，喧闹声惊天动地。昭宗听到外面混乱，便登上承天楼，想谕令制止他们，捧日都头李筠带领自己的军队，在承天楼前护卫昭宗。李继鹏指挥凤翔军队攻打李筠，飞箭掠过昭宗的衣服，落在承天楼椽木上，身边的侍卫搀扶着昭宗下楼；李继鹏又放火焚烧宫门，浓烟烈焰遮盖了天空。当时有盐州六都军队驻扎京师，平时左、右两军都很惧怕他们，昭宗便紧急召令这支军队入宫护卫；盐州六都军队到达后，左、右两军都撤退离去，分别返回邠州和凤翔。长安城内大为混乱，到处抢劫掠夺，昭宗与各王以及亲近人员到李筠的军营躲避，神策军护跸都头李居实率领人马随后也赶到。

有人传说王行瑜、李茂贞要亲自来长安迎接皇帝，昭宗担心被他们逼迫，辛酉（初六），命令李筠、李居实的两都军队进行护卫，出长安城南面的启夏门，急速奔往南山，在莎城镇过夜。追随昭宗车驾的人民有几十万，等到抵达南山的谷口时，中暑而死的人竟有三分之一，夜里，流亡的百姓又遭受盗贼的抢掠，哭喊的声音震动山谷。当时朝廷百官大多没有来得及跟随上昭宗，唯有户部尚书、判度支及盐铁转运使薛王李知柔首先赶到，昭宗便任命他暂时掌管中书省事务及兼任置顿使。

李克用派遣军队进攻华州；韩建登上华州城楼呼喊着说："我对李公不曾失礼，为什么要攻打我？"李克用派人对他说："你是大唐的臣子，却逼迫驱赶皇帝，你这样如果还算有礼，那么天下还有谁是无礼呢？"恰巧这时郗廷昱赶到，他对李克用说，李茂贞带领军队三万已到盩厔，王行瑜率领军队到达兴平，都想迎接唐昭宗的车驾，李克用于是解除对华州的围攻，把军队开赴渭桥安营扎寨。

当时宫殿被焚烧毁坏，没有来得及修建整理，昭宗暂时住在尚书省，朝中百官常常没有长袍朝笏和仆役马匹。

李克用带领军队进逼邠州，王行瑜登上城楼，号哭着对李克用说："我王行瑜没有罪过，逼迫威胁皇帝的车驾，都是李茂贞和李继鹏干的事，请你调开军队去讨伐凤翔节度使李茂贞，我王行瑜愿意捆绑自己回到朝廷。"李克用说："王尚父真是太恭谦了！我受朝廷的诏令讨伐你和李茂贞、韩建三个乱臣贼子，你是其中的一个，你想自己捆绑入朝，这不是我能擅自做主的。"丁卯（十一月十五日），王行瑜带着全家族的人弃城逃跑。李克用进入邠州城，封闭官府库房，安抚居民，任命指挥使高爽暂且掌管巡抚军城事宜，又奏请朝廷催促苏文建赶赴镇所。王行瑜逃到庆州境内，部下将他斩杀，把头颅传送朝廷。

【原文】

三年（丙辰，896年）

秋，七月，茂贞进逼京师。延王戒丕曰："今关中藩镇无可依者，不若自鄜州济河，幸太原，臣请先往告之。"辛卯，诏幸鄜州；壬辰，上出至渭北；韩建遣其子从允奉表请幸华州，上不许。以建为京畿都指挥、安抚制置及开通四面道路、催促诸道纲运等使。而建奉表相继，上及从官亦惮远去，癸巳，至富平，遣宣徽使元公讯召建，面议去留。甲午，建诣富平见上，顿首涕泣言："方今藩臣跋扈者，非止茂贞。陛下若去宗庙园陵，远巡边鄙，臣恐车驾济河，无复还期。今华州兵力虽微，控带关辅，亦足自固。臣积聚训厉，十五年矣，西距长安不远，愿陛下临之，以图兴复。"上乃从之。乙未，宿下邽；丙申，至华州，以府署为行宫；建视事于龙兴寺。茂贞遂入长安，自中和以来所葺宫室、市肆，燔烧俱尽。

宰相畏韩建，不敢专决政事。八月，丙辰，诏建关议朝政；建上表固辞，乃止。

韩建移檄诸道，令共输资粮诣行在。李克用闻之，叹曰："去岁从余言，岂有今日之患！"又曰："韩建天下痴物，为贼臣弱帝室，是不为李茂贞所擒，则为朱全忠所虏耳！"因奏将与邻道发兵入援。

【译文】

三年（丙辰，公元896年）

秋季，七月，李茂贞进军逼近京师长安。延王李戒丕说："现在关中一带的藩镇没有可以依靠的，不如从鄜州渡过黄河，到太原去避难，我请求先行一步去告诉河东节度使李克用。"辛卯（十二日），昭宗颁下诏令出巡鄜州。壬辰（十三日），唐昭宗离开京师到达渭水之北。韩建派遣他的儿子韩从允手捧表章请唐昭宗到华州去，唐昭宗不同意。朝廷任命韩建为京畿都指挥、安抚制置使及开通四百道路使、催促诸道纲运使等职，可是韩建进呈的表章接二连三地送到要请皇帝去华州，昭宗和跟随的朝中各官也有些怕到远处去，癸巳（十四日），昭宗到达富平，派遣宣徽使元公讯召韩建前来，要与他当面商议是东去太原还是留在华州。甲午（十五日），韩建到达富平拜见昭宗，他下跪磕头痛哭说："当今各藩镇大臣骄横跋扈的，并不止李茂贞一人，陛下如果离开宗庙园陵，到边远的地方巡游，我担心皇帝的车驾渡过黄河，就再也没有返回的时候了。现在华州军队虽然不是很强大，但控制关中京畿一带，也还足以自卫。我积聚资财训练军队已经十五年了，而且华州往西距离长安也不远，希望陛下驾临华州，以图振兴光复。"昭宗于是依从了韩建的意见。乙未（十六日），昭宗在下邽住宿；丙申（十七日），到达华州，把韩建的节度使司作为皇帝的行宫。韩建，则改在龙兴寺办理政务。唐昭宗离开京师后，李茂贞便进入长安，自从中和年间以来所修缮的宫殿、市街店铺，全都被李茂贞放火烧毁。

朝中宰相惧怕韩建，不敢决断政事。八月，丙辰（初八），昭宗诏令韩建入朝商议朝廷政事；韩建上呈表章坚决推辞，昭宗于是停止召见。

韩建向各道发出檄文，命令他们共同运输资财粮食送到华州唐昭宗这里。李克用听到后，叹息道："上年皇上若是听从了我的话，怎么会有今天的祸患！"又说："韩建是当今世上的愚人，替乱臣贼子削弱大唐皇室，这样他不被李茂贞擒拿，就被朱全忠虏获！"于是，李克用上奏朝廷要与邻近各道发兵前往救援。

资治通鉴第二百六十一卷

唐纪七十七

【原文】

昭宗圣穆景文孝皇帝中之上乾宁四年（丁巳，897 年）

春，正月，甲申，韩建奏："防城将张行思等告睦、济、韶、通、彭、韩、仪、陈八王谋杀臣，劫车驾幸河中。"建恶诸王典兵，故使行思等告之。上大惊，召建谕之；建称疾不入。令诸王诣建自陈，建表称："诸王忽诣臣理所，不测事端。臣详酌事体，不应与诸王相见。"又称："诸王当自避嫌疑，不可轻为举措。陛下若以友爱含容，请依旧制，令归十六宅，妙选师傅，教以诗书，不令典兵预政。"且曰："乞散彼乌合之兵，用光《麟趾》之化。"建虑上不从，引麾下精兵围行宫，表疏连上。上不得已，是夕，诏诸王所领军士并纵归田里，诸王勒归十六宅，其甲兵并委韩建收掌。建又奏："陛下选贤任能，足清祸乱，何必别置殿后四军！显有厚薄之恩，乖无偏无党之道。且所聚皆坊市无赖奸猾之徒，平居犹思祸变，临难必不为用，而使之张弓挟刃，密迩皇舆，臣窃寒心，乞皆罢。"诏亦从之。于是殿后四军二万余人悉散，天子之亲军尽矣。捧日都头李筠，石门扈从功第一，建复奏斩于大云桥。建又奏："玄宗之末，永王璘暂出江南，遽谋不轨。代宗时吐蕃入寇，光启中朱玫乱常，皆援立宗支以系人望。今诸王衔命四方者，乞皆召还。"又奏："诸方士出入禁庭，眩惑圣听，宜皆禁止，无得入宫。"诏悉从之。建既幽诸王于别第，知上意不悦，乃奏请立德王为太子，欲以解之。丁亥，诏立德王祐为皇太子，仍更名裕。

延王戒丕还自晋阳，韩建奏："自陛下即位以来，与近辅交恶，皆因诸王典兵，凶徒乐祸，致銮舆不安。比者臣奏罢兵权，实虑不测之变。今闻延王、覃王尚苞阴计，愿陛下圣断不疑，制于未乱，则社稷之福。"上曰："何至于是！"数日不报。建乃与知枢密刘季述矫制发兵围十六宅，诸王被发，或缘垣，或升屋，呼曰："宅家救儿！"建拥通、沂、睦、济、韶、彭、韩、陈、覃、延、丹十一王至石堤谷，尽杀之，以谋反闻。

【译文】

唐昭宗乾宁四年（丁巳，公元897年）

春季，正月，甲申（初八），韩建向朝廷上奏说："华州防城将张行思等控告皇室的睦、济、韶、通、彭、韩、仪、陈八王图谋杀害我，要劫持皇上的车驾到河中去。"韩建憎恨各王掌管军队，因此指使张行思等控告他们。昭宗接到韩建的表章大为惊慌，召见韩建，想向他说明，韩建以有病为托词拒不前来。唐昭宗又命令各王到韩建那里去自行陈述，韩建上表道："各王若忽然来到我的住所，变乱之事难以揣测。我仔细斟酌这件事，不应当和各王见面。"韩建又说："各王应当自动避开嫌疑，不可轻举妄动。陛下如果因为同祖同宗的友爱之情而宽容他们，就请依照旧制，命令诸王回到十六宅，精心挑选师傅，教他们学习诗文书画，而不让他们掌管军队干预朝政。"韩建并且说："请求解散各王手下的乌合之众，以光大大唐皇室子孙的教化。"韩建担心唐昭宗不依从他的意见，就带领手下精壮士兵围困昭宗的行宫，表章奏疏接二连三地向韩廷呈递。昭宗不得已，在这天傍晚，诏令各王所管领的军中士兵全都解散遣回田间故里，强迫诸王回到十六宅，各王原有的盔甲兵器全部交给韩建掌管。韩建又上奏说："陛下挑选贤良任用能人，这样足可以清除祸患平定战乱，何必另外设置安圣、捧宸、保宁、宣化这四支亲军呢！显然皇恩有厚薄亲疏之分，与没有偏向没有私党这样的王道相背离。况且这四支陛下亲军里，聚集的都是市镇里巷中游手好闲奸邪狡猾的无赖，他们在平静安居的时候还企图作乱惹祸发动变乱，当朝廷遇到艰难处境他们一定不会为陛下效力的，可是现在却让这帮人拉弓拔刀，紧紧地跟随陛下的车驾，我私下里为陛下担惊受怕，请求立即把亲军全部解散。"昭宗颁下诏书,又依从了韩建的意见。于是,护卫昭宗的四支军队二万余人全部解散,天子的亲军完全裁撤了。捧日都头李筠,当初在石门跟随护卫昭宗,功劳堪数第一,韩建又上奏朝廷,将李筠在华州大云桥斩杀。韩建接着又向昭宗奏道:"玄宗末年,永王李璘暂时调出京师到江南任职,马上就背叛朝廷图谋不轨。代宗时,吐蕃侵入,拥立广武王李承宏。光启年间,朱玫叛逆作乱,拥立襄王李煴。他们都是靠着拥立皇族宗室的分支来笼络民心。现在奉陛下之命在各地的皇室诸王,请求把他们全都召回朝廷。"韩建还奏称:"那些鼓吹仙术的方士在皇宫出出进进,迷惑皇帝的耳目,应当一律禁止,不许他们进入皇宫。"昭宗下诏全都依从韩建的奏请。韩建把皇室各王幽禁在其他府第后,知道昭宗心中不高兴,便上呈奏章请求立德王为太子,想以此来缓解。丁亥(十一日),昭宗颁下诏令,立德王李祐为皇太子,按成制改名为李裕。

延王李戒丕从晋阳返回华州,韩建上奏说:"自从陛下即位以来,朝廷与靠近京师的藩镇关系恶化,这都是因为皇室各王掌管兵权,逞凶作恶之徒喜好惹祸生灾,使陛下的车驾不能安稳。近来我向朝廷奏请罢免各王的兵权,实在是担心会有难以预测的变乱。现在我听说延王李戒丕、覃王李嗣周正在酝酿阴谋诡计,希望陛下圣明果断毫不迟疑,在没有发生变乱前就采取措施,那就是大唐天下的福气了。"唐昭宗看了韩建的奏章说:"哪里至于这样呀!"几天过去都没有答复。韩建于是与知枢密刘季述假借朝廷的诏令发兵围攻各王的住所十六宅,诸王披头散发,有的攀缘爬上墙头,有的登高跑到屋顶,狂呼道:"皇上快来救我!"韩建把通王、沂王、睦王、济王、韶王、彭王、韩王、陈王、覃王、延王、丹王这十一个王裹挟到华州西部的石堤谷,全部杀掉,然后向唐昭宗奏报说他们谋反因而处死。

唐纪七十八

资治通鉴第二百六十二卷

【原文】

昭宗圣穆景文孝皇帝中之中光化三年（庚申，900年）

初，崔胤与帝密谋尽诛宦官，及宋道弼、景务脩死，宦官益惧。上自华州还，忽忽不乐，多纵酒，喜怒不觉，左右尤自危。于是左军中尉刘季述、右军中尉王仲先、枢密使王彦范、薛齐偓等阴相与谋曰："主上轻佻多变诈，难奉事；专听任南司，吾辈终罹其祸。不若奉太子立之，尊主上为太上皇，引岐、华兵为援，控制诸藩，谁能害我哉！"

十一月，上猎苑中，因置酒，夜，醉归，手杀黄门、侍女数人。明旦，日加辰巳，宫门不开。季述诣中书白崔胤曰："宫中必有变，我内臣也，得以便宜从事，请入视之。"乃帅禁兵千人破门而入，访问，具得其状。出，谓胤曰："主上所为如是，岂可理天下！废昏为立，自古有之，为社稷大计，非不顺也。"胤畏死，不敢违。庚寅，季述召百官，陈兵殿庭，作胤等连名状，请太子监国，以示之，使署名；胤及百官不得已皆署之。上在乞巧楼，季述、仲先伏甲士千人于门外，与宣武进奏官程岩等十余人入请对。季述、仲先甫登殿，将士大呼，突入宣化门，至思政殿前，逢宫人，辄杀之。上见兵人，惊堕床下，起，将走，季述、仲先掖之令坐。宫人走白皇后，后趋至，拜请曰："军容勿惊宅家，有事取军容商量。"季述等乃出百官状白上，曰："陛下厌倦大宝，中外群情，愿太子监国，请陛下保颐东宫。"上曰："昨与卿曹乐饮，不觉太过，何至于是！"对曰："此非臣等所为，皆南司众情，不可遏也。愿陛下且之东宫，待事小定，复迎归大内耳。"后曰："宅家趣依军容语！"即取传国宝以授季述，宦官扶上与后同辇，嫔御侍从者才十余人，适少阳院。季述以银桯画地数上曰："某时某事，汝不从我言，其罪一也。"如此数十不止。乃手锁其门，熔铁锢之，遣左军副使李师虔将兵围之，上动静辄白季述，穴墙以通饮食。凡兵器针刀皆不得入，上求钱帛俱不得，求纸笔亦不与。时大寒，嫔御公主无衣衾，号哭闻于外。季述等矫诏令太子监国，迎太子入宫。辛卯，矫诏令太子嗣位，更名缜。以上为太上皇，皇后为太上皇后。甲午，太子即皇帝位，更名少阳院曰问安宫。

三彩鸳鸯水丞　唐

水丞为古代文人的洗笔用具，是书房中必不可少的器物。此丞出土于河南省安阳县十里村，现藏于河南省郑州市博物馆。

【译文】

唐昭宗光化三年（庚申，公元900年）

　　当初，崔胤与唐昭宗秘密谋划全部杀死宦官，等到宋道弼、景务修死后，宦官更加恐惧。唐昭宗自华州回到京城以后，精神恍惚，抑郁不乐，常常纵情饮酒，喜怒无常，左右的人尤其人人自危。于是，左军中尉刘季述、右军中尉王仲先、枢密使王彦范、薛齐偓等暗中共同商量说："主上轻浮而多机变欺诈，难于侍奉；并且凡事专听任宰相办理，我等终究要遭受他的祸害。不如立太子为皇帝，尊主上为太上皇，招岐州李茂贞、华州韩建的军队为援助，控制各个藩镇，谁还能加害我们呢！"

　　十一月，唐昭宗在禁苑中打猎，因此摆酒纵饮，夜里大醉回宫，亲手杀死宦官、侍女数人。天明，已经是辰巳左右，宫门还没有开。刘季述到中书省告诉崔胤说："宫中一定有了变故，我是内臣，能够根据实际情况自行斟酌处理，请进宫察看发生了什么事情。"于是，率领宫禁警卫一千人破门而入，经过访查讯问，获得具体情况。刘季述出来对崔胤说："主上所为如此，岂可管理国家！废黜昏君，拥立明主，自古就有这样做的，为了国家大计，这样做不是叛逆。"崔胤害怕被杀，不敢违抗。庚寅（初六），刘季述召集文武百官到来，在殿庭布置了军队，起草崔胤等请太子代管国事的联名状，出示给文武官员看，让他们签名。崔胤及文武百官不得已，都签了名。昭宗在乞巧楼，刘季述、王仲先在门外埋伏一千名全副武装的将士，与宣武进奏官程岩等十余人进楼请求奏对。刘季述、王仲先刚登殿，将士大声呼喊，突然冲入宣化门，到思政殿前，遇到宫人就杀。昭宗看见军队闯入，被惊吓得掉到床下，起来将要逃走，刘季述、王仲先架着让他坐下。宫人跑去禀报皇后，何皇后快步走来，向刘季述等拜请说："军容使不要惊吓皇上，有事求军容使商量。"刘季述等于是拿出文武百官的联名状，禀告昭宗说："陛下厌倦帝位，内外群情希望太子代行管理国家事务，请陛下在东宫颐养天年。"昭宗说："昨天与卿等玩乐饮酒，不觉喝得太多，怎么能弄到这种地步！"刘季述等回答说："这联名状不是我等所写，都是南司百官群情激昂，不能阻止啊！请陛下暂且前去东宫，等到事情稍微安定，再迎陛下回归正宫来罢了。"何皇后说："皇上赶快依从军容使的话！"立即取出传国玺印授予刘季述。宦官扶持昭宗与何皇后同乘一车，与嫔御侍从十余人往少阳院去。刘季述用银树画地，数落昭宗说："某时某事，你不听从我的话，这是一条罪。"这样数十下还不停止。于是，刘季述亲手锁了少阳院的门，熔化铁水将锁灌实，派遣左军副使李师虔带兵将少阳院包围，昭宗一有动静就禀报刘季述，凿出墙洞来递送饮食。凡是兵器针刀都不能入内，昭示要些钱帛全不成，要些纸笔也不给。当时天气十分寒冷，嫔御公主没有衣被，号哭之声传到墙外。刘季述等假传昭宗的诏书，令太子代管国事，迎太子入宫。辛卯（初七），刘季述等又假传昭宗的诏书，令太子继承皇位，更名李缜。于是，以昭宗为太上皇，何皇后为太上皇后。甲午（初十），太子即皇帝位，把少阳院改名叫问安宫。

【原文】

天复元年（辛酉、901年）

春，正月，乙酉朔，王仲先入朝，至安福门，孙德昭擒斩之，驰诣少阳院，叩门呼曰："逆贼已诛，请陛下出劳将士。"何后不信，曰："果尔，以其首来！"德昭献其首，上乃与后毁扉而出。崔胤迎上御长乐门楼，帅百官称贺。周承诲擒刘季述、王彦范继至，方诘责，已为乱挺所毙。薛齐偓赴井死，出而斩之。灭四人之族，并诛其党二十余人。宦官奉太子匿于左军，献传国宝。上曰："裕幼弱，为凶竖所立，非其罪也。"命还东宫，黜为德王，复名裕。丙戌，以孙德昭同平章事，充静海节度使，赐姓名李继昭。

崔胤请上尽诛宦官，但以官人掌内诸司事；宦官属耳，颇闻之，韩全诲等涕泣求哀于上，上乃令胤，"有事封疏以闻，勿口奏。"宦官求美女知书者数人，内之宫中，阴令伺察其事，尽得胤密谋，上不之觉也。全诲等大惧，每宴聚，流涕相诀别，日夜谋所以去胤之术。胤时领三司使，全诲等教禁军对上喧噪，诉胤灭损冬衣；上不得已，解胤盐铁使。

时朱全忠、李茂贞各有挟天子令诸侯之意，全忠欲上幸东都，茂贞欲上幸凤翔。胤知谋泄，事急，遗朱全忠书，称被密诏，令全忠以兵迎车驾，且言："昨者返正，皆令公良图，而凤翔先入朝抄取其功。今不速来，必成罪人，岂惟功为他人所有，且见征讨矣！"全忠得书，秋，七月，甲寅，遽归大梁发兵。

冬，十月，戊戌，朱全忠大举兵发大梁。

【译文】

天复元年（辛酉，公元901年）

春季，正月，乙酉（初一），右军中尉王仲先入宫朝见，行至安福门，孙德昭将他捉住杀死，随即快马奔赴少阳院，敲门高喊道："逆贼王仲先已被杀死，请陛下出来慰劳将士。"何皇后听了不相信，说："果然这样，将他的首级拿来！"孙德昭献上王仲先的首级，昭宗才与何皇后毁坏门扇出来。崔胤迎接昭宗登上长乐门楼，率领文武百官称颂庆贺。这时，周承诲捉获刘季述、王彦范接着到达，昭宗刚责问他们的谋逆罪行，就已被乱棍打死了。薛齐偓投井淹死，被捞出来斩了首级。杀灭王仲先、刘季述、王彦范、薛齐偓四人全家，并把他们的党羽二十余人处死。宦官侍奉太子藏在左军之中，把传国宝玺献了出来。昭宗说："李裕年幼懦弱，被凶恶小人立为皇帝，不是他的罪过。"命令他回东宫废黜为德王，并恢复旧名李裕。丙戌（初二），唐昭宗任命孙德昭为同平章事，担任静海节度使，赐姓名为李继昭。

　　崔胤奏请昭宗把宦官全部处死，只用宫人掌管内廷各司的事务。宦官耳闻，听到了一些，韩全诲等哭泣着向昭宗乞求哀怜。昭宗于是指示崔胤，"有事要密封奏疏报告，不要口奏"。宦官寻找识字的美女数人送进内宫，暗中叫她们侦察刺探这件事，全部掌握了崔胤的秘密计划，昭宗却没有觉察到。韩全诲等知道崔胤的计划后非常害怕，每次宴饮聚会，都流着眼泪相互诀别，日夜谋划能够除去崔胤的办法。崔胤当时兼任户部、度支、盐铁三司使，韩全诲等教唆警卫宫禁的军队向唐昭宗喧哗叫嚷，申诉崔胤减少将士的冬季衣服。唐昭宗无可奈何，只得解除崔胤的盐铁使职务。

　　其时，朱全忠、李茂贞各有挟制天子以号令诸侯的意图，朱全忠想要唐昭宗驾临东都洛阳，李茂贞想要唐昭宗驾临凤翔。崔胤知道谋杀宦官的计划已经泄露，事情急迫，就送信给朱全忠，假称奉有秘密诏书，令朱全忠派遣军队迎接皇上车驾，并且说："前次恢复皇上君位都是您朱公的妙计，可是李茂贞先进京入朝夺取其功。这次您再不立即来京，必定成为有罪之人，岂止功劳为他人所有，并且要被征讨了！"朱全忠收到书信，秋季，七月，甲寅（初五），急忙回大梁发兵。

　　冬季，十月，戊戌（二十日），朱全忠率领大军从大梁出发，前往京师长安。

资治通鉴第二百六十三卷

唐纪七十九

【原文】

昭宗圣穆景文孝皇帝中之下天复二年（壬戌，902年）

甲申，李茂贞大出兵，自将之，与朱全忠战于虢县之北，大败而还，死者万余人。丙戌，全忠遣其将孔勍出散关攻凤州，拔之。丁亥，全忠进军凤翔城下。全忠朝服向城而泣，曰："臣但欲迎车驾还宫耳，不与岐王角胜也。"遂为五寨环之。

庚辰，朱全忠遣幕僚司马邺奉表入城；甲申，又遣使献熊白；自是献食物、缯帛相继。上皆先以示李茂贞，使启视之，茂贞亦不敢启。丙戌，复遣使请与茂贞议连和，民出城樵采者皆不抄掠。丁亥，全忠表请修宫阙及迎车驾。己丑，遣国子司业薛昌祚、内使王延绩赍诏赐全忠。

轩丸瓦　唐

昔日盛况空前的大唐沦为今日末世，不禁令人慨叹，以至怆然，此亡鉴足以令世人牢记。

【译文】

唐昭宗天复二年（壬戌，公元902年）

甲申（六月初十），李茂贞亲自统率大军从凤翔出发，在虢县以北与朱全忠的军队激战，被打得大败而回，一万余人死去。丙戌（十二日），朱全忠派遣他的部将孔勍出散关，攻打凤州，夺取了州城。丁亥（十三日），朱全忠进军凤翔城下。

朱全忠穿着朝服向城哭泣,说:"我只想迎车驾回宫,不想与岐王较量胜负啊!"于是,环城设置五座营寨。

庚辰(十月初八),朱全忠遣幕僚司马邺捧表进入凤翔城;甲申(十二日),又派遣使者进献熊脂;从这以后,进献食物、缯帛连续不断。昭宗都先给李茂贞,让他打开看,李茂贞也不敢打开。丙戌(十四日),朱全忠又派遣使者请求与李茂贞商议讲和,出城打柴草的百姓都不检查没收。丁亥(十五日),朱全忠上表请求修理宫阙和迎接昭宗回京。己丑(十七日),昭宗派遣国子监司业薛昌祚、内使王延绩带诏书赐给朱全忠。

【原文】

三年(癸亥,903年)

戊甲,李茂贞独见上,中尉韩全诲、张彦弘、枢密使袁易简、周敬容皆不得对。茂贞请诛全诲等,与朱全忠和解,奉车驾还京。上喜,即遣内养帅凤翔卒四十人收全诲等。斩之。以御食使第五可范为左军中尉,宣徽南院使仇承坦为右军中尉,王知古为上院枢密使,杨虔朗为下院枢密使。是夕,又斩李继筠、李继诲、李彦弼及内诸司使韦外延等十六人。

庚午,全忠、崔胤同对。胤奏:"国初承平之时,宦官不典兵预政。天宝以来,宦官浸盛。贞元之末,分羽林卫为左、右神策军以便卫从,始令宦官主之,以二千人为定制。自是参掌机密,夺百司权,上下弥缝,共为不法,大则构扇藩镇,倾危国家;小则卖官鬻爵,蠹害朝政。王室衰乱,职此之由,不翦其根,祸终不已。请悉罢诸司使,其事务尽归之省寺,诸道监军俱召还阙下。"上从之。是日,全忠以兵驱宦官第五可范等数百人于内侍省,尽杀之,冤号之声,彻于内外。其出使外方者,诏所在收捕诛之,止留黄衣幼弱者三十人以备洒扫。又诏成德节度使王熔选进五十人充敕使,取其土风深厚,人性谨朴也。上愍可范等或无罪,为文祭之。自是宣传诏命,皆令宫人出入;其两军内外八镇兵悉属六军,以崔胤兼判六军十二卫事。

【译文】

三年（癸亥，公元903年）

戊甲（正月初六），李茂贞单独进见昭宗，中尉韩全诲、张彦弘，枢密使袁易简、周敬容都不能进对。李茂贞请求杀死韩全诲等，与朱全忠和好，护送昭宗回长安。昭宗听后非常高兴，立即派遣宦官率领凤翔兵卒四十人拘捕韩全诲等，将他们斩首。任命御食使第五可范为左军右尉，宣徽南院使仇承坦为右军中尉，王知古为上院枢密使，杨虔朗为下院枢密使。这天晚上，又将李继筠、李继诲、李彦弼及皇宫内诸司使韦处廷等十六人斩首。

庚午（二十八日），朱全忠、崔胤一同进宫奏对。崔胤奏称："国初太平的时候，宦官不掌管军权、干预朝政。天宝以来，宦官逐渐强盛。贞元末年，分羽林卫为左、右神策军以便随从护卫，开始令宦官主管，以二千人为定制。从此，宦官参与掌管机密事务，夺取百司权力，上下遮掩，共为不法之事，大则勾结煽动藩镇，倾覆危害国家；小则以官爵狱讼做买卖，则坏朝政。朝廷衰微扰乱，正是由于这个缘由，不铲除它的根源，祸患终究不能停止。请全部罢免诸司使，他们掌管的事务尽归省寺管理，各道监军全都召还京城。"昭宗听从了他的建议。当天，朱全忠领兵驱赶宦官第五可范等数百人到内侍省，全部把他们杀死，呼冤喊屈、号啕大哭之声，响彻内外。宦官中有出使外地的，诏令所在地方把他们收捕处死，只留品秩卑微的幼弱宦官三十人以备洒扫。又诏令成德节度使王镕选进五十人充任敕使。因为那地方的风俗淳厚，人性谨朴。昭宗哀怜第五可范等有的无罪，撰文祭奠他们。自这以后，宣布传达诏命，全令宫人出入办理；左、右神策两军所辖的内外八镇军队，也都归属左右龙武、羽林、神策等六军，任命崔胤兼领六军十二卫事务。

资治通鉴第二百六十四卷

唐纪八十

【原文】

昭宗圣穆景文孝皇帝下之上天复三年（癸亥，903年）

初，崔胤假朱全忠兵力以诛宦官，全忠既破李茂贞，并吞关中，威震天下，遂有篡夺之志。胤惧，与全忠外虽亲厚，私心渐异，乃谓全忠曰："长宫密迩茂贞，不可不为守御之备。六军十二卫，但有空名，请招募以实之，使公无西顾之忧。"全忠知其意，曲从之，阴使麾下壮士应募以察其变。胤不之知，与郑元规等缮治兵仗，日夜不息。及朱友伦死，全忠益疑胤，且欲迁天子都洛，恐胤立异。

【译文】

唐昭宗天复三年（癸亥，公元903年）

当初，崔胤借助朱全忠的兵力来诛杀宦官，朱全忠已经打败李茂贞，并吞了关中，声威震动天下，于是有篡夺帝位的志向。崔胤大惧，与朱全忠表面上虽然亲厚，内心里渐渐背离，于是对朱全忠说："长安靠近李茂贞，不可不做守御的准备。六军十二卫，只有空名，请招募补足，使您没有西顾的忧虑。"朱全忠知道他的意图，勉强依从他，暗地里让部下壮士应募来观察他的变化。崔胤不知道其中的情由，与郑元规等整治兵器，日夜不停。等到宿卫都指挥使朱友伦摔死，朱全忠更加怀疑崔胤，并且想劫持昭宗迁都洛阳，恐怕崔胤另立异论阻止。

【原文】

天祐元年（甲子，904年）

春，正月，全忠密表司徒兼侍中、判六军十二卫事、充盐铁转运使、判度支崔胤专权乱国，离间君臣，并其党刑部尚书兼京兆尹·六军诸卫副使郑元规、威远军使陈班等，皆请诛之。乙巳，诏责授胤太子少傅、分司，贬元规循州司户，班湊州司户。丙午，下诏罪状胤等；以裴枢判左三军事、充盐铁转运使，独孤损判右三军事、兼判度支；胤所募兵并纵遣之。以兵部尚书崔远为中书侍郎，翰林学士、左拾遗柳璨为右谏议大夫，并同平章事。璨，公绰之从孙也。戊申，朱全忠密令宿卫都指挥使朱友谅以兵围崔胤第，杀胤及郑元规、陈班并胤所亲厚者数人。

初，上在华州，朱全忠屡表情上迁都洛阳，上虽不许，全忠常令东都留守佑国军节度使张全义缮修宫室。

己酉，全忠引兵屯河中。丁巳，上御延喜楼，朱全忠遣牙将寇彦卿奉表，称邠、岐兵逼畿甸，请上迁都洛阳；及下楼，裴枢已得全忠移书，促百官东行。戊午，驱徙士民，号哭满路，骂曰："贼臣崔胤召朱温来倾覆社稷，使我曹流离至此！"老幼襁属，月余不绝。

壬戌，车驾发长安，全忠以其将张廷范为御营使，毁长安宫室百司及民间庐舍，取其材，浮渭沿河而下，长安自此遂丘墟矣。

全忠发河南、北诸镇丁匠数万，令张全义治东都宫室，江、浙、湖、岭诸镇附全忠者，皆输货财以助之。

甲子，车驾至华州，民夹道呼万岁，上泣谓曰："勿呼万岁，朕不复为汝主矣！"馆于兴德宫，谓侍臣曰："鄙语云：'纥干山头冻杀雀，何不飞去生处乐。'朕今漂泊，不知竟落何所！"因泣下沾襟，左右莫能仰视。

二月，乙亥，车驾至陕，以东都宫室未成，驻留于陕。丙子，全忠自河中来朝，上延全忠入寝室见何后，后泣曰："自今大家夫妇委身全忠矣！"

三月，丁未，以朱全忠兼判左、右神策及六军诸卫事。癸丑，全忠置酒私第，邀上临幸。乙卯，全忠辞上，先赴洛阳督修宫室。上与之宴群臣，既罢，上独留全忠及忠武节度使韩建饮，皇后出，自捧玉卮以饮全忠，晋国夫人可证附上耳语。建蹑全忠足，全忠以为图己，不饮，阳醉而出。全忠奏以长安为佑国军，以韩建为佑国节度使，以郑州刺史刘知俊为匡国节度使。

丁巳，上复遣间使以绢诏告急于王建、杨行密、李克用等，令纠帅藩镇以图匡复，曰："朕至洛阳，则为所幽闭，诏敕皆出其手，朕意不复得通矣！"

夏，四月，辛巳，朱全忠奏洛阳宫室已成，请车驾早发，表章相继。上屡遣宫人谕以皇后新产，未任进路，请俟十月东行。全忠疑上徘徊俟变，怒甚，谓牙将寇彦卿曰："汝速至陕，即日促官家发来！"闰月，丁酉，车驾发陕；壬寅，全忠逆于新安。上之在陕也，司天监奏："星气有变，期在今秋，不利东行。"故上欲以十月幸洛。至是，全忠令医官许昭远告医官使阎祐之、司天监王墀、内都知韦周、晋国夫人可证等谋害元帅，悉收杀之。

癸卯，上憩于穀水。自崔胤之死，六军散亡俱尽，所余击球供奉、内园小儿共二百余人，从上而东。全忠犹忌之，为设食于崿，尽缢杀之。豫选二百余人大小相类者，衣其衣服，代之侍卫。上初不觉，累日乃寤。自是上之左右职掌使令皆全忠之人矣。

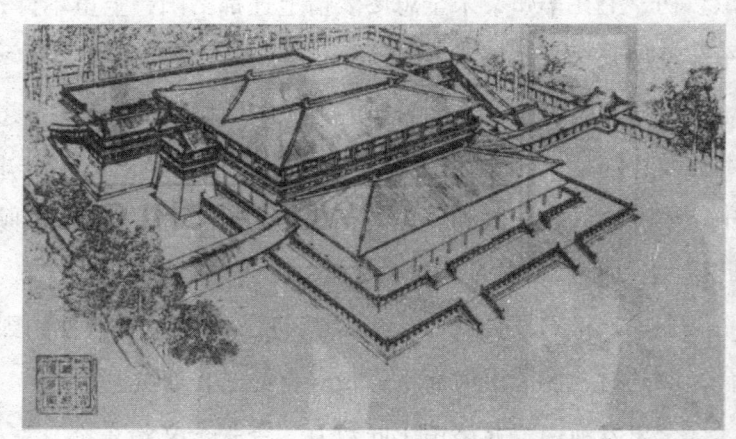

唐长安城大明宫麟德殿复原图

【译文】

天祐元年（甲子，公元904年）

春季，正月，朱全忠上密表揭发司徒兼侍中、判六军十二卫事、充盐铁转运使、判度支崔胤专权乱国，离间君臣，连同他的党羽刑部尚书兼京兆尹、六军诸卫副使郑元规，威远军使陈班等，奏请全部处死。乙巳（初九），昭宗颁布诏令，谴责并改授崔胤为太子少傅、分司，贬郑元规为循州司户，陈班为溱州司户。丙午（初十），昭宗颁下诏令，公布崔胤等的罪状；任命裴枢判左三军事、充盐铁转运使，独孤损判右三军事、兼判度支；崔胤招募的兵士一并放走遣返；任命兵部尚书崔远为中书侍郎，翰林学士、左拾遗柳璨为右谏议大夫，都为同平章事。柳璨是柳公绰的从孙。戊申（十二日），朱全忠密令宿卫都指挥使朱友谅率兵包围崔胤的住宅，杀死崔胤及郑元规、陈班以及崔胤的亲信数人。

当初，昭宗在华州，朱全忠屡次上表请昭宗迁都洛阳，昭宗虽然没有允许，朱全忠却常令东都留守佑国军节度使张全义缮修宫室。

己酉（十三日），朱全忠率兵驻扎河中。丁巳（二十一日），昭宗在延喜楼，朱全忠派遣牙将寇彦卿捧着奏表，称邠州、岐州的军队已经逼近京城管区，请昭宗迁都洛阳；等到昭宗下楼，裴枢已经收到朱全忠迁都的文书，催促文武百官东行。戊午（二十二日），被驱赶迁徙的士人百姓，号哭满路，大骂道："贼臣崔胤召朱温前来颠覆社稷，使我们颠沛流离到这种地步！"扶老携幼鱼贯而行，一个多月没断。

壬戌（二十六日），昭宗从长安出发，朱全忠任命他的部将张廷范为御营使，拆毁长安的宫室、官署及民间房舍，取出木材，抛入渭河之中，顺黄河漂浮东下，长安自此成为废墟了。

朱全忠征发河南、河北各镇民夫工匠数万人，命令东都留后张全义建造东都宫室，江、浙、湖、岭诸镇归附朱全忠的，都运送钱物到洛阳来帮助修建。

甲子（二十八日），昭宗到达华州，百姓夹道呼万岁，昭宗哭着对他们说："不要呼万岁，朕不再是你们的君主了！"当晚，昭宗在兴德宫住宿，对侍臣说："俗语说：'纥干山头冻得要死的山雀，为什么不飞到能够活的地方去快乐。'朕今东奔西走，行止无定，不知道究竟流落到哪里！"因此哭湿了衣襟，左右的人不能抬头仰视。

二月乙亥（初十），昭宗到达陕州，因为东都洛阳的宫室还没有建成，就在陕州停留暂住。丙子（二十一日），朱全忠从河中前来朝见，昭宗邀请朱全忠进寝室见何皇后，何皇后哭着说："自今我们夫妇托身给全忠了！"

三月丁未（十二日），昭宗任命朱全忠兼判左右神策军及六军诸卫事。癸丑（十八日），朱全忠在私宅摆设酒筵，邀请昭宗前去赴宴。乙卯（二十日），朱全忠辞别昭宗，先往洛阳去监督修建宫室。昭宗与他一同宴请群臣，宴会散后，昭宗只留下朱全忠及忠武节度使韩建继续饮酒，何皇后走出，亲自捧着玉杯请朱全忠喝，晋国夫人可证贴着昭宗耳朵说话。韩建踩朱全忠的脚，朱全忠以为暗算自己，便不喝，假装喝醉而离去。朱全忠奏请将长安改为佑国军，任命韩建为佑国节度使，任命郑州刺史刘知俊为匡国节度使。

丁巳（二十二日），昭宗又派遣密使以绢写诏令向王建、杨行密、李克用等告急，命令他们纠集统帅藩镇来设法匡复国家，诏令说："朕到洛阳，就被朱全忠幽禁了，诏令教书都出自他的手，朕意不再能够传达了！"

夏季，四月辛巳（十六日），朱全忠奏报洛阳宫室已经建成，请昭宗车驾早日出发，表章接连不断，一再催促。昭宗屡次派遣宫人告诉他皇后刚生婴儿，不能登路，请等到十月东去洛阳。朱全忠怀疑昭宗故意徘徊不前等待事变，勃然大怒，对牙将寇彦卿说："你速到陕州，即日催促天子出发前来！"闰四月丁酉（初三），昭宗从陕州出发；壬寅（初八），朱全忠迎于新安。昭宗在陕州的时候，司天监曾经奏称："星气有变化，时间在今年秋天，东行不利。"所以昭宗想要在十月前往洛阳。到这个时候，朱全忠命医官许昭远告发医官使阎祐之、司天监王墀、内都知韦周、晋国夫人可证等谋害元帅朱全忠，于是把他们全都拘捕杀死。

癸卯（初九），昭宗在穀水边休息。自崔胤被杀之后，六军全都逃散，余下的击球供奉、内园小儿共二百余人，跟从昭宗来东行。朱全忠还嫉恨他们，就在帷幄中为他们设置食物，把他们全部勒死。预先挑选大小相似的二百余人，穿上他们的衣服，代替他们侍从护卫。昭宗开始没有察觉，过了几天才发觉。从此，昭宗左右的管事调遣全是朱全忠的人了。

唐纪八十一

资治通鉴第二百六十五卷

【原文】

昭宗圣穆景文孝皇帝下之下天祐元年（甲子，904年）

时李茂贞、杨崇本、李克用、刘仁恭、王建、杨行密、赵匡凝移檄往来，皆以兴复为辞。全忠方引兵西讨，以帝有英气，恐变生于中，欲立幼君，易谋禅代。乃遣判官李振至洛阳，与玄晖及左龙武统军朱友恭、右龙武统军氏叔琮等图之。

八月，壬寅，帝在椒殿，玄晖选龙武牙官史太等百人夜叩宫门，言军前有急奏，欲面见帝。夫人裴贞一开门见兵，曰："急奏何以兵为？"史太杀之。玄晖问："至尊安在？"昭仪李渐荣临轩呼曰："宁杀我曹，勿伤大家！"帝方醉，遽起，单衣绕柱走，史太追而弑之。渐荣以身蔽帝，太亦杀之。又欲杀何后，后求哀于玄晖，乃释之。

李克用

癸卯，蒋玄晖矫诏称李渐荣、裴贞一弑逆，宜立辉王祚为皇太子，更名柷，监军国事。又矫皇后令，太子于柩前即位。宫中恐惧，不敢出声哭。丙午，昭宣帝即位，时年十三。

朱全忠闻朱友恭等弑昭宗，阳惊，号哭自投于地，曰："奴辈负我，令我受恶名于万代！"癸巳，至东都，伏梓宫恸哭流涕，又见帝自陈非己志，请讨贼。先是，护驾军士有掠米于市者,甲午,全忠奏朱友恭、氏叔琮不戢士卒,侵扰市肆,友恭贬崖州司户,复姓名李彦威,叔琮贬白州司户,寻皆赐自尽。彦威临刑大呼曰:"卖我以塞天下之谤,如鬼神何!行事如此,望有后乎!"

【译文】

唐昭宗天祐元年（甲子,公元904年）

当时,李茂贞、杨崇本、李克用、刘仁恭、王建、杨行密、赵匡凝往来传移檄文,都以兴复皇室为辞。朱全忠正在率领军队向西讨伐岐州、邠州,因昭宗有英武之气,恐怕宫中产生变故,想要另立幼君,以谋求禅让取代。于是,朱全忠派遣判官李振到洛阳,与蒋玄晖及左龙武统军朱友恭、右龙武统军氏叔琮等谋划。

八月壬寅（十一日）,昭宗在何皇后殿内,枢密使蒋玄晖选择龙武牙官史太等一百人,在夜里敲击宫门,说军事前线有急事奏报,要面见昭宗。夫人裴贞一开门见兵士,说:"有急事奏报用兵士做什么?"史太杀了她。蒋玄晖问:"陛下在哪里?"昭仪

青釉彩绘花鸟烛台　唐

李渐荣对窗大叫道:"宁可杀了我们,不要伤害陛下!"昭宗刚醉,急忙起来,穿着单衣绕柱逃跑,史太追上并把他杀死。李渐荣用身体遮挡昭宗,史太也杀了她。史太又要杀何皇后,何皇后向蒋玄晖哀求,才放了她。

癸卯（十二日）,蒋玄晖假造诏令,称李渐荣、裴贞一谋杀昭宗,应该立辉王李祚为皇太子,更名李柷,代理军国政事。又假传皇后令,太子于灵柩前即位。宫中一片恐惧气氛,不敢哭出声来。丙午（十五日）,昭宣帝即位,时年十三岁。

朱全忠听到朱友恭等杀死昭宗的消息,假装震惊,放声大哭,自己仆倒在地上,说:"奴才们害死我了,让我千秋万代蒙受恶名!"癸巳（十月初三）,朱全忠到达东都洛阳,伏在昭宗的灵柩上恸哭流涕;又进见昭宣帝,自陈杀死昭宗不是自

己的心意，请求讨伐乱臣贼子。在这之先，护卫皇帝的军士有在市上抢米的，甲午（初四），朱全忠奏参朱友恭、氏叔琮不能约束士卒，侵扰街市店铺，将朱友恭贬为崖州司马，恢复原姓名李彦威，氏叔琮贬为白州司马，不久都赐令自尽。李彦威自杀前大声呼喊说："出卖我来堵塞天下的指责，但拿鬼神怎么办！如此行事，还指望有后代吗！"

【原文】

昭宣光烈孝皇帝天祐二年（乙丑，905年）

丁卯，至大梁。

先是，全忠急于传禅，密使蒋玄晖等谋之。玄晖与柳璨等议：以魏、晋以来皆先封大国，加九锡、殊礼，然后受禅，当次第行之。乃先除全忠诸道元帅，以示有渐，仍以刑部尚书裴迪为送官告使，全忠大怒。宣徽副使王殷、赵殷衡疾玄晖权宠，欲得其处，因谮之于全忠曰："玄晖、璨等欲延唐祚，故逗留其事以须变。"玄晖闻之惧，自至寿春，具言其状。全忠曰："汝曹巧述闲事以沮我，借使我不受九锡，岂不能作天子邪！"玄晖曰："唐祚已尽，天命归王，愚智皆知之。玄晖与柳璨等非敢有背德，但以今兹晋、燕、岐、蜀皆吾勍敌，王遽受禅，彼心未服，不可不曲尽义理，然后取之，俗为王创万代之业耳。"全忠叱之曰："奴果反矣！"玄晖惶遽辞归，与璨议行九锡。时天子将郊祀，百官既习仪，裴迪自大梁还，言全忠怒曰："柳璨、蒋玄晖等欲延唐祚，乃郊天也。"璨等惧，庚午，敕改用来年正月上辛。殷衡本姓孔名循，为全忠家乳母养子，故冒姓赵，后渐贵，复其姓名。

辛巳，以全忠为相国，总百揆。以宣武、宣义、天平、护国、天雄、武顺、佑国、河阳、义武、昭义、保义、戎昭、武定、泰宁、平卢、忠武、匡国、镇国、武宁、忠义、荆南等二十一道为魏国，进封魏王，仍加九锡。全忠怒其稽缓，让不受。十二月，戊子，命枢密使蒋玄晖赍手诏诣全忠谕指。癸巳，玄晖自大梁还，言全忠怒不解。甲午，柳璨奏称："人望归梁王，陛下释重负，今其时也。"即日遣璨诣大梁达传禅之意，全忠拒之。

初，璨陷害朝士过多，全忠亦恶之。璨与蒋玄晖、张廷范朝夕宴聚，深相结，为全忠谋禅代事。何太后泣遣宫人阿虔、阿秋达意玄晖，语以他日传禅之后，求子母生全。王殷、赵殷衡谮玄晖，云"与柳璨、张廷范于积善堂夜宴，对太后焚香为誓，期兴复唐祚。"全忠信之，乙未，收玄晖及丰德库使应顼，御厨使朱建武系河南狱；以王殷权知枢密，赵殷衡权判宣徽院事。全忠三表辞魏王、九锡之命；丁酉，诏许之，更以为天下兵马元帅，然全忠已修大梁府舍为宫阙矣。是日，斩蒋玄晖，杖杀应顼、朱建武。庚子，省枢密使及宣徽南院使，独置宣徽使一员，以王殷为之，赵殷衡为副使。辛丑，敕罢宫人宣传诏命及参随视朝。追削蒋玄晖为凶逆百姓，令河南揭尸于都门外，聚众焚之。

玄晖既死，王殷、赵殷衡又诬玄晖私侍何太后，令阿秋、阿虔通导往来。己酉，全忠密令殷、殷衡害太后于积善宫，敕追废太后为庶人，阿秋、阿虔皆于殿前扑杀。庚戌，以皇太后丧，废朝三日。

癸丑，守司空兼门下侍郎、同平章事柳璨贬登州刺史，太常卿张廷范贬莱州司户。甲寅，斩璨于上东门外，车裂廷范于都市。璨临刑呼曰："负国贼柳璨，死其宜矣！"

【译文】

唐昭宣帝天祐二年（乙丑，公元905年）

丁卯（十一月十三日），朱全忠到达大梁。

在这以前，朱全忠急于传位禅让称帝，密令蒋玄晖等商议筹划。蒋玄晖与柳璨等人商议：由于魏、晋以来，都是先封大国，加九锡之礼、特殊的礼遇，然后接受禅让，应当依次序进行。于是，先授给朱全忠诸道元帅，用以表示有先后次序，并以刑部尚书裴迪担任送官告使，朱全忠勃然大怒。宣徽副使王殷、赵殷衡嫉妒蒋玄晖专权受宠，想要得到他的位置，因此向朱全忠诬陷蒋玄晖说："蒋玄晖、柳璨等想要延续唐室的宗脉，所以迟缓禅让的事来等待事变。"蒋玄晖听说后非常害怕，亲自到寿春，详细地说明这件事的情形。朱全忠说："你们巧言陈述无关紧要的事情来阻止我，假使我不受九锡之礼，难道不能做天子吗！"蒋玄晖说："唐室的气数已尽，天命归属大王，无论愚笨还是聪明的人都知道。玄晖与柳璨等不敢违背恩德，但由于现在晋、燕、岐、蜀都是我们的劲敌，大王突然接受禅让帝位，他们心里不服，不能不设法尽理尽义，然后取得帝位，这只想为大王创建万代基业罢了。"朱全忠大声责骂他说："奴才果然反了！"蒋玄晖惊惧立即告辞回洛阳，与柳璨商议行九锡之礼。当时，唐昭宣帝将要举行祭天祀典，百官已经练习礼仪，裴迪从大梁回到洛阳，传达朱全忠生气时说的话："柳璨、蒋玄晖等想要延长唐室的福运，才郊祀祭天。"柳璨等惧怕，庚午（十六日）敕令改用来年正月上旬的辛日，赵殷衡本来姓孔名循，是朱全忠家奶妈的养子，所以冒充姓赵，后来渐渐显贵，恢复原来姓名。

辛巳（二十七日），任命朱全忠为相国，总理一切事务；以宣武、宣义、天平、护国、天雄、武顺、佑国、河阳、义武、昭义、保义、戎昭、武定、泰宁、平卢、忠武、匡国、镇国、武宁、忠义、荆南等二十一道为魏国，进封魏王，并加九锡之礼。朱全忠怨恨他们迟缓，辞让不接受。十二月戊子（初四），派枢密使蒋玄晖捧着亲笔诏书到朱全忠处宣旨。癸巳（初九），蒋玄晖自大梁回到洛阳，说朱全忠的怒气没有消解。甲午（初十），柳璨奏称："众望归向梁王，陛下放弃沉重的负担，现在正是时候。"当天，派遣柳璨前往大梁传达禅让帝位的意思，朱全忠拒绝接受。

当初，柳璨陷害朝中官吏过多，朱全忠也厌恶他。柳璨与蒋玄晖、张廷范日夜饮宴聚会，深相交结，替朱全忠谋划禅让帝位的事。何太后哭着派遣宫人阿虔、阿秋向蒋玄晖转达意愿，说他日禅让帝位之后，请求保全母子活命。王殷、赵殷衡诬陷蒋玄晖，说他"与柳璨、张廷范在积善宫夜宴，对着何太后焚香发誓，约定兴复唐室帝位"。朱全忠相信他们的话，乙未（十一日），逮捕蒋玄晖及丰德库使应项、御厨使朱建武关押在河南府监狱；任命王殷暂时主持枢密院，赵殷衡暂时署理宣徽院事务。朱全忠三次上表辞让关于魏王、九锡的诏命。丁酉（十三日），颁诏允准朱全忠的辞让，再任命他为天下兵马元帅，然而朱全忠已经改修大梁府舍为宫殿了。这一天，斩蒋玄晖，仗杀应项、朱建武。庚子（十六日），取消枢密使及宣徽南院使，只设宣徽使一员，任命王殷担任，赵殷衡任副使。辛丑（十七日），敕令停止宫人宣传诏命及参与朝会。追革蒋玄晖官职为凶逆百姓，令河南府把蒋玄晖的尸体抬到都门外，聚众焚烧。

将玄晖已经死了，王殷、赵殷衡又诬陷将玄晖与何太后私通，让宫人阿秋、阿虔通导往来。己酉（二十五日），朱全忠密令王殷、赵殷衡在积善宫害死何太后，敕令追废何太后为平民，阿秋、阿虔都在殿前用刑杖打死。庚戌（二十六日），因为皇太后之丧，停朝三日。

癸丑（二十九日），守司空兼门下侍郎、同平章事柳璨被贬为登州刺史，太常卿张廷范被贬为莱川司户。甲寅（三十日），将柳璨在上东门外斩首，在都中闹市车裂张廷范。柳璨临刑时大喊说："负国贼子柳璨，死得应该啊！"

【原文】

三年（丙寅，906年）

初，田承嗣镇魏博，选募六州骁勇之士五千人为牙军，厚其给赐以自卫，为腹心；自是父子相继，亲党胶固，岁久益骄横；小不如意，辄族旧帅而易之，自史宪诚以来皆立于其手。天雄节度使罗绍威心恶之，力不能制。朱全忠之围凤翔也，绍威遣军将杨利言密以情告全忠，欲借其兵以诛之。全忠以事方急，未暇如其请，阴许之。及李公佺作乱，绍威益惧，复遣牙将臧延范趣全忠。全忠乃发河南诸镇兵十万，遣其将李思安将之，会魏、镇兵屯深州乐城；声言击沧州，讨其纳李公佺也。会全忠女适绍威子廷规者卒，全忠遣客将马嗣勋实甲兵于橐中，选长直兵千人为担夫，帅之人魏，诈云会葬；全忠自以大军继其后，云赴行营；牙军皆不之疑。庚午，绍威潜遣人人库断弓弦、甲襻，是夕，绍威帅其奴客数百，与嗣勋合击牙军，牙军欲战而弓甲皆不可用，遂阖营殪之，凡八千家，婴孺无遗。诘旦，全忠引兵人城。

罗绍威既诛牙军，魏之诸军皆惧，绍威虽抚数谕之，而猜怨益甚。朱全忠营于魏州城东数旬，将北巡行营，会天雄牙将史仁遇作乱，聚众数万据高唐，自称留后，天雄巡内诸县多应之。全忠移军人城，遣使召行营兵还攻高唐，至历亭，魏兵在行营者作乱，与仁遇相应。元帅府左司马李周彝、右司马苻道昭击之，所杀殆半，进攻高唐，克之，城中兵民无少长皆死。擒史仁遇，锯杀之。

秋，七月，朱全忠克相州。时魏之乱兵散据贝、博、澶、相、卫州，全忠分命诸将攻讨，至是悉平之，引兵南还。

全忠留魏半岁，罗绍威供亿，所杀牛羊豕近七十万，资粮称是，所赐遗又近百万；比去，蓄积为之一空。绍威虽去其逼，而魏兵自是衰弱。绍威悔之，谓人曰："合六州四十三县铁，不能为此错也！"

【译文】

三年（丙寅，公元906年）

当初，田承嗣镇守魏博，选募六州矫健勇猛武士五千人为牙军，给予他们优厚的给养赏赐，借以保卫自己，作为心腹亲信。从此，父子相继，亲族团结，年久更加骄傲专横，稍不如意，就消灭旧主帅而更换，自史宪诚以来的节度使都是立于他们之手。天雄节度使罗绍威心里厌恶他们，但力量小不能制服他们。朱全忠包围凤翔的时候，罗绍威派遣军将杨利言秘密地把情况告诉朱全忠，想借他的军队诛灭牙军。朱全忠因为当时军情紧急，没有空闲时间依照罗绍威的请求，暗中答应了他。等到李公佺作乱，罗绍威更加畏惧，又派遣牙将臧延范催促朱全忠。朱全忠这才发河南等镇兵十万，派遣他的部将李思安率领，会同魏博、镇冀的军队驻扎深州乐城；声言攻击沧州刘守文，讨伐他接纳天雄叛将李公佺。适逢嫁给罗绍威之子罗廷规的朱全忠之女死了，朱全忠派遣客将马嗣勋在口袋里装满铠甲兵器，挑选长年警卫的兵士一千人装作挑夫，率领他们进入魏州，欺骗说是前来会葬。朱全忠亲自统帅大军跟在他们的后边，说是到行营去，魏博的牙军都没有怀疑他们。庚午（十月十六日），罗绍威秘密地派人进入武库把弓弦、铠甲系带弄断，当天晚上，罗绍威率领他的家奴宾客数百人，与马嗣勋合击牙军，牙军想要应战但弓甲都不能用了，于是全营牙军都被杀死，一共八千家，婴儿幼童没有遗留一个。第二天早晨，朱全忠带领军队进入魏州城。

罗绍威消灭牙军后，魏博各军都非常害怕，罗绍威虽然屡次安抚晓谕他们，但猜疑怨恨更加厉害。朱全忠在魏州城东扎营数十天，将要北上巡视行营，恰巧天雄牙将史仁遇作乱，聚众数万，占据高唐，自称天雄留后，天雄巡内各县多数响应他。朱全忠把军队移入魏州城内，派遣使者召唤行营兵回来攻高唐；行营兵到达历

亭，其中的魏兵作乱，与史仁遇相呼应。元帅府左司马李周彝、右司马符道昭攻击作乱魏兵，杀死近一半，又进攻高唐，将城夺取，城中兵民无论年少年长全都死了。活捉了史仁遇，用锯把他锯死了。

秋季，七月，朱全忠攻克相州。当时魏博乱兵散据贝、博、澶、相、卫五洲，朱全忠分别派遣诸将攻击讨伐，到这时全都平定了，于是带兵回河南。

朱全忠在魏州留居半年，罗绍威按需要供给，所杀牛、羊、猪近七十万钱，物资粮草与此相当，贿赂赠送的财货又近百万，等到朱全忠离开，积蓄贮藏全空了。罗绍威虽然除去了威胁自己的牙军，但是魏博军队从此衰弱了。罗绍成为此非常悔恨，对人说："聚集所属六州四十三县的铁也铸不成这次大错啊！"

资治通鉴第二百六十六卷

后梁纪一

【原文】

太祖神武元圣孝皇帝上开平元年（丁卯，907年）

淮南节度使兼侍中、东面诸道行营都统弘农郡王杨渥既得江西，骄侈益甚，谓节度判官周隐曰："君卖人国家，何面复相见！"遂杀之。由是将佐皆不自安。

渥居丧，昼夜酣饮作乐，然十围之烛以击球，一烛费钱数万。或单骑出游，从者奔走道路，不知所之。左、右牙指挥使张颢、徐温泣谏，渥怒曰："汝谓我不才，何不杀我自为之！"二人惧。渥选壮士，号"东院马军"，广署亲信为将吏；所署者恃势骄横，陵蔑勋旧。颢、温潜谋作乱。渥父行密之世，有亲军数千营于牙城之内，渥迁出于外，以其地为射场，颢、温由是无所惮。

丙戌，渥晨视事，颢、温帅牙兵二百，露刃直入庭中，渥曰："尔果欲杀我邪？"对曰："非敢然也，欲诛王左右乱政者耳！"因数渥亲信十余人之罪，曳下，以铁檛击杀之。谓之"兵谏"。诸将不与之同者，颢、温稍以法诛之，于是军政悉归二人，渥不能制。

梁王始御金祥殿，受百官称臣，下书称教令，自称曰寡人。辛亥，令诸笺、表、簿、籍皆去唐年号，但称月、日。

壬戌，梁王更名晃。

甲子，张文蔚、杨涉乘辂自上源驿从册宝，诸司各备仪卫卤簿前导，百官从其后，至金祥殿前陈之。王被衮冕，即皇帝位。

乙亥，下制削夺李克用官爵。是时惟河东、凤翔、淮南称"天祐"，西川称"天复"年号；余皆禀梁正朔，称臣奉贡。

岐王治军甚宽，待士卒简易。有告部将符昭反者，岐王直诣其家，悉去左右，熟寝经宿而还；由是众心悦服；然御军无纪律。及闻唐亡，以兵嬴地蹙，不敢称帝，但开岐王府，置百官，名其所居为宫殿，妻称皇后，将吏上书称笺表，鞭、扇、号令多拟帝者。

朱温

契丹遣其臣袍笏梅老来通好，帝遣太府少卿高顼报之。

初，契丹有八部，部各有大人，相与约，推一人为王，建旗鼓以号令诸部，每三年则以次相代。咸通末，有习尔者为王，土字始大。其后钦德为王，乘中原多故，时入盗边。及阿保机为王，尤雄勇，五姓奚及七姓室韦、达靼咸役属之。阿保机姓邪律氏，恃其强，不肯受代。久之，阿保机击黄头室韦还，七部劫之于境上，求如约。阿保机不得已，传旗鼓，且曰："我为王九年，得汉人多，请帅种落居古汉城，与汉人守之，别自为一部。"七部许之。汉城，故后魏滑盐县也。地宜五谷，有盐池之利。其后阿保机稍以兵击灭七部，复并为一国。又北侵室韦、女真，西取突厥故地，击奚，灭之，复立奚王而使契丹监其兵。东北诸夷皆畏服之。

是岁，阿保机帅众三十万寇云州，晋王与之连和，面会东城，约为兄弟，延之帐中，纵酒，握手尽欢，约以今冬共击梁。或劝晋王："因其来，可擒也，"王曰："仇敌未灭而失信夷狄，自亡之道也。"阿保机留旬日乃去，晋王赠以金缯数万。阿保机留马三千匹，杂畜万计以酬之。阿保机归而背盟，更附于梁，晋王由是恨之。己卯，以河南尹兼河阳节度使张全义为魏王；镇海、镇东节度使吴王钱镠为吴越王；加清海节度使刘隐、威武节度王审知兼侍中，仍以隐为大彭王。

癸未，以权知荆南留后高季昌为节度使。荆南旧统八州，乾符以来，寇乱相继，诸州皆为邻道所据，独余江陵。季昌到官，城邑残毁，户口凋耗。季昌安集流散，民皆复业。

蜀王会将佐议称帝，皆曰："大王虽忠于唐，唐已亡矣，此所谓'天与不取'者也！"冯涓独献议请以蜀王称制，曰："朝兴则未爽称臣，贼在则不同为恶。"王不从，涓杜门不出。王用安抚副使、掌书记韦庄之谋，帅吏民哭三日；己亥，即皇帝位，国号大蜀。

【译文】

后梁太祖开平元年（丁卯，公元907年）

淮南节度使兼侍中、东面诸道行营都统弘农郡王杨渥夺取江西以后，骄横奢侈更加厉害，对节度判官周隐说："您出卖我们的国家，有什么脸面再相见！"于是杀了周隐。因此属下将佐都自感不安。

杨渥服丧期间日夜饮酒，点燃粗十围的蜡烛来击球，一支蜡烛费钱数万。有时单独骑马外出游玩，随从的人在道路奔走，不知他到哪里去了。左、右牙指挥使张颢、徐温哭着劝谏，杨渥勃然大怒说："你们认为我没有才能，为什么不杀死我自己当节度使！"张颢、徐温二人非常惧怕。杨渥挑选壮士，号称"东院马军"，广泛安置亲信为将领官吏；所任命的人仗势骄傲专横，欺凌蔑视功臣旧人。张颢、徐温暗中谋划发动叛乱。杨渥父亲杨行密在世的时候，有数千名亲军驻扎在节度使所居的牙城之内，杨渥把他们迁出在外，用腾出的空地作为骑射的场地，张颢、徐温因此没有忌惮了。

丙戌（正月初九），杨渥早晨处理事务，张颢、徐温率领二百牙兵，手执刀剑直入庭中，杨渥说："你们真的要杀我吗？"张颢、徐温回答说："不敢这样做，想要杀您左右扰乱政事的人罢了！"于是数说杨渥的亲信十余人的罪状，拖下去，用铁树打死。称之为"兵谏"。诸将当中不与张颢、徐温同心合力的，二人逐渐设法将其处死，于是军政大权全归二人，杨渥不能控制。

庚戌（四月初四），梁王朱全忠开始登金祥殿，接受唐室文武百官称臣，下行文书称教令，自称寡人。辛亥（初五），命令各种笺、表、簿、籍都去掉唐朝年号，只称月、日。

壬戌（十六日），梁王朱全忠更名为晃。

甲子（十八日），张文蔚、杨涉乘大车自上源驿随从册宝，诸司各备陈仪仗、卫士、车驾在前导引，唐朝的文武百官随后，到金祥殿前排列。梁王朱全忠身披衮袍，头戴冠冕，即皇帝位。

乙亥（二十九日），下令削夺李克用的官职爵位。这时，只有河东、凤翔、淮南称天祐年号，西川称天复年号，其余各镇都接受后梁的年号，向后梁称臣纳贡。

岐王李茂贞治军很宽松，对待兵士平易坦率。有人告发部将符昭谋反，岐王李茂贞特意前往符昭家里，让左右的人全部离开，自己在符昭家里熟睡一夜而回去，所以众人心悦诚服。但他统率军队却没有纪律。听说唐室灭亡，由于兵士衰弱，地盘狭小，不敢自称皇帝，只是扩大岐王府，设置文武百官，把居住的房全称为宫殿，妻称为皇后，将领官吏上书称为笺表，鸣鞭、持扇、号令多数模仿皇帝。

契丹派遣使臣袍笏梅老到大梁互通友好，后梁太祖派遣太府少卿高顽回访。

起初，契丹有八部，每部各有大人，共同约定，推举一人为王，建置旗鼓以号令各部，每三年就依次相代。咸通末年，有名叫习尔的为王，疆土开始扩大。其后钦德为王，趁着中原多难，时常入侵中原边境抢劫。等到阿保机为王，尤其威武勇敢，五姓奚及七姓室韦、达靼都附属于他。阿保机姓邪律氏，仗恃自己强大，不肯在三年任满的时候接受替代。过了很久，阿保机攻打黄头室韦回来，其他七部在边界上胁迫他，要求遵守三年一换王的约定。阿保机无可奈何，只得交出旗鼓，并且说："我为王九年，得到汉人很多，请率领同种部落在古汉城居住，与汉人共同守护，另外自为一部。"七部应允了他。汉城是原来的后魏滑盐县。土地适宜五谷生长，有盐池之利。后来阿保机逐渐发兵灭亡其他七部，合并成为一国。阿保机又北侵室韦、女真，西取突厥旧地，攻打、灭亡五姓奚，后来又立奚王而让契丹监督他的军队。东北各夷族都敬畏服从他。

这一年，阿保机率领部众三十万侵犯云州，晋王李克用与他和好，在云州东城会面，相约为兄弟，延请到账中，纵情饮酒，握手尽欢，相约在当年冬天共同攻梁。有人劝晋王说："趁着阿保机前来，可以擒住他。"晋王说："仇敌朱全忠没有消灭，却对夷狄失信，是自取灭亡之道啊。"阿保机留住十天才离开云州，晋王赠送给他金缯数万。阿保机留下马三千匹，各种牲畜数以万计，用来酬谢晋王。阿保机回去以后就背叛了盟约，又归附了后梁，晋王李克用因此怨恨阿保机。

己卯（五月初三），后梁太祖进封河南尹兼河阳节度使张全义为魏王，镇海、镇东节度使吴王钱镠为吴越王，加授清海节度使刘隐、威武节度使王审知兼侍中，并以刘隐为大彭王。

癸未（初七），后梁太祖任命暂时代理荆南留后的高季昌为荆南节度使。荆南过去统辖荆、归、硖、夔、忠、万、澧、朗八州，唐僖宗乾符年间以来，外寇内乱一个接一个，诸州都被相邻各道占据，只剩下了江陵。高季昌到任，城邑残破毁坏，户口零落减损。高季昌安顿抚恤流散的人，百姓全都恢复了常业。

蜀王王建会同部将僚佐商议称帝，都说："大王虽然忠于唐室，但唐室已经灭亡了，这就是所说的'上天授与不取'了！"冯涓独自进献意见请以蜀王代行皇帝事，说："这样做，唐朝复兴就没有丧失臣节，贼子存在就没有一起作恶。"王建没有听从，冯涓闭门不出。王建采用安抚副使、掌书记韦庄的计谋，率领官吏、百姓哭三日。己亥（九月二十五日），即皇帝位，国号大蜀。

【原文】

二年（戊辰，908年）

晋王疽发于首，病笃。周德威等退屯乱柳。晋王命其弟内外蕃汉都知兵马使·振武节度使克宁、监军张承业、大将李存璋、吴珙、掌书记卢质立其子晋州刺史存勖为嗣，曰："此子志气远大，必能成吾事，尔曹善教导之！"辛卯，晋王谓存勖曰："嗣昭厄于重围，吾不及见矣。俊葬毕，汝与德威辈速竭力救之！"又谓克宁等曰："以亚子累汝！"亚子，存勖小名也。言终而卒。克宁纲纪军府，中外无敢喧哗。

癸亥，鸩杀济阴王于曹州，追谥曰唐哀皇帝。

淮南左牙指挥使张颢、右牙指挥使徐温专制军政，弘农威王心不能平，欲去之而未能。二人不自安，共谋弑王，分其地以臣于梁。戊寅，颢遣其党纪祥等弑王于

寝室，诈云暴薨。

【译文】

二年（戊辰，公元908年）

晋王李克用头上生毒疮，病情严重。周德威等撤退到乱柳驻扎。晋王李克用命他的弟弟内外蕃汉都知兵马使与振武节度使李克宁，监军张承业，大将李存璋、吴珙，掌书记卢质等人拥立他的儿子晋州刺史李存勖为嗣，说："此子志向远大，必能成就我的事业，你们好好教导他！"辛卯（正月十九日），晋王对李存勖说："李嗣昭困于重围，我来不及见他了。等到丧事完毕，你与周德威等立即竭力救他！"又对李克宁等说："把亚子烦劳你们照管了！"亚子是李存勖的小名。话说完就死了。李克宁治理军府，内外没有人敢于喧哗。

癸亥（二月二十二日），后梁太祖派人在曹州用毒酒害死济阴王李柷，追谥称为唐哀皇帝。

淮南左牙指挥使张颢、右牙指挥使徐温专断军政事务，弘农威王杨渥心中不平，想要除掉他们却不能。张颢、徐温自感不安，共同策划杀死杨渥，瓜分他的国土来向后梁称臣投降。戊寅（初八），张颢派遣其党羽纪祥等在寝室把杨渥杀死，欺骗说是得急病突然死去。

后梁纪二

资治通鉴第二百六十七卷

【原文】

太祖神武元圣孝皇帝中开平二年（戊辰，908年）

华原贼帅温韬聚众嵯峨山，暴掠雍州诸县，唐帝诸陵发之殆遍。

【译文】

后梁太祖开平二年（戊辰，公元908年）

（十月）华原贼帅温韬聚众嵯峨山，肆意抢劫雍州各县，唐帝的陵墓几乎全被发掘。

【原文】

四年（庚午，910年）

上疑赵王熔贰于晋，且欲因邺王绍威卒除移镇、定。会燕王守光发兵屯涞水，欲侵定州，上遣供奉官杜廷隐、丁延徽监魏博兵三千分屯深、冀，声言恐燕兵南寇，助赵守御；又云分兵就食。赵将石公立戍深州，白赵王熔，请拒之。熔遽命开门，移公立于外以避之。

梁人有亡奔真定，以其谋告熔者，熔大惧，又不敢先自绝；但遣使诣洛阳，诉称"燕兵已还，与定州讲和如故，深、冀民见魏博兵入，奔走惊骇，乞召兵还。"

上遣使诣真定慰谕之。未几，廷隐等闭门尽杀赵戍兵，乘城拒守。熔始命石公立攻之，不克，乃遣使求援于燕、晋。

熔使者至晋阳，义武节度使王处直使者亦至，欲共推晋王为盟主，合兵攻梁。晋王会将佐谋之，皆曰："熔久臣朱温，岁输重赂，结以婚姻，其交深矣；此必诈也，宜徐观之。"王曰："彼亦择利害而为之耳。王氏在唐世犹或臣或叛，况肯终为朱氏之臣乎？彼朱温之女何如寿安公主！今救死不赡，何顾婚姻！我若疑而不救，正堕朱氏计中。宜趣发兵赴之，晋、赵叶力，破梁必矣。"乃发兵，遣周德威将之，出井陉，屯赵州。

熔使者至幽州，燕王守光方猎，幕僚孙鹤驰诣野谓守光曰："赵人来乞师，此天欲成王之功业也。"守光曰："何故？"对曰："比常患其与朱温胶固。温之志非尽吞河朔不已，今彼自为仇敌，王若与之并力破梁，则镇、定皆敛衽而朝燕矣。王不出师，但恐晋人先我矣。"守光曰："王熔数负约，今使之与梁自相弊，吾可以坐承其利，又何救焉！"自是镇、定复称唐天祐年号，复以武顺为成德军。

十二月，已未，上闻赵与晋合，晋兵已屯赵州，乃命王景仁等将兵击之。庚申，景仁等自河阳渡河，会罗周翰兵，合四万，军于邢、洺。

赵王熔复告急于晋，晋王以蕃汉副总管李存审守晋阳，自将兵自赞皇东下，王处直遣将将兵以从。辛巳，晋王至赵州，与周德威合，获梁刍荛者二百人，问之曰："初发洛阳，梁主有何号令？"对曰："梁主戒上将云：'镇州反覆，终为子孙之患。今悉以精兵付汝，镇州虽以铁为城，必为我取之。'"晋王命送于赵。

【译文】

四年（庚午，公元910年）

后梁太祖怀疑赵王王熔暗中依附于晋，并且想趁着邺王罗绍威去世移调镇、定两处节度使。恰巧燕王刘守光发兵驻扎涞水，想要侵犯定州，梁太祖派遣供奉官杜廷隐、丁延徽监督魏博兵三千分别驻扎深州、冀州，声称担心燕兵南犯，前来帮助赵兵防守抵御；又说分兵到粮多之处就地取得给养。赵将石公立戍守深州，禀报赵王王熔，请求拒绝他们。王熔急速命令打开深州城门，让石公立转移到城外回避梁军。

梁人有逃奔到真定的，把后梁太祖想要移调镇、定的图谋告诉王镕，王镕非常害怕，又不敢先自己断绝与后梁的关系；只是派遣使者到洛阳，诉说："燕兵已经撤走，与定州讲和像从前一样，深州、冀州人民看见魏博军队进城，奔走惊慌，乞求把魏博军队召回。"太祖派遣使者到真定慰劳宣谕他们。过了不久，杜廷隐等关闭城门，把赵的戍防兵士全部杀死，登城抵御防守。王镕才命令石公立攻打，不能攻取，于是派遣使者向燕、晋求援。

王镕的使者到晋阳，义武节度使王处直的使者也到了，想要共同推举晋王李存勖为盟主，合兵攻后梁。晋王会同将佐商议对策，都说："王镕长期向朱温称臣，每年输送众多的财物，结为儿女姻亲，他们的交情太深了。这一定是欺骗手段，应当慢慢观察他们的动静。"李存勖说："他也是择其利害而为之罢了。王氏在唐代尚且有时臣属、有时叛变，怎么肯愿意始终做朱氏的臣子呢？那个朱温的女儿怎么比得上寿安公主！现在救死都不够，哪里还顾得上婚姻！我如果怀疑他而不去援救，正好落入朱氏的计谋之中。应当急速发兵前往，晋、赵协力，打败梁兵是肯定的了。"于是发兵，派遣周德威领兵，出井陉，驻扎赵州。

王镕的使者到幽州，燕王刘守光正在外出打猎，幕僚孙鹤驰往野外打猎的地方对刘守光说："赵人前来乞求援兵，这是上天想要成全大王的功业了。"刘守光说："这是什么缘故？"孙鹤回答说："近来常常忧虑王镕与朱温关系牢固。朱温的志向是不全部吞并河朔不会停止，现在他们自己为仇敌，大王如果与王镕并力打败梁兵，那么镇州、定州都提起衣襟朝见燕王了。大王您不出兵，只怕晋人已经在我之先发兵了。"刘守光说："王镕屡次背弃盟约，现在让他与梁自相败坏，我可以坐收其利，救他做什么呢！"赵的使者在路上接连不断，刘守光结果不发兵救援。从此镇州王镕、定州王处直又称唐天祐年号，再将武顺军改称成德军。

十二月己未（初三），太祖听说赵王王镕与晋王李存勖联合，晋兵驻扎赵州，于是命令王景仁等率兵前去攻打。庚申（初四），王景仁等自河阳渡过黄河，会同天雄留后罗周翰的军队，合兵四万，在邢州、洺州扎营。

赵王王镕再次向晋告急，晋王李存勖任命蕃汉副总管李存审守卫晋阳，亲自统率军队自赞皇向东进发，王处直派遣部将率兵五千跟从。辛巳（二十五日），李存勖率兵到达赵州，与周德威会合，俘获割草打柴的后梁兵二百人，问他们说："当初从洛阳出发的时候，梁主有什么号令？"后梁兵回答说："梁主告诫上将说：'镇州王镕反复无常，终究要成为子孙的祸患。现在把精锐部队都交付给你，镇州即使用铁铸城，也一定为我夺取。'"李存勖命令把俘获的后梁兵送到赵王王镕那里去。

【原文】

乾化元年（辛未，911年）

柏乡比不储刍，梁兵刈刍自给，晋人日以游军抄之，梁兵不出。丁亥，周德威与别将史建瑭、李嗣源将精骑三千压梁垒门而诟之，王景仁、韩勍怒，悉众而出。德威等转战至高邑南；李存璋以步兵陈于野河之上，梁军横亘数里，竞前夺桥，镇、定步兵御之，势不能支。晋王谓匡卫都指挥使李建及曰："贼过桥则不可复制矣。"建及选卒二百，援枪大噪，力战却之。建及，许州人，姓王，李罕之之假子也。晋王登高丘以望曰："梁兵争进而嚣，我兵整而静，我必胜。"战自巳至午，胜负未决。晋王谓周德威曰："两军已合，势不可离，我之兴亡，在此一举。我为公先登，公可继之。"德威叩马而谏曰："观梁兵之势，可以劳逸制之，未易以力胜也。彼去营三十余里，虽挟糗粮，亦不暇食，日昳之后，饥渴内迫，矢刃外交，士卒劳倦，必有退志。当是时，我以精骑乘之，必大捷。于今未可也。"王乃止。

时魏、滑之兵陈于东，宋、汴之兵陈于西。至晡，梁军未食，士无斗志，景仁等引兵稍却，周德威疾呼曰："梁兵走矣！"晋兵大噪争进，魏、滑兵先退，李嗣源帅众噪于西陈之前曰："东陈已走，尔何久留！"梁兵互相惊怖，遂大溃。李存璋引步兵乘之，呼曰："梁人亦吾人也，父兄子弟饷军者勿杀。"于是战士悉解甲投兵而弃之，嚣声动天地。赵人以深、冀之憾，不顾剽掠，但奋白刃追之，梁之龙骧、神捷精兵殆尽，自野河至柏乡，僵尸蔽地。王景仁、韩勍、李思安以数十骑走。晋兵夜至柏乡，梁兵已去，弃粮食、资财、器械不可胜计。凡斩首二万级。李嗣源等追奔至邢州，河朔大震。保义节度使王檀严备，然后开城纳败卒，给以资粮，散遣归本道。晋王收兵屯赵州。

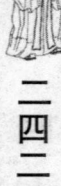

二月，己未，晋王至魏州，攻之，不克。上以罗周翰年少，且忌其旧将佐，庚申，以户部尚书李振为天雄节度副使，命杜廷隐将兵千人卫之，自杨刘济河，间道夜入魏州，助周翰城守。癸亥，晋王观河于黎阳，梁兵万余将渡河，闻晋王至，皆弃舟而去。

【译文】

乾化元年（辛未，公元911年）

柏乡近来不贮存草料，后梁兵割草供给自己，晋人每天用流动部队抄掠他们，后梁兵不出营寨。丁亥（正月初二），周德威与别将史建瑭、李嗣源率领三千精锐骑兵逼近后梁军营门辱骂，王景仁、韩勍大怒，率领全体部众出战。周德威等转战到达高邑南边。晋将李存璋率步兵在野河岸边列阵，后梁军东西绵延数里，争相向前抢夺桥梁，镇州、定州的步兵抵御他们，势不能支。晋王李存勖对匡卫都指挥使李建及说："梁贼过桥就不能再遏制他们了。"李建及挑选步兵二百名，手执长枪大声喧噪，努力奋战把后梁兵打退。李建及是许州人，姓王，是李军之的养子。晋王李存勖登上小土山眺望两军对战情形说："梁兵争相前进而喧哗，我兵整齐有序而安静严肃，我军一定胜利。"战斗自巳时打到午时，两个时辰没有决出胜负。李存勖对周德威说："两军已经交战，势难分开，我们的兴亡，就在此一举。我为您先冲上前去，您可以随后跟上。"周德威拉住战马，直言劝诫说："观察梁兵的情势，可以逸待劳制服他，不易用力量战胜他。梁兵离开营地三十余里，即使带着干粮，也没有空闲时间吃，日落以后，饥渴在腹中相逼，箭矢兵刃在身外交加，士卒劳累疲倦，一定有退却之心。这时，我用精锐骑兵追逐他们，一定大胜。现在不可攻击啊！"李存勖这才止住。

当时，魏州、滑州的后梁兵在东边列阵，宋州、汴州的后梁兵在西边列阵。到太阳下山的时候，后梁军没有吃东西，兵士没有斗志，王景仁等带兵逐渐退却，周德威大声呼喊说："梁兵跑了！"晋兵大声喧噪，争相前进，魏州、滑州军队先退，李嗣源率众在西边阵前大声呼叫，说："东阵已经逃跑，你们为什么久留！"后梁兵互相惊慌恐怖，于是大溃。李存璋率领步兵追逐逃散的梁兵，大声呼唤说："梁人

也是我们的人,父兄子弟运送军粮的不杀。"于是,梁兵都脱下铠甲,扔掉兵器,喧哗声惊天动地。赵人怀着后梁兵屠杀深州、冀州戍卒的仇恨,顾不上抢夺财物,只是挥舞利刃追杀后梁兵,后梁的龙骧、神捷两军的精兵几乎全歼,从野河到柏乡,伏尸遍地。王景仁、韩勍、李思安率数十名骑兵逃走。晋兵夜里到达柏乡,后梁兵已经离开,抛弃的粮食、资财、器械不可计算。总共斩首二万级。李嗣源等追赶到邢州,河朔大为震动。保义节度使王檀严密戒备,然后打开城门接纳残兵败卒,给予钱粮,分别遣送返回本道。晋王李存勖收兵驻扎赵州。

王蜀宫妓图　明　唐寅

此图取材于五代前蜀后主王衍的宫廷生活,描绘宫中四位宫妓的形象。图中人物头戴莲冠,各持壶、盘等器物,正准备前去侍宴。

二月己未(初四),晋王李存勖到达魏州,发动攻击,没有攻下。后梁太祖认为天雄留后罗周翰年纪轻,并且憎恶他父亲时的将领僚佐,庚申(初五),任命户部尚书李振为天雄节度副使,命供奉官杜廷隐率兵一千人保卫他,从杨刘渡过黄河,从偏僻的小路在夜里进入魏州,帮助罗周翰防守。癸亥(初八),李存勖到黎阳观看黄河,一万多后梁兵将要渡黄河,听说晋王李存勖到来,都抛下船只而离开。

资治通鉴第二百六十八卷

后梁纪三

【原文】

太祖神武元圣孝皇帝下乾化元年（辛未，911年）

燕王守光尝衣赭袍，顾谓将吏曰："今天下大乱，英雄角逐，吾兵强地险，亦欲自帝，何如？"孙鹤曰："今内难新平，公私困竭，太原窥吾西，契丹伺吾北，遽谋自帝，未见其可。大王但养士爱民，训兵积谷，德政既修，四方自服矣。"守光不悦。

又使人讽镇、定，求尊己为尚父，赵王镕以告晋王。晋王怒，欲伐之，诸将皆曰："是为恶极矣，行当族灭，不若阳为推尊以骄之。"乃与镕及义武王处直、昭义李嗣昭、振武周德威、天德宋瑶六节度使共奉册推守光为尚书令、尚父。

守光不寤，以为六镇实畏己，益骄，乃具表其状曰："晋王等推臣，臣荷陛下厚恩，未之敢受。窃思其宜，不若陛下授臣河北都统，则并、镇不足平矣。"上亦知其狂愚，乃以守光为河北道采访使，遣阁门使王瞳、受旨史彦群册命之。

守光命僚属草尚父、采访使受册仪。乙卯，僚属取唐册太尉仪献之，守光视之，问何得无郊天、改元之事，对曰："尚父虽贵，人臣也，安有郊天、改元者乎？"守光怒，投之于地，曰："我地方二千里，带甲三十万，直作河北天子，谁能禁我！尚父何足为哉！"命趣具即帝位之仪，械系瞳、彦群及诸道使者于狱，既而皆释之。

燕王守光将称帝，将佐多窃议以为不可，守光乃置斧质於庭曰："敢谏者斩！"

孙鹤曰："沧州之破，鹤分当死，蒙王生全，以至今日，今日敢爱死而忘恩乎！窃以为今日之帝未可也。"守光怒，伏诸质上，令军士咼而啖之。鹤呼曰："不出百日，大兵当至！"守光命以土窒其口，寸斩之。

甲子，守光即皇帝位，国号大燕，改元应天。

燕主守光集将吏谋攻易定，幽州参军景城冯道以为未可；守光怒，系狱，或救之，得免。道亡奔晋，张承业荐于晋王，以为掌书记。

戊申，燕主守光将兵二万寇易定，攻容城。王处直告急于晋。

甲子，晋王遣著汉马步总管周德威将兵三万攻燕，以救易定。

【译文】

后梁太祖乾化元年（辛未，公元911年）

燕王刘守光曾经穿唐代皇帝所穿的赤褐色袍服，回头对将吏们说："现在天下大乱，英雄武力竞争，我兵马强壮，地势险要，也想自己称帝，怎么样？"孙鹤说："现在内部危难刚平定，公家私人都困苦竭蹶，太原晋王李存勖窥伺我们的西部，契丹王阿保机窥伺我们的北部，匆忙谋划自己称帝，未见其可行之处。大王只要尊养读书人，体恤老百姓，训练军队，积贮粮食，修行德政，四方自然服从了。"刘守光不高兴。

刘守光又派人婉言劝说镇州王熔、定州王处直，要求他们尊奉自己为"尚父"。赵王王熔把这件事告诉晋王李存勖，晋王勃然大怒，想要讨伐刘守光，诸将都说："这个刘守光作恶到极点了，应当诛灭他的全族，不如假装推尊他为尚父来让他恶贯满盈。"于是与王熔、义武节度使王处直、昭义节度使李嗣昭、振武节度使周德威、天德节度使宋瑶，六镇节度使共同奉册推尊刘守光为尚书令、尚父。

刘守光不醒悟，以为六镇节度使确实畏惧自己，更加骄横，于是上表给后梁太祖详细陈情："晋王等推尊我，我承受陛下的深恩，没有敢接受。我私下考虑适宜的办法，不如陛下任命我为河北都统，那么，并州、镇州不值得平定了。"后梁太祖也知道刘守光狂妄愚蠢，于是任命刘守光为河北道采访使，派遣阁门使王瞳、崇政院受旨史彦群前去册命他。

刘守光命令属官草拟尚父、采访使承受册封的礼仪。乙卯（六月初三），属官取唐代册封太尉的礼仪呈献，刘守光看后，问怎么能没有南郊祀天、改变年号的事宜，属官回答说："尚父虽然尊贵，也是天子的臣属，哪里有南郊祀天、改变年号的事呢？"刘守光勃然大怒，把册仪仍在地上，说："我的领地两千里，披甲的将士三十万，径直作河北的天子，谁能禁止我！尚父怎么值得做呢！"命令赶快准备即皇帝位的礼仪，把阁门使王瞳、崇政院受旨史彦群及各道的使者用刑具拘系，投入狱中，不久又把他们都释放了。

燕王刘守光将要自称皇帝，将佐大多私下议论以为不可，刘守光于是在大厅里摆置刀斧、砧板，说："敢进谏的斩首！"孙鹤说："沧州被攻破的时候，孙鹤本该当死，蒙大王保全性命，以至今天，今日岂敢贪生怕死而忘记恩情吗！我以为今天的皇帝是不可以做的。"刘守光勃然大怒，把孙鹤按伏在砧板上，命令军士剔下他的肉并且吃掉。孙鹤大声呼喊说："不出百日，一定有大兵来到。"刘守光命令军士用土塞他的嘴，一寸寸地剁斩。

甲子（八月十三日），刘守光即皇帝位，国号大燕，改年号为应天。

燕主刘守光召集将吏商量进攻易州、定州，幽州参军景城人冯道认为不可行。刘守光勃然大怒，把冯道拘禁监狱，有人救他，得以释放。冯道逃奔到晋，张承业向晋王李存勖推荐，任命他为掌书记。

戊申（十一月二十八日），燕主刘守光率兵二万侵犯易州、定州，攻打容UY城。王处直向晋王告急求救。

甲子（十四日），晋王李存勖派遣蕃汉马步总管周德威率领三万军队攻燕，藉以救援易州、定州。

【原文】

二年（壬申，912年）

丁酉，德威至幽州城下，守光来求救。二月，帝疾小愈，议自将击镇、定以救之。

甲子，帝发洛阳。

乙亥，帝至魏州，命都招讨使宣义节度使杨师厚、副使·前河阳节度使李周彝围枣强，招讨应接使·平卢节度使贺德伦、副使·天平留后袁象先围蓚县。

帝昼夜兼行，三月，辛巳，至下博南，登观津冢。赵将符习引数百骑巡逻，不知是帝，遽前逼之。或告曰："晋兵大至矣！"帝弃行幄，亟引兵趣枣强，与杨师厚军合。

枣强城小而坚，赵人聚精兵数千人守之，师厚急攻之，数日不下，城坏复修，死伤者以万数。城中矢石将竭，谋出降，有一卒奋曰："贼自柏乡丧败已来，视我镇人裂眦，今往归之，如自投虎狼之口耳。困穷如此，何用身为！我请独往试之。"夜，缒城出，诣梁军诈降，李周彝召问城中之备，对曰："非半月未易下也。"因谋曰："某既归命，愿得一剑，效死先登，取守城将首。"周彝不许，使荷担从军。卒得间举担击周彝首，踣地，左右救至，得免。帝闻之，愈怒，命师厚昼夜急攻，丙戌，拔之，无问老幼皆杀之，流血盈城。

五月，甲申，帝至洛阳，疾甚。

闰月，壬戌，帝疾增甚，谓近臣曰："我经营天下三十年，不意太原余孽更昌炽如此！吾观其志不小，天复夺我年，我死，诸儿非彼敌也，吾无葬地矣！"因哽咽，绝而复苏。

帝长子郴王友裕早卒。次假子博王友文，帝特爱之，常留守东都，兼建昌宫使。次郢王友珪，其母亳州营倡也，为左右控鹤都指挥使。次均王友贞，为东都马步都指挥使。

初，元贞张皇后严整多智，帝敬惮之。后殂，帝纵意声色，诸子虽在外，常征其妇入侍，帝往往乱之。友文妇王氏色美，帝尤宠之，虽未以友文为太子，帝意常属之。友珪心不平。友珪尝有过，帝挞之，友珪益不自安。帝疾甚，命王氏召友文于东都，欲与之诀，且付以后事。友珪妇张氏亦朝夕侍帝侧，知之，密告友珪曰："大家以传国宝付王氏怀往东都，吾属死无日矣。"夫妇相泣。左右或说之曰："事急计生，何不改图，时不可失！"

六月，丁丑朔，帝命敬翔出友珪为莱州刺史，即令之官。已宣旨，未行敕。时左迁者多追赐死，友珪益恐。

戊寅，友珪易服微行入左龙虎军，见统军韩勍，以情告之。勍亦见功臣宿将多以小过被诛，惧不自保，遂相与合谋。勍以牙兵五百人从友珪杂控鹤士入，伏于禁中，中夜斩关入，至寝殿，侍疾者皆散走。帝惊起，问："反者为谁？"友珪曰："非他人也。"帝曰："我固疑此贼，恨不早杀之。汝悖逆如此，天地岂容汝乎！"友珪曰："老贼万段！"友珪仆夫冯廷谔刺帝腹，刃出于背。友珪自以败毡裹之，瘗于寝殿，秘不发丧。遣供奉官丁昭溥驰诣东都，命均王友贞杀友文。

己卯，矫诏称："博王友文谋逆，遣兵突入殿中，赖郢王友珪忠孝，将兵诛之，保全朕躬。然疾因震惊，弥致危殆，宜令友珪权主军国之务。"韩勍为友珪谋，多出府库金帛赐诸军及百官以取悦。

辛巳，丁昭溥远，闻友文已死，乃发丧，宣遗制，友珪即皇帝位。

【译文】

二年（壬申，公元912年）

丁酉（正月十八日），周德威率兵到达幽州城下，燕主刘守光派人来请求救援。二月，后梁太祖的病稍愈，商议亲自率领军队前去攻击镇州、定州来救援刘守光。

甲子（十五日），后梁太祖从洛阳出发。

乙亥（二十六日），后梁太祖到达魏州，命都招讨使及宣义节度使杨师厚、副使及前河阳节度使李周彝包围枣强，招讨应接使及平卢节度使贺德伦、副使及天平留后袁象先包围蓨县。

后梁太祖日夜兼程，三月辛巳（初二），到达下博南，登上观津冢。赵将符习带领数百名骑兵巡逻到这里，不知道是后梁太祖，立即上前逼近，有人报告说："晋兵大批人马来到了！"太祖抛弃出行用的帐幕，赶快带兵奔赴枣强，与杨师厚的军队会合。

枣强城小而坚固，赵人聚集精锐军队数千人据城防守，杨师厚紧急攻打，数日没有攻下，城墙坏了又修复，后梁兵死伤以万计。城中箭矢石块将要用完，商量出城投降，有一士兵奋力高呼说："梁贼自柏乡失败以来，视我镇州人如眼中死敌，现在前去归顺他们，如同自己投入虎狼口中罢了。艰难窘迫到这个地步，要身体做

什么！我请求独自前去试试他们。"夜里，用绳索追出城去，前往后梁军营假装投降，李周彝召他来询问城中戒备情形，回答说："没有半月的时间，是不容易攻下的。"于是商议说："我既已归服受命，希望得到一把利剑，拼死抢先登城，取下守城将领的首级。"李周彝没有允许，派他挑担随从军队。这个士兵得空挥起扁担猛击李周彝的脑袋，李周彝跌倒在地，左右的人前来营救，才得免死。后梁太祖听说这件事，更加愤怒，命令杨师厚日夜加紧攻城，丙戌（初七），把城攻克，不管老幼全部杀死，鲜血流满全城。

五月甲申（初六），后梁太祖回到洛阳，病情严重。

闰五月壬戌（十五日），后梁太祖的病情加重，对亲近官员说："我经营谋取天下三十年，想不到太原李克用的余孽更加兴旺强大如此！我看他的志向不小，上天又削除我的年寿，我死了，诸儿不是他们的敌手，我没有葬身之地了！"于是哽咽失声，呼吸停止后却又苏醒过来。

后梁太祖的长子郴王朱友裕早死，次养子博王朱友文，特别受太祖喜爱，经常留守东都大梁，兼建昌宫使。郢王朱友珪，担任左右控鹤都指挥使，他的母亲是亳州营妓。均王朱友贞担任东都马步都指使。

当初，元贞张皇后严肃端正，聪明多智，后梁太祖对她恭敬而畏惧。张皇后死后，后梁太祖纵情歌舞女色，诸子即使在外地，也常征召他们的妻子入宫侍奉，太祖往往与她们淫乱。朱友文的妻子王氏容貌美丽，太祖尤其宠爱她，虽然没有立朱友文为太子，太祖的意向时常专注于他。朱友珪心里愤愤不平。朱友珪曾经犯有过错，太祖用鞭子打了他，朱友珪更加不能自安。后梁太祖病情严重，命王氏到东都大梁召朱友文来西都洛阳，想要与他诀别，并且托付后事。朱友珪的妻子张氏也日夜侍奉在太祖身边，知道这件事，秘密告知朱友珪说："皇上把传国宝玺交给王氏带往东都，我们的死没有几天了。"夫妇二人相对流泪。左右有人劝解他们说："事急生计，何不另外设法，时机不可错过！"

六月，丁丑朔（初一），后梁太祖命敬翔将朱友珪调出任莱州刺史，立即让他赴任。已经传旨，但没有颁行敕书。当时贬官者大多追命赐死，朱友珪越发恐慌。

戊寅（初二），朱友珪改换服装隐藏身份，进入左龙虎军，会见左龙虎统军韩勋,把实情告诉他。韩勋也见功臣老将多因小过被杀,惧怕不能保全自己,于是与朱友珪共同策划。韩勋领牙兵五百人随从朱友珪混杂在控鹤军士中进入皇宫,埋伏在宫内,半夜砍断门闩进入,到达寝殿,侍候病人的都逃散了。后梁太祖惊起,问:"谋反的是谁?"朱友珪说:"不是别人。"太祖说:"我原来怀疑你这贼子,只恨没有早把你杀死。你如此叛逆,天地难道容你吗!"朱友珪说:"把老贼碎尸万段!"朱友珪的马夫冯廷谔猛刺太祖的肚子,刀尖从背上穿出。朱友珪亲自用毁坏的毡子把太祖裹起来,埋在寝殿里,封锁消息,不发丧。派遣供奉官丁昭溥驰往东都大梁,命令均王朱友贞杀死朱友文。

己卯(初三),朱友珪假造诏令称:"博王朱友文谋反,派兵冲入殿中。朕依赖郢王朱友珪忠诚孝敬,率领军队把朱友文杀死,保全朕身。但朕病因为震动惊恐,更加危险,应令朱友珪暂时主持军队国家事务。"韩勋替朱友珪谋划,大量取出府库内的金帛赐给各军及百官来取悦于人。

辛巳(初五),供奉官丁昭溥返回,朱友珪听说朱友文已死,这才发丧,宣布先帝遗留的制书,朱友珪即皇帝位。

【原文】

后梁均王乾化三年（癸酉,913 年）

郢王友珪既得志,遽为荒淫,内外愤怒,友珪虽啖以金缯,终莫之附。驸马都尉赵岩,犨之子,太祖之婿也,左龙虎统军、侍卫亲军都指挥使袁象先,太祖之甥也。岩奉使至大梁,均王友贞密与之谋诛友珪,岩曰:"此事成败,在招讨杨令公耳。得其一言谕禁军,吾事立办。"均王乃遣腹心马慎交之魏州说杨师厚曰:"郢王篡弑,人望属在大梁,公若因而成之,此不世之功也。"且许事成之日赐犒军钱五十万缗。师厚与将佐谋之,曰:"方郢王弑逆,吾不能即讨;今君臣之分已定,无故改图,可乎?"或曰:"郢王亲弑君父,贼也;均王举兵复仇,义也。奉义讨贼,何君臣之有!彼若一朝破贼,公将何以自处乎?"师厚曰:"吾几误计。"乃遣其将王舜贤至洛阳,阴与袁象先谋,遣招讨马步都虞候谯人朱汉宾将兵屯滑州为外应。赵岩归洛阳,亦与象先密定计。

友珪治龙骧军溃乱者，搜捕其党，获者族之，经年不已。时龙骧军有戍大梁者，友珪征之，均王因使人激怒其众曰："天子以怀州屯兵叛，追汝辈欲尽坑之。"其众皆惧，莫知所为。丙戌，均王奏龙骧军疑惧，未肯前发。戊子，龙骧将校见均王，泣请可生之路，王曰："先帝与汝辈三十余年征战，经营王业。今先帝尚为人所弑，汝辈安所逃死乎！"因出太祖画像示之而泣曰："汝能自趣洛阳雪仇耻，则转祸为福矣。"众皆踊跃呼万岁，请兵仗，王给之。

庚寅旦，袁象先等帅禁兵数千人突入宫中。友珪闻变，与妻张氏及冯廷谔趋北垣楼下，将逾城，自度不免，令廷谔先杀妻，后杀己，廷谔亦自刭。诸军十余万大掠都市，百司逃散。象先、岩赍传国宝诣大梁迎均王，王曰："大梁国家创业之地，何必洛阳！"乃即帝位于大梁，复称乾化三年，追废友珪为庶人，复博王友文官爵。

卢龙巡属皆入于晋，燕主守光独守幽州城，求援于契丹；契丹以其无信，竟不救。守光屡请降于晋，晋人疑其诈，终不许。至是，守光登城谓周德威曰："俟晋王至，吾则开门泥首听命。"德威使白晋王。十一月，甲辰，晋王以监军张承业权知军府事，自诣幽州，辛酉，单骑抵城下，谓守光曰："朱温篡逆，余本与公合河朔五镇之兵兴复唐祚。公谋之不臧，乃效彼狂僭。镇、定二帅皆俯首事公，而公曾不之恤，是以有今日之役。丈夫成败须决所向，公将何如？"守光曰："今日俎上肉耳，惟王所裁。"王悯之，与折弓矢为誓，曰："但出相见，保无他也。"守光辞以他日。

先是，守光爱将李小喜多赞成守光之恶，言听计从，权倾境内。至是，守光将出降，小喜止之。是夕，小喜逾城诣晋军，且言城中力竭。壬戌，晋王督诸军四面攻城，克之，擒刘仁恭及其妻妾，守光帅妻子亡去。癸亥，晋王入幽州。

【译文】

后梁均王乾化三年（癸酉，公元913年）

郢王朱友珪得志以后，马上变得荒淫无度，引起朝内外愤怒，朱友珪虽用金帛引诱，但始终没有人依附他。驸马都尉赵岩是赵犨的儿子，后梁太祖的女婿。左龙虎统军、侍卫亲军都指挥使袁象先是后梁太祖的外甥。赵岩奉命出使到大梁，均王朱友贞秘密地与他谋划杀死朱友珪，赵岩说："这件事的成败，操在都招讨使杨师厚令公手中。得他一句话晓谕禁军，我的事马上就办。"均王朱友贞于是派遣心腹马慎交到魏州劝导杨师厚说："郢王朱友珪杀父篡位，众望专注在大梁均王朱友贞身上，您如果能够因此成功，这是非凡的功勋啊。"并且答应事成之日赏赐给他犒劳将士的钱五十万缗。杨师厚与将佐商议这件事，说："当郢王杀父叛逆的时候，我不能立即讨伐；现在君臣名分已定，无故改变主意，可以吗？"有人说："郢王亲自杀死君父，是贼；均王发兵复仇，是正义的。尊奉正义，讨伐逆贼，有什么君臣之分！他们如果一旦打败逆贼，您将怎么安顿自己呢？"杨师厚说："我几乎打错算盘。"于是派遣他的部将王舜贤到洛阳，暗中与左龙虎统军、侍卫亲军都指挥使袁象先商量，派遣招讨马步都虞候谯人朱汉宾率兵驻守滑州作为外应。驸马都尉赵岩返回洛阳，也与袁象先秘密制定计策。

朱友珪惩治龙骧军内逃散作乱的人，搜捕他们的余党，逮住的灭族，经历一年而不停。当时龙骧军有戍守大梁的，朱友珪召他们回洛阳，均王朱友贞于是派人激怒他们说："天子因戍守怀州的龙骧军叛变，追查你们打算全部活埋。"龙骧军的兵众都很害怕，不知道怎么办。丙戌（二月十三日），均王奏报大梁的龙骧军怀疑恐惧，不肯启程。戊子（十五日），龙骧军将校进见均王，流着泪请求指示生存的道路，均王说："先帝与你们三十余年南征北战，筹划经营帝王事业。现在先帝尚且被人杀死，你们到何处能够逃脱死亡呢！"于是拿出后梁太祖的画像给他们看，并且流着泪说："你们能够自己奔赴洛阳报仇雪耻，就转祸为福了。"龙骧军兵众跳跃高呼万岁，请求发给兵器。均王发给了他们。

庚寅（十七日）早晨，袁象先等率领禁军数千人冲入宫中。朱友珪听说兵变，与妻子张氏及冯廷谔跑到北垣墙楼下，将要越过城墙，自己估计不能免死，命令冯廷谔先把妻子张氏杀死，后杀死自己，冯廷谔也自杀。诸军十余万人大肆抢掠市中财物，百官逃散。

袁象先和赵岩带着传国宝玺前往大梁迎接均王朱友贞，均王说："大梁是国家创立基业的地方，何必到洛阳去！"于是，在东都大梁即帝位，又把年号改为乾化三年，追废朱友珪为平民，恢复博王朱友文的官爵。

卢龙节度使的管辖属地都被晋占有，燕主刘守光独自据守幽州城，向契丹请求

文苑图　五代　佚名

此为文苑图的局部画面，从中可以领略到周文乱世高超的画艺以及五代时期文官的服饰风采。

救援。契丹认为他没有信用，终于没有救援。刘守光多次向晋请求归降，晋人怀疑他欺诈，始终不接受他投降。到这时，刘守光登上城楼，对周德威说："等晋王到了，我就打开城门，伏首听命。"周德威派遣使者禀报晋王。十一月甲辰（初六），晋王任命监军张承业暂且主持军府事务，自己亲往幽州。辛酉（二十三日），晋王单骑到达幽州城下，对刘守光说："朱温篡唐叛逆，我本想与您会合河朔五镇的军队共同兴复唐室的国运。您图谋不善，竟然效法朱温狂妄僭越。镇州王镕、定州王处直二帅，都驯服恭顺地侍奉您，然而您却从来不体恤他们，所以才有今天这场战斗。男子汉无论成功还是失败，必须决定去向，您将要怎么办？"刘守光说："今天我是砧板上的肉罢了，只听大王裁决。"晋王怜悯刘守光，与他折断弓箭起誓，说："只要您出城相见，我保证没有别的事情。"刘守光用改换他日来推托。

在这以前，刘守光的爱将李小喜多佐助促成刘守光的恶行，刘守光对李小喜言听计从，李小喜的权势倾动境内。到这个时候，刘守光将要出城投降，李小喜止住了他。这天晚上，李小喜越过城墙，前往晋军投降，并且说幽州城内已经力量用尽。壬戌（二十四日），晋王李存勖统率诸军从四面同时攻城，夺取了幽州城，擒获刘仁恭及他的妻妾，刘守光带着妻子儿女逃走。癸亥（二十五日），晋王进入幽州。

资治通鉴第二百六十九卷

后梁纪四

【原文】

均王上乾化三年（癸酉，913年）

燕主守光将奔沧州就刘守奇，涉寒，足肿，且迷失道，至燕乐之境，昼匿坑谷，数日不食，令妻祝氏乞食于田父张师造家。师造怪妇人异状，诘知守光处，并其三子擒之。癸酉，晋王方宴，将吏擒守光适至，王语之曰："主人何避客之深邪！"并仁恭置之馆舍，以器服膳饮赐之。王命掌书记王缄草露布，缄不知故事，书之于布，遣人曳之。

晋王欲自云、代归，赵王镕及王处直请由中山、真定趣井陉，王从之。庚辰，晋王发幽州，刘仁恭父子皆荷校于露布之下。守光父母唾其面而骂之曰："逆贼，破我家至此！"守光俯首而已。

【译文】

后梁均王乾化三年（癸酉，公元913年）

燕主刘守光被周德威击败后，将要向南投奔沧州刘守奇，由于步行过河，水寒冷，脚肿了，而且迷失了道路，行至燕乐县境内时，白天藏匿在阮谷之中，好几天都没有吃上饭，就让他的妻子祝氏到老农张师造家讨饭。老农张师造觉得刘守光的妻子祝氏形状很怪异，盘问得知刘守光的住处，于是连刘守光的三个儿子一并捉拿起来。癸酉（十二月初六），晋王正要举行宴会时，将吏把刘守光押送刚刚到达，

晋王对他们说:"主人为什么要这样畏避客人呢?"于是将刘仁恭和刘守光一并安置到客舍,并赐给他们衣食用具。随后晋王又命令掌管书牍记录的官员王缄起草露布,晓示天下。王缄不知露布的旧例,便把情况书写在布匹上,派人拉着。

晋王打算经过云州、代州回晋阳,赵王王镕和王处直请求经由中山、真定,并取道井陉返回晋阳,晋王听从了他们的意见。庚辰(十三日),晋王从幽州出发,刘仁恭父子都戴着枷锁在露布之下。刘守光的母亲和父亲将唾沫唾在他的脸上并骂他说:"逆贼,把我的家败坏到这种地步!"刘守光只是低着头而已。

【原文】

贞明元年(乙亥,915年)

天雄节度使兼中书令邺王杨师厚卒。师厚晚年矜功恃众,擅割财赋,选军中骁勇,置银枪效节都数千人,给赐优厚,欲以复故时牙兵之盛。帝虽外加尊礼,内实忌之,及卒,私于宫中受贺。租庸使赵岩、判官邵赞言于帝曰:"魏博为唐腹心之蠹,二百馀年不能除去者,以其地广兵强之故也。罗绍威、杨师厚据之,朝廷皆不能制。陛下不乘此时为之计,所谓'弹疽不严,必将复聚,'安知来者不为师厚乎!宜分六州为两镇以弱其权。"帝以为然,以平卢节度使贺德伦为天雄节度使;置昭德军于相州,割澶、卫二州隶焉,以宣徽使张筠为昭德节度使,仍分魏州将士府库之半于相州。筠,海州人也。二人既赴镇,朝廷恐魏人不服,遣开封尹刘𬩽将兵六万自白马济河,以讨镇、定为名,实张形势以胁之。

魏兵皆父子相承数百年,族姻磐结,不愿分徙。德伦屡趣之,应行者皆嗟怨,连营聚哭。己丑,刘𬩽屯南乐,先遣澶州刺史王彦章将龙骧五百骑入魏州,屯金波亭。魏兵相与谋曰:"朝廷忌吾军府强盛,欲设策使之残破耳。吾六州历代藩镇,兵未尝远出河门,一旦骨肉分离,生不如死。"是夕,军乱,纵火大掠,围金波亭,王彦章斩关而走。诘旦,乱兵入牙城,杀贺德伦之亲兵五百人,劫德伦置楼上。有效节军校张彦者,自帅其党,拔白刃,止剽掠。夏,四月,帝遣供奉官扈异抚谕魏军,许张彦以刺史。彦请复相、澶、卫三州如旧制。异还,言张彦易与,但遣刘𬩽加兵,立当传首。帝由是不许,但以优诏答之。使者再返,彦裂诏书抵于地,戟手南向话朝廷，谓德伦曰："天子愚暗，听人穿鼻。今我兵甲虽强，苟无外援，不能独立，宜投款于晋。"遂逼德伦以书求援于晋。

晋王进屯永济，张彦选银枪效节五百人，皆执兵自卫，诣永济谒见，王登驿楼语之曰："汝陵胁主帅，残虐百姓，数日中迎马诉冤者百馀辈。我今举兵而来，以安百姓，非贪人土地。汝虽有功于我，不得不诛以谢魏人。"遂斩彦及其党七人，馀众股栗。王召谕之曰："罪止八人，馀无所问。自今当竭力为吾爪牙。"众皆拜伏，呼万岁。明日，王缓带轻裘而进，令张彦之卒擐甲执兵，翼马而从，仍以为帐前银枪都。众心由是大服。

【译文】

贞明元年（乙亥，公元915年）

天雄节度使兼中书令邺王杨师厚去世。杨师厚在晚年时常居功自夸，擅自夺取财赋，并挑选军中勇敢善战的士卒设置私人军队数千人，号称银枪效节都，供给赏赐十分优厚，打算恢复过去牙兵的盛况。后梁帝虽然表面上对他尊礼有加，内心却很嫉恨他，到他死后，在宫中暗自庆贺。租庸使赵岩、判官邵赞对后梁帝说："魏博一带是唐朝心腹中的蠹虫，之所以二百余年来不能铲除它的割据形势，主要原因是地广兵强。罗绍威、杨师厚占据这块地方以后，朝廷都不能够控制它。陛下如果不乘此时重新考虑，就像所说的'弹除脓血不净，必将重新瘀结'，怎么能够知道未来的天雄节度使不像杨师厚呢？应当将魏博六州分为两镇，削弱它的权力。"后梁帝认为言之有理，于是任命原平卢节度使贺德伦为天雄节度使。在相州增置了昭德军，割出澶、卫二州隶属相州，任命原宣徽使张筠为昭德节度使，又将魏州的将士、府库财产的一半分给相州。张筠是海州人。贺德伦、张筠已经赴任，但朝廷又害怕魏州人不服，于是又派遣开封尹刘鄩率兵六万，从白马渡过黄河，以讨伐镇州、定州为名，其实是虚张声势用威力来强迫魏人服从。

魏州士卒数百年来都是父子相承，族与族之间婚姻盘结，不愿意分离。天雄节度使贺德伦多次催促他们分离，但答应离开的人都哀叹怨恨，甚至连营聚集在一起号响大哭。己丑（三月二十九日），开封尹刘鄩的军队驻扎在南乐，先派澶州刺史

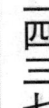

王彦章率领龙骧骑兵五百人进入魏州，驻扎在金波亭。魏州的士卒们互相谋划说："朝廷非常嫉恨我们的军府强盛，打算用计策让我们军府自行残破。我们六个州历代都是一个藩镇，士卒从来没有远出过河门，一旦骨肉分离，生不如死。"当天晚上，魏军大乱，放火掠夺，包围了金波亭，澶州刺史王彦章斩杀了守门士卒才得以逃出。第二天早晨，魏州乱兵进入了后梁军主将居住的牙城，杀了贺德伦的亲兵五百余人，并劫持了贺德伦，把他放到了牙城的城楼上。有个效节军军校叫张彦的人，率领自己的同伙，拔出刀枪，制止抢劫活动。

夏季，四月，后梁帝派遣供奉官扈异前往抚慰魏军，并答应让张彦做刺史。张彦请求恢复相、澶、卫三州隶属天雄的旧制。扈异回到朝廷以后说，张彦容易对付，只需命令刘鄩派兵增援，马上就可以拿回张彦的首级来。后梁帝因此没有同意任命张彦做刺史，仅仅以褒扬的诏书回答他。使者返回魏军时，张彦将诏书撕碎扔在地上，用手指着南面怒骂朝廷，并对贺德伦说："天子愚昧昏庸，听凭别人牵着鼻子走。现在我们的军队虽然还很强盛，但是如果没有外援，仍然不能自立，应当向晋王表示亲善。"于是逼着贺德伦写信向后晋王求援。

晋王率领军队向前推进，驻扎在永济。张彦挑选银枪效节五百人，都全副武装，加强自卫，到永济拜见晋王，晋王登上驿楼对他说："你欺凌逼迫主帅，残害百姓，连日来迎马诉冤的就有百余人。我今天率兵而来，目的是安定百姓，并非来贪图别人的土地。你虽然对我有功，但为了向魏州人民谢罪，不得不将你杀掉。"于是晋王斩了张彦及其同伙共七人，其余的乱兵吓得腿都发抖，十分恐惧。晋王把其余乱兵召集来对他们说："有罪的只有八人，其余的一概不追究。从今以后你们应当竭力成为我的亲信。"大家听后都跪伏在地感谢，高呼万岁。第二天，晋王宽带轻衣，十分从容地继续前进，命令张彦的士卒披甲执枪，全副武装，跟随在晋王的两侧，把他们仍然作为帐前银枪都。乱军士兵从此顺服了晋王。

【原文】

二年（丙子，916年）

初，燕人苦刘守光残虐，军士多归于契丹；及守光被围于幽州，其北边士民多为契丹所掠；契丹日益强大。契丹王阿保机自称皇帝，国人谓之天皇王，以妻述律氏为皇后，置百官；至是，改元神册。

【译文】

二年（丙子，公元916年）

起初，燕人苦于刘守光对他们的残酷虐待，军士中有很多人归属契丹，刘守光被围困在幽州时，幽州北面的士民们有很多被契丹人抢夺过去，契丹由是日益强大起来。契丹王阿保机自称皇帝，契丹国人称他为天皇王，以他的妻子述律氏为皇后，设置了百官。至此，契丹王改年号为神册。

【原文】

三年（丁丑，917年）

初，幽州北七百里有渝关，下有渝水通海。自关东北循海有道，道狭处才数尺，旁皆乱山，高峻不可越。比至进牛口，旧置八防御军，募士兵守之，田租皆供军食，不入于蓟，幽州岁致缯纩以供战士衣。每岁早获，清野坚壁以待契丹，契丹至，辄闭壁不战，俟其去，选骁勇据隘邀之，契丹常失利走。士兵皆自为田园，力战有功则赐勋加赏，由是契丹不敢轻入寇。及周德威为卢龙节度使，恃勇不修边备，遂失渝关之险，契丹每刍牧于营、平之间。德威又忌幽州旧将有名者，往往杀之。

吴王遣使遗契丹主以猛火油，曰："攻城，以此油然火焚楼橹，敌以水沃之，火愈炽。"契丹主大喜，即选骑三万欲攻幽州，述律后哂之曰："岂有试油而攻一国乎！"因指帐前树谓契丹主曰："此树无皮，可以生乎？"契丹主曰："不可。"述律后曰："幽州城亦犹是矣。吾但以三千骑伏其旁，掠其四野，使城中无食，不过数年，城自困矣，何必如此躁动轻举！万一不胜，为中国笑，吾部落亦解体矣。"契丹主乃止。

北人会宴图　五代

【译文】

三年（丁丑，公元917年）

当初，在幽州以北七百里的地方有一个渝关，关下有一条渝水直通于海。从关东北顺着海有一条路，这条路的狭窄处只有几尺宽，旁边都是高低起伏的山峰，山高不可攀越。北至进牛口，过去在这里设置有八防御军，招募乡土兵士把守。这里的田租都供给军用，不需送到蓟县，幽州每年往这里运送布帛和棉絮，做成衣服供士兵穿戴。这里每年都收获很早，坚壁清野后等待契丹的入侵，契丹军来了，他们就关起壁垒不出去作战，等到契丹军离开，就选拔一些勇敢善战的士卒占据隘口阻截他们，契丹军经常失利而退走。这里的士兵们都自己耕种田园，奋力作战而立功者，会加赏封官。因此，契丹人也不敢轻易进来侵略。周德威任卢龙节度使时，他依仗自己勇敢而从不修整边防设备，于是慢慢失掉了渝关的险要，契丹人也经常来营州、平州之间放牧和割草。周德威还嫉妒幽州旧将领中有名望的人，往往把他们杀掉。

吴王派遣使者送给契丹主"猛火油"，说："攻城时，用这种油点燃焚烧城楼，敌人用水来浇它，火势更旺。"契丹主特别高兴，便选拔三万骑兵准备攻打幽州，述律后讥笑他说："哪里有为了试验油而发起对一国的攻打？"因此指着军帐前面的树对契丹主说:"这棵树没有树皮,它还可以生长吗?"契丹主回答说:"不可以。"述律后说:"幽州城也和这棵树一样。我们只用三千骑兵埋伏在幽州城的旁边,抢掠了它的四周,使城中没有粮食可吃,不用几年,幽州城自然会处于困境,何必如此轻举妄动!万一打不胜,被中原各国所讥笑,我们的部落也就会解体。"契丹主于是停止了对幽州城的进攻。

后梁纪五

【原文】

均王中贞明三年（丁丑，917年）

契丹围幽州且二百日，城中危困。李嗣源、阎宝、李存审步骑七万会于易州，存审曰："虏众吾寡，虏多骑，吾多步，若平原相遇，虏以万骑蹂吾陈，吾无遗类矣。"嗣源曰："虏无辎重，吾行必载粮食自随，若平原相遇，虏抄吾粮，吾不战自溃矣。不若自山中潜行趣幽州，与城中合势，若中道遇虏，则据险拒之。"甲午，自易州北行，庚子，逾大房岭，循涧而东。嗣源与养子从珂将三千骑为前锋，距幽州六十里，与契丹遇，契丹惊却，晋兵翼而随之。契丹行山上，晋兵行涧下，每至谷口，契丹辄邀之，嗣源父子力战，乃得进。至山口，契丹以万余骑遮其前，将士失色；嗣源以百余骑先进，免胄扬鞭，胡语谓契丹曰："汝无故犯我疆场，晋王命我将百万众直抵西楼，灭汝种族！"因跃马奋挝，三入其陈，斩契丹酋长一人。后军齐进，契丹兵却，晋兵始得出。李存审命步兵伐木为鹿角，人持一枝，止则成寨。契丹骑环寨而过，寨中发万弩射之，流矢蔽日，契丹人马死伤塞路。将至幽州，契丹列陈待之。存审命步兵陈于其后，戒勿动，先令羸兵曳柴然草而进，烟尘蔽天，契丹莫测其多少；因鼓噪合战，存审乃趣后陈起乘之，契丹大败，席卷其众自北山去，委弃车帐铠仗羊马满野，晋兵追之，俘斩万计。辛丑，嗣源等入幽州，周德威见之，握手流涕。

【译文】

后梁均王贞明三年（丁丑，公元917年）

契丹围困幽州将近二百天，幽州城内十分困难。晋将李嗣源、阎宝、李存审率领七万名士卒和骑兵在易州会师。李存审说："敌众我寡，敌人的骑兵多，我们的步兵多，如果在平原上两军相遇，敌人用一万名骑兵践踏我们的阵地，我们的兵士将被他们活活踩死而没有活着回去的。"李嗣源说："敌人没有多少军需，我们行军必须随军拉着粮食，如果在平原上两军相遇，敌人一定会抢我们的粮食，我军将不战自败。不如从山中偷偷地直抵幽州，形成和幽州城内结合的形势。如果在途中遇上敌人，我们就占据险要的地方来抵御他们。"甲午（八月十七日），李嗣源、阎宝、李存审率兵从易州向北出发，庚子（二十三日），翻过大房岭，沿着山涧向东进发。李嗣源和他的养子李从珂率领三千骑兵为前锋部队，在距离幽州六十里的地方，与契丹军队相遇。契丹军队感到惊恐而退却，晋军从两翼紧随其后。契丹军在山上走，晋军在山涧走，每到一个谷口，契丹军就拦截晋军，李嗣源父子奋力战斗，才能继续前进。到达山口时，契丹部队用一万多骑兵挡在晋军前面，晋军将士吓得脸都变了色。李嗣源带领百余骑兵率先前进，他不戴头盔，不穿铠甲，马上扬鞭，并用契丹语对契丹人说："你们无故侵犯我们的疆土，晋王命令我率兵百万直捣西楼，消灭你们种族。"于是跃马奋击，三次冲入契丹军阵，斩杀契丹酋长一人。晋军后面的部队也赶了上来，一起向契丹军进攻，契丹军队退却，晋军才得以出了山口。李存审命令他的士卒伐木，做成防御营寨的鹿角，每人手持一根，部队停下来时，就做成营寨。契丹军队绕着晋军的营寨经过，晋军从营寨中万箭齐发，射击契丹军，飞出来的箭遮天蔽日，契丹死伤的人马几乎把路堵塞。晋军快要到达幽州时，契丹军早已严阵以待。李存审命令部队在契丹军的后面摆好阵势，告诫他们暂不要动。他先命令疲弱的军队拿着点燃的柴草前进，使烟雾遮天，契丹人不知道晋军到底有多少人马。在这种情况下晋军击鼓喧闹，一起出战，李存审催促后面的军队乘势追击，契丹被打得大败，席卷其全部士卒从北山逃跑，满山遍野都是契丹军丢弃了的战车、帐篷、铠甲、羊、马等。晋军乘胜追击，俘获和斩杀了的契丹兵数以万计。辛丑（二十四日），李嗣源等进入幽州，周德威见到他，握着他的手痛哭流涕。

【原文】

四年（戊寅，918年）

吴内外马步都军使、昌化节度使、同平章事徐知训，骄倨淫暴。

知训秤侮吴王，无复君臣之礼。尝与王为优，自为参军，使王为苍鹘，总角弊衣执帽以从。又尝泛舟浊河，王先起，知训以弹弹之。又尝赏花于禅智寺，知训使酒悖慢，王惧而泣，四座股栗；左右扶王登舟，知训乘轻舟逐之，不及，以铁挝杀王亲吏。将佐无敢言者，父温皆不之知。

知训及弟知询皆不礼于徐知诰，独季弟知谏以兄礼事之。知训尝召兄弟饮，知诰不至，知训怒曰："乞子不欲酒，欲剑乎！"又尝与知诰饮，伏甲欲杀之，知谏蹑知诰足，知诰阳起如厕，遁去，知训以剑授左右刁彦能使追杀之；彦能驰骑及于中涂，举剑示知诰而还，以不及告。

平卢节度使、同平章事、诸道副都统朱瑾遣家妓通候问于知训，知训强欲私之，瑾已不平。知训恶瑾位加己上，置静淮军于泗州，出瑾为静淮节度使，瑾益恨之，然外事知训愈谨。瑾有所爱马，冬贮于堭，夏贮于帱；宠妓有绝色；知训过别瑾，瑾置酒，自捧觞，出宠妓使歌，以所爱马为寿，知训大喜。瑾因延之中堂，伏壮士于户内，出妻陶氏拜之，知训答拜，瑾以笏自后击之踣地，呼壮士出斩之。瑾先系二悍马于底下，将图知训，密令人解纵之，马相蹄啮，声甚厉，以是外人莫之闻。瑾提知训首出，知训从者数百人皆散走。瑾驰入府，以首示吴王曰："仆已为大王除害。"王惧，以衣障面，走入内，曰："舅自为之，我不敢知！"瑾曰："婢子不足与成大事！"以知训首击柱，挺剑将出，子城使翟虔等已阖府门勒兵讨之，乃自后逾城，坠而折足，顾追者曰："吾为万人除害，以一身任患。"遂自刭。

吴徐温入朝于广陵，疑诸将皆预朱瑾之谋，欲大行诛戮。徐知诰、严可求具陈徐知训过恶，所以致祸之由，温怒稍解，乃命网瑾骨于雷塘而葬之，责知训将佐不能匡救，皆抵罪；独刁彦能屡有谏书，温赏之。戊戌，以知诰为淮南节度行军副使、内外马步都军副使、通判府事,兼江州团练使。以徐知谏权润州团练事。温还镇金陵,总吴朝大纲,自馀庶政,皆决于知诰。

知诰悉反知训所为,事吴王尽恭,接士大夫以谦,御众以宽,约身以俭。以吴王之命,悉蠲天祐十三年以前逋税,馀俟丰年乃输之。求贤才,纳规谏,除奸猾,杜请托。于是士民翕然归心,虽宿将悍夫无不悦服。先是,吴有丁口钱,又计亩输钱,钱重物轻,民甚苦之。齐丘说知诰,以为"钱非耕桑所得,今使民输钱,是教民弃本逐末也。请蠲丁口钱;自馀税悉输谷帛,䌷绢匹直千钱者当税三千。"或曰:"如此,县官岁失钱亿万计。"齐丘曰:"安有民富而国家贫者邪!"知诰从之。由是江、淮间旷土尽辟,桑柘满野,国以富强。知诰欲进用齐丘而徐温恶之,以为殿直、军判官。知诰每夜引齐丘于水亭屏语,常至夜分,或居高堂,悉去屏障,独置大炉,相向坐,不言,以铁箸画灰为字,随以匙灭去之,故其所谋,人莫得而知也。

越主岩祀南郊,大赦,改国号曰汉。

【译文】

四年(戊寅,公元918年)

吴国内外马步都军使、昌化节度使、同平章事徐知训傲慢淫暴。

徐知训对吴王杨隆演戏弄轻慢,没有君臣礼节。曾和吴王扮作优伶,他自己当参军,让吴王当僮奴,把头发扎为两个丫角,穿着破旧的衣服,手里拿着帽子,跟在他后面。徐知训又曾和吴王在浊河上划船,吴王先起来,徐知训用弹子儿弹他。徐知训也曾和吴王在禅智寺一起赏花,徐知训喝酒时很狂悖傲慢,吴王都被他吓哭了,四座的人害怕得两腿发抖。吴王的左右侍从扶着他登船,徐知训乘轻便的船追逐,因没有追上吴王,就用铁器打死了吴王亲近的官吏。将佐们没有敢说话的,徐知训的父亲徐温都不知道这些事。

徐知训和他的弟弟徐知询都对徐温的养子徐知诰没有礼貌,唯独三弟徐知谏对徐知诰以兄礼相待。徐知训曾经召集他的兄弟们一起喝酒,徐知诰没有参加,徐知训十分生气地说:"讨饭的家伙不想喝酒,难道想吃剑吗?"后来徐知训又曾和徐知诰一起喝酒，埋伏了甲兵，准备杀死徐知诰，徐知谏暗踩徐知诰的脚以示意，徐知诰假装起来上厕所而逃走。徐知训把剑交给他的亲信刁彦能，让他去追赶徐知诰把他杀掉。刁彦能骑马追到半路上，只是举起剑来向徐知诰表示一下就回去了。回来后告诉徐知训说是没有追上。

平卢节度使、同平章事、诸道副都统朱瑾派他家里的女艺人去问候徐知训，徐知训打算强行占为己有，朱瑾已经愤愤不平。徐知训又恨朱瑾的地位比自己高，于是在泗州设置了静淮军，派朱瑾出任静淮节度使，朱瑾因此更加仇恨徐知训，但从外表上对待徐知训更加谨慎。朱瑾有匹非常喜爱的马，冬天把它圈在用布做的帐篷里，夏天把它圈在用纱做的葛帐里。朱瑾的宠妓很漂亮。（六月）徐知训路过朱瑾家时向他告别，朱瑾摆了酒席，自己拿着酒杯，让宠妓出来唱歌，并用自己所喜爱的马送给徐知训为他祝寿，徐知训十分高兴。朱瑾领着徐知训进了中堂，让他的勇士们埋伏在门内，然后让他的妻子陶氏出来拜见徐知训，徐知训答拜，朱瑾用笏板从后面把徐知训打倒在地，叫出勇士们把他杀死。在此之前，朱瑾在庑下拴了两匹暴躁的马，在准备杀徐知训时，秘密地让人去把马解开，两匹马相互踢咬，声音很大，所以外面的人没有听见里面的动静。朱瑾提着徐知训的脑袋出去时，徐知训的数百随从都已经逃跑了。朱瑾又骑着马直奔王府，把徐知训的头拿出来给吴王看，并对吴王说："我已经为大王除掉了祸害。"吴王感到害怕，用衣服遮住了脸不敢看，向里面走，说："舅舅你自己干的，我也不想知道。"朱瑾说："这小子不足以和他共成大事。"于是用徐知训的头去击柱，然后拔出剑来出了王府。子城使翟虔等已经关上了府门，率兵准备讨伐朱瑾，于是朱瑾从后面翻越城墙，结果摔下去脚骨折断。他回过头对追赶的人们说："我为万人除害，我一个人来承担大家的忧患。"说完就自杀了。

吴国的徐温回到广陵的朝内，他怀疑诸将都参与了朱瑾的谋划，准备大开杀戒。徐知诰、严可求一起陈述了徐知训的罪恶和导致被杀的原因之后，徐温的怒气才稍缓解一些。于是让人到雷塘打捞起朱瑾的尸骨埋葬，并谴责徐知训的左右将领不能匡救他的责任，让他们都承担了应有的罪责。唯独刁彦能经常规劝徐知训，徐温很赏识他。戊戌（七月二十七日），任命徐知诰为淮南节度行军副使、内外马步都军副使、通判府事，兼江州团练使。让徐知谏暂管润州团练的事情。后来徐温又回到金陵镇守，总管吴朝大事，其余的政事，全都由徐知诰决定。

徐知诰和徐知训的所作所为截然相反，侍奉吴王特别恭敬，接见士大夫很谦虚，以宽容驭使众人，以节俭约束自己。用吴王的命令，全部免除天祐十三年以前所拖欠的税收，其余的等到年景丰收时再交纳。他访求贤才，接受规劝，铲除奸猾，杜绝请托。因此百姓们很自然地归心于他，就连那些耆宿老将和强悍勇夫也无不悦服。在此以前，吴国征收丁口钱，又要按照耕种的田地亩数交钱，以致偏重物轻，百姓们感到十分困苦。宋齐丘劝说徐知诰，他认为："钱并不是耕种养桑可以得到的，现在让百姓们交钱，就是让百姓们弃本逐末。请求免除丁口钱，其余的税钱全部折合谷帛交纳，细绢每匹值一千钱的可以当三千税钱。"有人说："这样下去，朝廷每年失掉的钱就有亿万。"宋齐丘说："哪里有百姓富足了而国家还贫穷的呢？"徐知诰听从了他的意见。从此以后，江、淮之间空旷的土地也全部开垦出来，遍野都种植上了桑柘树，国家因此富足起来。

徐知诰打算起用宋齐丘，但遭到徐温的反对，于是提拔他为殿直、军判官。徐知诰每天晚上都领宋齐丘到水亭密谈，经常谈到半夜。有时候在殿堂，把屏障撤去，摆上一个大火炉，相向而坐，都不说话，用铁筷子在灰上写字，随即就用勺子把字涂掉，所以，他们所谋划的事情，外面的人们无法得知。

（十一月）越主刘岩到南郊去祭祀，实行大赦，改国号叫汉。

【原文】

五年（己卯，919年）

吴徐温帅将吏藩镇请吴王称帝，吴王不许。夏，四月，戊戌朔，即吴国王位。大赦，改元武义；建宗庙社稷，置百官，宫殿文物皆用天子礼。以金继土，腊用丑。

秋，七月，吴越王镠遣钱传瓘将兵三万攻吴常州，徐温率诸将拒之，右雄武统军陈璋以水军下海门出其后。壬申，战于无锡。会温病热，不能治军，吴越攻中军，飞矢雨集，镇海节度判官陈彦谦迁中军旗鼓于左，取貌类温者，擐甲胄，号令军事，温得少息；俄倾，疾稍间，出拒之。时久旱草枯，吴人乘风纵火，吴越兵乱，遂大败，杀其将何逢、吴建，斩首万级。传瓘遁去，追至山南，复败之。陈璋败吴越于香弯。

温募生获叛将陈绍者赏钱百万，指挥使崔彦章获之。绍勇而多谋，温复使之典兵。

【译文】

五年（己卯，公元919年）

吴国徐温带领将帅以及藩镇官吏请求吴王杨隆演称帝，吴王没有答应。夏季，四月，戊戌朔（初一），吴王登王位。实行大赦，改年号为武义。修建宗庙和社稷坛台，设置朝廷百官，宫殿的礼乐典章全用天子的礼制。以金行继承唐的土行，腊月用丑。

秋季，七月，吴越王钱镠派钱传瓘率领三万多士卒向吴国的常州进攻，徐温率各军将领抵御，右雄武统军陈璋率领水军从下面的海门跟在吴越军的后面。壬申（初七），两军在无锡交战。这时恰好徐温生病发烧，不能统率军队。吴越军攻打吴军主力，射出的箭就像雨一样密集，镇海节度判官陈彦谦把主力部队的战旗战鼓迁在左边，找了一个长相和徐温一样的人，穿上锁甲，指挥作战，这样徐温才得以休息一阵。一会儿，徐温的病稍有好转，就出去抵御吴越兵。这个时候，由于久旱草枯，吴军乘风放火，吴越的军队乱成一团，被吴军

仕女图　五代

五代时期贵族妇女的服饰趋向华丽繁缛，色泽更加绚烂多彩，衣料更加精工细密。图中贵妇高贵优雅，颇有气度。

打败。吴军杀死了吴越军的将领何逢、吴建，斩杀了一万人。钱传瓘逃跑，吴军追到山的南面，又把吴越军打败。陈璋在香弯也击败了吴越军。

徐温招募能够活捉叛将陈绍的人，给赏赐百万。指挥使崔彦章抓获了陈绍。由于陈绍作战勇敢而又多计谋，徐温重新让他统率部队。

后梁纪六

资治通鉴第二百七十一卷

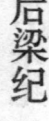

【原文】

均王下贞明六年（庚辰，920年）

吴宣王重厚恭恪，徐温父子专政，王未尝有不平之意形于言色，温以是安之。及建国称制，尤非所乐，多沈饮鲜食，遂成寝疾。

五月，温自金陵入朝，议当为嗣者。或希温意言曰："蜀先主谓武侯：'嗣子不才，君宜自取。'"温正色曰："吾果有意取之，当在诛张颢之初，岂至今日邪！使杨氏无男，有女亦当立之。敢妄言者斩！"乃以王命迎丹杨公溥监国，徙溥兄濛为舒州团练使。

己丑，宣王殂。六月，戊申，溥即吴王位。

赵王熔自恃累世镇成德，得赵人心，生长富贵，雍容自逸，治府第园沼，极一时之盛，多事嬉游，不亲政事，事皆仰成于僚佐，深居府第，权移左右，行军司马李蔼、宦者李弘规用事于中外，宦者石希蒙尤以谄谀得幸。

【译文】

后梁均王贞明六年（庚辰，公元920年）

吴宣王很厚道，而且谦恭谨慎，徐温父子掌管全权，宣王从来没有不平之意表现在脸色上，徐温因此就安然自在。到了建国称王以后，宣王更没有什么所高兴的，经常喝酒，很少吃饭，慢慢就卧床生病了。

五月，徐温从金陵回朝，商议谁当为继承王位的人。有人迎合徐温的心意说："蜀先主刘备对武侯说：'嗣子没有才能，您可以自代王位。'"徐温严肃地说："我如果真有心取代王位，是在杀掉张颢的时候，哪能等到今日！即使杨氏没有儿子，有女儿也应当立她为王。再有敢胡说的，一律杀掉。"于是以宣王之命迎接丹杨公杨博回来代行处理政事，调杨溥的哥哥杨濛任舒州团练使。

己丑（二十八日），宣王去世。六月，戊申（十八日），杨溥登吴王位。

赵王王镕依仗世代镇守成德，颇得赵地人心，生活富裕，地位显贵，容仪温文，悠然自得。他治理的府第园池，在当时是最好的。他经常游玩，不问政事，一切政事都依靠僚佐来处理。他深居府第，把大权交给了他的左右官员。行军司马李蔼、宦官李弘规掌管内外事务。宦官石希蒙尤其靠阿谀奉承得到宠爱。

当初，刘仁恭派牙将张文礼随他的儿子刘守文去镇守沧州，刘守文到幽州去看望父亲，张文礼随后占据了沧州城发动叛乱，沧州人讨伐他，他逃到了镇州。张文礼喜欢吹大话，自称会打仗，赵王王镕认为他很奇特，于是收为养子，并改名为德明，把全部的军事委托给他。德明率领着行军部队跟随着晋王，王镕想委派一个亲信去，于是派都指挥使符习替代德明，让他回来，任防城使。

王镕晚年信佛，喜欢求仙，专门讲习佛经，又学习道家符箓，广设斋醮向仙道祈祷，冶炼金丹。在西山把馆宇装饰的非常华丽，经常去那里游玩。他登山观水，几个月后才回来，陪他的左右将士经常不下一万人。来往食宿，耗资巨大，军民都深受其苦。这个月，从西山回返，住在鹘营庄，石希蒙劝王镕再到别的地方去玩。李弘规对王镕说："晋王在黄河两岸和梁军血战，栉风沐雨，亲自冒着箭石率兵前进。而大王专门把供给军队用的物资挪用于一些不急的事情。况且时下正处在困难时期，人心难测，大王如果长期离开府第，远出游玩，万一有奸人叛变，关起关门，把我们隔在外面，该怎么办呢？"赵王准备回去，石希蒙又偷偷地和赵王说："李弘规胡乱猜想，口出不逊之言来威胁大王，专门对外夸示自己，以提高自己的威福。"于是赵王又留了下来，连续住了两夜还不想回去。李弘规于是让内牙都将苏汉衡率领亲军穿甲持刀，到帐篷前面对赵王说："士卒们离家在外已经很长时间了，都希望跟从大王回去。"李弘规因此也劝赵王说："石希蒙劝大王没完没了地游玩，而且还听说他准备谋害大王，请把他杀掉来向大家认错。"赵王不听，于是卫队士卒大声喧哗起来，杀了石希蒙，拿着他的头到赵王面前诉说。赵王十分生气也很害怕，于是赶快回到了府第。当天晚上赵王就派他的长子副大使王昭祚和王德明率兵包围了李弘规和李蔼的住宅，把他的全家全部杀掉，受牵连的有几十家。又将苏汉衡杀掉，拘捕了他的党羽，彻底追究他们反叛的情况，赵王的亲信部队感到十分惊恐。

【原文】

龙德元年（辛巳，921年）

蜀主、吴主屡以书劝晋王称帝，晋王以书示僚佐曰："昔王太师亦尝遗先王书，劝以唐室已亡，宜自帝一方。先王语余云：'昔天子幸石门，吾发兵诛贼臣，当是之时，威震天下，吾若挟天子据关中，自作九锡禅文，谁能禁我！顾吾家世忠孝，立功帝室，誓死不为耳。汝他日当务以复唐社稷为心，慎勿效此曹所为！'言犹在耳，此议非所敢闻也。"因泣。

既而将佐及藩镇劝进不已，乃令有司市玉造法物。黄巢之破长安也，魏州僧传真之师得传国宝，藏之四十年，至是，传真以为常玉，将鬻之，或识之，曰："传国宝也。"传真乃诣行台献之，将佐皆奉觞称贺。

【译文】

龙德元年（辛巳，公元921年）

前蜀主、吴主曾多次写信劝晋王称帝，晋王把这些书信让他的僚属们看，并说："从前王太师也曾给先王书信，劝说唐室已经灭亡，应该自己称帝，占据一方。先王对我说：'从前天子巡视石门时，我派兵去诛灭了乱臣贼子，当时，威震天下，我如果在那时扶持天子，占据关中，自己起草赐封九锡和禅让的文告，谁能禁止我？但是我家世代效忠皇帝，常为朝廷立功，我誓死不能这样做。你以后应当全心全意恢复唐朝社稷，小心不要效法这些人的做法。'先王对我讲的话好像还在耳边，这种建议我听都不敢听。"说完就哭了。

不久，晋王的左右将佐以及藩镇官吏们不断地劝他称帝，于是他让有关部门购买玉石制作传国宝物。以前黄巢攻破长安的时候，魏州僧人传真的师父得到传国之宝，珍藏了四十年，这时，传真以为是一块普通的玉石，将要把它卖掉，有人认出这块宝玉来，对传真说："这是传国之宝。"于是传真就到魏州行台献上宝玉。晋王的左右将佐们都举杯祝贺。

资治通鉴第二百七十二卷

后唐纪一

【原文】

庄宗光圣神闵孝皇帝上同光元年（癸未，923年）

晋王筑坛于魏州牙城之南，夏，四月，己巳，升坛，祭告上帝，遂即皇帝位，国号大唐，大赦，改元。

甲午，契丹寇幽州，至易定而还。

时契丹屡入寇，钞掠馈运，幽州食不支半年，卫州为梁所取，潞州内叛，人情汹汹，以为梁未可取，帝患之。会郓州将卢顺密来奔。先是，梁天平节度使戴思远屯杨村，留顺密与巡检使刘遂严、都指挥使燕颙守郓州。顺密言于帝曰："郓州守兵不满千人，遂严、颙皆失众心，可袭取也。"郭崇韬等皆以为"悬军远袭，万一不利，虚弃数千人，顺密不可从。"帝密召李嗣源于帐中谋之曰："梁人志在吞泽潞，不备东方，若得东平，则溃其心腹。东平果可取乎？"嗣源自胡柳有渡河之惭，常欲立奇功以补过，对曰："今用兵岁久，生民疲弊，苟非出奇取胜，大功何由可成！臣愿独当此役，必有以报。"帝悦。壬寅，遣嗣源将所部精兵五千自德胜趣郓州。比及杨刘，日已暮，阴雨道黑，将士皆不欲进，高行周曰："此天赞我也，彼必无备。"夜，渡河至城下，郓人不知，李从珂先登，杀守卒，启关纳外兵，进攻牙城，城中大扰。癸卯旦，嗣源兵尽入，遂拔牙城，刘遂严、燕颙奔大梁。

梁主闻郓州失守，大惧，斩刘遂严、燕颙于市，罢戴思远招讨使，降授宣化留后，遣使诘让北面诸将段凝、王彦章等，趣令进战。敬翔知梁室已危，以绳内靴

中，入见梁主曰："先帝取天下，不以臣为不肖，所谋无不用。今敌势益强，而陛下弃忽臣言，臣身无用，不如死。"引绳将自经。梁主止之，问所欲言，翔曰："事急矣，非用王彦章为大将，不可救也。"梁主从之，以彦章代思远为北面招讨使，仍以段凝为副。

帝闻之，自将亲军屯澶州，命蕃汉马步都虞候朱守殷守德胜，戒之曰："王铁枪勇决，乘愤激之气，必来唐突，宜谨备之！"守殷，王幼时所役苍头也。

梁主召问王彦章以破敌之期，彦章对曰："三日。"左右皆失笑。彦章出，两日，驰至滑州。辛酉，置酒大会，阴遣人具舟于杨村；夜，命甲士六百，皆持巨斧，载冶者，具鞴炭，乘流而下。会饮尚未散，彦章阳起更衣，引精兵数千循河南岸趋德胜。天微雨，朱守殷不为备，舟中兵举锁烧断之，因以巨斧斩浮桥，而彦章引兵急击南城。浮桥断，南城遂破，时受命适三日矣。守殷以小舟载甲士济河救之，不及。彦章进攻潘张、麻家口、景店诸寨，皆拔之，声势大振。

帝遣宦者焦彦宾急趣杨刘，与镇使李周固守，命守殷弃德胜北城，撤屋为筏，载兵械浮河东下，助杨刘守备，徙其刍粮薪炭于澶州，所耗失殆半。王彦章亦撤南城屋材浮河而下，各行一岸，每遇湾曲，辄于中流交斗，飞矢雨集，或全舟覆没，一日百战，互有胜负。比及杨刘，殆亡士卒之半。己巳，王彦章、段凝以十万之众攻杨刘，百道俱进，昼夜不息，连巨舰九艘，横亘河津以绝援兵。城垂陷者数四，赖李周悉力拒之，与士卒同甘苦，彦章不能克，退屯城南，为连营以守之。

杨刘告急于帝，请日行百里以赴之；帝引兵救之，曰："李周在内，何忧！"日行六十里，不废畋猎，六月，乙亥，至杨刘。梁兵堑垒重复，严不可入，帝患之，问计于郭崇韬，对曰："今彦章据守津要，意谓可以坐取东平；苟大军不南，则东平不守矣。臣请筑垒于博州东岸以固河津，既得以应接东平，又可以分贼兵势。但虑彦章诇知，径来薄我，城不能就。愿陛下募敢死之士，日令挑战以缀之，苟彦章旬日不东，则城成矣。"时李嗣源守郓州，河北声问不通，人心渐离，不保朝夕。会梁右先锋指挥使康延孝密请降于嗣源，延孝者，太原胡人，有罪，亡奔梁，时隶段凝麾下。嗣源遣押牙临漳范延光送延孝蜡书诣帝，延光因言于帝曰："杨刘控扼已固，梁人必不能取，请筑垒马家口以通郓州之路。"帝从之，遣崇韬将万人夜发，倍道趣博州，至马家口渡河，筑城昼夜不息。帝在杨刘，与梁人昼夜苦战。崇韬筑新城凡六日，王彦章闻之，将兵数万人驰至，戊子，急攻新建，连巨舰十余艘于中流以绝援路。时板筑仅毕，城犹卑下，沙土疏恶，未有楼橹及守备；崇韬慰劳士卒，以身先之，四面拒战，遣间使告急于帝。帝自杨刘引大军救之，陈于新城西岸，城中望之增气，大呼叱梁军，梁人断绁敛舰；帝舣舟将渡，彦章解围，退保邹家口。郓州奏报始通。

壬申，帝以大军自杨刘济河，癸酉，至郓州，中夜，进军逾汶，以李嗣源为前锋，甲戌旦，遇梁兵，一战败之，追至中都，围其城。城无守备，少顷，梁兵溃围出，追击，破之。王彦章以数十骑走，龙武大将军李绍奇单骑追之，识其声，曰："王铁枪也！"拔矟刺之，彦章重伤，马踬，遂擒之。

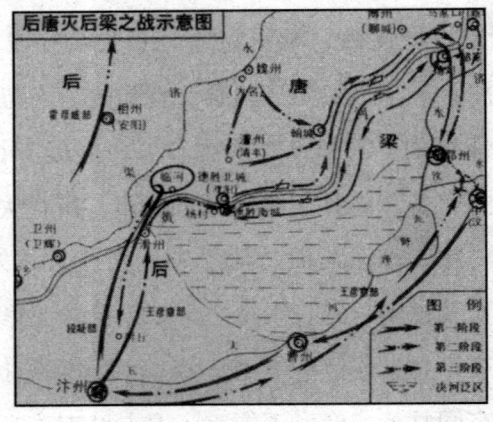

后唐灭后梁之战示意图

【译文】

后唐庄宗同光元年（癸未，公元923年）

晋王在魏州牙城的南面修筑祭祀用的坛宇，夏季，四月，己巳（二十五日），晋王登上祭坛，祭告上帝，随即登皇帝宝位，国号为大唐，实行大赦，改年号。

甲午（二十日），契丹人侵略幽州，行至易定又退回。

这时契丹人经常入侵后唐，强夺他们的粮食，幽州一年的粮食不够半年用。卫州被后梁夺取，潞州内部也发生叛乱，人们都感到很危险，认为不能消灭后梁，后唐帝也为此担忧。这时正好后梁郓州将领卢顺密来投奔。在此之前，后梁天平节度使戴思远驻扎在杨村，留下卢顺密和巡检使刘遂严、都指挥使燕颙驻守郓州。卢顺密告诉后唐帝说："驻守郓州的士兵不足一千人，刘遂严和燕颙都失掉了民心，可以攻取郓州。"郭崇韬等都认为："孤军远征，万一不利，白白丢掉数千人，卢顺密的话不可听从。"后唐帝秘密召见李嗣源，在帷帐中谋划说："梁人的计划是吞并泽州、潞州，东边没有什么防备，如果能取得东平，就击败了他的心腹之地。东平可以夺取吗？"李嗣源自从在胡柳战役中因为没有跟从晋王，率兵北渡黄河，一直感到惭愧，经常打算建立奇功来弥补过去的过错。于是他回答后唐帝说："现在打了一年多仗，百姓们很疲惫，如果不出奇制胜，怎能成就大的功业。我希望一个人挑起这次战役的重担，一定会有好消息报告皇帝。"后唐帝很高兴。壬寅（二十八日），派遣李嗣源率领他所属部队的五千精锐士卒从德胜直取郓州。到达杨刘时，太阳已经落山，阴雨绵绵，道路漆黑，将士们都不想继续前进了。高行周说："这是天助我也，他们一定毫无准备。"黑夜，渡过黄河到了城下，郓州人根本不知道，李从珂首先登上城墙，杀死守城门的士卒，打开城门让队伍进去，接着进攻牙城，城中大乱。癸卯（二十九日）早晨，李嗣源的部队全部进入城内，攻取了牙城。刘遂严、燕颙逃奔到大梁。

后梁主听说郓州失守，十分害怕，在大街上把刘遂严、燕颙斩了，罢免了戴思远的招讨使官职，降为宣化留后。梁主派遣使者去责问驻守在北面的段凝、王彦章等将领，让他们前进作战。敬翔知道后梁王室已经很危险了，于是把绳子装在靴子里进宫内求见后梁主，说："先帝夺取天下的时候，不认为我敬翔没有才能，无论什么谋划都让我参与。现在敌人的势力更加强大，而陛下不听或忽视我的话，我已经没有什么用了，不如死去。"把绳子从靴子里取出来就要上吊自缢。后梁主赶快劝阻，并问他有什么话想说。敬翔说："现在的事情十分紧急，不用王彦章为大将，不能挽救梁王室的危亡。"后梁主听从了他的建议，让王彦章代替戴思远为北面招讨使，仍然用段凝为副招讨使。

后唐帝听说这件事后，亲自率领亲军驻守在澶州，命令蕃汉马步都虞候朱守殷坚守德胜，并告诫他说："王铁枪勇敢果断，他们乘士卒愤怒激动的气势，一定会突然到来，应当谨慎小心地防备他们。"朱守殷是后唐帝小时候所用的奴仆。

后梁主召见王彦章，问他多长时间可以击败敌人，王彦章回答说："三天。"左右大臣都哑然失笑。王彦章率兵出发，用了两天时间，飞速到达滑州。辛酉（五月十八日），王彦章大办宴会，并秘密派人在杨村准备舟船。晚上，命令六百名士卒都拿着大斧，船上载着冶炼的工匠，准备了吹火用的皮囊和炭，顺流而下。这时宴会还没有结束，王彦章表面上是出去换衣服，实际上他率领数千精兵沿着黄河南岸直奔德胜。这时天下着小雨，朱守殷没有一点防备，王彦章船上的士兵将城门的锁用火烧断，用大斧把浮桥砍断。王彦章率兵迅速向南城发起进攻。浮桥被砍断，南城就被攻破，此时正好是接受命令以后的第三天。朱守殷用小船载着士卒渡过黄河来援救，但已来不及了。王彦章又向潘张、麻家口、景店诸寨发起进攻，都攻了下来。王彦章的声势大振。

后唐帝派遣宦官焦彦宾迅速赶到杨刘，与杨刘镇使李周在那里坚守。命令朱守殷放弃德胜北城，把房屋拆掉做成木筏，载着士兵和武器从黄河上向东漂下，帮助杨刘坚守，把德胜的粮草薪炭运往澶州，损失了将近一半。王彦章也把德胜南城的房屋拆掉，做成木筏，顺着黄河漂下去。王彦章和朱守殷各走一岸，每遇上黄河弯曲的地方，就在河中间战斗，射出的箭像雨一般密集，有时整船覆没，一日交战百余次，两军互有胜负。到达杨刘时，朱守殷的士卒有一半伤亡。己巳（二十六日），王彦章、段凝率领十万大军向杨刘发起进攻，四面八方一起推进，昼夜不停。把九艘大船连在一起，横放在黄河的渡口上，来阻挡朱守殷的援兵。杨刘城几次都差一点被攻陷，全靠李周与士卒同甘共苦，全力抵御，王彦章才没攻下，于是率兵退到城南驻扎，把营寨连起来坚守。

杨刘方面向后唐帝告急，请求皇帝日行百里赶快到达杨刘。后唐帝率兵前往援救，说："有李周在那里，有什么忧虑的。"于是日行六十里，在路上还照常打猎。六月，乙亥（初二），到达杨刘。后梁军修筑了重重营垒，防守十分严密，很难深入，后唐帝十分担忧，就问郭崇韬怎么办好，郭崇韬回答说："现在王彦章据守着重要的渡口，他的意思是想坐取东平。如果大军不向南开进，那么东平就难以坚守。我请求在博州东岸修筑营垒，巩固黄河渡口，既可以接应东平，又可以分散敌人的兵力。只是忧虑王彦章侦察到我们的情况，直接逼近我们，到那时我们的城还修不好。希望陛下招募敢死的士卒，每天让他们挑动敌人出动来牵制他们，如果王彦章十几天不向东去，城垒就可以修好。"这时李嗣源在郓州坚守，黄河以北的消息一点也不通，人心离散，朝不保夕。正好后梁军右先锋指挥使康延孝秘密请求投降李嗣源，康延孝是太原地区的胡人，因为有罪，逃奔到后梁，当时属于段凝的部下。李嗣源派押牙临漳人范延光把康延孝请求投降的信用蜡封好送到后唐皇帝那里，范延光因此对后唐帝说："杨刘把守很坚固，梁军一定攻不下来，请在马家口修筑城挨，打通通往郓州的道路。"后唐帝听从了他的意见，派郭崇韬率领万人连夜出发，兼程进奔博州，到马家口渡过黄河，昼夜不停地在那里修筑城堡。后唐帝则在杨刘，与后梁军昼夜苦战。郭崇韬修筑新城共用了六天时间，王彦章听到此事，便率领数万大军直奔新城，戊子（十五日）对新城发起紧急攻击，把十余艘战船连起来放到河的中间，断绝郭崇韬的援兵。当时马家口城垒的板墙刚刚修好，但城墙很低小，修墙用的沙土质量也不好，还没有修建瞭望台和守备设施。郭崇韬慰劳士卒，以身率先，四面抗战，同时也派出密使向后唐帝告急。后唐帝从杨刘率领大军前来援救，在新城西岸摆开阵势，城里的士卒望见援兵来到，斗志倍增，大声斥骂后梁军，后梁军砍断了连接战船的绳子收回了战船。后唐帝的船刚要渡河，王彦章撤除了包围，退到邹家口坚守。郓州向后唐帝奏报的道路才打通。

壬申（十月初二），后唐帝率领大军从杨刘渡过黄河，癸酉（初三），到达郓州，半夜，继续进军，过了汶水，命令李嗣源为前锋部队，甲戌（初四）早晨，与后梁军相遇，一战就打败了后梁军，一直追到中都，包围了中都城。城中没有防备，不一会儿，后梁军冲出包围，后唐军奋勇追击，打败了后梁军。王彦章率领几十个骑兵逃跑，龙武大将军李绍奇单人独马追击他，李绍奇听出是王彦章的声音，说："王铁枪！"于是拔出长稍刺向王彦章，王彦章负重伤，马跌倒，抓获了王彦章。

资治通鉴第二百七十三卷

后唐纪二

【原文】

庄宗光圣神闵孝皇帝中同光二年（甲申，924年）

崇韬位兼将相，复领节旄，以天下为己任，权侔人主，且夕车马填门。性刚急，遇事辄发，嬖幸侥求，多所摧抑，宦官疾之，朝夕短之于上；崇韬扼腕，欲制之不能。豆卢革、韦说尝问之曰："汾阳王本太原人徙华阴，公世家雁门，岂其枝派邪？"崇韬因曰："遭乱，亡失谱谍，尝闻先人言，上距汾阳四世耳。"革曰："然则固从祖也。"崇韬由是以膏粱自处，多甄别流品，引拔浮华，鄙弃勋旧。有求官者，崇韬曰："深知公功能，然门地寒素，不敢相用，恐为名流所嗤。"由是嬖幸疾之于内，勋旧怨之于外。崇韬屡请以枢密使让李绍宏，上不许；又请分枢密院事归内诸司以轻其权，而宦官谤之不已。崇韬郁郁不得志，与所亲谋赴本镇以避之，其人曰："不可。蛟龙失水，蝼蚁足以制之。"

先是，上欲以刘夫人为皇后，而有正妃韩夫人在，太后素恶刘夫人，崇韬亦屡谏，上以是不果。于是所亲说崇韬曰："公若请立刘夫人为皇后，上必喜。内有皇后之助，则伶宦辈不能为患矣。"崇韬从之，与宰相帅百官共奏刘夫人宜正位中宫。癸未，立魏国夫人刘氏为皇后。皇后生于寒微，既贵，专务蓄财，其在魏州，薪苏果茹皆贩鬻之。及为后，四方贡献皆分为二，一上天子，一上中宫。以是宝货山积，惟用写佛经，施尼师而已。

是时皇太后诰，皇后教，与制敕交行于藩镇，奉之如一。

帝遣客省使李严使于蜀，严盛称帝威德，有混一天下之志。且言朱氏篡窃，诸侯曾无勤王之举。王宗俦以其语侵蜀，请斩之，蜀主不从。宣徽北院使宋光葆上言："晋王有凭陵我国家之志，宜选将练兵，屯戍边鄙，积糗粮，治战舰以待之。"蜀主乃以光葆为梓州观察使，充武德节度留后。

　　戊申，蜀主遣李严还。初，帝因严入蜀，令以马市宫中珍玩，而蜀法禁锦绮珍奇不得入中国，其粗恶者乃听入中国，谓之"入草物。"严还，以闻，帝怒曰："王衍宁免为入草之人乎！"严因言于帝曰："衍童呆荒纵，不亲政务，斥远故老，昵比小人。其用事之臣王宗弼、宋光嗣等，谄谀专恣，黩货无厌，贤愚易位，刑赏紊乱，君臣上下专以奢淫相尚。以臣观之，大兵一临，瓦解土崩，可翘足而待也。"帝深以为然。

【译文】

后唐庄宗同光二年（甲申，公元924年）

　　郭崇韬位兼将相，又兼任地方节度使，他以天下为己任，其权力和皇帝相近，每天早晚门前的车马都是满满的。他的性情刚愎而急躁，遇事易发脾气，后唐帝宠爱的人想求他办事，多数都遭到失败。宦官们很憎恨他，每天在后唐帝那里说他的短处。郭崇韬感到很愤怒，想制服他们但又不能。豆卢革、韦说曾经问他说："汾阳王郭子仪本是太原人，后迁到华阴，您世世代代在雁门，难道是他的枝派吗？"郭崇韬因此回答说："因遭动乱，谱谍丢失，曾经听先人说，上距汾阳王只有四世。"豆卢革说："既然如此，那么本是同一祖宗了。"从此，郭崇韬以出生高门而悠然自处，同时也重视辨别人的门第，推荐选拔一些华而不实的人，鄙视一些过去有功劳的故旧，有人向郭崇韬请求封官，郭崇韬说："我很了解你的功绩和才能，但因出身寒门，不敢起用，害怕名流们讥笑。"因此，宫廷内皇帝宠幸的人嫉恨他，朝廷外过去的功臣们怨恨他。郭崇韬曾多次请求把枢密使让给李绍宏，后唐帝始终没有答应。他又请求把一部分枢密院的事情分给宦官掌握的内诸司，以此来减轻他的一些权力，但宦官们却没完没了地指责他的过失。郭崇韬感到愁闷不得志，于是和他的亲信们商量准备到本镇去回避。有人说："不可以。蛟龙离开了水，蝼蚁都可以制服它。"

　　在此以前，后唐帝打算把刘夫人立为皇后，因有正妃韩夫人在，皇太后平素又恨刘夫人，郭崇韬也曾多次劝说，因此后唐帝没有把刘夫人立为皇后。于是，亲信们劝郭崇韬说："您如果请求立刘夫人为皇后，皇帝一定很高兴。这样，内有皇后的帮助，那些伶宦们就不会成为您的忧患了。"郭崇韬听从了这些人的意见。于是和宰相带领百官一起上奏，请求立刘夫人为中宫皇后。癸未（二月十五日），后唐帝立魏国夫人刘氏为皇后。皇后出身很贫寒，等到她显贵以后，专力积蓄财物，她在魏州时，那些柴草果菜都进行贩卖。等到立为皇后以后，四方送给朝廷的贡品都分为二份，一份送给皇帝，一份送给中宫。因此财宝堆积如山，只用来抄写佛经或馈赠尼师而已。

　　这时，皇太后发的诰令，皇后发的教令，和皇帝发的制敕在藩镇中相互交行，藩镇的官吏们奉之如一。

　　后唐帝派遣客省使李严出使前蜀，李严十分夸耀后唐帝的威德，有统一天下的志向。而且还说朱氏篡夺政权时，诸侯们却没有一点儿为唐王室尽力的举动。王宗俦认为他的话是在攻击前蜀，请求把他斩杀，但前蜀主没有听从他的意见。宣徽北院使宋光葆对前蜀主说："晋王有进一步逼迫我国的野心，我们应当选将练兵，在边境上驻守军队，积蓄粮秣，建造战船，以防他来侵略。"于是前蜀主任命宋光葆为梓州观察使，并充当武德节度留后。

　　戊申（五月十一日），前蜀主派李严回归后唐。当初，后唐帝派李严进入前蜀，让他用马交换前蜀宫中珍贵的玩赏器物，但前蜀法规定，蜀国上好的丝织品不能流入中原地区，做工比较粗劣的可以让流入中原地区，当地人称为"入草物"。李严回到后唐后，把这些情况告诉了后唐帝，后唐帝很生气地说："王衍难道可以免为入草之人吗？"李严于是对后唐帝说："王衍像小孩子一样痴愚，昏乱放纵，不亲自处理政事，把一些过去的老人排斥得很远，亲近小人。他用的那些掌权的大臣王宗弼、宋光嗣等，靠奉承皇帝而专横跋扈，贪得无厌，贤愚颠倒，刑赏混乱，君臣上下相互都崇尚奢侈荒淫。以我来看，大兵一来，他们就会土崩瓦解，我们可以在极短的时间内把蜀国得到。"后唐帝深感他讲得对。

【原文】

三年（乙酉，925年）

丁酉，帝与宰相议伐蜀，威胜节度使李绍钦素谄事宣徽使李绍宏，绍宏荐"绍钦有盖世奇才，虽孙、吴不如，可以大任。"郭崇韬曰："段凝亡国之将，奸谄绝伦，不可信也。"众举李嗣源，崇韬曰："契丹方炽，总管不可离河朔。魏王地当储副，未立殊功，请依故事，以为伐蜀都统，成其威名。"帝曰："儿幼，岂能独往，当求其副。"既而曰："无以易卿。"庚子，以魏王继岌充西川四面行营都统，崇韬充东北面行营都招讨制置等使，军事悉以委之。

郭崇韬以北都留守孟知祥有荐引旧恩，将行，言于上曰："孟知样信厚有谋，若得西川而求帅，无逾此人者。"又荐邺都副留守张宪谨重有识，可为相。戊申，大军西行。

癸亥，蜀主引兵数万发成都，甲子，至汉州。武兴节度使王承捷告唐兵西上，蜀主以为群臣同谋沮己，犹不信，大言曰："吾方欲耀武。"遂东行。在道与群臣赋诗，殊不为意。

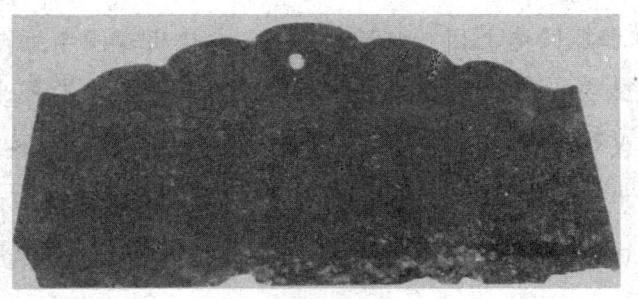

青白玉佩　五代

玉佩为青白色，玉质光滑晶莹，局部有白色浸斑。扁平较薄，呈梯形。上部有莲瓣形凸花边，两侧边向外斜平直，底边有凹缺口，光素无纹饰，制作简朴。

【译文】

三年（乙酉，公元925年）

丁酉（九月初七），后唐帝与宰相商议讨伐前蜀，威胜节度使李绍钦平时巴结讨好宣徽使李绍宏，李绍宏推荐说："李绍钦有盖世奇才，孙子、吴起都不如他，可以委任他干大事。"郭崇韬说："李绍钦是亡国之将，他奸诈献媚到了无与伦比的地步，不能相信他。"大家又推举李嗣源，郭崇韬说："契丹方面正打得激烈，总管李嗣源不能离开河朔。魏王应当是君位的继承人，但他没有立过什么特殊功劳，请按照过去的惯例，任命他为讨伐蜀国的统帅，成全他的威名。"后唐帝说："儿子还小，怎么能让他单独前去，应当给他寻找一个副统帅。"后来后唐帝又说："没有人可以代替你。"庚子（初十），任命魏王李继岌出任西川四面行营都统，郭崇韬担任东北面行营都招讨制置等使，军队的全部事务都委托给郭崇韬。

郭崇韬为了报答北都留守孟知祥过去引荐他的旧恩，临出发以前，对后唐帝说："孟知祥忠厚诚实，又有谋略，如果能夺得西川而寻求统帅，那没有人能够超过他。"郭崇韬还推荐邺都副留守张宪稳重有见识，可以任他为相。戊申（十八日），大军向西出发。

癸亥（十月初四），前蜀主率领数万大军从成都出发。甲子（初五），到达汉州。武兴节度使王承捷报告说后唐兵从西面上来，前蜀主以为是大臣们合谋阻止他，对王承捷所讲的不大相信，于是他夸口说："我正想炫耀一下武力，显示一下我的威风。"于是向东前进。在路上还和大臣们吟诗赋歌，根本不在意。

后唐纪三

【原文】

庄宗光圣神闵孝皇帝下同光三年（乙酉，925年）

王宗弼至成都，登大玄门，严兵自卫。蜀主及太后自往劳之，宗弼骄慢无复臣礼。乙巳，劫迁蜀主及太后后宫诸王于西宫，收其玺绶，使亲吏于义兴门邀取内库金帛，悉归其家。其子承涓杖剑入宫，取蜀主宠姬数人以归。丙午，宗弼自称权西川兵马留后。

宗弼遣使以币马牛酒劳军，且以蜀主书遗李严曰："公来吾即降。"或谓严："公首建伐蜀之策，蜀人怨公深入骨髓，不可往。"严不从，欣然驰入成都，抚谕吏民，告以大军继至。

辛亥，继岌至德阳。宗弼遣使奉笺，称已迁蜀主于西第，安抚军城，以俟王师。又使其子承班以蜀主后宫及珍玩赂继岌及郭崇韬，求西川节度使，继岌曰："此皆我家物，奚以献为！"留其物而遣之。

乙卯，至成都。丙辰，李严引蜀主及百官仪卫出降于升迁桥，蜀主白衣、衔璧、牵羊，草绳萦首，百官衰绖、徒跣、舆榇，号哭俟命。继岌受璧，崇韬解缚，焚榇，承制释罪；君臣东北向拜谢。丁巳，大军入成都。崇韬禁军士侵掠，市不改肆。自出师至克蜀，凡七十日。得节度十，州六十四，县二百四十九，兵三万，铠仗、钱粮、金银、缯锦共以千万计。

初，帝遣宦者李从袭等从魏王继岌伐蜀；继岌虽为都统，军中制置补署一出郭

崇韬，崇韬终日决事，将吏宾客趋走盈庭，而都统府惟大将晨谒外，牙门索然，从袭等固耻之。及破蜀，蜀之贵臣大将争以宝货、妓乐遗崇韬及其子廷诲，魏王所得，不过匹马、束帛、唾壶、麈柄而已，从袭等益不平。

王宗弼之自为西川留后也，赂崇韬求为节度使，崇韬阳许之，既而久未得，乃帅蜀人列状见继岌，请留崇韬镇蜀。从袭等因谓继岌曰："郭公父子专横，今又使蜀人请已为帅，其志难测，王不可不为之备。"继岌谓崇韬曰："主上倚侍中如山岳，不可离庙堂，岂肯弃元老于蛮夷之域乎！且此非余之所敢知也，请诸人诣阙自陈。"由是继岌与崇韬互相疑。

会宋光葆自梓州来，诉王宗弼诬杀宋光嗣等；又，崇韬征犒军钱数万缗于宗弼，宗弼靳之，士卒怨怒，夜，纵火喧噪，崇韬欲诛宗弼以自明，己巳，白继岌收宗弼及王宗勋、王宗渥，皆数其不忠之罪，族诛之，籍没其家。蜀人争食宗弼之肉。

癸酉，王承休、王宗汭至成都，魏王继岌诘之曰："居大镇，拥强兵，何以不拒战？"对曰："畏大王神武。"曰："然则何以不降？"对曰："王师不入境。"曰："所俱入羌者几人？"对曰："万二千人。"曰："今归者几人？"对曰："二千人。"曰："可以偿万人之死矣。"皆斩之，并其子。

丙子，以知北都留守事孟知祥为西川节度使、同平章事，促召赴洛阳。

郭崇韬素疾宦官，尝密谓魏王继岌曰："大王他日得天下，骟马亦不可乘，况任宦官！宜尽去之，专用士人。"吕知柔窃听，闻之，由是宦官皆切齿。

【译文】

后唐庄宗同光三年（乙酉，公元925年）

王宗弼到成都后，登上了大玄门，严兵自卫。前蜀主和太后亲自去慰劳他，王宗弼很傲慢，没有向前蜀主回拜臣下之礼。乙巳（十一月十六日），王宗弼劫持前蜀主、太后以及后宫诸王，把他们迁至西宫，没收了他们的玺印，同时让前蜀主的亲信官吏在义兴门领取内库的金帛，全部让他们回家。王宗弼的儿子王承涓持剑进入宫中，领着几个前蜀主宠爱的姬妾回到家中。丙午（十七日），王宗弼自称代理西川兵马留后。

王宗弼派遣使者拿着钱财、马牛、酒肉去慰劳后唐军，并把前蜀主的信送给李严，信中说："你来了我就投降。"有人对李严说："你首先提出讨伐蜀国的策略，蜀国人对你恨之入骨，你千万不可去。"李严没有听从这个人的意见，仍高高兴兴地直奔成都。他到了成都，安抚慰恤那里官吏和百姓，告诉他们大军将相继到来。

辛亥（二十二日），李继岌到达德阳。王宗弼派遣使者送去书信，说已经把前蜀主迁到他西边的住宅里，安抚了城中的军队，以等待大王军队的到来。又派他的儿子王承班用前蜀主妻妾及珍贵玩物来贿赂李继岌和郭崇韬，请求能任用他为西川节度使。李继岌说："这些都是我家的东西，怎么用这些东西作为贡献呢？"把他送来的东西留下而把来人送走了。

乙卯（二十六日），李继岌到达成都。丙辰（二十七日），李严领着前蜀主以及百官、仪仗和卫士在升迁桥投降。前蜀主穿着白衣服，口里含着玉璧，手里牵着羊，用草绳攀绕着头。百官们身穿丧服，光着脚，用车子拉着空棺，他们都大声号哭着等待李继岌的命令。李继岌接受了前蜀主的玉璧，郭崇韬解开了前蜀主脖子上的草绳，并把那些空棺都烧掉，按照后唐帝的旨意，免除他们的罪过，并释放了他们。前蜀国君臣都向着东北面拜谢了后唐帝。丁巳（二十八日），后唐军进入成都。郭崇韬禁止士卒进行抢掠，街市上照常贸易往来。从后唐出兵到攻克前蜀国，共用了七十天。取得十个节度使、六十四个州、二百四十九个县，俘获三万士卒，铠仗、钱粮、金银、缯帛等数以千万计。

当初，后唐帝派遣宦官李从袭等跟从魏王李继岌前往讨伐前蜀。李继岌虽然身为都统，但军中的经营谋划、委任官职等全部由郭崇韬掌管，郭崇韬整天处理事务，将吏宾客们你来我往，门庭若市，而都统住的地方只有大将早晨来谒拜，牙门里冷冷清清，李从袭等感到羞辱。攻破前蜀国后，前蜀国的贵臣将领们争着给郭崇韬和他的儿子郭廷诲送宝物、妓艺，而魏王李继岌所得到的，只不过是一些马匹、束帛、唾壶、麈柄等而已，李从袭等更加愤愤不平了。

王宗弼自己当西川留后时，贿赂郭崇韬请求做西川节度使，郭崇韬表面上答应，但过了很久王宗弼还没有得到这个官，于是就带着蜀人来见李继岌，列举了很

多理由，请求留下郭崇韬镇守蜀地。李从袭等因此对李继岌说："郭公父子十分专横，现在又让蜀人为自己请求统帅，他的志向难以猜透，大王对他不可没有防备。"李继岌对郭崇韬说："主上依靠你如靠大山，不可让你离开庙堂，难道肯把元老丢弃在这蛮夷地区吗？再说这些不是我所敢知道的，请诸位到朝廷里自己去陈说吧！"从此李继岌和郭崇韬之间就相互产生了猜疑。

这时正好宋光葆从梓州来到，他诉说王宗弼诬杀宋光嗣等的情况。又赶上郭崇韬向王宗弼征收数万缗钱想用来慰劳军队，但王宗弼吝惜不肯给，士卒们非常愤怒，晚上，在王宗弼的住处放火喧闹。郭崇韬想杀了王宗弼来表明自己清白，已巳（初十），郭崇韬告诉李继岌，把王宗弼、王宗沇、王宗渥抓起来，谴责他们的不忠之罪，然后就把他们以及他们的家属全部斩杀，并没收了他们的家产。王宗弼被杀之后，前蜀人争抢着吃王宗弼的肉。

癸酉（十四日），王承休、王宗沇到达成都，魏王李继岌责问说："你们驻守大镇，拥有强兵，为什么不抵抗？"回答道："害怕大王的神明威武。"李继岌问："那么为什么不投降？"答道："大王的军队没有进入境内。"李继岌问："你们进入羌地共有多少人？"答曰："一万两千人。"李继岌又问："现在回来的有多少人？"他们回答说："二千人。"李继岌最后说："可以给死去的一万人抵命了。"于是就把王承休等二千人以及他们的儿子全部杀死。

丙子（十七日），任命知北都留守事孟知祥为西川节度使、同平章事，并催促他去洛阳。

郭崇韬平素就嫉恨宦官，曾暗中对魏王李继岌说："大王他日得到天下，骗了的马都不能骑，更何况任用宦官！应当把他们全部辞去，专门起用士人。"吕知柔正好在外面偷听到郭崇韬的话，宦官们因此对郭崇韬都恨得咬牙切齿。

【原文】

明宗圣德和武钦孝皇帝上之上天成元年（丙戌，926年）

魏王继岌将发成都，令任圜权知留事，以俟孟知祥。诸军部署已定，是日，马彦珪至，以皇后教示继岌，继岌曰："大军垂发，彼无衅端，安可为此负心事！公辈勿复言。且主上无敕，独以皇后教杀招讨使，可乎？"李从袭等泣曰："既有此迹，万一崇韬闻之，中途为变，益不可救矣。"相与巧陈利害，继岌不得已从之。甲子旦，从袭以继岌之命召崇韬计事，继发登楼避之。崇韬方升阶，继岌从者李环挝碎其首，并杀其子廷诲、廷信。外人犹未之知。都统推官滏阳李崧谓继岌曰："今行军三千里外，初无敕旨，擅杀大将，大王奈何行此危事！独不能忍之至洛阳邪？"继岌曰："公言是也，悔之无及。"崧乃召书吏数人，登楼去梯，矫为敕书，用蜡印宣之，军中粗定。崇韬左右皆窜匿，独掌书记滏阳张砺诣魏王府恸哭久之。继岌命任圜代崇韬总军政。

壬戌，李嗣源至邺都，营于城西南；甲子，嗣源下令军中，诘旦攻城。是夜，从马直军士张破败作乱，帅众大噪，杀都将，焚营舍。诘旦，乱兵逼中军，嗣源帅亲军拒战，不能敌，乱兵益炽。嗣源叱而问之曰："尔曹欲何为？"对曰："将士从主上十年，百战以得天下。今主上弃恩任威，贝州戍卒思归，主上不赦，云'克城之后，当尽坑魏博之军'；近从马直数卒喧竞，遽欲尽诛其众。我辈初无叛心，但畏死耳。今众议欲与城中合势击退诸道之军，请主上帝河南，令公帝河北，为军民之主。"嗣源泣谕之，不从。嗣源曰："尔不用吾言，任尔所为，我自归京师。"乱兵拔白刃环之，曰："此辈虎狼也，不识尊卑，令公去欲何之！"因拥嗣源及李绍真等入城，城中不受外兵，皇甫晖逆击张破败，斩之，外兵皆溃。赵在礼帅诸校迎拜嗣源，泣谢曰："将士辈负令公，敢不惟命是听！"嗣源诡说在礼曰："凡举大事，须藉兵力，今外兵流散无所归，我为公出收之。"在礼乃听嗣源、绍真俱出城，宿魏县，散兵稍有至者。

李嗣源之为乱兵所逼也，李绍荣有众万人，营于城南，嗣源遣牙将张虔钊、高行周等七人相继召之，欲与共诛乱者。绍荣疑嗣源之诈，留使者，闭壁不应。及嗣源入邺都，遂引兵去。嗣源在魏县，众不满百，又无兵仗；李绍真所将镇兵五千，闻嗣源得出，相帅归之，由是嗣源兵稍振。嗣源泣谓诸将曰："吾明日当归藩，上章待罪，听主上所裁。"李绍真及中门使安重诲曰："此策非宜。公为元帅，不幸为凶人所劫；李绍荣不战而退，归朝必以公藉口。公若归藩，则为据地邀君，适足以实谗慝之言耳。不若星行诣阙，面见天子，庶可自明。"嗣源曰："善！"丁卯，自魏县南趣相州，遇马坊使康福，得马数千匹，始能成军。

壬午，嗣源入大梁。

【译文】

后唐明宗天成元年（丙戌，公元926年）

魏王李继岌将从成都出发，命令任圜暂管留下的事情，等待孟知祥的到来。各路军队已部署好，就在这一天里，马彦珪来到成都，把皇后的告谕拿给李继岌看，李继岌说："大军将要出发，郭崇韬也没有什么迹象，怎么可以做这种对不起人的事呢？你们不能再说这种话了。况且皇上也没有命令，仅凭皇后的告谕就把招讨使杀死，这样做可以吗？"李从袭等哭着说："既然有了这种迹象，万一郭崇韬听说以后，中途发生了变化，那就更不可以挽救了。"于是李从袭等一起花言巧语地向李继岌陈说利害，李继岌不得已只好听从了他们的意见。甲子（正月初七）晨，李从袭以李继岌的命令召见郭崇韬议事，李继岌上楼躲避。郭崇韬刚要上台阶，跟随李继岌的李环击碎了他的头，并杀死了他的儿子郭廷诲、郭廷信。外面的人还不知道这件事。都统推官滏阳李崧对李继岌说："现在部队将要出发在三千里之外，一开始就没有皇上的命令而擅自杀死大将，大王怎么可以做出这种危险的事情！难道不能忍一忍到洛阳再说吗？"李继岌说："你说得很对，但后悔也来不及了。"于是李崧召集了好几个书吏来，登上楼，然后把梯子撤去，假造了一个皇帝的命令，又用蜡摹刻了个印盖上，才对外宣谕，这样军中才稍稍安定下来。而郭崇韬的左右亲信们都逃跑躲藏起来，只有掌书记滏阳人张砺到魏王府痛哭了很长时间。李继岌任命任圜代替郭崇韬总管军政。

壬戌（三月初六），李嗣源到达邺都，在城西南安下营寨。甲子（初八），李嗣源下达命令，明晨攻打邺都城。这天夜里，从马直军士张破败叛乱，带领好多人大声喧闹，杀死都将，焚烧营寨。第二天早晨，叛乱的士卒逼近中军，李嗣源率领随身护卫部队抵抗，抵挡不住，乱兵的气势更加猖狂。李嗣源大声斥问他们说："你们想干什么？"乱兵回答说："将士们跟随主上已有十年，经过百战夺得了天下。现在主上忘恩，威凌士卒，驻守在贝州的士卒只是想回家，主上不能饶恕他

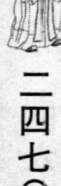

们，还说'攻下城以后，应当把魏博的军队全部坑杀'。近来从马直少数士卒争逐喧闹，便想把这些士卒全数杀掉。我们从来没有背叛的想法，只是害怕被杀。现在大家商量想和城里的人联合起来，击退各路军队，请主上在河南称帝，您李嗣源在河北称帝，成为这里军民的主上。"李嗣源哭泣着劝谕他们，可没人听从。李嗣源说："你们不听我的话，任你们随便干，我自回京师。"叛乱的士兵们拔出刀剑把他围起来，并说："这些人都是虎狼之辈，不懂得尊卑，你离开这里准备去哪里呢？"于是簇拥着李嗣源和李绍真等进城，结果城里的人不让外面的兵进去，皇甫晖迎战张破败，张破败被击杀，城外的兵被打败。赵在礼率领各位校官迎接拜见了李嗣源，边哭边谢罪说："将士们对不起您，敢不唯命是从！"李嗣源假意对赵在礼说："凡是要做大的事情，必须借助兵力，现在城外的士卒被打散后无处可归，我为你出去收集他们。"赵在礼同意李嗣源和李绍真一起出城，他们住在魏县，被击散的士卒稍有回来的。

　　李嗣源被乱兵逼迫的时候，李绍荣有一万士卒驻扎在邺都城南，李嗣源派遣牙将张虔钊、高行周等七人相继通知他，想和他联合起来消灭乱兵。李绍荣怀疑李嗣源有诈，于是把使者扣留下来，关起军营大门拒不响应。等到李嗣源进入邺都，他率兵离开这里。李嗣源在魏县时，士卒不到一百人，又没有武器。李绍真所率领的镇州五千士卒，听说李嗣源出来，一起归附了他，因此李嗣源的军队渐渐振兴起来。李嗣源边哭边对诸将说："我明天就回藩镇去，上奏皇上请求治罪，听从皇上的裁决。"李绍真和中门使安重诲说："这种策略不大适当。您身为元帅，不幸被乱兵劫持。李绍荣不战而退，回到朝廷后一定会以您为借口。如果您回到藩镇，那就是占据地盘来胁迫君主，正足以证实那些谗言了。不如日夜兼程回到朝廷，面见天子，这样方可不讲自明。"李嗣源说："很好！"丁卯（十一日），从魏县出发向南直奔相州，遇到了马坊使康福，得到了几千匹马，才能组成军队。

　　壬午（二十六日），李嗣源进入大梁。

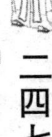

资治通鉴第二百七十五卷

后唐纪四

【原文】

明宗圣德和武钦孝皇帝上之下天成元年（丙戌，926年）

夏，四月，丁亥朔，严办将发，骑兵陈于宣仁门外，步兵陈于五凤门外。从马直指挥使郭从谦不知睦王存乂已死，欲奉之以作乱，帅所部兵自营中露刃大呼，与黄甲两军攻兴教门。帝方食，闻变，帅诸王及近卫骑兵击之，逐乱兵出门。时蕃汉马步使朱守殷将骑兵在外，帝遣中使急召之，欲与同击贼；守殷不至，引兵憩于北邙茂林之下。乱兵焚兴教门，缘城而入，近臣宿将皆释甲潜遁，独散员都指挥使李彦卿及宿卫军校何福进、王全斌等十余人力战。俄而帝为流矢所中，鹰坊人善友扶帝自门楼下，至绛霄殿庑下抽矢，渴懑求水，皇后不自省视，遣宦者进酪，须臾，帝殂。李彦卿等恸哭而去，左右皆散，善友敛庑下乐器覆帝尸而焚之。彦卿，存审之子；福进、全斌皆太原人也。刘后囊金宝系马鞍，与申王存渥及李绍荣引七百骑，焚嘉庆殿，自师子门出走。通王存确、雅王存纪奔南山。宫人多逃散，朱守殷入宫，选宫人三十余人，各令自取乐器珍玩，内于其家。于是诸军大掠都城。

是日，李嗣源至罂子谷，闻之，恸哭，谓诸将曰："主上素得士心，正为群小蔽惑至此，今吾将安归乎！"

百官三笺请嗣源监国，嗣源乃许之。甲午，入居兴圣宫，始受百官班见。下令称教，百官称之曰殿下。

有司议即位礼。李绍真、孔循以为唐运已尽，宜自建国号。监国问左右："何

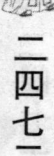

谓国号？"对曰："先帝赐姓于唐，为唐复雠，继昭宗后，故称唐。今梁朝之人不欲殿下称唐耳。"监国曰："吾年十三事献祖，献祖以吾宗属，视吾犹子。又事武皇垂三十年，先帝垂二十年，经纶攻战，未尝不预；武皇之基业则吾之基业也，先帝之天下则吾之天下也，安有同家而异国乎！"令执政更议。吏部尚书李琪曰："若改国号，则先帝遂为路人，梓宫安所托乎！不惟殿下忘三世旧君，吾曹为人臣者能自安乎！前代以旁支入继多矣，宜用嗣子柩前即位之礼。"众从之。丙午，监国自兴圣宫赴西宫，服斩衰，于柩前即位，百官缟素。既而御衮冕受册，百官吉服称贺。

辛巳，契丹主阿保机卒于夫馀城，述律后召诸将及酋长难制者之妻，谓曰："我今寡居，汝不可不效我。"又集其夫泣问曰："汝思先帝乎？"对曰："受先帝恩，岂得不思！"曰："果思之，宜往见之。"遂杀之。

契丹述律后爱中子德光，欲立之，至西楼，命与突欲俱乘马立帐前，谓诸酋长曰："二子吾皆爱之，莫知所立，汝曹择可立者执其辔。"酋长知其意，争执德光辔欢跃曰："愿事元帅太子。"后曰："众之所欲，吾安敢违。"遂立之为天皇王。突欲愠，帅数百骑欲奔唐，为逻者所遏；述律后不罪，遣归东丹。天皇王尊述律后为太后，国事皆决焉。太后复纳其侄为天皇王后。

【译文】

后唐明宗天成元年（丙戌，公元926年）

夏季，四月，丁亥朔（初一），后唐帝出行前的戒严等都已办好准备出发，骑兵陈列在宣仁门外，步兵陈列在五凤门外。从马直指挥使郭从谦不知道睦王李存乂已经死去，打算辅助他一起叛乱，于是率部队从军营中亮出刀刃大声疾呼，和黄甲两军攻打兴教门。这时后唐帝正在吃饭，听说兵变就率领诸王和近卫骑兵进击，把乱军赶出兴教门。当时，蕃汉马步使朱守殷率骑兵在外面，后唐帝派中使去急召他，打算和他一起攻打乱兵。朱守殷不来，领兵在北邙茂密的树林中休息。乱兵焚烧了兴教门，沿着城墙进入，后唐帝身边的大臣和禁卫兵都丢盔弃甲偷偷逃跑了，只有散员都指挥使李彦卿以及宿卫军校何福进、王全斌等十余人奋力作战。不一会儿，后唐帝被流箭射中，鹰坊人善友扶着后唐帝从门楼上走下来，到了绛霄殿的屋檐下把箭拔出来。后唐帝口渴烦闷想喝水，皇后没有亲自去看望，只是派宦官送去些乳浆。很快后唐帝就死了。李彦卿等痛哭而去，左右大臣也都离去，善友收拾了屋檐下的乐器，盖住后唐帝的尸体，把他焚烧了。李彦卿是李存审的儿子。何福进、王全斌都是太原人。刘皇后装好金玉珠宝，系上马鞍，和申王李存渥、李绍荣领着七百骑兵焚烧了嘉庆殿以后，从师子门出逃。通王李存确、雅王李存纪逃奔到南山。宫里的人大多数都逃跑了，朱守殷进入宫内，挑选了三十多个宫女，让她们各自拿了些乐器和珍贵的玩物，放在他家。此时各路军队把都城洗劫一空。

这一天，李嗣源到达罽子谷，听说后唐皇帝庄宗已死，痛哭一场，并对诸位将领说："主上平时很得人心，正是被这一群小人蒙蔽迷惑才到了这种地步，现在我将到哪里去呢！"

百官第三次送上书札请求李嗣源监国，李嗣源答应了他们的请求。甲午（初八），进入兴圣宫居住，开始接受百官按次序的拜见。他下发的命令称作教，百官称他为殿下。

主管官吏商议监国即皇帝位的礼仪。李绍真、孔循认为唐朝的世运已经完了，应当自己建立国号。监国问左右大臣说："什么叫作国号？"回答说："先帝接受唐朝赐给的姓，为唐朝报仇，继唐昭宗之后，所以称唐。现在梁朝的人们不想让殿下的国号称作唐。"监国说："我十三岁时侍奉献祖李国昌，献祖把我看作同一宗族，对我就像对待儿子一样。后来又侍奉武皇李克用近三十年，侍奉先帝李存勖近二十年，每次筹划治理国家的大事和攻伐征战，我未尝不参与。武皇的基业就是我的基业，先帝的天下就是我的天下，哪有同家而异国的道理！"于是命令主持政务的人们重新商议一下。吏部尚书李琪说："如果改变国号，那先帝就成了与国家没有关系的人，他的棺材往哪里安放呢？这不仅仅是殿下忘记了三世旧的君主，我们这些做大臣的心里能够自安吗？过去的朝代以旁支继承王位的有很多，应当用嗣子在棺材前面即位的礼仪即位。"大家听从了他的意见。丙午（二十日），监国从兴圣宫到西宫，穿着用粗麻布做的重丧服，在棺材前面即皇帝位，百官们都穿着白丧服。不一会儿，监国穿上皇帝的礼服和礼帽，接受册书，百官们穿着吉祥的服装祝贺。

辛巳（七月二十七日），契丹主阿保机在扶馀城去世。述律后召见诸将以及首

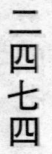

长中难以制服的人的妻子，然后对他们说："我现在一人独居，你们不可不效法我。"又召集她们的丈夫边哭边问他们说："你们思念先帝吗？"这些人回答说："先帝对我们有很大的恩情，怎么能不思念他呢？"述律后说："果然思念他，就应该去见他。"于是就把他们都杀死了。

　　契丹述律后喜欢中子德光，想立他为契丹主。到了西楼，让他和突欲一起骑着马立在帐前，然后她对各位酋长说："这两个儿子我都很喜欢，不知道该立那个为契丹主，你们选择一个可以立为契丹主的，然后拉住他的马缰绳。"酋长们知道她的心思，都争着去拉德光的马缰绳，并高兴地跳着说："愿意侍奉元帅太子。"述律后说："大家的愿望，我怎么敢违背。"于是立德光为天皇王。突欲心中不平，率几百骑兵想投奔后唐，被巡逻的人所阻止。述律后没有治他罪，只是把他遣送回东丹。天皇王尊述律后为太后，国家大事都由她来决定。太后又聘她的侄女为天皇王的王后。

资治通鉴第二百七十六卷

后唐纪五

【原文】

明宗圣德和武钦孝皇帝中之上天成三年（戊子，928年）

枢密使、同平章事孔循，性狡佞，安重诲亲信之。帝欲为皇子娶重诲女，循谓重诲曰："公职居近密，不宜复与皇子为婚。"重诲辞之。久之，或谓重诲曰："循善离间人，不可置之密地。"循知之，阴遣人结王德妃，求纳其女；德妃请娶循女为从厚妇，帝许之。重诲大怒。乙未，以循同平章事，充忠武节度使兼东都留守。

重诲性强愎。秦州节度使华温琪入朝，请留阙下，帝嘉之，除左骁卫上将军，月别赐钱谷，岁余，帝谓重诲曰："温琪旧人，宜择一重镇处之。"重诲对以无阙。他日，帝屡言之，重诲愠曰："臣累奏无阙，惟枢密使可代耳。"帝曰："亦可。"重诲无以对。温琪闻之惧，数月不出。

重诲恶成德节度使、同平章事王建立，奏建立与王都交结，有异志。建立亦奏重诲专权，求入朝面言其状，帝召之；既至，言重诲与宣徽使判三司张延朗结婚，相表里，弄威福。三月，辛亥，帝见重诲，气色甚怒，谓曰："今与卿一镇自休息，以王建立代卿，张延朗亦除外官。"重诲曰："臣披荆棘事陛下数十年，值陛下龙飞，承乏机密，数年间天下幸无事；今一旦弃之外镇，臣愿闻其罪！"帝不怿而起，以语宣徽使朱弘昭，弘昭曰："陛下平日待重诲如左右手，奈何以小忿弃之！愿垂三思。"帝寻召重诲慰抚之。明日，建立辞归镇，帝曰："卿比奏欲入分朕忧，今复去何之！"会门下侍郎兼刑部尚书、同平章事郑珏请致仕，己未，以珏为左仆射致仕；癸亥，以建立为右仆射兼中书侍郎、同平章事、判三司。

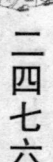

【译文】

后唐明宗天成三年（戊子，公元928年）

　　枢密使、同平章事孔循性情狡猾，善于花言巧语，安重诲很亲信他。后唐帝想为他的儿子娶安重诲的女儿为妻子，孔循对安重诲说："您身为皇上的近臣，你们又很密切，不应再和皇子为婚姻亲戚。"于是安重诲就推辞了女儿的婚事。过了一段时间，有人对安重诲说："孔循善于挑拨离间，不可安排在与皇上密切接触的位置。"孔循知道这件事后，就暗暗派人去巴结王德妃，请求接纳他的女儿。王德妃请求后唐帝为皇子李从厚娶孔循的女儿为妻，后唐帝答应了她的请求。安重诲听到这件事后大发雷霆。乙未（二月十九日），后唐帝任命孔循为同平章事、忠武节度使兼东都留守。

　　安重诲性情刚愎。秦州节度使华温琪入朝，请求留在朝廷，后唐帝表彰了他，任他为左骁卫上将军，每月除了俸禄外还要赏赐他些钱谷。一年多以后，后唐帝对安重诲说："华温琪是旧交，应该选择一个重镇来安排他。"安重诲回答说没有空缺。又一天，后唐帝又反复说起这件事，安重诲恼怒地说："我曾多次上奏说没有空缺，只有枢密使可以代替。"后唐帝说："也可以。"安重诲无言以对。华温琪听说这件事后感到非常害怕，好几个月不敢出门。

　　安重诲很恨成德节度使、同平章事王建立，上奏说王建立和王都互相勾结，有叛变的意图。王建立也奏称，安重诲独揽大权，请求入朝当面向后唐帝说明情况，后唐帝就召见他。他到了朝廷，说安重诲与宣徽使判三司张延朗结为婚姻亲戚，内外勾结，作威作福。三月，辛亥（初五），后唐帝见了安重诲，满脸怒气，对他说："现在给你一镇自己休息去，用王建立代替你，张延朗也放为外任。"安重诲说："臣披荆斩棘侍奉陛下数十年，正值陛下兴起，缺乏适当人选，臣任机要，几年来天下平安无事。现在把我抛弃去外，我希望听听有什么罪过。"后唐帝很不高兴地站起来，告诉了宣徽使朱弘昭，朱弘昭说："陛下平日待安重诲如左右手，怎么能因小的愤怒就抛弃了他呢？希望陛下三思。"不久，后唐帝又召见安重诲安抚慰问。第二天，王建立辞别回镇，后唐帝说："你近来上奏说，想在朝廷分担我的忧愁，今天又要到哪儿去！"正好这时门下侍郎兼刑部尚书、同平章事郑珏请求退休，已未（十三日），命郑珏为左仆射退休。癸亥（十七日），任命王建立为右仆射兼中书侍郎、同平章事、判三司。

【原文】

四年（己丑，929年）

吴诸道副都统、镇海宁国节度使兼侍中徐知询自以握兵据上流，意轻徐知诰，数与知诰争权，内相猜忌，知诰患之；内枢密使王令谋曰："公辅政日久，挟天子以令境内，谁敢不从！知询年少，恩信未洽于人，无能为也。"知询待诸弟薄，诸弟皆怨之。徐玠知知询不可辅，反持其短以附知诰。吴越王镠遗知询金玉鞍勒、器皿，皆饰以龙凤；知询不以为嫌，乘用之。知询典客周廷望说知询曰："公诚能捐宝货以结朝中勋旧，使皆归心于公，则彼谁与处！"知询从之，使廷望如江都谕意。廷望与知诰亲吏周宗善，密输款于知诰，亦以知诰阴谋告知询。知询召知诰诣金陵除父温丧，知诰称吴主之命不许，周宗谓廷望曰："人言侍中有不臣七事，宜亟入谢！"廷望还，以告知询。十一月，知询入朝，知诰留知询为统军，领镇海节度使，遣右雄武都指挥使柯厚征金陵兵还江都，知诰自是始专吴政。知询责知诰曰："先王违世，兄为人子，初不临丧，可乎？"知诰曰："尔挺剑待我，我何敢往！尔为人臣，畜乘舆服御物，亦可乎？"知询又以廷望所言诘知诰，知诰曰："以尔所为告我者，亦廷望也"。遂斩廷望。

十二月，吴加徐知诰兼中书令，领宁国节度使。知诰召徐知询饮，以金钟酌酒赐之，曰："愿弟寿千岁。"知询疑有毒，引他器均之，跽献知诰曰："愿与兄各享五百岁。"知诰变色，左右顾，不肯受，知询捧酒不退。左右莫知所为，伶人申渐高径前为诙谐语，掠二酒合饮之，怀金钟趋出，知诰密遣人以良药解之，已脑溃而卒。

【译文】

四年（己丑，公元929年）

吴国诸道副都统、镇海宁国节度使兼侍中徐知询自以为手握兵权而且占据在上游,心中很轻视徐知诰,曾多次和徐知诰争权夺利,在内部互相猜忌,徐知诰很担心他。内枢密使王令谋对徐知诰说:"你辅佐皇上时间已经很长,挟天子以令境内,谁敢不服从!徐知询年轻,他的信义和恩德还没有润泽众人,办不了什么大事。"徐知询对待各个弟弟也很刻薄,他的弟弟们也怨恨他。徐玠知道徐知询不可辅佐,掌握着他的短处以归附徐知诰。吴越王钱镠送给徐知询用金玉制作的马鞍、马勒、器皿,都装饰上龙凤。徐知询不知道由此会引起嫌疑,竟乘用这些东西。掌管礼仪事务的官吏周廷望劝徐知询说:"你如果能真心诚意把这些宝货捐献出来交结朝中有功劳的勋旧大臣,使他们都和你同心同德,还有谁和徐知诰在一起呢?"徐知询听从了他的意见。并派周廷望去江都说明他的意思。周廷望和徐知诰的亲信官吏周宗很好,偷偷向徐知诰表达诚心,同时也将徐知询的阴谋告诉了徐知诰。徐知询叫徐知诰到金陵解除为父亲徐温治丧的丧服,徐知诰回告他说吴主下令不允许,周宗对周廷望说:"人们说侍中徐知询有叛迹的事七件,应当赶快入朝谢罪。"周廷望回去以后,把这些都告诉了徐知询。十一月,徐知询回到朝廷,徐知诰留下徐知询做统军,兼领镇海节度使,并派遣右雄武都指挥使柯厚去征调金陵的士卒返回江都,徐知诰从此开始独揽吴国政权。徐知询谴责徐知诰说:"先王离世,你是先王的儿子,一点儿也不去哭办父亲的丧事,那样可以吗?"徐知诰说:"你拔出剑等待我,我怎么敢去呢?你为人臣,蓄积这些天子的车驾服饰,难道也可以吗?"徐知询又用周廷望的话来责问徐知诰。徐知诰说:"把你的所作所为告诉我的人也就是周廷望。"于是斩杀了周廷望。

十二月,吴国加封徐知诰兼任中书令,并领宁国节度使。徐知诰请徐知询来喝酒,用金酒杯酌酒给他喝,并说:"希望弟弟能活千岁。"徐知询怀疑其中有毒,又拿其他杯子把酒平均分开,跪着献给徐知诰,并说:"希望和兄长各享五百岁。"徐知诰脸色都变了,左顾右盼,不肯接受,但徐知询捧着酒一直不退。左右从人不知怎么办,伶人申渐高径直走到他们面前说了几句诙谐的话,就夺过两杯酒,倒在一起喝下去,然后怀揣金杯退出去。徐知诰偷偷派人用良药去给申渐高解毒,但他的脑子已经溃烂而死亡。

后唐纪六

资治通鉴第二百七十七卷

【原文】

明宗圣德和武钦孝皇帝中之下长兴二年（辛卯，931年）

二月，己丑朔，石敬瑭以遂、阆既陷，粮运不继，烧营北归。军前以告孟知祥，知祥匿其书，谓赵季良曰："北军渐进，奈何？"季良曰："不过绵州，必遁。"知祥问其故，曰："我逸彼劳，彼悬军千里，粮尽，能无遁乎！"知祥大笑，以书示之。

两川兵追石敬瑭至利州，壬辰，昭武节度使李彦琦弃城走；甲午，两川兵入利州。孟知祥以赵廷隐为昭武留后，廷隐遣使密言于知祥曰："董璋多诈，可与同忧，不可与共乐，他日必为公患。因其至剑州劳军，请图之。并两川之众，可以得志于天下。"知祥不许。璋入廷隐营，留宿而去。廷隐叹曰："不从吾谋，祸难未已！"

石敬瑭

【译文】

后唐明宗长兴二年（辛亥，公元931年）

二月，己丑朔（初一），石敬瑭由于遂州、阆州已经陷落，粮秣运输接应不上，烧了营寨北归。前锋把情况报告孟知祥，孟知祥藏起了报告信，对赵季良说："北军渐渐向前推进，该怎么办？"赵季良说："他们到不了绵州，必然要退回去。"孟知祥问是什么原因，赵季良说："我逸彼劳，他们把军队远远派遣在千里之外，粮食吃完了，能不走吗？"孟知祥大笑，才把报告信拿给他看。

两川兵追赶石敬瑭到利州，壬辰（初四），昭武节度使李彦琦放弃城池逃走；甲午（初六），两川兵进入利州。孟知祥用赵廷隐为昭武留后，赵廷隐派使者秘密对孟知祥说："董璋为人多诈变，可以和他同忧患，不可和他共安乐，这个人以后必然是您的祸患。乘他到剑州慰劳军队，请您谋取他。并吞两川之众，可以得志于天下。"孟知祥不答应。董璋来到赵廷隐的军营，留住一夜而去。赵廷隐叹息说："不依我的计谋，祸害还没有结束！"

【原文】

三年（壬辰，932年）

东川节度使董璋会诸将谋袭成都，皆曰必克；前陵州刺史王晖曰："剑南万里，成都为大，时方盛夏，师出无名，必无成功。"孟知祥闻之，遣马军都指挥使潘仁嗣将三千人诣汉州伺之。

璋入境，破白杨林镇，执戍将武弘礼，声势甚盛，知祥忧之，赵季良曰："璋为人勇而无恩，士卒不附，城守则难克，野战则成擒矣。今不守巢穴，公之利也。璋用兵精锐皆在前锋，公宜以羸兵诱之，以劲兵待之，始虽小衄，后必大捷。璋素有威名，今举兵暴至，人心危惧，公当自出御之，以强众心。"赵廷隐以季良言为然，曰："璋轻而无谋，举兵必败，当为公擒之。"辛巳，以廷隐为行营马步军都部署，将三万人拒之。

五月，壬午朔，廷隐入辞。董璋檄书至，又有遗季良、廷隐及李肇书，诬之云，季良、廷隐与己通谋，召己令来。知祥以书授廷隐，廷隐不视，投之于地，曰："不过为反间，欲令公杀副使与廷隐耳。"再拜而行。知祥曰："事必济矣。"肇素不知书，视之，曰："璋教我反耳。"因其使者，然亦拥众为自全计。

璋兵至汉州，潘仁嗣与战于赤水，大败，为璋所擒，璋遂克汉州。

癸未，知祥留赵季良、高敬柔守成都，自将兵八千趣汉州，至弥牟镇，赵廷隐陈于镇北。甲申，迟明，廷隐陈于鸡踨桥，义胜定远都知兵马使张公铎陈于其后。俄而璋望西川兵盛，退陈于武侯庙下，璋帐下骁卒大噪曰："日中曝我辈何为！"璋乃上马。前锋始交，东川右厢马步都指挥使张守进降于知祥，言"璋兵尽此，无复后继，当急击之。"知祥登高冢督战，左明义指挥使毛重威、左冲山指挥使李瑭守鸡踨桥，皆为东川兵所杀；赵廷隐三战不利，牙内都指挥副使侯弘实兵亦却，知祥惧，以马棰指后阵。张公铎帅众大呼而进，东川兵大败，死者数千人，擒东川中都指挥使元瓌、牙内副指挥使董光演等八十余人。璋拊膺曰："亲兵皆尽，吾何依乎！"与数骑遁去，余众七千人降，复得潘仁嗣。知祥引兵追璋至五侯津，东川马步都指挥使元瓌降。西川兵入汉州府第，求璋不得，士卒争璋军资，故璋走得免。赵廷隐追至赤水，又降其卒三千人。是夕，知祥宿雒县。命李昊草榜谕东川吏民，及草书劳问璋，且言将如梓州，询负约之由，请见伐之罪。乙酉，知祥会廷隐于赤水，遂西还，命廷隐将兵攻梓州。

璋至梓州，肩舆而入，王晖迎问曰："太尉全军出征，今还者无十人，何也？"璋涕泣不能对。至府第，方食，晖与璋从子牙内都虞候延浩帅兵三百大噪而入。璋引妻子登城，子光嗣自杀。璋至北门楼，呼指挥使潘稠使讨乱兵，稠引十卒登城，斩璋首，及取光嗣首以授王晖，晖举城迎降。赵廷隐入梓州，封府库以待知祥。李肇闻璋败，始斩其使以闻。

丙戌，知祥入成都，丁亥，复将兵八千如梓州。至新都，赵廷隐献董璋首。己丑，发玄武，赵廷隐帅东川将吏来迎。

壬辰，孟知祥有疾，癸巳，疾甚，中门副使王处回侍左右，庖人进食，必空器而出，以安众心。李仁罕自遂州来，赵廷隐迎于板桥；仁罕不称东川之功，侵侮廷隐，廷隐大怒。乙未，知祥疾瘳；丁酉，入梓州。戊戌，犒赏将士，既罢，知祥谓李仁罕、赵廷隐曰："二将谁当镇此？"仁罕曰："令公再与蜀州，亦行耳。"廷隐不对。知祥愕然，退，命李昊草牒，俟二将有所推则命一人为留后，昊曰："昔梁祖、庄宗皆兼领四镇，今二将不让，惟公自领之为便耳。公宜亟还府，更与赵仆射议之。"

己亥，契丹使者迭罗卿辞归国，上曰："朕志在安边，不可不少副其求。"乃遣荆骨舍利与之俱归。契丹以不得荆刺，自是数寇云州及振武。

孟知祥命李仁罕归遂州，留赵廷隐东川巡检，以李昊行梓州军府事。昊曰："二虎方争，仆不敢受命，愿从公还。"乃以都押牙王彦铢为东川监押。癸卯，知祥至成都，赵廷隐寻亦引兵西还。

知祥谓李昊曰："吾得东川，为患益深。"昊请其故，知祥曰："自吾发梓州，得仁罕七状，皆云'公宜自领东川，不然诸将不服。'廷隐言'本不敢当东川，因仁罕不让，遂有争心耳。'君为我晓廷隐，复以阆州为保宁军，益以果、蓬、渠、开四州，往镇之。吾自领东川，以绝仁罕之望。"廷隐犹不平，请与仁罕斗，胜者为东川；昊深解之，乃受命。六月，以廷隐为保宁留后。戊午，赵季良帅将吏请知祥兼镇东川，许之。季良等又请知祥称王，权行制书，赏功臣，不许。

董璋之攻知祥也，山南西道节度使王思同以闻，范延光言于上曰："若两川并于一贼，抚众守险，则取之益难，宜及其交争，早图之。"上命思同以兴元之兵密规进取。未几，闻璋败死，延光曰："知祥虽据全蜀，然士卒皆东方人，知祥恐其思归为变，亦欲倚朝廷之重以威其众，陛下不屈意抚之，彼则无从自新。"上曰："知祥吾故人，为人离间至此，何屈意之有！"乃遣供奉官李存瓌赐知祥诏曰："董璋狐狼，自贻族灭。卿丘园亲戚皆保安全，所宜成家世之美名，守君臣之大节。"存瓌，克宁之子，知祥之甥也。

【译文】

三年（壬辰，公元932年）

东川节度使董璋聚会众将谋议袭击成都，众将都说一定能够攻克；前陵州刺史王晖说："剑南万里地方，以成都为大郡，现在又正当盛夏，师出无名，一定不能成功。"孟知祥听说董璋来袭，派马军都指挥使潘仁嗣统领三千人马到汉州侦察。

董璋进入西川境内，攻破白杨林镇，抓住守将武弘礼，声势很盛，孟知祥担忧，赵季良说："董璋为人勇猛而没有恩德，士兵心中不依附他，如果他据城固守，就难以攻克，如果进行野战，就容易擒获他了。现在，他不守自己的巢穴，对您是有利的。董璋用兵，精锐都放在前锋，您应用弱兵引诱他，用强兵等待他，开始虽然要有小挫折，最后必然取得大胜利。董璋素来以威武扬名，现在他兴兵骤至，人心害怕，您应当亲自出战去抗御他，来加强兵众的斗志。"赵廷隐认为赵季良的话说得对，也说："董璋轻率而没有谋略，他举兵必然要失败，我应当为您把他捉住。"辛巳（四月二十九日），任赵廷隐为行营马步军都部署，统领三万人抗拒董璋。

五月，壬午朔（初一），赵廷隐来辞别孟知祥。董璋的兴兵文书送到成都，还有给赵季良、赵廷隐及李肇的信，信中造谣说，赵季良、赵廷隐和他自己通同设谋，召唤他来攻西川。孟知祥把来信交给赵廷隐，赵廷隐根本不看，投掷于地，说道："不过是施行反间之计，要使令公杀节度副使和廷隐而已。"便向孟知祥郑重地拜别登程了。孟知祥说："事情一定能够成功。"李肇素来不认识字，一看来信，便说："董璋教我反叛哟。"把董璋派来的使者囚禁起来，然而也调集兵马做了自我保全的准备。

董璋的兵马到了汉州，潘仁嗣和他在赤水开战，打得大败，被董璋擒获，董璋便占领了汉州。

癸未（初二），孟知祥留下赵季良、高敬柔守卫成都，自己带领八千兵马奔向汉州。到达弥牟镇，赵廷隐陈兵于镇北。甲申（初三），天刚亮，赵廷隐在鸡趴桥摆开阵势，义胜定远都知兵马使张公铎在他的后面布开阵势。过了一些时候，董璋望见西川兵势盛大，自己把阵线退到武侯庙下。董璋帐下的骁勇的兵卒大事鼓噪说："太阳正当午，把我们大家曝晒在烈日之下要干什么！"董璋这才上马向前进军。前锋刚刚交战，东川右厢马步都指挥使张守进向孟知祥投降，并说："董璋的兵马全部在这里，再没有后继部队，应该快速出击。"孟知祥登上高坟头督战，左明义指挥使毛重威、左冲山指挥使李瑭把守鸡趴桥，都被东川兵所杀；赵廷隐三次交战都失利，牙内都指挥副使侯弘实的兵也退却下来，孟知祥害怕，用马鞭指挥后阵。张公铎率领众兵大喊着进军向前，东川兵大败，死亡数千人，擒获东川中都指挥使元瓌、牙内副指挥使董光演等八十余人。董璋捶打着胸脯说："亲近兵士都丧失了，我还依靠谁啊！"只同几个骑兵逃遁而去，其余兵众七千多人投降了，把潘仁嗣也拯救回来。孟知祥领兵追赶董璋到五侯津，东川马步都指挥使元瓖投降。西川兵攻入汉州府第，寻找不见董璋。当时，士兵争着劫掠董璋的军事物资，所以董璋得以走脱。赵廷隐追赶到赤水，又迫降其士卒三千人。这一晚，孟知祥留宿在雒县。命李昊草拟榜文告谕东川吏民。又起草书信慰劳问候董璋，并且说要到梓州去询问董璋为什么不守协约，质问他兴兵见伐的罪名。乙酉（初四），孟知祥与赵廷隐在赤水会师，便西还成都，命令赵廷隐统兵进攻梓州。

董璋退至梓州，坐着肩舆回来，王晖迎接时问道："太尉全军出征西川，现在回来的不到十人，是怎么回事？"董璋啼哭着不能答对。到了自家府第，正在吃饭，王晖与董璋的侄子牙内都虞候董延浩带领兵丁三百人大声呼喊着进来。董璋拉着妻子登上城垣，他的儿子董光嗣自杀。董璋跑到北门城楼，呼唤指挥使潘稠让他镇压乱兵，潘稠带着十个兵丁登城，斩了董璋的头，又取下董光嗣的头，一起交给王晖，王晖便开城迎入西川兵而投降了。赵廷隐进入梓州，封闭了府库财物以等待孟知祥到来。李肇听说董璋失败，才把原来囚禁的董璋派来的使者杀了，并报告孟知祥。

丙戌（初五），孟知祥返回成都，丁亥（初六），又率兵八千人赴梓州。到新都时，赵廷隐向他呈献董璋的人头。己丑（初八），从玄武出发，赵廷隐带领着东川的将吏来迎接。

壬辰（十一日），孟知祥患病，癸巳（十二日），病加剧，中门副使王处回侍奉在左右，厨师送食物进来，必然空着食器送出，用以安定众人之心。李仁罕从遂州来，赵廷隐在板桥迎接他；李仁罕不称道攻取东川的功劳，侮谩赵廷隐，赵廷隐很是恼怒。乙未（十四日），孟知祥病好了；丁酉（十六日），进入梓州。戊戌（十七日），犒赏战士，饮宴之后，孟知祥对李仁罕、赵廷隐说："二位将军谁应当镇戍在这里？"李仁罕说："令公如果再把蜀州交给我领管，我也可以去。"赵廷隐不说话。孟知祥觉着为难，回来之后，让李昊起草公文，等二将有所推让便任用一个为留后，李昊说："以前梁朝太祖、我朝庄宗都一身而兼领四镇，现在二将不肯相让，只有令公自己领管为宜。您最好赶快回成都，改同赵季良仆射商量。"

己亥（十八日），契丹使者迭罗卿辞别朝廷归国，后唐明宗说："朕的意愿是要使边境安宁，不可不稍微符合他们的要求。"便把蓟骨舍利遣返，与使者同归。契丹因为蓟刺没有遣回，从此屡次侵犯云州及振武。

孟知祥命令李仁罕返回遂州，留下赵廷隐为东川巡检，任用李昊行使梓州军府的管理事务。李昊说："两只老虎正斗得凶，我不敢接受这个命令，愿意跟随您回成都。"于是，便用都押牙王彦铢为东川监押。癸卯（二十二日），孟知祥到达成都，赵廷隐不久也领兵向西还军。

孟知祥对李昊说："我取得东川，忧虑更多了。"李昊问其缘故，孟知祥说："自从我离开梓州，收到李仁罕七次表文，都说'您应该亲自领镇东川，不然诸将会不心服。'赵廷隐则说'本来不敢领镇东川，因李仁罕不相让，才有了与他争任之心。'请你替我晓谕赵廷隐，我要恢复阆州为保宁军，加上果、蓬、渠、开四州，请他去镇守。我自己兼领东川，以断绝李仁罕的企望。"赵廷隐听了还是恨恨不平，要求与李仁罕比武，谁胜谁领东川；李昊一再劝解他，他才接受了孟知祥的命令。六月，任用赵廷隐为保宁留后。戊午（初七），赵季良带领将吏请求孟知祥兼镇东川，孟知祥答应了。赵季良等又请求孟知祥称王，发布命令暂称制书，赏赐功臣，孟知祥不准。

董璋攻打孟知祥的时候，山南西道节度使王思同向后唐朝廷做了报告，范延光对明宗上言："如果两川合并于一个盗贼掌握，安抚民众，守卫险要，那就更难于攻取了，最好在他们交争之中，早日收服他。"明宗命王思同用兴元之兵暗中规划准备进取西蜀。没有多久，听到董璋败死，范延光又说："孟知祥虽已据有全蜀，然而他的士兵都是东边的人，孟知祥怕他们思归致变，也想依赖朝廷的众望以震慑他的兵众，陛下如果不屈意委婉地安抚他，他就无从改过自新。"明宗说："孟知祥是我的故旧相好，是被人离间才干出抗拒朝廷的事情，有什么'屈意'可说的！"于是，派遣供奉官李存瓌赐给孟知祥以诏书说："董璋是狐狼之辈，自找族灭全家。爱卿的祖宗墓园和亲戚都保障了安全，你应该保全家世的美名，遵守君臣的大节。"李存瓌是李克宁的儿子，孟知祥的外甥。

资治通鉴第二百七十八卷

后唐纪七

【原文】

明宗圣德和武钦孝皇帝下长兴三年（壬辰，32年）

秦王从荣喜为诗，聚浮华之士高辇等于幕府，与相唱和，颇自矜伐。每置酒，辄令僚属赋诗，有不如意者面毁裂抵弃。壬子，众荣入谒，帝语之曰："吾虽不知书，然喜闻儒生讲经义，开益人智思。吾见庄宗好为诗，将家子文非素习，徒取人窃笑，汝勿效也。"

秦王从荣为人鹰视，轻佻峻急；既判六军诸卫事，复参朝政，多骄纵不法。初，安重诲为枢密使，上专属任之。从荣及宋王从厚自襁褓与之亲狎，虽典兵，常为重诲所制，畏事之。重诲死，王淑妃与宣徽使孟汉琼宣传帝命，范延光、赵延寿为枢密使，从荣皆轻侮之。河阳节度使、同平章事石敬瑭兼六军诸卫副使，其妻永宁公主与从荣异母，素相憎疾。从荣以从厚声名出己右，尤忌之；从厚善以卑弱奉之，故嫌隙不外见。石敬瑭不欲与从荣共事，常思外补以避之。范延光、赵延寿亦虑及祸，屡辞机要，请与旧臣迭为之，上不许。会契丹欲入寇，上命择帅臣镇河东，延光、延寿皆曰："当今帅臣可往者独石敬瑭、康义诚耳。"敬瑭亦愿行，上即命除之。既受诏，不落六军副使，敬瑭复辞，上乃以宣徽使朱弘昭知山南东道，代义诚诣阙。

【译文】

后唐明宗长兴三年（壬辰，公元932年）

秦王李从荣喜欢作诗，聚集浮华放荡的文士高辇等人在幕府中，同他们相与唱和，很是标榜自夸。每次设宴摆酒，往往让僚属们吟赋诗篇，有做得不如意的，当面撕毁丢弃。壬子（十月初四），李从荣入朝谒见，明宗对他说道："我虽然不识文字，然而喜欢听取儒生讲说经文大义，可以开发人的智慧。我见庄宗皇帝喜好作诗，武将家的儿子文墨不是素所研习，只是白白让人背地笑话，你不要效法那个。"

秦王李从荣的为人常常像鹰一样侧目看人，既轻薄又严刻；他被任用为判理六军诸卫事务后，又参与朝政，往往骄纵不守法纪。以前，安重诲做枢密使，明宗特别依重他。李从荣及宋王李从厚从幼儿时就和他亲昵戏闹，后来，虽然成为统兵大吏，也常被安重诲所牵制，对安重诲很敬重。安重诲死后，王淑妃与宣徽使孟汉琼宣布传达皇帝意旨，由范延光、赵延寿做枢密使，而李从荣对他们都很轻慢、看不起。河阳节度使、同平章事石敬瑭兼任六军诸卫副使，他的妻子永宁公主与李从荣是异母所生，素来就相互憎恶不和。李从荣因为李从厚的名声比自己高，便尤其嫉恨他。李从厚善于用谦卑软弱的姿态对待李从荣，所以嫌隙之状表面上看不出来。石敬瑭因不愿与李从荣共事，常想到外面藩镇补领一职来避开他。范延光、赵延寿也顾虑弄不好招祸，多次请求辞去枢要职务，与可信用的老臣更换充任，明宗不答应。当时正逢契丹要来侵扰，明宗授命秉政大臣选择可当统帅的人才去镇守河东，范延光、赵延寿都说："现在可任统帅去河东的只有石敬瑭、康义诚而已。"石敬瑭也愿意前去，于是，明宗就任命委派他去。等到诏书下来，不落六军副使的职位名款，石敬瑭又辞谢不受，明宗便任用宣徽使朱弘昭主持山南东道的事务，代替康义诚的职位，让康义诚到朝廷来。

【原文】

四年（癸巳，933年）

言事者请为亲王置师傅，宰相畏秦王从荣，不敢除人，请令王自择。秦王府判官、太子詹事王居敏荐兵部侍郎刘赞于从荣，从荣表请之。癸丑，以赞为秘尽监、秦王傅，前襄州支使山阳鱼崇远为记室。赞自以左迁，泣诉，不得免。王府参佐皆新进少年，轻脱诏谈，赞独从容规讽，从荣不悦。赞虽为傅，从荣一概以僚属待之，赞有难色；从荣觉之，自是戒门者勿为通，月听一至府，或竟日不召，亦不得食。

太仆少卿何泽见上寝疾，秦王从荣权势方盛，冀已复进用，表请立从荣为之言，即具以白上；辛未，制以从荣为天下兵马大元帅。

秦王从荣请严卫、捧圣步骑两指挥为牙兵。每入朝，从数百骑，张弓挟矢，驰骋衢路；令文士试草檄淮南书，陈己将廓清海内之意。从荣不快于执政，私谓所亲曰："吾一旦南面，必族之。"范延光、赵延寿惧，屡求外补以避之。上以为见己病而求去，甚怒，曰："欲去自去，奚用表为！"齐国公主复为延寿言于禁中，云"延寿实有疾，不堪机务。"丙申，二人复言于上曰："臣等非敢惮劳，愿与勋旧迭为之。亦不敢俱去，愿听一人先出。若新人不称职，复召臣，臣即至矣。"上乃许之。戊戌，以延寿为宣武节度使；以山南东道节度使朱弘昭为枢密使、同平章事。制下，弘昭复辞，上叱之曰："汝辈皆不欲在吾侧，吾蓄养汝辈何为！"弘昭乃不敢言。

戊子，帝疾复作，己丑，大渐，秦王从荣入问疾，帝俯首不能举。王淑妃曰："从荣在此。"帝不应。从荣出，闻宫中皆哭，从荣意帝已殂，明旦，称疾不入。是夕，帝实小愈，而从荣不知。

从荣自知不为时论所与，恐不得为嗣，与其党谋，欲以兵入侍，先制权臣。辛卯，从荣遣都押牙马处钧谓朱弘昭、冯赟曰："吾欲帅牙兵入宫中侍疾，且备非常，当止于何所？"二人曰："王自择之。"既而私于处钧曰："主上万福，王宜竭心忠孝，不可妄信人浮言。"从荣怒，复遣处钧谓二人曰："公辈殊不爱家族邪？何敢拒我！"二人患之，入告王淑妃及宣徽使孟汉琼，咸曰："兹事不得康义诚不可济。"乃召义诚谋之，义诚竟无言，但曰："义诚将校耳，不敢预议，惟相公所使。"弘昭疑义诚不欲众中言之，夜，邀至私第问之，其对如初。

【译文】

四年（癸巳，公元933年）

秦事的人建议给亲王们设立师傅，宰相惧怕秦王李从荣，不敢派人，请求让秦王自己选择师傅。秦王府判官、太子詹事王居敏荐举兵部侍郎刘瓒给李太子。上览表泣下，私谓左右曰："群臣请立太子，朕当归老太原旧第耳。"不得已，丙戌，诏宰相枢密使议之。丁卯，从荣见上，言曰："窃闻有奸人请立臣为太子；臣幼少，且愿学治军民，不愿当此名。"上曰："群臣所欲也。"从荣退，见范延光、赵延寿曰："执政欲以吾为太子，是欲夺我兵柄，幽之东宫耳。"延光等知上意，且惧从荣从荣，李从荣上表请求选派他。癸丑（三月初七），朝廷任命刘瓒为秘书监、秦王傅，前襄州支使山阳人鱼崇远为记室。刘瓒自己以为这是降职，涕泣诉说，不能得到改免。秦王府里的参谋佐辅人员都是新进拔的少年，轻浮放荡而好谄媚阿谀奉承，唯有刘瓒从容冷静地进行规劝，李从荣便不高兴。刘瓒虽为师傅，李从荣以对僚属的态度对待他；刘瓒有难堪之色；李从荣觉察到了，从此告诫守门人不要给他通报，每月让他到府一次，也许整天也不召见他，也不供膳。

太仆少卿何泽看到明宗卧病，秦王李从荣权势正在发展，他希望自己能重新得到起用，便上表请求立李从荣为太子。明宗看到表章流下眼泪，私下对左右亲近的人说："群臣请求立太子，朕自当归老在太原旧府第了。"不得已，壬戌（八月十八日），下诏让宰相、枢密使讨论此事。丁卯（二十三日），李从荣谒见明宗，说道："听说有奸臣请陛下立臣为太子，臣年纪幼小，并且臣愿意学习带兵，不愿担当这个名义。"明宗说："这是群臣所要求的。"李从荣退下来，去见范延光、赵延寿说："你们执政的各位要让我当太子，这是想夺我的兵权，把我幽禁在东宫而已。"范延光等知道明宗并不愿立太子，而且畏惧李从荣讲的话，就把他的话如实上奏明宗；辛未（二十七日），明宗下制书，任命李从荣为天下兵马大元帅。

秦王李从荣请求把严卫军和捧圣军的步骑两指挥作为从属于自己的牙兵。每逢他入朝，随从几百骑马的兵勇，张着弓，带着箭，奔驰在通衢大路上；又令文士替他试着起草征讨淮南的宣言，表示他将要平定海内的意志。李从荣对执政者不满意，私下对他的亲信讲："我有朝一日做了皇帝，必定把他们灭门诛杀。"范延光、赵延寿害怕，几次请求补放在外镇为官以躲避灾祸。明宗以为他们是看到自己有病而要求离去，很恼火，说："要走便自己走；何必上表！"赵延寿的妻子齐国公主又替赵延寿在内宫进言，说："赵延寿确实有病，承担不了机要重务。"丙申（九月二十三日），范、赵二人再次上奏明宗说："我们不是怕辛劳，而是愿意与勋旧老臣轮流担负枢要重任。我们也不敢一下都走，希望能允许先走一个。如果新任的人不称职，可以再把我们召回，我们必定马上回来。"明宗这才准许了。戊戌（二十五日），外调赵延寿为宣武节度使，另行调入山南东道节度使朱弘昭为枢密使、同平章事。明宗制命下来，朱弘昭又推辞不受，明宗斥责他说："你们这些人都不想在我身边，我供养你们干什么！"朱弘昭才不敢再说。

戊子（十一月十六日），明宗的病复发，己丑（十七日），明显见好，秦王李从荣进宫问候，明宗低着头不能抬起。王淑妃说："从荣在这里。"明宗没有回答。李从荣出来，听到宫中人都在恸哭，他以为明宗已经死了，第二天早上，自称有病不进宫省问。这天晚上，明宗实际上是稍见好转，而李从荣却不知道。

李从荣自己知道当时人心舆论对他不利，害怕继承不了皇帝大位，便同他的党羽策划，要用武力入宫侍卫，先要制服权臣。辛卯（十九日），李从荣派都押牙马处钧告诉朱弘昭、冯赟说："我要带兵进入宫内侍候皇上疾病，并且防备非常之变，应该在哪里居处？"朱、冯二人答称："请王爷自己选择地方。"接着私下对马处钧说："皇上平安无事，秦王应该竭尽心力实行忠孝之道，不可乱信坏人的胡说。"李从荣大怒，又派马处钧告诉朱、冯二人："你们两位难道不爱惜自己的家族吗？怎么敢抗拒我！"朱、冯二人害怕，入宫报告王淑妃及宣徽使孟汉琼，都说："这件事不得到康义诚的合作和支持就不可能办好。"便把康义诚召入内廷和他商议办法，康义诚竟然不拿主意，只是说："义诚是带兵的军人，不敢干预朝廷政务，我只听从宰相大人的驱使。"朱弘昭怀疑康义诚不想当着众人表态，夜间，把他邀请到家里再次问他，康义诚对答得和原来一样。

【原文】

潞王上清泰元年（甲午，934年）

蜀将吏劝蜀王知祥称帝；己巳，知祥即皇帝位于成都。

【译文】

后唐潞王清泰元年（甲午，公元934年）

蜀国将吏向蜀王孟知祥劝进称帝；己巳（闰正月二十八日），孟知祥在成都即皇帝位。

后唐纪八

资治通鉴第二百七十九卷

【原文】

潞王下清泰元年（甲午，34年）

潞王既与朝廷猜阻，朝廷又命洋王从璋权知凤翔。从璋性粗率乐祸，前代安重海镇河中，手杀之；潞王闻其来，尤恶之，欲拒命则兵弱粮少，不知所为，谋于将佐，皆曰："主上富于春秋，政事出于朱、冯，大王功名震主，离镇必无全理，不可受也。"王问观察判官滴河马胤孙曰："今道过京师，当何向为便？"对曰："君命召，不俟驾。临丧赴镇，又何疑焉！诸人凶谋，不可从也。"众哂之。王乃移檄邻道，言"朱弘昭等乘先帝疾亟，杀长立少，专制朝权，别疏骨肉，动摇藩垣，惧倾覆社稷。今从珂将入朝以清君侧之恶，而力不能独办，愿乞灵邻藩以济之。"

潞王以西都留守王思同当东出之道，尤欲与之相结，遣推官郝诩、押牙朱廷乂等相继诣长安，说以利害，饵以美妓，不从则令就图之。思同谓将吏曰："吾受明宗大恩，今与凤翔同反，借使事成而荣，犹为一时之叛臣，况事败而辱，流千古之丑迹乎！"遂执诩等，以状闻。时潞王使者多为邻道所执，不则依阿操两端，惟陇州防御使相里金倾心附之，遣判官薛文遇往来计事。金，并州人也。

丁酉，加王思同同平章事，知凤翔行府；以护国节度使安彦威为西面行营都监。思同虽有忠义之志，而御军无法；潞王老于行陈，将士徼幸富贵者心皆向之。

乙卯，诸道兵大集于凤翔城下攻之，克东西关城，城中死者甚众。丙辰，复进攻城，期于必取。凤翔城堑卑浅，守备俱乏，众心危急，潞王登城泣谓外军曰：

"吾未冠从先帝百战，出入生死，金创满身，以立今日之社稷；汝曹从我，目睹其事。今朝廷信任谗臣，猜忌骨肉，我何罪而受诛乎！"因恸哭。闻者哀之。

张虔钊性褊急，主攻城西南，以白刃驱士卒登城，士卒怒，大诟，反攻之，虔钊跃马走免，杨思权因大呼曰："大相公，吾主也。"遂帅诸军解甲投兵，请降于潞王，自西门入，以幅纸进潞王曰："愿王克京城日，以臣为节度使，勿以为防、团。"潞王即书"思权可邠宁节度使"授之。王思同犹未之知，趣士卒登城，尹晖大呼曰："城西军已入城受赏矣。"众皆弃甲投兵而降，其声震地。日中，乱兵悉入，外军亦溃，思同等六节度使皆遁去。潞王悉敛城中将吏士民之财以犒军，至于鼎釜皆估直以给之。丁巳，王思同、药彦稠等走至长安，西京副留守刘遂雍闭门不内，乃趣潼关。遂雍，郭之子也。

庚申，潞王至长安，遂雍迎谒，率民财以充赏。

是日，西面步军都监王景从等自军前奔还，中外大骇。帝不知所为，谓康义诚等曰："先帝弃万国，朕外守藩方，当是之时，为嗣者在诸公所取耳，朕实无心与人争国。既承大业，年在幼冲，国事皆委诸公。朕于兄弟间不至榛梗，诸公以社稷大计见告，朕何敢违！军兴之初，皆自夸大，以为寇不足平；今事至于此，何方可以转祸？朕欲自迎潞王，以大位让之，若不免于罪，亦所甘心。"朱弘昭、冯赟大惧，不敢对。义诚欲悉以宿卫兵迎降为己功，乃曰："西师惊溃，盖主将失策耳。今侍卫诸军尚多，臣请自往扼其冲要，招集离散以图后效，幸陛下勿为过忧！"帝遣使召石敬瑭，欲令将兵拒之。义诚固请自行，帝乃召将士慰谕，空府库以劳之，许以平凤翔，人更赏二百缗，府库不足，当以宫中服玩继之。军士益骄，无所畏忌，负赐物，扬言于路曰："至凤翔更请一分。"

遣楚匡祚杀李重吉于宋州；匡祚榜棰重吉，责其家财。又杀尼惠明。

壬戌，潞王至昭应，闻前军获王思同，王曰："思同虽失计，然尽心所奉，亦可嘉也。"癸亥，至灵口，前军执思同以至，王责让之，对曰："思同起行间，先帝擢之，位至节将，常愧无功以报大恩。非不知附大王立得富贵，助朝廷自取祸殃，但恐死之日无面目见先帝于泉下耳。败而衅鼓，固其所也。请早就死！"王为之改容，曰："公且休矣。"王欲宥之，而杨思权之徒耻见其面。王之过长安，尹晖尽取思同家资及妓妾，屡官于刘延朗曰："若留思同，虑失士心。"属王醉，不待报，擅杀思同及其妻子。王醒，怒延朗，嗟惜者累日。

丁卯，潞王至陕，僚佐说王曰："今大王将及京畿，传闻乘舆已播迁，大王宜少留于此，先移书慰安京城士庶。"王从之，移书谕洛阳文武士庶，惟朱弘昭、冯赟两族不赦外，自馀勿有忧疑。

康义诚军至新安，所部将士自相结，百什为群，弃甲兵，争先诣陕降，累累不绝。义诚至干壕，麾下才数十人；遇潞王候骑十余人，义诚解所佩弓剑为信，因候骑请降于潞王。

戊辰，闵帝闻潞王至陕，义诚军溃，忧骇不知所为，急遣使召朱弘昭谋所向，弘昭曰："急召我，欲罪之也。"赴井死。安从进闻弘昭死，杀冯赟于第，灭其族，传弘昭、赟首于潞王。帝欲奔魏州，召孟汉琼使诣魏州为先置；汉琼不应召，单骑奔陕。

【译文】

后唐潞王清泰元年（甲午，公元934年）

后唐潞王李从珂已经与朝廷猜忌疏远，朝廷又任命洋王李从璋暂主凤翔事务。李从璋性情粗鲁而且幸灾乐祸，以前代替安重诲镇守河中，亲手槌杀安重诲；李从珂听说要派他来接替自己，心里尤其厌恶，想要拒绝朝廷的命令，却兵弱粮少，不知怎么办为好，便同所属将佐商议，众人都说："自从皇上年纪衰老以来，国家政事都操纵在朱弘昭、冯赟手中，大王您功高名大，震慑君主，离开镇所必然不能保全自己。不能接受别人的替代。"李从珂询问观察判官滴河人马胤孙说："现在，我需要前往京师洛阳，应当朝哪个方向为好？"马胤孙回答说："君主有命相召，不能等待。您应该去京师参加先皇的葬礼，然后去太原的北都留守镇所，又有什么可犹豫！大家给您出的是极坏主意，可不能听从他们的意见。"大家都笑他不达时变，太迂阔。于是李从珂便向邻近各道发出宣告文书，言称："朱弘昭等人，趁先帝患病严重之际，杀长立少，专擅朝廷大权，离间挑拨皇室骨肉，动摇宗藩根基，深恐他们要倾覆唐室的江山社稷。现在，从珂即将入朝以清君侧的坏人，而又不是个人力量所能办到的，愿意请求邻藩各道支援，合力达到这个目的。"

潞王李从珂认为西都长安留守王思同正处在从凤翔东讨洛阳的必经之路上，尤其希望和他相交结，便派遣推官郝诩、押牙朱廷乂等接连到长安去见王思同，向他说明利害，并馈赠美妓作诱饵，如果他不顺从，便就地把他处置了。王思同对所属将吏说："我受过明宗皇帝的大恩，如果现在与凤翔一起造反，即使事情成功而获得荣耀，也还是一时的叛臣，何况事败而遭受耻辱，流下千古的丑恶遗迹呢！"便把郝诩等拘系起来，向朝廷做了报告。当时，潞王李从珂派出的使者大多被邻道所拘留，没有被拘留的就是依附了对方或脚踩两只船，只有陇州防御使相里金全心全意地依附顺从于他，派判官薛文遇往来商议联络。相里金是并州人。

丁酉（二月二十七日），加封王思同为同平章事，主持凤翔行府；任用护国节度使安彦威为西面行营都监。王思同虽然有忠义的志向，但是驾驭军队却没有法度；潞王对于治理行军作战很有经验，将士希望升迁跻身富贵的，内心都愿意归附他。

乙卯（三月十五日），诸道之兵会集在凤翔城下大举进攻，攻下了东、西城关，城里人死亡的很多。丙辰（十六日），继续进兵攻打城垣，一定要把城池攻取下来。凤翔城垣堑壕低矮浅薄，守备器材都不足，兵众和市民都感到很危急，李从珂登上城墙对城外进攻的军队流着泪说："我从十几岁就跟随先帝经历上百次战斗，出生入死，满身创伤，创建了今日的天下；你们大家跟过我，亲眼看到了那些事实。现在，朝廷相信和任用坏人，猜忌自家骨肉，我有什么罪而受到诛伐啊！"因而痛哭不已，听到的人都哀伤而同情他。

张虔钊性情偏激而急躁，他负责主攻城西南，用刀驱逼士兵登城，士兵发怒，大骂他，反身攻击他，张虔钊赶忙骑马逃逸，才免一死。杨思权因势大声喊着说："大相公潞王，是我的君主。"便率领军队解去铠甲，丢掉兵器，向潞王请降，他从西门进入，用一张纸递给潞王说："希望大王攻克京城的时候，派我当节度使，不要让我当防御、团练的职务。"李从珂立即写了个"杨思权可任邠宁节度使"的字条给他。王思同还不知道这些情况，仍在督促士兵登城，尹晖大喊说："城西的官军已经入城接受赏赐了。"于是，兵众都弃甲缴械投降，那声音响得地动山摇。到了中午，乱兵都进了城，外面的军队也溃散了，王思同等六位节度使都逃跑了。潞王便把城中所有将吏士民的财物收集起来，用来犒劳军队，甚至连锅釜等器皿都估价赏赐给军队。丁巳（十七日），王思同、药彦稠等败退到长安，西京副留守刘遂雍关上城门不接纳，只得奔向潼关。刘遂雍是刘郇的儿子。

庚申（二十日），潞王来到长安，刘遂雍迎接拜见他，并聚敛民间资财来充当赏金。

这一天，西面步军都监王景从等从前线奔逃回洛阳，朝廷内外都很震惊。闵帝不知该怎么办，对康义诚等人说："先帝辞世之际，朕正在外边戍守藩镇，当这个时候，谁来继承大位，只在诸位明公所选取而已，朕实在没有心思与别人争当皇帝。后来继承了大业，年纪还很轻，国家大事都委托给诸位明公办理。朕和兄弟之间不至于隔阻不通，诸位明公把有关国家社稷的大计见告，朕哪里敢不听从？这次兴兵讨伐凤翔之初，都夸大其词，认为凤翔乱寇很容易讨平；现在事情已经到了这个地步，有什么办法可以扭转祸局？朕打算亲自迎接潞王，把皇帝大位让给他，如果不能免去罪罚，也心甘情愿。"朱弘昭、冯赟大为恐惧，不敢答对。康义诚想用全部宿卫兵迎降作为自己的功劳，便说："朝廷的军队溃败惊散，是由于主将的指挥失策。现在，还有很多侍卫部队，我请求亲自去扼守住冲要之地，招集离散了的部队，来谋求以后的效果，请陛下不要过于忧虑！"闵帝想派使臣去召唤石敬瑭，让他统兵去抗拒李从珂的人马。康义诚坚持请求自己去，闵帝便把将士招集起来进行慰问和动员，调用全部府库财物犒劳军队，并且许愿：平定凤翔之乱以后，每人加赏二百缗钱，如果府库不足，便用宫中锦帛珍玩变价补充。因此，军士更加骄横，肆无忌惮，背负着所赏赐的东西，在路上张扬说："到了凤翔，还要再弄一份。"

朝廷派遣楚匡祚到宋州把李从珂的儿子李重吉杀了；楚匡祚拷打李重吉，没收了他的家财。又杀了李从珂已经出家为尼的女儿李惠明。

壬戌（二十二日），潞王李从珂到达昭应，听说前军抓获王思同，潞王说："虽然王思同的谋划有所失误，然而他竭尽心力为其所侍奉的主上，也是可以嘉许的。"癸亥（二十三日），到达灵口，前军把王思同押见李从珂，李从珂责备他，

王思同回答说:"思同起于行伍之间,先帝提拔我,位至建立节度的大将,经常惭愧自己没有功劳报答重用的大恩。并非不知道依附大王您马上就能得到富贵,帮助朝廷是自取祸殃,只是怕临死之日没有面目在九泉之下见先帝。如果失败了就用我的血来祭奠战鼓,也算是得其所了。请您让我早些就死!"潞王听了这些话大受感动,改容相敬,说道:"您别说了。"潞王想赦免了他,而杨思权一班人却羞见其面。当潞王兵过长安时,尹晖全部掠取了王思同的家财和姬妾,并多次对潞王心腹刘延朗说:"如果留下王思同,恐怕要失掉吏士之心。"趁着潞王酒醉,不等到向上报告,擅自杀了王思同和他的妻子。潞王酒醒之后,很恼怒刘延朗,叹息了许多天。

丁卯(二十七日),潞王到达陕州,僚佐劝潞王说:"现在大王将要到达京畿,传闻皇帝乘舆已经转移出去,大王最好稍微在这里停留一下,先发布文告慰抚京城士庶。"潞王听从这个意见,便发布安抚文告传谕洛阳文武士庶说,除了朱弘昭、冯赟两个家族不赦免之外,其余人等都不要有犹疑。

青瓷鸳鸯注子　五代

此注子为造型生动的鸳鸯形,鸳鸯的口、眼、尾、翅及全身的羽毛用捏塑、戳盆望天贴、刻画等技法制成,通体施青绿釉,制作十分精细,容量很大,达到半升多。

康义诚的军队到达新安,所部将士自己相互结合,百八十人为一群,丢弃兵器铠甲,争先奔向陕州投降,连续不断。康义诚到达干壕后,在他指挥下的人只剩几十个,路上遇到潞王在那里的候骑十多人,康义诚解下所佩戴的弓和剑作证,随着候骑请求向潞王投降。

戊辰(二十八日),闵帝闻报潞王到达陕州,康义诚军队溃败,忧愁害怕,不知如何是好,急忙派人召见朱弘昭商量怎么办,朱弘昭说:"急切召见我,是要加罪于我啊。"便投井而死。安从进听说朱弘昭死讯后,便在冯赟的府第杀了他,并杀灭了他的家族,把朱弘昭、冯赟的首级传送给潞王。闵帝想逃奔魏州,召见孟汉琼让他到魏州先去安置;孟汉琼不应召命,自己单骑奔向陕州。

资治通鉴第二百八十卷

后晋纪一

【原文】

高祖圣文章武明德孝皇帝上之上天福元年（丙申，936年）

初，石敬瑭欲尝唐主之意，累表自陈羸疾，乞解兵柄，移他镇；帝与执政议从其请，移镇郓州。房暠、李崧、吕琦等皆力谏，以为不可，帝犹豫久之。

五月，庚寅夜，李崧请急在外，薛文遇独直，帝与之议河东事，文遇曰："谚有之：'当道筑室，三年不成。'兹事断自圣志；群臣各为身谋，安肯尽言！以臣观之，河东移亦反，不移亦反，在旦暮耳，不若先事图之。"先是，术者言国家今年应得贤佐，出奇谋，定天下，帝意文遇当之，闻其言，大喜，曰："卿言殊豁吾意，成败吾决行之。"即为除目，付学士院使草制。辛卯，以敬瑭为天平节度使，以马军都指挥使、河阳节度使宋审虔为河东节度使。制出，两班闻呼敬瑭名，相顾失色。

甲午，以建雄节度使张敬达为西北蕃汉马步都部署，趣敬瑭之郓州。敬瑭疑惧，谋于将佐曰："吾之再来河东也，主上面许终身不除代；今忽有是命，得非如今年千春节与公主所言乎？我不兴乱，朝廷发之，安能束手死于道路乎！今且发表称疾以观其意，若其宽我，我当事之；若加兵于我，我则改图耳。"幕僚段希尧极言拒之，敬瑭以其朴直，不责也。节度判官华阴赵莹劝敬瑭赴郓州；观察判官平遥薛融曰："融书生，不习军旅。"都押牙刘知远曰："明公久将兵，得士卒心；今据形胜之地，士马精强，若称兵传檄，帝业可成，奈何以一纸制书自投虎口乎！"掌

书记洛阳桑维翰曰："主上初即位，明公入朝，主上岂不知蛟龙不可纵之深渊邪？然卒以河东复授公，此乃天意假公以利器。明宗遗爱在人，主上以庶孽代之，群情不附。公明宗之爱婿，今主上以反逆见待，此非首谢可免，但力为自全之计。契丹素与明宗约为兄弟，今部落近在云、应，公诚能推心屈节事之，万一有急，朝呼夕至，何患无成。"敬瑭意遂决。

石敬瑭遣间使求救于契丹，令桑维翰草表称臣于契丹主，且请以父礼事之，约事捷之日，割卢龙一道及雁门关以北诸州与之。刘知远谏曰："称臣可矣，以父事之太过。厚以金帛赂之，自足致其兵，不必许以土田，恐异日大为中国之患，悔之无及。"敬瑭不从。表至契丹，契丹主大喜，白其母曰："儿比梦石郎遣使来，今果然，此天意也。"乃为复书，许俟仲秋倾国赴援。

九月，契丹主将五万骑，号三十万，自扬武谷而南，旌旗不绝五十馀里。代州刺史张朗、忻州刺史丁审琦婴城自守，房骑过城下，亦不诱胁。审琦，洺州人也。

辛丑，契丹主至晋阳，陈于汾北之虎北口。先遣人谓敬瑭曰："吾欲今日即破贼可乎？"敬瑭遣人驰告曰："南军甚厚，不可轻，请俟明日议战未晚也。"使者未至，契丹已与唐骑将高行周、符彦卿合战，敬瑭乃遣刘知远出兵助之。张敬达、杨光远、安审琦以步兵陈于城西北山下，契丹遣轻骑三千，不被甲，直犯其陈。唐兵见其羸，争逐之，至汾曲，契丹涉水而去。唐兵循岸而进，契丹伏兵自东北起，冲唐兵断而为二，步兵在北者多为契丹所杀，骑兵在南者引归晋安寨。契丹纵兵乘之，唐兵大败，步兵死者近万人，骑兵独全。敬达等收馀众保晋安，契丹亦引兵归虎北口。敬瑭得唐降兵千余人，刘知远劝敬瑭尽杀之。

是夕，敬瑭出北门，见契丹主。契丹主执敬瑭手，恨相见之晚。敬瑭问曰："皇帝远来，士马疲倦，遽与唐战而大胜，何也？"契丹主曰："始吾自北来，谓唐必断雁门诸路，伏兵险要，则吾不可得进矣。使人侦视，皆无之，吾是以长驱深入，知大事必济也。兵既相接，我气方锐，彼气方沮，若不乘此急击之，旷日持久，则胜负未可知矣。此吾所以亟战而胜，不可以劳逸常理论也。"敬瑭甚叹伏。

契丹主谓石敬瑭曰："吾三千里赴难，必有成功。观汝器貌识量，真中原之主也。吾欲立汝为天子。"敬瑭辞让者数四，将吏复劝进，乃许之。契丹主作册书，命敬瑭为大晋皇帝,自解衣冠授之,筑坛于柳林,是日,即皇帝位。割幽、蓟、瀛、莫、涿、檀、顺、新、妫、儒、武、云、应、寰、朔、蔚十六州以与契丹,仍许岁输帛三十万匹。己亥,制改长兴七年为天福元年,大赦;敕命法制,皆遵明宗之旧。

闰月,赵延寿献契丹主所赐诏及甲马弓剑,诈云德钧遣使致书于契丹主,为唐结好,说令引兵归国;其实别为密书,厚以金帛赂契丹主,云:"若立己为帝,请即以见兵南平洛阳,与契丹为兄弟之国;仍许石氏常镇河东。"契丹主自以深入敌境,晋安未下,德钧兵尚强,范延光在其东,又恐山北诸州邀其归路,欲许德钧之请。

帝闻之,大惧,亟使桑维翰见契丹主,说之曰:"大国举义兵以救孤危,一战而唐兵瓦解,退守一栅,食尽力穷。赵北平父子不忠不信,畏大国之强,且素蓄异志,按兵观变,非以死徇国之人,何足可畏,而信其诞妄之辞,贪豪末之利,弃垂成之功乎!且使晋得天下,将竭中国之财以奉大国,岂此小利之比乎!"契丹主曰:"尔见捕鼠者乎,不备之,犹或啮伤其手,况大敌乎!"对曰:"今大国已扼其喉,安能啮人乎!"契丹主曰:"吾非有渝前约也,但兵家权谋不得不尔。"对曰:"皇家以信义救人之急,四海之人俱属耳目,奈何二三其命,使大义不终!臣窃为皇帝不取也。"跪于帐前,自旦至暮,涕泣争之。契丹主乃从之,指帐前石谓德钧使者曰:"我已许石郎,此石烂,可改矣。"

赵德钧、赵延寿南奔潞州,唐败兵稍稍从之,其将时赛帅卢龙轻骑东还渔阳。帝先遣昭义节度使高行周还具食,至城下,见德钧父子在城上,行周曰:"仆与大王乡曲,敢不忠告!城中无斗粟可守,不若速迎车驾。"甲戌,帝与契丹主至潞州,德钧父子迎谒于高河,契丹主慰谕之,父子拜帝于马首,进曰:"别后安否?"帝不顾,亦不与之言。契丹主问德钧曰:"汝在幽州所置银鞍契丹直何在?"德钧指示之,契丹主命尽杀之于西郊,凡三千人。遂琐德钧、延寿,送归其国。

德钧见述律太后,悉以所赍宝货并籍其田宅献之,太后问曰:"汝近者何为往太原?"德钧曰:"奉唐主之命。"太后指天曰:"汝从吾儿求为天子,何妄语邪!"又自指其心曰:"此不可欺也。"又曰:"吾儿将行,吾戒之云:赵大王若引兵北向渝关，亟须引归，太原不可救也。汝欲为天子，何不先击退吾儿，徐图亦未晚。汝为人臣，既负其主，不能击敌，又欲乘乱邀利，所为如此，何面目复求生乎？"德钧俯首不能对。又问："器玩在此，田宅何在？"德钧曰："在幽州。"太后曰："幽州今属谁？"曰："属太后。"太后曰："然则又何献焉？"德钧益惭。自是郁郁不多食，逾年而卒。张砺与延寿俱入契丹，契丹主复以为翰林学士。

帝将发上党，契丹主举酒属帝曰："余远来徇义，今大事已成，我若南向，河南之人必大惊骇；汝宜自引汉兵南下，人必不甚惧。我令太相温将五千骑卫送汝至河梁，欲与之渡河者多少随意。余且留此，俟汝音闻，有急则下山救汝；若洛阳既定，吾即北返矣。"与帝扶手相泣，久之不能别，解白貂裘以衣帝，赠良马二十匹，战马千二百匹，曰："世世子孙勿相忘。"又曰："刘知远、赵莹、桑维翰皆创业功臣，无大故，勿弃也。"

辛巳，唐主与曹太后、刘皇后，雍王重美及宋审虔等携传国宝登玄武楼自焚。皇后积薪欲烧宫室，重美谏曰："新天子至，必不露居，他日重劳民力；死而遗怨，将安用之！"乃止。王淑妃谓太后曰："事急矣，宜且避匿，以俟姑夫。"太后曰："吾子孙妇女一朝至此，何忍独生！妹自勉之。"淑妃乃与许王从益匿于毬场，获免。

闽人闻唐主之亡，叹曰："潞王之罪，天下未之闻也，将如吾君何！"

【译文】

后晋高祖天福元年（丙申，公元936年）

过去，石敬瑭想试探末帝的意图，多次上表陈诉身体羸弱，请求解除他的兵权，调迁到别的镇所；末帝与执政大臣商议后答应了他的请求，把他移镇郓州。房暠、李崧、吕琦等人都极力谏劝，认为不能这样做，末帝犹疑了很长时间。

五月，庚寅（初二）夜间，李崧因有急事请假在外，薛文遇独自承值夜班，末帝同他议论河东的事情，薛文遇说："俗谚说：'在道路当中盖房，三年也盖不成'，这种事情只能由主上的意志进行决断。群臣各为自身利害作打算，怎么肯什么话都说！以臣看来，河东的事，移镇也反，不移也要反，只是时间早晚而已，不如走在前头，先把他解决了。"以前，术士说国家今年应该得到贤人辅佐，提出奇谋，安定天下，末帝以为这个人当由薛文遇来应验，听到他的话，大为高兴，说道："爱卿的话，很使我心意豁然开朗，不论成功还是失败，我决心施行。"立即命薛文遇写出封授官职的拟议，交付学士院草拟任命制书，辛卯（初三），任命石敬瑭为天平节度使，任用马军都指挥使、河阳节度使宋审虔为河东节度使。制令一出，文武两班听到呼叫石敬瑭的名字，相顾失色。

甲午（初六），末帝任用建雄节度使张敬达为西北蕃汉马步都部署，催促石敬瑭速赴郓州。石敬瑭很是疑惧，便和他的将佐计议说："我第二次来河东时，主上曾当面答应我终身不再派别人来替换我；现在又忽然有了这样的命令，莫不是像今年过千春节时，主上同公主所讲的那样吗？我如果不造反，朝廷要先发

后晋飞霞寺佛塔

制人，怎么能束手被擒，死于道路之间呢！今天我要上表说有病，来观察他对我的意向，如果他对我宽容，我就臣事他；如果他对我用兵，那我就要另做打算了。"幕僚段希尧极力主张抗拒朝廷的命令，石敬瑭因为他为人直率，并不责怪他。节度判官华阴人赵莹劝石敬瑭去郓州赴任；观察判官平遥人薛融说："我是个书生，不懂得遣兵作战的事。"都押牙刘知远说："明公您长期统率兵将，很能受到士兵的拥护；现在正占据着有利的地势，将士和马匹都很精锐强悍，如果起兵，传发檄文宣示各道，可以完成帝王大业，怎么能只为一道朝廷制令便自投虎口呢！"掌书记洛阳人桑维翰说："主上当初即位时，明公您入京朝贺，主上岂能不懂得蛟龙不可纵之归渊的道理？然而到底还是把河东再次交给您，这正是天意要借一把利器给您。先帝明宗的遗爱留在人间，主上却用旁支的庶子取代大位，群情是不依附于他的。您是明宗的爱婿，可是现在主上却把您当作叛逆看待，这就不是仅仅靠表示低头谢罪所能取得宽免，只能努力为保全自己想办法了。契丹向来同明宗协约做兄弟之

邦,现在,他们的部落近在云州、应州,您如果真能推心置腹地曲意讨好他们,万一有了急变之事,早上给契丹打个招呼,他们晚上就能来到,还担心什么事不能办成吗?"石敬瑭于是便下了造反的决心。

石敬瑭派使者从僻路求救于契丹,让桑维翰草写表章向契丹主称臣,并且请求用对待父亲的礼节来侍奉他,约定事情成功之日,划割卢龙一道及雁门关以北诸州给契丹。刘知远劝谏他说:"称臣就可以了,用父亲的礼节对待他就太过分了。用丰厚的金银财宝贿赂他,自然是足以促使他发兵,不必许诺割给他土田,恐怕那样以后要成中国的大患,后悔就来不及了。"石敬瑭不听。表章送到契丹,契丹国主耶律德光非常高兴,告诉他的母亲述律太后说:"孩儿最近梦见石郎派遣使者来,现在果然来了,这真是天意啊。"便向石敬瑭写了回信,答应等到仲秋时节,发动全国人马来支援他。

九月,契丹主耶律德光统领五万骑兵,号称三十万,从代州扬武谷向南进发,旌旗连绵不断达五十余里。代州刺史张朗、忻州刺史丁审琦绕城自守,契丹骑兵经过城下时,也不诱降挟胁他。丁审琦是洺州人。

辛丑(十五日),契丹主到达晋阳,把兵马布列在汾北的虎北口。先派人对石敬瑭说:"我打算今天攻打贼兵,行不行?"石敬瑭派人驰奔告诉他们说:"南军力量很雄厚,不可以轻视,请等到明天议论好如何开战也不晚。"使者还未到达契丹军营,契丹兵已经同后唐骑将高行周、符彦卿打了起来,石敬瑭便派刘知远出兵帮助他们。张敬达、杨光远、安审琦用步兵列阵在城西北山下,契丹派轻骑兵三千人,不披铠甲,直奔唐兵阵列。唐兵看到契丹兵单薄,争相驱赶,到了汾水之曲,契丹兵涉水而去。唐兵沿着河岸向北进取,契丹伏兵从东北涌出,冲击唐兵,把唐兵截为两段,在北面的步兵大多被契丹所杀,在南面的骑兵引退回到晋安营寨。契丹放开兵马乘乱攻击,唐兵大败,步兵死亡近万人,只有骑兵得到保全。张敬达等收集余众退保晋安,契丹也率领其兵返回虎北口。石敬瑭获得后唐降兵一千余人,刘知远劝石敬瑭把他们都杀了。

这天晚上,石敬瑭出北门,会见契丹主。契丹主握住石敬瑭的手,只恨相见晚了。石敬瑭问道:"皇帝远道而来,兵马疲倦,急切同唐兵作战而取得大胜,这是什么原因？"契丹主说："开始我从北面过来，以为唐兵必然要切断雁门的各条道路，埋伏兵众在险要之地，那样我就不能顺利前进了。我使人侦察，发现断路和伏险都没有，这样，我才得以长驱深入，知道大事必然成功了。兵马相接以后，我方气势正锐盛，彼方气势正沮丧，如果不乘此时急速攻击他，旷日持久，那谁胜谁负就不可预料了。这就是我之所以速战而胜的道理，不能用谁劳谁逸的通常的道理来衡量了。"石敬瑭很是叹服。

契丹主对石敬瑭说："我从三千里以外来帮助你解决危难，必然会成功。观察你的器宇容貌和见识气量，真的是个中原的国主啊。我想扶立你做天子。"石敬瑭推辞逊让了好几次，将吏又反复劝他进大位，于是便答应了。契丹主制作册封的文书，命令石敬瑭为大晋皇帝，自己解下衣服冠冕亲授给他，在柳林搭筑坛台，就在这一天，即了皇帝之位。割让了幽、蓟、瀛、莫、涿、檀、顺、新、妫、儒、武、云、应、寰、朔、蔚十六个州给予契丹，仍然答应每年贡帛三十万匹给他们。己亥（十一月十四日），后晋高祖皇帝石敬瑭下制令，更改长兴七年为天福元年，实行大赦；敕命各种法制都遵守后唐明宗时的旧规。

闰十一月，赵延寿奉献出契丹主所赐的诏书以及铠甲、马匹、弓矢、刀剑，诈称赵德钧遣派的使者致信给契丹主，为后唐求结和好，劝说契丹让他们引兵归国；其实又另具秘密书信，用丰厚的金宝财帛贿赂契丹主，并说："如果立自己为中国皇帝，请求就用现有兵马向南平定洛阳，与契丹约为兄弟之国；仍然允许石敬瑭常镇河东。"契丹主自以为深入敌境，晋安没有攻下，赵德钧兵力尚强，范延光在他的东面，又怕太行山以北诸州遮断他的归路，想要答应赵德钧的请求。

后晋帝听说，很是害怕，赶紧派桑维翰去见契丹主耶律德光，劝他说："您大国发动义兵来救援孤危，一次战斗就使唐兵瓦解，退守到一栅之后，食粮用尽，力量穷竭。赵德钧父子不忠于唐，不信于契丹，只是畏惧大国之强盛，而且素怀异志，按兵不动，以窥测变化，并非以死殉国的人，有什么可怕的。您怎么能相信他的荒诞之词，贪取毫末小利，丢弃将要完成的功业呢？而且如果让晋国得了天下，将要竭尽中国之财以奉献给大国，哪里是这些小利可比的！"契丹主说："你看见捕鼠的人吗，不防备它，还可能咬伤了手，何况是大敌啊！"回答说："现在大国已经卡住它的喉咙，岂能再咬人啊！"契丹主说："我不是要改变以前的约定，只是用兵的权谋不能不这样。"回答说："皇帝用信义救人的急难，四海人的耳目都注意到了这件事，怎么能忽而这样、忽而那样，以致使得大义不能贯彻始终，臣私下认为皇帝不能这样做啊！"于是，跪在帐前，从早到晚，哭泣流涕地争辩不止。契丹主便依从了他，指着帐前的石头对赵德钧的使者说："我已经许诺了石郎，除非这块石头烂了，才能改变。"

赵德钧、赵延寿向南逃奔到潞州，后唐败兵渐渐跟着他们，其将领时赛率领卢龙的轻骑兵向东回到渔阳。后晋高祖先派遣昭义节度使高行周回到潞州准备粮秣，到达城下，见赵德钧父子在城上，高行周说："我和您是同乡，怎能不向您进言忠告！城中没有一斗粟米可守，不如赶快迎接晋帝车驾。"甲戌（十九日），后晋高祖与契丹主到达潞州，赵德钧父子在高河迎接并谒见，契丹主好言安慰他们，赵氏父子在马前拜见后晋高祖，又走近后晋高祖身边说："分别以后安好吗？"后晋高祖不看他们，也不同他们交谈。契丹主问赵德钧说："你在幽州所设置的银鞍契丹兵现在哪里？"赵德钧指给他看，契丹主下令在西郊把这些人都杀了，共有三千人。于是，便拘拿了赵德钧、赵延寿，押送到契丹国。

赵德钧谒见契丹主的母亲述律太后，把所有带来的宝货及没收得来的田宅都献出来作贡物，太后问道："你最近为什么到太原去？"赵德钧说："是奉唐主之命。"太后指着天说道："你向我儿请求扶你当天子，为什么说瞎话！"又指指自己的心说："这里是不能欺骗的。"又说："我儿将要出行时，我告诫他说：赵大王如果率领兵马向渝关北进时，就赶紧带领部众回来，太原不必去救他。你想当天子，为什么不先把我儿击退，再慢慢谋取也不晚。你作为人臣，既辜负自己的君主，不能攻击敌人，又想秉着危乱之时谋求自己的利益，你干出这样的事，还有什么面目来求生存呢？"赵德钧低着头不能回答。太后又问他："你所献的器物玩好在这里，但你所献的田宅在哪里？"赵德钧说："在幽州。"太后说："幽州现在是属于谁的？"回答说："属于太后。"太后说："那你还献什么啊！"赵德钧更加羞惭。从此郁郁吃不下东西，一年之后便死了。张砺与赵延寿一起进入契丹，契丹主仍然让他做翰林学士。

后晋高祖将要进军上党，契丹主举着酒杯对他说："我远道而来履行协约，现在大事已经完成，我如果再向南进军，黄河以南的人必然要引起大的惊骇；你应该自己率领汉兵南下，人心定不会太恐惧，我命令太相温带领五千骑兵保卫护送你到河阳桥，你想要多少人随你渡河由你决定。我暂时留在这里，等你的消息，有紧急情况，我便下山去援救你；如果你能把洛阳安定下来，我就返回北面去。"于是与后晋高祖执手相泣，久久不能作别，脱下自己的白貂裘给后晋高祖穿上，又赠送了好马二十匹，战马一千二百匹，说："世世代代子孙不要相忘。"又说："刘知远、赵莹、桑维翰都是创业的功臣，没有大的过失，不要丢弃他们。"

辛巳（二十六日），后唐末帝与曹太后、刘皇后、雍王李重美及宋审虔等携带着传国宝玺登上宣武楼自焚。刘皇后积聚薪柴想把宫室也烧了，李重美劝谏说："新天子来了，必定不能露天居住，以后修建宫室还要劳费民力；死了还要使民众遗下怨恨，有什么用处呢！"于是，便停止了焚烧宫室。王淑妃对曹太后说："事情已经危急了，应该暂且躲藏一下，等候姑夫来了再说。"曹太后说："我的儿子、孙子、媳妇、女儿都到了如此地步，我怎么忍心独自生存！妹妹你自己勉励吧。"王淑妃便同许王李从益藏匿在毬场，终免于一死。

闽国人听到后唐末帝的灭亡消息后，叹息着说："潞王的罪行，我们没有听说过，他将把我们的国君怎么样呢！"

资治通鉴第二百八十一卷

后晋纪二

【原文】

高祖圣文章武明德孝皇帝上之下天福二年（丁酉，937年）

契丹主自上党过云州，大同节度使沙彦珣出迎，契丹主留之，不使还镇。节度判官吴峦在城中，谓其众曰："吾属礼义之俗，安可臣于夷狄乎！"众推峦领州事，闭城不受契丹之命，契丹攻之，不克。应州马军都指挥使金城郭崇威亦耻臣契丹，挺身南归。

契丹主过新州，命威塞节度使翟璋敛犒军钱十万缗。初，契丹主阿保机强盛，室韦、奚、霫皆役属焉。奚王去诸苦契丹贪虐，帅其众西徙妫州，依刘仁恭父子，号西奚。去诸卒，子扫刺立。唐庄宗灭刘守光，赐扫刺姓李名绍威。绍威娶契丹逐不鲁之姊。逐不鲁获罪于契丹，奔绍威，绍威纳之；契丹怒，攻之，不克。绍威卒，子拽剌立。及契丹主德光自上党北还，拽剌迎降，时逐不鲁亦卒，契丹主曰："汝诚无罪，扫刺、逐不鲁负我。"皆命发其骨，碎而扬之。诸奚畏契丹之虐，多逃叛。契丹主劳翟璋曰："当为汝除代，令汝南归。"己亥，璋表乞征诣阙。既而契丹遣璋将兵讨叛奚，攻云州，有功，留不遣璋，璋郁郁而卒。

张砺自契丹逃归，为追骑所获，契丹主责之曰："何故舍我去？"对曰："臣华人，饮食衣服皆不与此同，生不如死，愿早就戮。"契丹主顾通事高彦英曰："吾常戒汝善遇此人，何故使之失所而亡去？若失之，安可复得邪！"笞彦英而谢砺。砺事契丹主甚忠直，遇事辄言，无所隐避，契丹主甚重之。

吴历阳公濛知吴将亡，甲午，杀守卫军使王宏；宏子勒兵攻濛，濛射杀之。以德胜节度使周本吴之勋旧，引二骑诣庐州，欲依之。本闻濛至，将见之，其子弘祚固谏，本怒曰："我家郎君来，何为不使我见！"弘祚合扉不听本出，使人执濛于外，送江都。徐诰遣使称诏杀濛于采石，追废为悖逆庶人，绝属籍。侍卫军使郭惊杀濛妻子于和州，诰归罪于惊，贬池州。

吴司徒、门下侍郎、同平章事、内枢使、忠武节度使王令谋老病无齿，或劝之致仕，令谋曰："齐王大事未毕，吾何敢自安！"疾亟，力劝徐诰受禅。是月，吴主下诏，禅位于齐。李德诚复诣金陵帅百官劝进，宋齐丘不署表。九月，癸丑，令谋卒。丙寅，吴主命江夏王璘奉玺绶于齐。冬，十月，甲申，齐王诰即皇帝位于金陵，大赦，改元升元，国号唐。追尊太祖武王曰武皇帝。乙酉，遣右丞相玠奉册诣吴主，称受禅老臣诰谨拜稽首上皇帝尊号曰高尚思玄弘古让皇，宫室、乘舆、服御皆如故，宗庙、正朔、徽章、服色悉从吴制。

唐主宴群臣于天泉阁，李德诚曰："陛下应天顺人，惟宋丘兵不乐。"因出齐丘止德诚劝进书，唐主执书不视，曰："子嵩三十年旧交，必不相负。"齐丘顿首谢。

己丑，唐主表让皇改东都宫殿名，皆取于仙经。让皇常服羽衣，习辟谷术。辛卯，吴宗室建安王珙等十二人皆降爵为公，而加官增邑。丙申，以吴同平章事张延翰及门下侍郎张居咏、中书侍郎李建勋并同平章事。让皇以唐主上表，致书辞之；唐主表谢而不改。

丁酉，加宋齐丘大司徒。齐丘虽为左丞相，不预政事，心愠怼，闻制词云"布衣之交"，抗声曰："臣为布衣时，陛下为刺史；今日为天子，可以不用老臣矣。"还家请罪，唐主手诏谢之，亦不改命。久之，齐丘不知所出，乃更上书请迁让皇于他州，及斥远吴太子琏，绝其婚；唐主不从。

唐主赐杨琏妃号永兴公主；妃闻人呼公主则流涕而辞。

【译文】

后晋高祖天福二年（丁酉，公元937年）

契丹主耶律德光从上党北上经过云州时，大同节度使沙彦珣出城迎接，契丹主

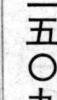

把他留下,不让回镇所。节度判官吴峦在城中,对他的下属将士说:"我们属于有礼义之俗的国家,怎么可以做夷狄的臣民啊!"众人推举吴峦领导全州的事务,关上城门不接受契丹的命令,契丹兵攻城,攻不下来。应州马军都指挥使金城人郭崇威也耻于向契丹称臣,挺身南归。

契丹主经过新州,命令威塞节度使翟璋收集犒劳军队的钱十万缗。以前,契丹主耶律德光的父亲契丹太祖耶律阿保机强盛,室韦、奚、霫都成为他的属地而为其役使。奚王去诸苦于契丹的贪求和虐待,带领他的属众向西迁徙到妫州,依附于刘仁恭父子,号称西奚。去诸死后,他的儿子扫剌继立。后唐庄宗讨灭刘守光时,赐给扫剌姓李,名绍威。李绍威娶了契丹逐不鲁的姐姐。逐不鲁得罪了契丹,投奔李绍威,李绍威接纳了他;契丹发怒,攻打他,没有攻下来。李绍威死后,子拽剌继立。等到契丹主耶律德光从上党北归时,拽剌迎接并投降于他,当时逐不鲁也死了,契丹主耶律德光说:"你实在是没有罪过的,扫剌、逐不鲁有负于我。"便令人把二人的尸骨挖掘出来,磨碎后加以散扬。各处奚人畏惧契丹的暴虐,很多都叛离逃走。契丹主慰劳翟璋说:"我一定找人替代你的职务,让你回到南朝。"己亥(十六日),翟璋上表后晋朝廷,请求召他回朝。没有多久,契丹派遣翟璋领兵去讨伐叛变的奚人,进攻云州,有功劳,便把他留下,不让他回去,最后翟璋郁郁而死。

翰林学士张砺从契丹逃归南方,被追赶的契丹骑兵抓获,契丹主责备他说:"你为什么离我而去?"张砺回答说:"我是中原人,饮食、衣服都同此地不一样,活着还不如死了,我希望您早日把我杀了。"契丹主对着翻译高彦英说:"我常常告诫你要优厚地对待这个人,你为什么让他流离失所而逃走?如果失去他,还能到哪里去获得这样的人!"便笞打高彦英而向张砺道歉。张砺侍奉契丹主很是忠心和直率,遇到问题往往进言,没有什么隐瞒和回避的,契丹主很器重他。

吴国历阳公杨濛知道吴国快要败亡了,甲午(八月十四日),杀了守卫他的军使王宏;王宏的儿子带领兵卒攻击杨濛,杨濛射杀了他。因为德胜节度使周本是吴国有功勋的旧臣,便带领两个骑兵来到庐州,想依托于他。周本听说杨濛来了,将要会见他,他的儿子周弘祚坚决劝阻,周本发怒说:"我家的少主来了,为什么不

让我见他!"周弘祚关上门不让周本出去,并让人在外边把杨濛抓起来,送往江都。徐诰派使者称吴主下诏,在采石杀了杨濛,并把他追废为"悖逆庶人",从宗室名册中删除。侍卫军使郭惊在和州把杨濛的妻与子杀了,徐诰归罪于郭惊,把他贬移到池州。

吴国司徒、门下侍郎、同平章事、内枢使、忠武节度使王令谋年老有病,连牙齿都没有了,有人劝他退休,王令谋说:"齐王的大事还没完成,我怎么敢自图安逸!"病得快死了,还极力劝说徐诰接受吴主让位。就在这个月里,吴主杨溥下诏书,把帝位禅让给齐王徐诰。李德诚再次到金陵率领百官劝进,宋齐丘不在劝进表上署名。九月,癸丑(初四),王令谋去世。

丙寅(十七日),吴主杨溥命江夏王杨璘奉献皇帝的国玺和绶带给齐王。冬季,十月,甲申(初五),齐王徐诰在金陵即皇帝位,实行大赦,改年号为升元,国号唐。追尊他的父亲太祖武王徐温称武皇帝。乙酉(初六),遣派右丞相徐玠奉送上尊号的册文去进诣吴主杨溥,称言受禅老臣诰谨拜稽首上皇帝尊号为高尚思玄弘古让皇,宫室、乘舆、服御都照旧,宗庙、正朔、徽章、服色都仍按吴国制度。

南唐国主徐诰在天泉阁宴请群臣,李德诚奏称:"陛下应天顺人,只有宋齐丘不愉快。"因而把宋齐丘阻止李德诚劝进的信拿出来作为证明,南唐主拿着这封信而不看,并说:"子嵩是我三十年的老朋友,必定不会负我。"宋齐丘顿首拜谢。

己丑(初十),南唐主上表让皇,请求更改东都江都的宫殿名称,都是从神仙经书中取名的。让皇经常穿着道士羽衣,习练辟谷修仙的法术。辛卯(十二日),吴国宗室建安王杨珙等十二人都降爵为公,但加授了官职并增了食邑,以示安慰。丙申(十七日),南唐主任用吴国前同平章事张延翰及门下侍郎张居咏、中书侍郎李建勋都任同平章事。让皇因为南唐主仍用上表的形式,写信表示不能接受,南唐主上表致谢,但仍不改变。

丁酉(十八日),南唐主加授宋齐丘为大司徒。宋齐丘虽然任左丞相,但不能参与政事,心里怨怒,听说南唐主所作词中称是"布衣之交",便抗辩说:"我当老百姓时,陛下是刺史,现在您当了天子,可以不用老臣了。"回家请求治罪,南唐主手诏向他致歉,但也不再改变授官命令。时间长了,宋齐丘不知怎么办为好,便上书建议把让皇行移到其他州府，并疏远吴太子杨琏，断绝与他的婚姻；南唐主没有听从他的意见。

南唐主赐杨琏的妃子号为永兴公主，这位妃子听到别人称呼她为公主便流眼泪而推辞。

【原文】

三年（戊戌，938年）

帝上尊号于契丹主及太后，戊寅，以冯道为太后册礼使，左仆射刘煦为契丹主册礼使，备卤簿、仪仗、车辂，诣契丹行礼；契丹主大悦。帝事契丹甚谨，奉表称臣，谓契丹主为"父皇帝"；每契丹使至，帝于别殿拜受诏敕。岁输金帛三十万之外，吉凶庆吊，岁时赠遗，玩好珍异，相继于道。乃至应天太后、元帅太子、伟王、南、北二王、韩延徽、赵延寿等诸大臣皆有赂；小不如意，辄来责让，帝常卑辞谢之。晋使者至契丹，契丹骄倨，多不逊语。使者还，以闻，朝野咸以为耻，而帝事之曾无倦意，以是终帝之世与契丹无隙。然所输金帛不过数县租赋，往往托以民困，不能满数。其后契丹主屡止帝上表称臣，但令为书称"儿皇帝"，如家人礼。

【译文】

三年（戊戌，公元938年）

后晋高祖给契丹国主耶律德光及述律太后上尊号，戊寅（疑误），任命冯道为太后册礼使，左仆射刘煦为契丹主册礼使，配备着卤簿、仪仗、车辂，送至契丹行礼；契丹主极为高兴。后晋高祖事奉契丹很恭谨，上表称臣，叫契丹主为"父皇帝"；每当契丹的使者来到，后晋高祖在别殿拜接契丹的诏书和敕令。每年除了要输送金帛三十万之外，各种吉凶庆吊，季节馈赠，玩好珍异，运送的车马接连于道路。而且对于述律太后、元帅太子、伟王、南王、北王、韩延徽、赵延寿等诸大臣都有贿赠；他们小有不如意的，便来责备、索取，后晋高祖往往用谦卑的语言谢罪。晋朝的使者到契丹，契丹骄横倨慢，语多不逊。使者回朝，向后晋高祖报告，朝廷内外都以为羞耻,而后晋高祖卑恭对待契丹,从来没有怠慢过,因此,整个后晋高祖在位的时期,同契丹没有发生过嫌隙。然而所输送的金帛,不过是几个县的田租赋税。往往托词说民间困乏,不能满额送到。后来,契丹主多次制止后晋高祖上表称臣,只叫他写信时自称"儿皇帝",像家庭之间行礼一样。

文官议事及礼佛图　五代

此图描绘五代时期文官聚会议事及听经礼佛的情景,由此可以窥见当时士大夫阶层对佛事的爱好。

资治通鉴第二百八十二卷

后晋纪三

【原文】

高祖圣文章武明德孝皇帝中天福四年（己亥，939年）

唐群臣江王知证等累表请唐主复姓李，立唐宗庙，乙丑，唐主许之。群臣又请上尊号，唐主曰："尊号虚美，且非古。"遂不受。其后子孙皆踵其法，不受尊号，又不以外戚辅政，宦者不得预事，皆他国所不及也。

二月，乙亥，改太祖庙号曰义祖。己卯，唐主为李氏考妣发哀，与皇后斩衰居庐，如初丧礼，朝夕临凡五十四日。江王知证、饶王知谔请亦服斩衰；不许。李建勋之妻广德长公主假衰绖入哭尽礼，如父母之丧。

庚寅，唐主更名昇。

初，闽惠宗以太祖元从为拱宸、控鹤都，及康宗立，更募壮士二千为腹心，号宸卫都，禄赐皆厚于二都；或言二都怨望，将作乱，闽主欲分隶漳、泉二州，二都益怒。闽主好为长夜之饮，强群臣酒，醉则令左右伺其过失；从弟继隆醉失礼，斩之。屡以猜怒诛宗室，叔父左仆射、同平章事延羲阳为狂愚以避祸，闽主赐以道士服，置武夷山中；寻复召还，幽于私第。

闽主数侮拱宸、控鹤军使永泰朱文进、光山连重遇，二人怨之。会北宫火，求贼不获；闽主命重遇将内外营兵扫除余烬，日役万人，士卒甚苦之。又疑重遇知纵火之谋，欲诛之；内学士陈郯私告重遇。辛巳夜，重遇入直，帅二都兵焚长春宫以攻闽主，使人迎延羲于瓦砾中，呼万岁；复召外营兵共攻闽主；独宸卫都拒战，闽

主乃与李后如宸卫都。比明，乱兵焚宸卫都，宸卫都战败，余众千余人奉闽主及李后出北关，至梧桐岭，众稍逃散。延羲使兄子前汀州刺史继业将兵追之，及于村舍；闽主素善射，引弓杀数人。俄而追兵云集，闽主知不免，投弓谓继业曰："卿臣节安在！"继业曰："君无君德，臣安有臣节！新君，叔父也，旧君，昆弟也，孰亲孰疏？"闽主不复言。继业与之俱还，到陀庄，饮以酒，醉而缢之，并李后及诸子、王继恭皆死。宸卫余众奔吴越。

延羲自称威武节度使、闽国王，更名曦，改元永隆，赦系囚，颁赉中外。以宸卫弑闽主赴于邻国；谥闽主曰圣神英睿文明广武应道大弘孝皇帝，庙号康宗。遣商人间道奉表称藩于晋；然其在国，置百官皆如天子之制。以太子太傅致仕李真为司空兼中书侍郎、同平章事。

连重遇之攻康宗也，陈守元在宫中，易服将逃，兵人杀之。重遇执蔡守蒙，数以卖官之罪而斩之。闽王曦既立，遣使诛林兴于泉州。

【译文】

后晋高祖天福四年（己亥，公元939年）

南唐群臣江王徐知证等几次上表请求南唐王徐诰恢复姓李，建立唐室宗庙，乙丑（正月二十三日），南唐主准许。群臣又请求上帝王尊号，南唐主说："尊号是一种虚美，并且不是古制。"便没有接受。此后，子孙都依照这种做法，不受尊号，又不用外戚辅理政事，宦官不准干预国事，这都是其他国家所做不到的。

二月，乙亥（初三），更改南唐太祖徐温的庙号称为义祖。己卯（初七），南唐主为李氏父母举行哀悼，同皇后一起披麻戴孝，值守于祭堂，像初丧之礼一样，早晚拜祭达五十四天。徐温的亲子江王徐知证、饶王徐知谔请求也披麻戴孝；南唐主不准许。李建勋之妻广德长公主身穿丧服到祭堂哀哭尽礼，如同父母之丧一样。

庚寅（十八日），南唐主更名为李昪。

过去，闽惠宗王璘把太祖王审知的原来侍从立为拱宸、控鹤二都，等到康宗王昶即位后，又募集壮士二千作为腹心，号称宸卫都，俸禄和赏赐都厚于二都；有人传言，二都有怨气，将要作乱，闽主想把二者分别隶属于漳、泉二州，二都更加愤

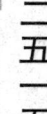

怒。闽主喜欢作长夜的饮宴，强制群臣喝酒，喝醉了便让左右之人伺机找他们的过失；闽主的堂弟王继隆醉后失礼，把他斩了。这样，由于多次猜疑、发怒而诛杀宗室。闽主的叔父左仆射、同平章事王延羲表面上装作狂呆用来躲避祸端，闽主赐给他道士服装，把他放置在武夷山中；不久，又把他召回来，幽禁在他自己的私第。

闽主几次轻侮拱宸、控鹤军使永泰人朱文进、光山人连重遇，二人很怨恨。没过多久，北宫失火，查究放火贼人但没有寻获；闽主命令连重遇带领内外营兵扫除余烬，每天役使上万人，士兵感到很痛苦。又怀疑连重遇知道纵火的阴谋，想要把他杀了；内廷学士陈郯私下告诉了连重遇。辛巳（闰七月十二日）夜，连重遇进宫值勤，率领二都之兵焚烧了长春宫，袭击闽主，派人从瓦砾中把王延羲迎接出来，对着他呼喊万岁，又召集外营的兵众共同攻击闽主；只有宸卫都的兵士抗拒进行战斗，闽主便和皇后李春燕避往宸卫都。待到天亮，乱兵焚烧了宸卫。宸卫都打败，剩下的千余人保护着闽主和李后出了北关，到达梧桐岭，剩下的人又渐渐逃散。王延羲让他哥哥的儿子前汀州刺史王继业带兵追赶他们，一直追到村舍；闽主平素擅长射术，拉起弓射杀几个人。不多时，追兵云集，闽主自知不能逃脱，便丢下弓箭对王继业说："你的臣节到哪里去了！"王继业说："君既然没有君德，臣还有什么臣节！新君，是我的叔父，旧君，是我的兄弟，谁亲谁疏？"闽主不再说话。王继业同他一起回来，到达陀庄，让他喝酒，醉后把他勒死了。连同李后及几个儿子、王继恭都杀死了。宸卫都的余众投奔吴越。

王延羲自称威武节度使、闽国王，改名王曦，改年号为永隆。赦放系押的囚犯，对朝廷内外进行赏赐。宣称宸卫都杀了闽主投赴邻国，给闽主上谥号为圣神英睿文明广武应道大弘孝皇帝，庙号康宗。遣派商人从便道去上表，向后晋朝廷称藩；然而在他的国内，设置百官都如同天子的制度。任用已经以太子太傅名义退休的李真为司空兼中书侍郎、同平章事。

连重遇攻击康宗时，陈守元正在宫中，换了衣服将要逃跑，兵士把他杀了。连重遇抓住了蔡守蒙，斥责他的卖官之罪而把他杀了。闽王王曦即位以后，派使者到泉州去把林兴也杀了。

【原文】

五年（庚子，940年）

闽王曦既立，骄淫苛虐，猜忌宗族，多寻旧怨。其弟建州刺史延政数以书谏之，曦怒，复书骂之；遣亲吏业翘监建州军，教练使杜汉崇监南镇军，二人争捃延政阴事告于曦，由是兄弟积相猜恨。一日，翘与延政议事不叶，翘诃之曰："公反邪！"延政怒，欲斩翘；翘奔南镇，延政发兵就攻之，败其戍兵。翘、汉崇奔福州，西鄙戍兵皆溃。

二月，曦遣统军使潘师逵、吴行真将兵四万击延政。师逵军于建州城西，行真军于城南，皆阻水置营，焚城外庐舍。延政求救于吴越，壬戌，吴越王元瓘遣宁国节度使、同平章事仰仁诠、内都监使薛万忠将兵四万救之，丞相林鼎谏，不听。三月，戊辰，师逵分兵三千，遣都军使蔡弘裔将之出战，延政遣其将林汉彻等败之于茶山，斩首千余级。

丁丑，王延政募敢死士千余人，夜涉水，潜入潘师逵垒，因风纵火，城上鼓噪以应之，战棹都头建安陈诲杀师逵，其众皆溃。戊寅，引兵欲攻吴行真寨，建人未涉水，行文及将士弃营走，死者万人。延政乘胜取永平、顺昌二城。自是建州之兵始盛。

吴越仰仁诠等兵至建州，王延政以福州兵已败去，奉牛酒犒之，请班师；仁诠等不从，营于城之西北。延政惧，复遣使乞师于闽王。闽王以泉州刺史王继业为行营都统，将兵二万救之；且移书责吴越，遣轻兵绝吴越粮道。会久雨，吴越食尽，五月，延政遣兵出击，大破之，俘斩以万计。癸来，仁诠等夜遁。

唐主遣客省使尚全恭如闽，和闽王曦及王延政。六月，延政遣牙将及女奴持誓书及香炉至福州，与曦盟于宣陵。然兄弟相猜恨犹如故。

【译文】

五年（庚子，公元940年）

闽主王曦即位以后，骄奢淫逸，酷苛暴虐，猜忌宗族，常常寻找旧怨加以报复。他的弟弟建州刺史王延政多次写信规劝他，王曦发怒，回信责骂王延政；派遣亲信官吏业翘监察建州军，教练使杜汉崇监福州与建州之间的南镇军。这两个人争着搜集王延政的阴私之事向王曦报告，因此兄弟二人长期相互猜忌怨恨。有一天，业翘与王延政议论事情意见不合，业翘呵斥王延政说："你要造反啊！"王延政发怒，要杀业翘；业翘奔向南镇，王延政发兵到南镇攻击他，打败了南镇的守兵，业翘、杜汉崇奔向福州，西郊边境的守兵都溃散了。

二月，王曦派遣统军使潘师逵、吴行真统兵四万攻打王延政。潘师逵屯军在建州城西，吴行真屯军在建州城南，都隔着水设置营地，焚烧了城外的房舍。王延政求救于吴越，壬戌（二十六日），吴越王钱元瓘派宁国节度使、同平章事仰仁诠、内都监使薛万忠统兵四万去救援他；闽国丞相林鼎谏阻王曦，不听。三月，戊辰（初二），潘师逵分兵三千，派都军使蔡弘裔领着他们出战，王延政派其将林汉彻等在茶山把他们打败，斩首千余级。

丁丑（十一日），闽国建州刺史王延政募集了一千多敢于冒死的士卒，乘着夜间涉水，潜伏进入潘师逵的营垒，顺风纵火，城上擂鼓呐喊来响应他们，战棹都头建安人陈诲杀了潘师逵，他的兵众都溃散了。戊寅（十二日），王延政率领兵卒要进攻吴行真的营寨，还未等到建州兵涉水过来，吴行真和将士就弃营逃走，死亡达万人。王延政乘胜攻取了永平、顺昌二城。从此以后，建州的兵卒开始强盛起来。

吴越国仰仁诠等率援军到达建州，王延政因为闽国福州兵已经败走，取出肉酒犒劳他们，请他们班师回吴越。仰仁诠等不依从，在建州城的西北扎营。王延政害怕，又遣使者向闽王请求发兵救援。闽王王曦任命泉州刺史王继业为行营都统，率兵二万来救援；并且送信责备吴越，派遣轻兵断绝吴越的运粮道路。正好遇上长时间下雨，吴越兵粮食用尽，五月，王延政派兵出击，大破吴越之兵，俘虏斩杀上万人。癸未（十八日），仰仁诠等乘夜间逃走。

南唐主遣派客省使尚全恭赴闽国，使闽王王曦和王延政议和。六月，王延政派遣牙将及女奴带着誓书及香炉到福州，与王曦定盟于闽太祖王审知的宣陵。但是，兄弟相互猜疑嫉恨依然如故。

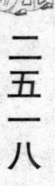

【原文】

六年（辛丑，941年）

成德节度使安重荣耻臣契丹，见契丹使者，必箕踞慢骂，使过其境，或潜遣人杀之；契丹以让帝，帝为之逊谢。六月，戊午，重荣执契丹使拽剌，遣骑掠幽州南境，军于博野，上表称："吐谷浑、两突厥、浑、契苾、沙陀各帅部众归附；党项等亦遣使纳契丹告身职牒，言为虏所陵暴，又言自二月以来，令各具精甲壮马，将以上秋南寇，恐天命不佑，与之俱灭，愿自备十万众，与晋共击契丹。又朔州节度副使赵崇已逐契丹节度使刘山，求归命朝廷。臣相继以闻。陛下屡敕臣承奉契丹，勿自起衅端；其如天道人心，难以违拒，机不可失，时不再来。诸节度使没于虏庭者，皆延颈企踵以待王师，良可哀闵。愿早决计。"表数千言，大抵斥帝父事契丹，竭中国以媚无厌之虏。又以此意为书遗朝贵及移藩镇，云已勒兵，必与契丹决战。帝以重荣方握强兵，不能制，甚患之。

时邺都留守、侍卫马步都指挥使刘知远在大梁；泰宁节度使桑维翰知重荣已蓄奸谋，又虑朝廷重违其意，密上疏曰："陛下免于晋阳之难而有天下，皆契丹之功也，不可负之。今重荣恃勇轻敌，吐浑假手报仇，皆非国家之利，不可听也。臣窃观契丹数年以来，士马精强，吞噬四邻，战必胜，攻必取，割中国之土地，收中国之器械；其君智勇过人，其臣上下辑睦，牛羊蕃息，国无天灾，此未可与为敌也。且中国新败，士气凋沮，以当契丹乘胜之威，其势相去甚远。又，和亲既绝，则当发兵守塞，兵少则不足以待寇，兵多则馈运无以继之。我出则彼归，我归则彼至，臣恐禁卫之士疲于奔命，镇、定之地无复遗民。今天下粗安，疮痍未复，府库虚竭，蒸民困弊，静而守之，犹惧不济，其可妄动乎！契丹与国家恩义非轻，信誓甚著，彼无间隙而自启衅端，就使克之，后患愈重；万一不克，大事去矣。议者以岁输缯帛谓之耗蠹，有所卑逊谓之屈辱。殊不知兵连而不休，祸结而不解，财力将匮，耗蠹孰甚焉！用兵则武吏功臣过求姑息，边藩远郡得以骄矜，下陵上替，屈辱孰大焉！臣愿陛下训农习战，养兵息民，俟国无内忧，民有余力，然后观衅而动，则动必有成矣。又，邺都富盛，国家藩屏，今主帅赴阙，军府无人，臣窃思慢藏诲盗之言，勇夫重闭之义，乞陛下略加巡幸，以杜奸谋。"帝谓使者曰："朕比日以来，烦懑不决，今见卿奏，如醉醒矣，卿勿以为忧。"

曦淫侈无度，资用不给，谋于国计使南安陈匡范，匡范请日进万金；曦悦，加匡范礼部侍郎，匡范增算商贾数倍。曦宴群臣，举酒属匡范曰："明珠美玉，求之可得；如匡范，人中之宝，不可得也。"未几，商贾之算不能足日进，贷诸省务钱以足之，恐事觉，忧悸而卒，曦祭赠甚厚。诸省务以匡范贷帖闻，曦大怒，斫棺，断其尸弃水中，以连江人黄绍颇代为国计使。绍颇请"令欲仕者，自非荫补，皆听输钱即授之，以资望高下及州县户口多寡定其直，自百缗至千缗。"从之。

刘知远遣亲将郭威以诏指说吐谷浑酋长白承福，令去安重荣归朝廷，许以节钺。威还，谓知远曰："虏惟利是嗜，安铁胡止以袍袴赂之；今欲其来，莫若重赂乃可致耳。"知远从之，且使谓承福曰："朝廷已割尔曹隶契丹，尔曹当自安部落；今乃南来助安重荣为逆，重荣已为天下所弃，朝夕败亡，尔曹宜早从化，勿俟临之以兵，南北无归，悔无及矣。"承福惧，冬，十月，帅其众归于知远。知远处之太原东山及岚、石之间，表承福领大同节度使，收其精骑以隶麾下。

始，安重荣移檄诸道，云与吐谷浑、达靼、契苾同起兵，既而承福降知远，达靼、契苾亦莫之赴，重荣势大沮。

【译文】

六年（辛丑，公元941年）

成德节度使安重荣耻于向契丹称臣，会见契丹使者时，一定伸开两腿箕踞谩骂，使者经过他的辖境，有时暗中派人把使者杀了；契丹以此责备后晋高祖，后晋高祖常替他道歉谢过。六月，戊午（二十九日）安重荣拘执契丹使者拽刺，派出骑兵掠抢幽州的南境，把军队屯扎在博野，上表称说："吐谷浑、两突厥、浑、契苾、沙陀各自率领部众来归附；党项等也遣派使者交出契丹委任职务的告身职牒，诉说被契丹所欺凌虐待，又说自从二月以来，契丹命令他们各自准备精兵壮马，将要在入秋时向南寇掠，他们害怕老天爷不保佑，与契丹一道灭亡，愿意自己准备十万人马，与晋国共同攻击契丹。又有朔州节度副使赵崇已经驱逐了契丹任命的节度使刘山，请求归顺朝廷。我已经把这些情况相继报告朝廷。陛下多次命令我仰承恭奉契丹，不要自己去挑起衅端；可是现在天道人心，难以违抗，机不可失，时不再来。诸节度使被执陷在胡虏境内的都伸长脖子、提起脚跟在等待着王师北伐，实在值得同情哀怜。愿朝廷早做决计。"表章共有几千字，大体都是斥责后晋高祖把契丹当作父亲来侍奉，竭尽中原所有以谄媚贪得无厌的胡虏。安重荣又用这种意思写信送给朝中贵官，并且传送给各藩镇，说已经调动兵将，决心同契丹决战。后晋高祖由于安重荣正掌握着强大兵力，不能扼制他，极为忧虑。

当时，邺都留守、侍卫马步都指挥使刘知远在大梁入朝；泰宁节度使桑维翰知道安重荣已经心怀奸谋，又怕朝廷难违其意，秘密上疏说："陛下免除了晋阳之难而领有天下，都是契丹的功绩啊，不可亏负他。现在，安重荣依恃勇悍，轻视敌人，吐谷浑想借我们的手来报仇，都不是对国家有利的事，不能听从他们。我观察契丹数年以来，士马精强，吞并四邻，战必胜，攻必取，割据中原的土地，收缴中原的器械；他的君主智勇过人，他的臣僚上下洽睦，牛羊繁殖茂盛，国家没有天灾，是不可以把他视为敌人的。而且，中原刚刚败给他们，士气低落沮丧，用这样的军队去抵挡契丹乘胜的威势，这种形势，相差太远。再者，和亲的关系即已断绝，就应当发兵戍守边塞，但是，兵少了是不足以应付敌寇的，兵多了又使得后勤运输接济不上。我军出战，他就退走，我军回守，他又出来骚扰，我担心禁卫的士兵疲于奔命，镇州、定州之地不能再有遗留的民众。现在，天下刚刚稍有安定，国家的创伤没有恢复，府库空虚穷竭，百姓困苦凋敝，平静地来守护还怕不能济事，怎么可以再妄作举动呢！契丹与我们国家恩义不浅，彼此对信守誓约都很重视，他没有差错而我们自取衅端，即使战胜了他，后患也会更加严重；万一不能战胜他，大事就完了。人们议论认为每年运送缯帛给他们叫作耗蠹，有所卑恭谦逊叫作屈辱。殊不知如果兵战连绵而不罢休，灾祸纠结而不解除，财力将要匮乏，耗蠹哪个更厉害呢！用兵就会使得武将功臣过分要求姑息迁就他们，边藩远郡因此得以骄傲矜伐，下颉上废，不思振作，屈辱哪个更大呢！我希望陛下训劝农耕，习练军战，养备兵众，与民休息，等到国家没有内忧，民众有了余力，然后看形势而动，才能动必有成。再者，邺都丰富繁盛，是国家的屏障，现在它的主帅赴京朝见，军府无人主事，我想到《易经》上说的不谨守所藏，要招引盗贼的话，《左传》上所讲勇敢的人重视守护的道理，请求陛下略做巡视检查，以杜绝奸谋。"后晋高祖对来使说："朕这几天心里烦扰，不能决定怎么办，今天见到你们节帅的奏章，就像酒醉醒来，告诉你们节帅不要忧虑。"

王曦淫侈无度，资金用度接不上，于是就同国计使南安人陈匡范商讨办法，陈匡范请求每天进万金；王曦高兴，加封陈匡范为礼部侍郎，陈匡范增收商贾赋税数倍。王曦宴会群臣时，举酒对陈匡范说："明珠美玉，求之可以得到；像匡范这样的人，是人中之宝，不可得啊！"没多久，商贾的赋税不能凑足日进之额，陈匡范就借用各部门的经费来补足，又怕被发觉，忧惧而死，王曦对他祭奠赠赐很丰厚。各部门把陈匡范借据上奏，王曦大怒，劈了陈匡范的棺材，斩断他的尸体抛掷到水中。另行任用连江人黄绍颇代做国计使。黄绍颇建议："命令那些要做官的人，只要不是因功绩荫庇补官的，都听凭捐纳金钱就授他官职，用资望高下及州县户口多少来定价格，从百缗直到千缗不等。"王曦听从了这个办法。

刘知远派遣他的亲近将领郭威，根据朝廷诏命去劝说吐谷浑首长白承福，让他脱离安重荣归附后晋朝廷，答应让他当节度使。郭威回来，对刘知远说："胡虏只喜欢对自己有好处的事，安重荣只是用袍袴之类贿赂他；现在，我们要把他拉过来，不如用重赂，才能让他过来。"刘知远听了他的建议，并且让使者去告诉白承福说："朝廷已经把你们割划隶属于契丹，你们就应该安分治理自己的部落，现在竟然南来帮助安重荣当叛逆，安重荣已经被天下所唾弃，早晚之间就要败亡，你们要早日顺从归化，不要等到用兵力如临于你们，弄得南、北都无所适从，那时后悔就来不及了。"白承福害怕，冬季，十月，率领他的兵众依附于刘知远。刘知远把他们置放在太原东山及岚州、石州之间，上表请任白承福领受大同节度使，收揽他的精锐骑兵隶属在自己的指挥之下。

开始，安重荣传送檄文给诸道，说与吐谷浑、达靼、契苾共同起兵，不久，白承福向刘知远投降，达靼、契苾也不去参加起兵，安重荣的势力大为沮丧。

资治通鉴第二百八十三卷

后晋纪四

【原文】

高祖圣文章武明德孝皇帝下天福七年（壬寅，942年）

曦荒淫无度，尝夜宴，光准醉忤旨，命执送都市斩之；吏不敢杀，系狱中。明日，视朝，召复其位。是夕，又宴，收翰林学士周维岳下狱。吏拂榻待之，曰："相公昨夜宿此，尚书勿忧。"醒而释之。他日，又宴，侍臣皆以醉去，独维岳在。曦曰："维岳身甚小，何饮酒之多？"左右或曰："酒有别肠，不必长大。"曦欣然，命捽维岳下殿，欲剖视其酒肠。或曰："杀维岳，无人侍陛下剧饮者。"乃舍之。

【译文】

后晋高祖天福七年（壬寅，公元942年）

闽主王曦荒淫无度，有一次举行夜宴时，因为李光准醉酒违背了闽主意旨，便命人把他绑起来送到市街上问斩；下边的官吏不敢杀他，拘留在牢狱里。第二天，闽主上朝视事，又召来恢复他的职位。这天晚间，又举行宴会，把翰林学士周维岳又拘系下狱。下边的属吏扫干净了床接待他，并说："昨天宰相爷也住在这里，尚书大人您不必忧虑。"闽主酒醒以后，果然也把他释放了。过了些日子，又举行宴会，陪侍的大臣都因醉酒散去，只有周维岳还在。闽主王曦说："周维岳身材矮小，为什么他能喝那么多的酒？"左右的人有的说："能喝酒的人，另有盛酒的肠子，不必非长得高大不可。"王曦听了很高兴，便命人把他揪拿下殿，想要把他剖腹看他的酒肠。有人又说:"杀了周维岳,可就没有人能陪伴陛下放开量痛快饮酒了。"便释放了他。

【原文】

齐王上天福八年（癸卯,943年）

唐宣城王景达,刚毅开爽,烈祖爱之,屡欲以为嗣;宋齐丘亟称其才,唐主以齐王璟年长而止。璟以是怨齐丘。

驾部郎中冯延己,为齐王元帅府掌书记,性倾巧,与宋齐丘及宣徽副使陈觉相结;同府在己上者,延己稍以计逐之。延己尝戏谓中书侍郎孙晟曰:"公有何能,为中书郎?"晟曰:"晟,山东鄙儒,文章不如公,谈谐不如公,谄诈不如公。然主上使公与齐王游处,盖欲以仁义辅导之也,岂但为声色狗马之友邪！晟诚无能;公之能,适足为国家之祸耳。"延己,歙州人也。

又有魏岑者,亦在齐王府。给事中常梦锡屡言陈觉、冯延己、魏岑皆佞邪小人,不宜侍东宫;司门郎中判大理寺萧俨表称陈觉奸回乱政;唐主颇感悟,未及去。

会疽发背,秘不令人知,密令医治之,听政如故。庚午,疾亟,太医吴廷裕遣亲信召齐王璟入侍疾。唐主谓璟曰:"吾饵金石,始欲益寿,乃更伤生,汝宜戒之！"是夕,殂。秘不发丧,下制:"以齐王监国,大赦。"

孙晟恐冯延己等用事;欲称遗诏令太后临朝称制。翰林学士李贻业曰:"先帝尝云:'妇人预政,乱之本也,'安肯自为厉阶！此必近习奸人之诈也。且嗣君春秋已长,明德著闻,公何得遽为亡国之言！若果宣行,吾必对百官毁之。"晟惧而止。贻业,蔚之从曾孙也。

丙子,始宣遗制。烈祖末年卞急,近臣多罹谴罚。陈觉称疾,累月不入,及宣遗诏,乃出。萧俨劾奏:"觉端居私室,以俟升遐,请按其罪。"齐王不许。

自烈祖相吴,禁压良为贱,令买奴婢者通官作券。冯延己及弟礼部员外郎延鲁,俱在元帅府,草遗诏听民卖男女;意欲自买姬妾,萧俨驳曰:"此必延己等所为,非大行之命也。昔延鲁为东都判官,已有此请;先帝访臣,臣对曰:'陛下昔为吴相，民有鬻男女者，为出府金，赎而归之，故远近归心。今即位而反之，使贫人之子为富人厮役，可乎？'先帝以为然，将治延鲁罪。臣以为延鲁愚，无足责。先帝斜封延鲁章，抹三笔，持入宫。请求请宫中，必尚在。"齐王命取先帝时留中章奏千余道，皆斜封一抹，果得延鲁疏。然以遗诏已行，竟不之改。唐元宗即位，大赦，改元保大。秘书郎韩熙载请俟逾年改元，不从。

唐主未听政，冯延己屡入白事，一日至数四。唐主曰："书记有常职，何为如是其烦也！"

唐主为人谦谨，初即位，不名大臣，数延公卿论政体，李建勋谓人曰："主上宽仁大度，优于先帝；但性习未定，苟旁无正人，但恐不能守先帝之业耳。"

唐主以镇南节度使宋齐丘为太保兼中书令，奉化节度使周宗为侍中。唐主以齐丘、宗先朝勋旧，故顺人望召为相，政事皆自决之。

【译文】

后晋齐王天福八年（癸卯，公元943年）

南唐宣城王李景达，为人刚毅开朗，烈祖李昇很喜爱他，几次想让他继承皇位，宋齐丘极力称赞他的才干，南唐主因为齐王李璟年纪居长而没有实行。李璟因此怨恨宋齐丘。

驾部郎中冯延己，为齐王元帅府掌书记，为人性格乖巧投机，与宋齐丘及宣徽副使陈觉相互勾结；同时在齐王府任职而名位在自己之上的，冯延己便小施计谋把他排挤出去。冯延己曾经对中书侍郎孙晟加以戏弄地说："您有什么本事，当了中书郎？"孙晟说："我孙晟不过是山东的一个鄙陋的儒生，做文章比不上您，谈吐诙谐比不上您，谄媚狡诈比不上您。但是，主上让您同齐王一起行动和居处，是想请您用仁义的言行去辅导他，怎么能只是成为声色狗马的朋友啊！我孙晟确实没有什么本事，然而您的本事，恰好是给国家造成灾祸而已啊。"冯延己是歙州人。

又有一个名叫魏岑的人，也在齐王府中。给事中常梦锡几次上言，说陈觉、冯延己、魏岑都是佞邪的小人，不适合让他们在东宫侍奉太子，司门郎中判大理寺萧俨上表指称陈觉奸邪乱政；南唐主很有些感受和觉察，但没有来得及去掉他们。

不久，南唐主背上长了痈疽，把消息封锁起来不让人知道，秘密地让医士来治疗，他上朝听取政事仍和原来一样。庚午（二月二十二日），病情严重恶化，太医吴廷裕派亲信之人去把齐王李璟召入宫中侍奉疾病。南唐主李昪对李璟说："我服用金石丹药，本来是想延年益寿，哪知反而更加伤害生命，你可要警惕戒备这件事！"这天傍晚，便死去了。把丧事隐秘不宣布，下达制令："任用齐王监国，实行大赦。"

孙晟怕冯延己等人把持朝政，想宣告：遵照先帝遗诏，命令太后临朝代行天子之事。翰林学士李贻业说："先帝曾经说过：'妇人干预政事，是致乱的根源'，怎么肯自己开创恶端！这必然是亲近中的奸人搞的欺诈行为。而且继嗣之君年纪已长，明德的声望很昭著，您为什么突然讲这种亡国的说法！如果真的这样宣布施行，我一定要向百官揭露抵制这个做法。"孙晟害怕而没有这样做。李贻业是唐僖宗时宰相李蔚的曾侄孙。

丙子（二十八日），才宣布遗制。南唐烈祖李昪末年脾气急躁，近身的大臣往往遭到谴责和惩罚。陈觉称说有病，整月整月地不入朝门，及至宣告遗诏，才出来。萧俨弹劾他奏称："陈觉端坐在私人的居室，来等待先帝升仙，请朝廷按律治他的罪。"齐王李璟不准。

自从南唐烈祖李璟在吴国当宰相，便禁止压迫良民作奴婢，命令买奴婢的人要通过官府立字为据。冯延己和他的弟弟礼部员外冯延鲁，都在元帅府供职，起草列祖遗诏，听由民间卖儿女；他们想要自己买入姬妾。萧俨驳斥说："这事必然是冯延己等人干的，不是先帝大行之前的命令。以前，冯延鲁任东都留守判官时，已经有过这样的请求；当时先帝询问过我，我回答说：'陛下从前做吴国的宰相，民间有卖儿女的，您为了他们拿出府库中的金钱，把人赎出来，归还给他们的父母，因此远近都仰敬而归心于您。现在您即位当皇帝而实行相反的办法，让穷人的子女去为富人做役使，这样合适吗？'先帝以为我说得对，将要治冯延鲁的罪。当时我以为冯延鲁愚蠢，不足以责备他。先帝便把冯延鲁的奏章斜封了，抹了三笔，拿进宫去。请您让人到诸宫中去寻求，必然还在。"齐王让人取出先帝时留在宫中的章奏千余道，都是斜封后一抹的，果然找到冯延鲁的上疏。然而，由于烈祖的遗诏已经施行，到底没有再做改变。

南唐元宗李璟即位，实行大赦，改年号为保大。秘书郎韩熙载请求等过了年后再改元，没有依从。

南唐国主李璟尚未听政视事，冯延己已经屡次入朝陈述政事，一天来几次，国主说："书记有正常的职守，为什么这样烦琐啊！"

南唐国主为人谦虚谨慎，初即位，不呼唤大臣的名字，几次邀请公卿议论政治措施，李建勋对人说："主上宽仁大度，比先帝为好；但是性格和习惯尚未定型，如果没有正派人辅佐，只怕不能守住先帝创立的基业。"

南唐国主任用镇南节度使宋齐丘为太保兼中书令，奉化节度使周宗为侍中。国主因为宋齐丘、周宗是先朝的功勋旧臣，所以顺从人望召他们为宰相，但政事都由自己做决定。

资治通鉴第二百八十四卷

后晋纪五

【原文】

齐王中开运元年（甲辰，944年）

闽拱宸都指挥使朱文进，阁门使连重遇，既弑康宗，常惧国人之讨，相与结婚以自固。闽主曦果于诛杀，尝游西园，因醉杀控鹤指挥使魏从朗。从朗，朱、连之党也。又尝酒酣诵白居易诗云："唯有人心相对间，咫尺之情不能料"，因举酒属二人。二人起，流涕再拜，曰："臣子事君父，安有他志！"曦不应。二人大惧。

李后妒尚贤妃之宠，欲弑曦而立其子亚澄，使人告二人曰："主上殊不平于二公，奈何？"

会后父李真有疾，乙酉，曦如真第问疾。文进、重遇使拱宸马步使钱达弑曦于马上，召百官集朝堂，告之曰："太祖昭武皇帝，光启闽国，今子孙淫虐，荒坠厥绪。天厌王氏，宜更择有德者立之。"众莫敢言。重遇乃推文进升殿，被衮冕，帅群臣北面再拜称臣。文进自称闽主，悉收王氏宗族延喜以下少长五十余人，皆杀之。葬闽主曦，谥曰睿文广武明圣元德隆道大孝皇帝，庙号景宗。以重遇总六军。礼部尚书、判三司郑元弼抗辞不屈，黜归田里，将奔建州，文进杀之。文进下令，出宫人，罢营造，以反曦之政。

郭威

殷主延政遣统军使吴成义将兵讨文进，不克。

殷主延政遣其将陈敬佺以兵三千屯尤溪及古田，卢进以兵二千屯长溪。

泉州散员指挥使桃林留从效谓同列王忠顺、董思安、张汉思曰："朱文进屠灭王氏，遣腹心分据诸州。吾属世受王氏恩，而交臂事贼，一旦富沙王克福州，吾属死有余愧！"众以为然。十一月，从效等各引军中所善壮士，夜饮于从效之家，从效绐之曰："富沙王已平福州，密旨令吾属讨黄绍颇。吾观诸君状貌，皆非久处贫贱者。从吾言，富贵可图；不然，祸且至矣。"众皆踊跃，操白梃，逾垣而入，执绍颇，斩之。从效持州印诣王继勋第，请主军府。从效自称平贼统军使，函绍颇首，遣副兵马使临淮陈洪进赍诣建州。

洪进至尤溪，福州戍兵数千遮道。洪进绐之曰："义师已诛朱福州，吾倍道逆嗣君于建州，尔辈尚守此何为乎？"以绍颇首示之，众遂溃，大将数人从洪进诣建州。延政以继勋为侍中、泉州刺史，从效、忠顺、思安、洪进皆为都指挥使。漳州将程谟闻之，亡杀刺史程文纬立王继成权州事。继勋、继成，皆延政之从子也，朱文进之灭王氏，二人以疏远获全。

汀州刺史许文稹奉表请降于殷。

朱文进闻黄绍颇死，大惧，以重赏募兵二万，遣统军使林守谅、内客省使李廷锷将之攻泉州，钲鼓相闻五百里。殷主延政遣大将军杜进将兵二万救泉州，留从效开门与福州兵战，大破之，斩守谅，执廷锷。延政遣统军使吴成义帅战舰千艘攻福州，朱文进遣子弟为质于吴越以求救。

乙未，朱文进遣同平章事李光准等奉国宝于殷。

丁酉，福州南廊承旨林仁翰谓其徒曰："吾曹世事王氏，今受制贼臣，富沙王至，何面见之！"帅其徒三十人被甲趣连重遇第，重遇方严丘自卫，三十人者望之，稍稍遁去。仁翰执槊直前刺重遇，杀之，斩其首以示众曰："富沙王且至，汝辈族矣！今重遇已死，何不亟取文进以赎罪！"众踊跃从之，遂斩文进，迎吴成义入城，函二首送建州。

【译文】

后晋齐王开运元年（甲辰，公元944年）

闽国拱定都指挥使朱文进、阁门使连重遇，杀了康宗王昶以后，常常害怕国人声讨他们，便互相结为婚姻，用来巩固自己的势力。闽主王曦对诛杀很随便，他曾经游览西园，因为醉酒杀了控鹤指挥使魏从朗。魏从朗是朱文进、连重遇的党羽。又曾经在酒兴正浓时吟诵白居易的诗道："唯有人心相对间，咫尺之情不能料"，边诵边举酒对着朱、连二人，二人起立，流涕再拜，说："臣子侍奉君父，哪能有二心！"王曦没有什么反应，二人大为惶恐。

李后妒忌尚贤妃受到闽主王曦的宠爱，想要谋杀王曦而立她的儿子王亚澄为帝，派人告诉二人说："主上对待你们二位很不公平，怎么办？"

适逢李后的父亲李真生病，乙酉（三月十三日），王曦到李真的府第问候疾病。朱文进、连重遇指使拱宸马步使钱达在马上把王曦杀了，召集百官到朝堂，向大家宣告说："太祖昭武皇帝光辉地开创闽国，现在子孙淫乱暴虐，使他的遗绪荒废坠落，上天厌弃王氏，应该另外选择有德的人拥立他为皇帝。"众人不敢讲话。连重遇便把朱文进推拥上殿升座，穿上帝王的衣服冠冕，率领群臣向北面再拜称臣。朱文进自称闽主，把王氏宗族从王曦的弟弟王延喜以下少长五十余人，全部收拘，都杀了。埋葬了闽主王曦，谥为睿文广武明圣元德隆道大孝皇帝，庙号景宗。任用连重遇总领六军。礼部尚书、判三司郑元弼言词抗驳不屈服，罢黜他回归田里，在他将要投奔建州时，朱文进把他杀了。朱文进下令，遣出宫人，停止营建，以此改变王曦的政策。

殷主王延政遣派统军使吴成义领兵征讨朱文进，未能取胜。

殷国国主王延政遣派其将陈敬佺领兵三千屯驻在尤溪及古田，卢进领兵二千屯驻在长溪。

泉州散员指挥使桃林人留从效对同列为官的王忠顺、董思安、张汉思说："朱文进屠灭了王氏家族，派遣他的心腹之人分别占据各州。我们这些人世代蒙受王氏的恩惠，却拱手服从奸贼，一旦富沙王攻下福州，我们死有余愧啊！"众人认为他说得对。十一月，留从效等各自率领军中所要好的壮士，夜晚在留从效家中饮酒，留从效骗诱他们说："富沙王已经平定福州，有密旨让我们讨拿黄绍颇。我看诸位的相貌，都不是久居贫贱之人。听我的话，富贵可以谋求；不然的话，大祸就要临头了。"众人都很积极响应，拿起棍棒，跳墙而入，捉住黄绍颇，把他杀了。留从效拿着泉州的印信到王继勋的府第去见他，请他出来主持军府的事务。留从效自称是平贼统军使，用匣子装了黄绍颇的首级，遣派副兵马使临淮人陈洪进捧着送到建州王延政那里。

陈洪进到达尤溪，福州方面的戍兵数千人挡住道路。陈洪进骗他们说："起义的部队已经诛杀福州的朱文进，我正加倍赶路到建州去迎接君王继承人，你们还戍守在这里干什么呢？"并把黄绍颇的首级给他们看，这些兵众便逃散了，有几员大将跟随陈洪进到了建州。王延政任用王继勋为侍中、泉州刺史，留从效、王忠顺、董思安、陈洪进都认为都指挥使。漳州将官程谟听说这件事后，也杀了刺史程文纬，扶立王继成暂理州府事务。王继勋、王继成都是王延政的本家侄儿，朱文进族灭王氏家族时，这两个人由于关系疏远而得以保全。

汀州刺史许文稹上表章请求顺降于殷国。

朱文进听说黄绍颇死了，大为恐惧，用重赏招募兵卒二万人，遣派统军使林守谅、内客省使李廷锷统领他们进攻泉州，钲鼓之声相闻达五百里。殷主王延政派大将军杜进领兵二万救援泉州，留从效打开城门与福州兵交战，把对方打得大败，斩了林守谅，捉住李廷锷。王延政派统军使吴成义率领战船千艘攻打福州，朱文进遣派子弟到吴越作人质，向吴越求救。

乙未（闰十二月二十七日），朱文进派同平章事李光准等护送国宝给殷国。

丁酉（二十九日），福州南廊承旨林仁翰对他的徒众说："我们世世代代侍奉王氏，现在受到贼臣的辖制，富沙王来了，有什么脸面见他！"于是率领他的徒众三十人披上铠甲奔向连重遇的府第，连重遇正用兵卒严密地保卫自己，这三十个人看到如此情状，渐渐逃去。林仁翰手执长槊直奔向前刺连重遇，把他杀了，砍下他的头来示众说："富沙王将要来到，你们这些人要全家族灭了！现在连重遇已死，为什么还不赶快去攻取朱文进来为自己赎罪！"众人踊跃地跟着他，从而杀了朱文进，迎接吴成义进城，用匣装了朱、连二人的首级送往建州。

【原文】

二年（乙巳，945年）

契丹连岁入寇，中国疲于奔命，边民涂地；契丹人畜亦多死，国人厌苦之。述律太后谓契丹主曰:"使汉人为胡主,可乎?"曰:"不可。"太后曰:"然则汝何故欲为汉主?"曰:"石氏负恩,不可容。"太后曰:"汝今虽得汉地,不能居也;万一蹉跌,悔何所及!"又谓其群下曰:"汉儿何得一向眠!自古但闻汉和蕃,未闻蕃和汉。汉儿果能回意,我亦何惜与和!"

桑维翰屡劝帝复请和于契丹以纾国患,帝假开封军将张晖供奉官,使奉表称臣诣契丹,卑辞谢过。契丹主曰:"使景延广、桑维翰自来,仍割镇、定两道隶我,则可和。"朝廷以契丹语忿,谓其无和意,乃止。及契丹主入大梁,谓李崧等曰:"向使晋使再来,则南北不战矣。"

【译文】

二年(乙巳,公元945年)

契丹连年入侵,中原疲于奔命,边民受尽苦难;契丹的人和牲畜也死了许多,他的民众对这种状况也厌恶和痛苦。述律太后对契丹主说:"让汉人来当胡人皇帝行不行?"回答说:"不行!"太后说:"那么你为什么要当汉人的皇帝?"回答说:"姓石的辜负了对他们的恩义,不能容忍。"太后说:"你现在虽然取得了汉地,不能居留;万一有了差失,后悔怎么来得及!"又对她的下属众人说:"汉儿哪曾得到过睡一晌好觉!自古只听说汉来和善,没有听说过蕃去和汉。汉儿如果能回心转意,我们又何必吝惜与他和好!"

桑维翰屡次劝后晋出帝仍然请和于契丹以缓解国家的祸患,后晋出帝借助于开封军将张晖供奉官,让他奉表称臣前去契丹,用谦卑的语言谢过。契丹主说:"让景延广、桑维翰亲自来,仍然割让镇州、定州两道归属于我国,就可以和。"后晋朝廷认为契丹讲话愤慨,说他没有和意,便停止了。后来契丹主耶律德光入主大梁时对李崧等说:"如果当时晋国使者再来我国,那就南北不战了。"

后晋纪六

资治通鉴第二百八十五卷

【原文】

齐王下开运二年（乙巳，45 年）

初，帝疾未平，会正旦，枢密使、中书令桑维翰遣女仆入宫起居太后，因问："皇弟睿近读书否？"帝闻之，以告冯玉，玉因谮维翰有废立之志；帝疑之。

李守贞素恶维翰，冯玉、李彦韬与守贞合谋排之；以中书令行开封尹赵莹柔而易制，共荐以代维翰。丁亥，罢维翰政事，为开封尹；以莹为中书令，李崧为枢密使、守侍中。维翰遂称足疾，希复朝谒，杜绝宾客。

或谓冯玉曰："桑公元老，今既解其枢务，纵不留之相位，犹当优以大藩，奈何使之尹京，亲猥细之务乎？"玉曰："恐其反耳。"曰："儒生安能反！"玉曰："纵不自反，恐其教人耳。"

【译文】

后晋齐王开运二年（乙巳，公元 945 年）

当初，后晋出帝的病情还未平复，恰值正月初一，早晨，枢密使、中书令桑维翰派女仆入宫向太后问安，便询问："皇弟睿近来读书吗？"出帝听到，告诉冯玉，冯玉于是诬陷桑维翰有废出帝、立石重睿的异志；出帝听后便对桑维翰产生怀疑。

李守贞历来憎恶桑维翰，冯玉、李彦韬与李守贞合谋排挤桑维翰；因中书令代理开封府尹赵莹为人软弱易于控制，他们共同荐举他取代桑维翰。丁亥（十二月二

十五日），罢免桑维翰朝中的职务，让他作开封尹；任命赵莹为中书令，李崧为枢密使兼侍中。桑维翰于是称脚有病，很少再入朝谒见，并谢绝宾客。

有人对冯玉说："桑公是开国元老，现在已经解除他枢密使的职务，纵然不能留在宰相的职位上，也应当优待他任大藩镇的长官，怎能用他作开封尹，亲自去干那些闲杂琐碎的事务呢？"冯玉说："怕他造反。"那人说道："他一个读书的儒生怎能造反！"冯玉说："纵然他自己不出头造反，也怕他会教唆别人造反！"

【原文】

三年（丙午，946年）

契丹主大举入寇，自易、定趣恒州。杜威等至武强，闻之，将自贝、冀而南。彰德节度使张彦泽时在恒州，引兵会之，言契丹可破之状；威等复趣恒州，以彦泽为前锋。甲寅，威等至中度桥，契丹已据桥，彦泽帅骑争之，契丹焚桥而退。晋兵与契丹夹滹沱而军。

始，契丹见晋军大至，又争桥不胜，恐晋军急渡滹沱，与恒州合势击之，议引兵还。及闻晋军筑垒为持久之计，遂不去。

杜威虽以贵戚为上将，性懦怯。偏裨皆节度使，但日相承迎，置酒作乐，罕议军事。

磁州刺史兼北面转运使李榖说威及李守贞曰："今大军去恒州咫尺，烟火相望。若多以三股木置水中，积薪布土其上，桥可立成。密约城中举火相应，夜募将士斫虏营而入，表里合势，虏必遁逃。"诸将皆以为然，独杜威不可，遣榖南至怀、孟督军粮。

契丹以大军当晋军之前，潜遣其将萧翰、通事刘重进将百骑及羸卒，并西山出晋军之后，断晋粮道及归路。樵采者遇之，尽为所掠；有逸归者，皆称虏众之盛，军中讻惧。翰等至栾城，城中戍兵千余人，不觉其至，狼狈降之。契丹获晋民，皆黥其面曰"奉敕不杀"，纵之南走；运夫在道遇之，皆弃车惊溃。翰，契丹主之舅也。

己未，帝始闻大军屯中度；是夕，关勋至。庚申，杜威奏请益兵，诏悉发守宫

禁者得数百人，赴之。又诏发河北及滑、孟、泽、潞刍粮五十万诣军前；督迫严急，所在鼎沸。辛酉，威又遣从者张祚等来告急，祚等还，为契丹所获。自是朝廷与军前声问两不相通。

时宿卫兵皆在行营，人心懔懔，莫知为计。开封尹桑维翰，以国家危在旦夕，求见帝言事；帝方在苑中调鹰，辞不见。又诣执政言之，执政不以为然。退，谓所亲曰："晋氏不血食矣！"

帝欲自将北征，李彦韬谏而止。时符彦卿虽任行营职事，帝留之，使戍荆州口。壬戌，诏以归德节度使高行周为北面都部署，以彦卿副之，共戍澶州；以西京留守景延广戍河阳，且张形势。

奉国都指挥使王清言于杜威曰："今大军去恒州五里，守此何为！营孤食尽，势将自溃。请以步卒二千为前锋；夺桥开道，公帅诸军继之；得入恒州，则无忧矣。"威许诺，遣清与宋彦筠俱进。清战甚锐，契丹不能支，势小却；诸将请以大军继之，威不许。彦筠为契丹所败，浮水抵岸得免。清独帅麾下陈于水北力战，互有杀伤，屡请救于威，威竟不遣一骑助之。清谓其众曰："上将握兵，坐观吾辈困急而不救，此必有异志。吾辈当以死报国耳！"众感其言，莫有退者，至暮，战不息。契丹以新兵继之，清及士众尽死。由是诸军皆夺气。清，洺州人也。

甲子，契丹遥以兵环晋营，内外断绝，军中食且尽。杜威与李守贞、宋彦筠谋降契丹，威潜遣腹心诣契丹牙帐，邀求重赏。契丹主绐之曰："赵延寿威望素浅，恐不能帝中国。汝果降者，当以汝为之。"威喜，遂定降计。丙寅，伏甲召诸将，出降表示之，使署名。诸将骇愕，莫敢言者，但唯唯听命。威遣阁门使高勋赍诣契丹，契丹主赐诏慰纳之。是日，威悉命军士出陈于外，军士皆踊跃，以为且战，威亲谕之曰："今食尽涂穷，当与汝曹共求生计。"因命释甲。军士皆恸哭，声振原野。威、守贞仍于众中扬言："主上失德，信任奸邪，猜忌于己。"闻者无不切齿。契丹主遣赵延寿衣赭袍至晋营慰抚士卒，曰："彼皆汝物也。"杜威以下，皆迎谒于马前；亦以赭袍衣威以示晋军，其实皆戏之耳。以威为太傅，李守贞为司徒。

壬申，帝始闻杜威等降；是夕，又闻彦泽至滑州，召李崧、冯玉、李彦韬入禁中计事，欲诏刘知远发兵入援。癸酉，未明，彦泽自封丘门斩关而入，李彦韬帅禁兵五百赴之，不能遏。彦泽顿兵明德门外，城中大扰。

帝于宫中起火，自携剑驱后宫十余人将赴火，为亲军将薛超所持。俄而彦泽自宽仁门传契丹主与太后书慰抚之，且召桑维翰、景延广，帝乃命灭火，悉开宫城门。帝坐苑中，与后妃相聚而泣，召翰林学士范质草降表，自称"孙男臣重贵，祸至神惑，运尽天亡。今与太后及妻冯氏，举族于郊野面缚待罪次。遣男镇宁节度使延煦，威信节度使延宝，奉国宝一、金印三出迎。"太后亦上表称"新妇李氏妾"。

傅住儿入宣契丹主命，帝脱黄袍，服素衫，再拜受宣，左右皆掩泣。帝使召张彦泽，欲与计事。彦泽曰："臣无面目见陛下。"帝复召之，彦泽微笑不应。

或劝桑维翰逃去。维翰曰："吾大臣，逃将安之！"坐而俟命。彦泽以帝命召维翰，维翰至天街，遇李崧，驻马语未毕，有军吏于马前揖维翰赴侍卫司。维翰知不免，顾谓崧曰："侍中当国，今日国亡，反令维翰死之，何也？"崧有愧色。彦泽踞坐见维翰，维翰责之曰："去年拔公于罪人之中，复领大镇，授以兵权，何乃负恩至此！"彦泽无以应，遣兵守之。

甲戌，张彦泽迁帝于开封府，顷刻不得留，宫中恸哭。帝与太后、皇后乘肩舆，宫人、宦者十余人步从。见者流涕。帝悉以内库金珠自随。彦泽使人讽之曰："契丹主至，此物不可匿也。"帝悉归之，亦分以遗彦泽，彦泽择取其奇货，而封其余以待契丹。彦泽遣控鹤指挥使李筠以兵守帝，内外不通。帝姑乌氏公主赂守门者，入与帝诀，归第自经。帝与太后所上契丹主表章，皆先示彦泽，然后敢发。

帝使取内库帛数段，主者不与，曰："此非帝物也。"又求酒于李崧，崧亦辞以他故不进。又欲见李彦韬，彦韬亦辞不往。帝惆怅久之。

是夕，彦泽杀桑维翰。以带加颈，白契丹主，云其自经。契丹主曰："吾无意杀维翰，何为如是！"命厚抚其家。

高行周、符彦卿皆诣契丹牙帐降。契丹主以阳城之战为彦卿所败，诘之。彦卿曰："臣当时惟知为晋主竭力，今日死生惟命。"契丹主笑而释之。

己卯，延煦、延宝自牙帐还，契丹主赐帝手诏，且遣解里谓帝曰："孙勿忧，必使汝有啖饭之所。"帝心稍安，上表谢恩。

契丹以所献传国宝追琢非工，又不与前史相应，疑其非真，以诏书诘帝，使献真者。帝奏："顷王从珂自焚，旧传国宝不知所在，必与之俱烬。此宝先帝所为，群臣备知。臣今日焉敢匿宝！"乃止。

　　帝闻契丹主将渡河，欲与太后于前途奉迎；张彦泽先奏之，契丹主不许。有司又欲使帝衔璧牵羊，大臣舆榇，迎于郊外，先具仪注白契丹主，契丹主曰："吾遣奇兵直取大梁，非受降也。"亦不许。又诏晋文武群官，一切如故；朝廷制度，并用汉礼。有司欲备法驾迎契丹主，契丹主报曰："吾方擐甲总戎，太常仪卫，未暇施也。"皆却之。

　　先是契丹主至相州，即遣兵趣河阳捕景延广。延广苍猝无所逃伏，往见契丹主于封丘。契丹主诘之曰："致两主失欢，皆汝所为也。十万横磨剑安在！"召乔荣，使相辩证，事凡十条。延广初不服，荣以纸所记语示之，乃服。每服一事，辄授一筹。至八筹，延广但以面伏地请死，乃锁之。

【议文】

三年（丙午，公元946年）

　　契丹主率兵大举入侵，从易州、定州直向恒州。杜威等到达武强，听到这个消息，要从贝州、冀州往南走。彰德节度使张彦泽当时在恒州，领兵前去和杜威等人会师，并陈述契丹可以被打败的理由，杜威等又开往恒州，命张彦泽为前锋。甲寅（十一月二十七日），杜威等来到中度桥，但契丹已占领了桥，张彦泽率骑兵前去争夺，契丹兵把桥烧掉退却了。于是后晋兵马和契丹军队隔着滹沱河驻扎下来。

　　开始，契丹人见后晋军队浩浩荡荡开来，前来争桥又没取胜，担心对方会强渡滹沱河，和恒州联合夹击，商议退兵返回；但听到后晋军队已筑起营垒作持久的准备，于是就不退兵了。

　　杜威虽然以皇帝亲戚身份担任上将，但生性懦弱胆小。他手下的将领都是节度使，只是天天奉承迎合，饮酒作乐，很少谈论军事。

　　磁州刺史兼北面转运使李穀劝说杜威和李守贞道："现在大军距恒州近在咫尺，彼此的烟火都能望见。如果把许多三股木放到水中，在上面放上柴草铺上土，桥就立刻架成了。再密约城中的守军点起火堆为联络信号，趁夜里组织将士砍断敌方营盘的栅栏冲进去，里外合兵，胡虏一定败逃。"众将领都认为说得对，只有杜威认为不行，派李毂往南到怀、孟二州督运军粮。

契丹用大军挡在后晋军队的前面，又悄悄派出将领萧翰、通事刘重进率领一百名骑兵和羸弱的步卒，沿西山出现在后晋军队的后面，切断后晋军的粮道和退路。打柴的樵夫遇到他们，全被抓走了；有逃跑回来的，都说契丹军队的强盛，后晋军中人心惶惶。萧翰等到达了栾城，城中后晋守军有一千多人，没想到敌人来临，慌乱狼狈中全都投降了。契丹抓到的后晋百姓，全被在脸上刺"奉敕不杀"四个字，放他们往南走；运粮的民夫在路上遇见他们，都撂下辎重惊慌溃逃了。萧翰是契丹主耶律德光的舅舅。

己未（十二月初三），后晋出帝才知道大军驻扎在中度桥的消息。这天傍晚，关勋已赶到大梁。庚申（初四），杜威上奏章请求增兵，后晋出帝下诏调全部守卫宫禁的几百人，赶往中度桥。又下诏，调发河北及滑、孟、泽、潞各州粮草五十万送到军营。因为督运时间紧迫，催促严急，各地惊扰沸腾。辛酉（初五）杜威又派遣部下张祚等前去告急，张祚等在回来的途中被契丹抓获。从此，朝廷和军队之间消息不通。

当时宫中的宿卫兵都在行营里，人人心里畏惧，不知该怎么办。开封尹桑维翰认为国家的存亡已经危在旦夕，请求朝见皇帝，上报情况。后晋出帝正在御苑里玩弄猎鹰，推辞不见。桑维翰又去向执掌权柄的大臣陈述，那些大臣不以为然。桑维翰退下来，对亲近的人说："晋氏的宗庙得不到祭祀了！"

后晋出帝要亲自率兵北征，被李彦韬劝谏阻止。当时符彦卿虽然担任行营的职务，后晋出帝把他留下，让他守卫荆州口。壬戌（初六），下诏命归德节度使高行周为北面都部署，命符彦卿任副职，一起守卫澶州；命西京留守景延广守卫河阳，摆开了迎战的架势。

奉国都指挥使王清向杜威进言道："现在大军离恒州城只有五里，守在这里干什么！军营孤立，粮食吃完，必将自己溃败。请求率步兵二千为先锋，夺取桥梁，开辟道路，您率领各军紧随其后，能够进入恒州，就没有忧虑了。"杜威允许了，派王清和宋彦筠一起前进。王清作战锐不可当，契丹兵不能支持，稍稍退却；众将

领请求立刻派大军随后前进，杜威不允许。宋彦筠被契丹打败了，自己游回岸边，免于一死。王清独自率麾下兵士在河北岸布阵奋力作战，两军互有伤亡；王清屡次向杜威求救，杜威竟然不派一骑前去支援。王清对士兵们说："上将手握重兵，却坐观我们在困急当中不来救援，他一定有叛变之意。我们应该以死报国！"大家为他的话所感动，没有一人后退的，到了日暮，仍然战斗不息。契丹又派新的军队前来进攻，王清和士兵们全都战死。从此后晋各军丧失了士气。王清是洺州人。

甲子（初八），契丹派兵从远处包围了后晋军营，军营与外界联系断绝了，军中粮食将尽。杜威和李守贞、宋彦筠谋划投降契丹，杜威还暗中派遣了心腹到契丹主的牙帐里，邀功求取重赏。契丹主骗他说："赵延寿威望素来浅薄，恐怕不能作中原的皇帝。你果真能投降，就让你当皇帝。"杜威喜欢，于是拟定投降的计划。丙寅（初十），军帐周围埋伏了全副武装的士兵，召集众将领前来，杜威拿出降表来给他们看，让他们署名。众将领惊愕害怕，没有敢说话的，只有"是、是"地听从命令。杜威派阁门使高勋带降表送给契丹，契丹主赐下诏书抚慰收纳他们。这一天，杜威命令全军士兵到营外列阵，军士们十分踊跃，以为就要打仗。杜威亲自告诉他们："现在粮食吃光无路可走，应和你们一同求取生存的办法。"于是命令全军放下武装。军士们都抱头痛哭，哭声震动了原野。杜威、李守贞还在众人中宣扬："君主无德，听信任用奸臣小人，猜忌我们。"听的人没有不咬牙切齿地。契丹主派赵延寿身穿赭袍来到后晋营中抚慰士兵，指着赭袍说："这都将是你们的东西。"杜威以下将领都到马前迎接拜见；赵延寿也给杜威穿上赭袍，给后晋将士们看，其实都是戏弄他们吧了。契丹任命杜威为太傅，李守贞为司徒。

壬申（十六日），后晋出帝才知道杜威等人已投降。当天傍晚，又听说张彦泽已到滑州，就召李崧、冯玉、李彦韬到宫中议事，打算诏命刘知远起兵来援救都城。癸酉（十七日），天还没亮，张彦泽已从封丘门破关冲入城中，李彦韬率领禁军五百名前往迎敌，不能阻止，张彦泽在明德门外驻军，城中大乱。

后晋出帝在宫中点起了火，自己提着宝剑驱赶后宫的十几个人将跳入火中，被亲军将领薛超抱住了。一会儿，张彦泽从宽仁门外传进契丹主给太后的书信以示抚慰，并召桑维翰、景延广前来。后晋出帝于是命令灭火，打开所有的宫门。后晋出帝坐在御苑中和后妃们相聚哭泣，召翰林学士范质草拟降表，自称："孙男臣重贵，祸事来临神鬼迷惑；运数已尽天命灭亡。现在和太后及妻子冯氏，全族大小都在郊野两手反绑排列等待降罪。派儿子镇宁节度使石延煦、威信节度使石延宝，奉上国宝一枚、金印三枚出城迎接。"太后也上表称"新妇李氏妾"。

傅住儿入宫内宣示契丹主的命令，后晋出帝脱下黄袍，穿上素色衣衫，再次叩拜听从宣示，宫内左右侍从们都掩面涕泣。后晋出帝让人召张彦泽来，想和他议事。张彦泽说："臣没脸去见陛下。"出帝再次召他去，他只是微笑不答应。

有人劝桑维翰逃走，他说："我是大臣，逃了又往哪里去！"静坐待命。张彦泽以皇帝的命令召桑维翰入宫，桑维翰来到天街时，遇见李崧，停下马来说话未完，就有军吏在马前揖请桑维翰去侍卫司，他知道自己难免一死，回头对李崧说："您这位侍中主持国政，现在国家灭亡，反而要让我去死，为什么呢？"李崧脸上露出惭愧的表情。张彦泽傲慢地倚坐接见桑维翰，桑维翰指责他道："去年从罪人之中把你提拔出来，又让你管辖一个大的藩镇，授予你兵权，你怎么能如此负恩！"张彦泽无话可答，派兵看守住桑维翰。

甲戌（十八日），张彦泽把出帝迁往开封府，片刻不许停留，宫里人大哭。出帝和太后、皇后乘坐肩舆，宫人、宦官十几人步行跟随。路上见到的人都流下眼泪。出帝把内库的金银珠宝都随身带走，张彦泽派人对他说："契丹主来时，这些东西不可藏匿。"出帝将这些财宝都放回内库，也分一部分给张彦泽；张彦泽选取其中的奇珍异宝，封存其余留待契丹人到来。张彦泽派控鹤指挥使李筠率兵看守出帝，出帝和外界的联系不通。出帝的姑姑乌氏公主贿赂看门人，进来与出帝诀别，然后回到家中上吊自杀。出帝和太后给契丹主所上的表章，都先给张彦泽看过，然后才敢发出。

青瓷花瓣形盅　五代

盅为古代酒具之一。此盅通体施釉，釉色青中泛黄，为仿金银器形而制，青莹幽雅中别具一种风韵。

后晋出帝让人取几段内库的丝帛，管库的人不给，说："这不是你的东西。"又向李崧要酒，李崧也用其他原因推托不送来。他又想见李彦韬，李彦韬也推辞不来。出帝为此惆怅了许久。

这天傍晚，张彦泽杀了桑维翰，用带子套在他脖子上，告诉契丹主，说他是上吊自杀。契丹主说："我无意杀桑维翰，他为什么这样！"命人丰厚地抚恤他的家属。

高行周、符彦卿都到契丹主的牙帐投降。契丹主因阳城之战被符彦卿打败，追问符彦卿。符彦卿说："臣当时只知为晋主竭尽全力，今日死生听你决定。"契丹主一笑而释放了他。

己卯（二十三日），石延煦、石延宝从牙帐回，契丹主赐给出帝手诏，并派解里前去对出帝说："孙儿不要担忧，一定让你有吃饭的地方。"出帝心里稍稍安稳，上表谢恩。

契丹认为所献的传国之宝雕琢不精细，又和前代历史所记不相吻合，怀疑不是真品，下诏书追问出帝，让他献出真宝。出帝上奏道："不久前王从珂自焚时，旧的传国之宝就不知在哪里，一定是和他一起化为灰烬了。这个国宝是先帝所制，众大臣全知道。我今天哪里敢藏匿国宝！"于是作罢。

出帝听说契丹主将要渡黄河，想和太后事先到前面迎接；张彦泽事先奏报，契丹主不同意。有关官员又想让出帝口衔璧、手牵羊，大臣用车拉着棺材，到郊外迎接；先将这些仪式告诉契丹主，契丹主说："我派奇兵直取大梁，不是来受降的。"也不允许。又下诏书告诉后晋文武百官，一切都照旧；朝廷制度沿用汉人礼仪。有关官署要备法驾去迎接契丹主，契丹主说："我正戎装总理军队，太常仪卫没工夫使用。"一概推却了。

早先，契丹主来到相州，旋即派兵开往河阳捕捉景延广。景延广仓促之间无处逃跑藏匿，就到封丘去见契丹主。契丹主责问他道："导致两主不和，全是你所干的事！你所说的'十万横磨剑'在哪里？"召来乔荣，让他们互相申辩对证，共十件事。景延广最初不服，乔荣把纸上所记的话给他看，景延广才认服，每承认一件事，就给他一支筹码。到第八支筹码时，景延广只能把脸伏在地上请求死罪，于是把他关押起来。

资治通鉴第二百八十六卷

后汉纪一

【原文】

高祖睿文圣武昭肃孝皇帝上天福十二年（丁未，947年）

春，正月，丁亥朔，百官遥辞晋主于城北，乃易素服纱帽，迎契丹主，伏路侧请罪。契丹主貂帽、貂裘，衷甲，驻马高阜，命起，改服，抚慰之。左卫上将军安叔千独出班胡语，契丹主曰："汝安没字邪？汝昔镇邢州，已累表输诚，我不忘也。"叔千拜谢呼跃而退。

晋主与太后已下迎于封丘门外，契丹主辞不见。

契丹主入门，民皆惊呼而走。契丹主登城楼，遣通事谕之曰："我亦人也，汝曹勿惧！会当使汝曹苏息。我无心南来，汉兵引我至此耳。"至明德门，下马拜而后入宫。以其枢密副使刘密权开封尹事。日暮，契丹主复出，屯于赤冈。

高勋诉张彦泽杀其家人于契丹主，契丹主亦怒彦泽剽掠京城，并傅住儿锁之。以彦泽之罪宣示百官，问："应死否？"皆言"应死"。百姓亦投牒争疏彦泽罪。己丑，斩彦泽、住儿于北市，仍命高勋监刑。彦泽前所杀士大夫子孙，皆绖杖号哭，随而诟詈，以杖扑之。勋命断腕出锁，剖其心以祭死者。市人争破其脑取髓，脔其肉而食之。

契丹送景延广归其国，庚寅，宿陈桥，夜，伺守者稍怠，扼吭而死。

癸巳，契丹迁晋主及其家人于封禅寺，遣大同节度使兼侍中河内崔廷勋以兵守之。契丹主数遣使存问，晋主每闻使至，举家忧恐。时雨雪连旬，外无供亿，上下冻馁。太后使人谓寺僧曰："吾尝于此饭僧数万，今日独无一人相念邪！"僧辞以"虏意难测，不敢献食。"晋主阴祈守者，乃稍得食。

是日，契丹主自赤冈引兵入宫，都城诸门及宫禁门，皆以契丹守卫，昼夜不释兵仗。磔犬于门，以竿悬羊皮于庭为厌胜。契丹主谓群臣曰："自今不修甲兵，不市战马，轻赋省役，天下太平矣。"废东京，降开封府为汴州，尹为防御使。乙未，契丹主改服中国衣冠，百官起居皆如旧制。

契丹主犹欲诛晋兵。赵延寿言于契丹主曰："皇帝亲冒矢石以取晋国，欲自有之乎，将为他人取之乎？"契丹主变色曰："朕举国南征，五年不解甲，仅能得之，岂为他人乎！"延寿曰："晋国南有唐，西有蜀，常为仇敌，皇帝亦知之乎？"曰："知之。"延寿曰："晋国东自沂、密，西及秦、凤，延袤数千里，边于吴、蜀，常以兵戍之。南方署湿，上国之人不能居也。他日车驾北归，以晋国如此之大，无兵守之，吴、蜀必相与乘虚入寇，如此，岂非为他人取之乎？"契丹主曰："我不知也。然则奈何？"延寿曰："陈桥降卒，可分以戍南边，则吴、蜀不能为患矣。"契丹主曰："吾昔在上党，失于断割，悉以唐兵授晋。既而返为寇仇，北向与吾战，辛勤累年，仅能胜之。今幸入吾手，不因此时悉除之，岂可复留以为后患乎？"延寿曰："向留晋兵于河南，不质其妻子，故有此忧。今若悉徙其家于恒、定、云、朔之间，每岁分番使戍南边，何忧其为变哉！此上策也。"契丹主悦曰："善！惟大王所以处之。"由是陈桥兵始得免，分遣还营。

契丹主广受四方贡献，大纵酒作乐，每谓晋臣曰："中国事，我皆知之，吾国事，汝曹不知也。"

【译文】

后汉高祖天福十二年（丁未，公元947年）

春季，正月，丁亥朔（初一），后晋的文武百官在大梁城北远远地向后晋出帝辞别，然后改换白衣纱帽，迎接契丹主耶律德光，全都在路旁伏服请罪。契丹主头戴貂帽，身披貂裘，内裹铁甲，立马于高岗之上，命令归降的百官起立，改换服装，安抚勉慰百官。左卫上将军安叔千独自从百官的行列中站出来，向契丹主耶律

五代武士跪射图壁画

德光说了一番胡语。契丹主说:"你就是'安没字'吗?你过去镇守邢州时,已多次向我表示忠诚,我没忘记啊。"安叔千欢呼跳跃拜谢而退。

后晋出帝和太后以下在封丘门外迎接,契丹主推辞不见。

契丹主进入大梁城门时,百姓们都惊呼地跑掉了。契丹主登上城楼,命翻译告诉百姓们:"我也是人,你们不要害怕!我要让你们休养生息。我无心南来,是汉兵引我来到这儿的。"来到明德门,契丹主下马叩拜,然后入宫。命令他的枢密副使刘密为代理开封尹。日落时分,契丹主退出都城,屯兵于赤冈。

高勋向契丹主耶律德光控诉张彦泽杀他的家属。契丹主也愤恨张彦泽剽掠京城,将张彦泽和监军傅住儿一起抓了起来。契丹主把张彦泽的罪行向百官宣布,并问:"张彦泽应不应该处死?"百官都说:"应该处死。"全城百姓也争先恐后递上状牒上书张彦泽的罪行。己丑(初三),命将张彦泽、傅住儿押往北市斩首,并命高勋监斩。张彦泽原来所杀的士大夫的子孙,这时都携带丧杖,随后怒骂,用丧杖痛打张彦泽的尸首。高勋命令砍断手腕从铐锁中取出尸体,剖腹取心来祭奠被他杀害的人。市民们争着砸碎他的头,取出他的脑髓,剁碎他的肉并分吃掉。

契丹押解景延广返归契丹,庚寅(初四)那天,夜宿于陈桥镇,趁看押人懈怠的时候,他掐脖子自杀了。

癸巳(初七),契丹把后晋出帝和他全家人迁到封禅寺,派大同节度使兼侍中河内人崔廷勋领兵看守。契丹主多次派使者前去探望问候；后晋出帝每听说使者到，全家都惊恐担忧。当时雨夹雪下了十几天，寺外断绝了供给，全家老小又冷又饿。李太后派人对寺内的和尚说："我曾在这里供给数万和尚的斋饭，现在难道就没有一个人记着我吗？"和尚以"契丹用心难料，不敢献上食品"为由推辞。后晋出帝只好偷偷地哀求看守，才得到一点食物。

  当天，契丹主率兵从赤冈进入宫中。都城各门和宫禁大门，都派契丹兵把守，昼夜不离兵器。并且在大门前杀狗，在庭院中竖起长竿挂上羊皮作为诅咒。契丹主对群臣说："从今以后，不整治兵器，不购置战马，减轻赋税，少征徭役，天下太平了！"废除东京建制，降开封府为汴州，原府尹为防御使。乙未（初九）契丹主改穿中原衣冠，文武百官上朝退朝一切均按旧有的典章制度。

  契丹主还是想诛杀后晋降卒。赵延寿对他说："皇帝亲自率兵冒着飞矢流石夺取了晋国江山，是想自己占有呢，还是想替他人夺取呢？"契丹主脸色突变道："朕统率全国南征，五年不解衣甲，才刚刚得到，岂能是为他人！"赵延寿说："晋南面有唐，西面有蜀，常常互为仇敌，皇帝也知道吧？"契丹主答："知道。"赵延寿又说："晋国东起沂州、密州，西至秦州、凤州，绵延广袤数千里，边境与吴、蜀相接，常要派兵镇守。南方暑热潮湿，北国人不能居住。他日您车驾北归，而这么辽阔的晋国疆土无兵把守，吴、蜀一定乘虚入侵，这样，难道不是为他人夺取江山吗？"契丹主说："这是我没料到的。那么应该怎么办呢？"赵延寿说："陈桥的降兵，可分开来把守南部边疆，这样吴、蜀就不能成为后患了。"契丹主说："我过去在上党，失策在于当断不断，把唐兵交给晋。没想到反过来与我为仇，北面同我作战，辛苦勤劳好几年，才把他们战胜。现在有幸落在我的手里，不乘这时把他们剪除干净，难道还留作后患吗？"赵延寿说："过去把晋兵留在河南，不将他们的妻子作为人质，所以才有这种忧患。现在如果把他们的家全迁到恒、定、云、朔各州之间，每年轮番让他们把守南部边疆，何怕他们发生突变！这是上策呵。"契丹主高兴地说："对！全按你燕王的意见办理！"于是陈桥降兵才得豁免，分别遣返兵营。

  契丹主广泛接受四面八方送上来的进贡礼品，大肆饮酒作乐，常常对原后晋的臣子说："你们中原的事，我都知道；可我国的事，你们就不晓得了！"

资治通鉴第二百八十七卷

后汉纪二

【原文】

高祖睿文圣武昭肃孝皇帝中天福十二年（丁未，947年）

麻荅贪猾残忍，民间有珍货、美妇女，必夺取之。又捕村民，诬以为盗，披面，抉目，断腕，焚炙而杀之，欲以威众。常以其具自随，左右悬人肝、胆、手、足，饮食起居于其间，语笑自若。出入或被黄衣，用乘舆，服御物，曰："兹事汉人以为不可，吾国无忌也。"又以宰相员不足，乃牒冯道判弘文馆，李崧判史馆，和凝判集贤，刘昫判中书，其僭妄如此。然契丹或犯法，无所容贷，故市肆不扰。常恐汉人妄去，谓门者曰："汉有窥门者，即断其首以来。"

麻荅遣使督运于洺州，洺州防御使薛怀让闻帝入大梁，杀其使者，举州降。帝遣郭从义将兵万人会怀让攻刘铎于邢州，不克。铎请兵于麻荅，麻荅遣其将杨安及前义武节度使李殷将千骑攻怀让于洺州。怀让婴城自守，安等纵兵大掠于邢、洺之境。

契丹所留兵不满二千，麻荅令所司给万四千人食，收其余以自入。麻荅常疑汉兵，且以为无用，稍稍废省，又损其食以饲胡兵；众心怨愤，闻帝入大梁，皆有南归之志。前颍州防御使何福进、控鹤指挥使太原李荣，潜结军中壮士数十人谋攻契丹，然畏契丹尚强，犹豫未发。会杨衮、杨安等军出，契丹留恒州者才八百人，福进等遂决计，约以击佛寺钟为号。

辛巳，契丹主兀欲遣骑至恒州，召前威胜节度使兼中书令冯道、枢密使李崧、左仆射和凝等，会葬契丹主德光于木叶山。道等未行，食时，钟声发。汉兵夺契丹守门者兵击契丹，杀十余人，因突入府中。李荣先据甲库，悉召汉兵及市人，以铠仗授之，焚牙门，与契丹战。荣召诸将并力，护圣左厢都指挥使、恩州围练使白再荣狐疑，匿于别室，军吏以佩刀决幕，引其臂，再荣不得已而行。诸将继至，烟火四起，鼓噪震地。麻荅等大惊，载宝货家属，走保北城。而汉兵无所统一，贪狡者乘乱剽掠，懦者窜匿。八月，壬午朔，契丹自北门入，势复振，汉民死者二千余人。前磁州刺史李榖恐事不济，请冯道、李崧、和凝至战所慰勉士卒，士卒见道等至，争自奋。会日暮，有村民数千噪于城外，欲夺契丹宝货、妇女，契丹惧而北遁，麻荅、刘晞、崔廷勋皆奔定州，与义武节度使邪律忠合。忠，即郎五也。

冯道等四出安抚兵民，众推道为节度使。道曰："我书生也，当奏事而已，宜择诸将为留后。"时李荣功最多，而白再荣位在上，乃以再荣权知留后，具以状闻，且请援兵，帝遣左飞龙使李彦从将兵赴之。

白再荣贪昧，猜忌诸将。奉国军主华池王饶恐为再荣所并，诈称足疾，据东门楼，严兵自卫。司天监赵延乂善于二人，往来谕释，始得解。

再荣以李崧、和凝久为相，家富，遣军士围其第求赏给，崧、凝各以家财与之，又欲杀崧、凝以灭口。李榖往见再荣，责之曰："国亡主辱，公辈握兵不救。今仅能逐一虏将，镇民死者几三千人，岂独公之力邪！才得脱死，遽欲杀宰相，新天子若诘公专杀之罪，公何辞以对？"再荣惧而止。又欲率民财以给军，榖力争之，乃止。汉人尝事麻荅者，再荣皆拘之以取其财，恒人以其贪虐，谓之"白麻荅。"

戊戌，帝至邺都城下，舍于高行周营。行周言于帝曰："城中食未尽，急攻，徒杀士卒，未易克也。不若缓之，彼食尽自溃。"帝然之。慕容彦超数因事陵轹行周，行周泣诉于执政，掬粪壤实其口，苏逢吉、杨邠密以白帝。帝深知彦超之曲，犹命二臣和解之；又召彦超于帐中责之，且使诣行周谢。

杜重威声言车驾至即降，帝遣给事中陈观往谕指，重威复闭门拒之。城中食浸竭，将士多出降者。慕容彦超固请攻城，帝从之。丙午，亲督诸将攻城，自寅至辰，士卒伤者万余人，死者千余人，不克而止。彦超乃不敢复言。

初，契丹留幽州兵千五百戍大梁。帝入大梁，或告幽州兵将为变，帝尽杀之于繁台之下。及围邺都，张琏将幽州兵二千助重威拒守，帝屡遣人招谕，许以不死；琏曰："繁台之卒，何罪而戮？今守此，以死为期耳。"由是城久不下。十一月，丙辰，内殿直韩训献攻城之具，帝曰："城之所恃者，众心耳。众心苟离，城无所保，用此何为！"

杜重威之叛，观察判官金乡王敏屡泣谏，不听。及食竭力尽，甲戌，遣敏奉表出降。乙亥，重威子弘琏来见；丙子，妻石氏来见，石氏，即晋之宋国长公主也，帝复遣入城。丁丑，重威开门出降，城中馁死者什七八，存者皆尪瘵无人状。张琏先邀朝廷信誓，诏许以归乡里，及出降，杀琏等将校数十人；纵其士卒北归，将出境，大掠而去。

郭威请杀重威牙将百余人，并重威家赀籍之以赏战士，从之。以重威为太傅兼中书令、楚国公。重威每出入，路人往往掷瓦砾诟之。

臣光曰：汉高祖杀幽州无辜千五百人，非仁也；诱张琏而诛之，非信也；杜重威罪大而赦之，非刑也。仁以合众，信以行令，刑以惩奸；失此三者，何以守国！其祚运之不延也，宜哉！

【译文】

后汉高祖天福十二年（丁未，公元947年）

麻荅为人贪婪、奸诈、残忍，民间有的珍奇宝物、美貌妇女，他都一定要夺取到手。他还捕捉村民，诬陷为强盗，剥皮、挖眼、砍手，用火活活烧死，想用这些酷刑来威吓百姓。他常把那些刑具随身携带，居室周围悬挂有人的肝、胆、手、脚，而他在里面饮食起居，从容谈笑。进出有时身穿黄袍，乘坐天子的车驾，使用宫中物品，他说："这些事，汉人认为不可，可是在我国是毫无忌讳的。"又因宰相人员不足，就用牒文命冯道兼判弘文馆，命李崧兼判史馆，命和凝兼判集贤馆，命刘昫兼判中书，他的僭越妄为竟到达如此地步。然而规定，契丹人如有犯法，不能宽免，所以街市店铺不受滋扰。他常怕城中的汉人偷偷跑掉，对把守城门的人说："汉人如有窥探城门的，就砍掉他的脑袋来见我！"

麻荅派使者到洺州督运粮草，洺州防御使薛怀让听说后汉高祖已入大梁城，就

杀死那使者，率全州归降。后汉高祖派郭从义领兵一万会同薛怀让进攻邢州的刘铎，没有攻克。刘铎向麻荅请求救兵，麻荅派将领杨安和前义武节度使李殷率一千骑兵攻击洺州的薛怀让。薛怀让绕城固守，杨安等人纵兵大肆抢掠邢州、州一带。

契丹留在恒州的兵不满二千人，麻荅却让有关司衙发给一万四千人粮饷，他把多出的收入自己的腰包。麻荅常怀疑汉人兵将，而且认为毫无用处，逐渐地削减其兵员，又减少其粮食供给，而用来给契丹兵吃，众汉兵心里怨恨愤怒，听说后汉高祖进入大梁，就都有向南投奔的意愿。前颍州防御使何福进、控鹤指挥使太原李荣，暗地里联络军中的几十名壮士，谋划袭击契丹人，但怕契丹兵力尚强，所以犹豫没有发起行动。正赶上杨衮、杨安等人率兵外出作战，契丹留在城内的士兵才有八百人，何福进等人于是决定，约好以佛寺敲钟为起事信号。

辛巳（七月二十九日），契丹主兀欲派骑兵到恒州，召前威胜节度使兼中书令冯道、枢密使李崧、左仆射和凝等，会同安葬契丹先帝耶律德光于木叶山。冯道等人还没上路，吃饭时，钟声突然响起。汉兵夺过契丹守门兵士的兵器进攻契丹人，杀死了十几人，又冲入府衙中。李荣首先占领武库，召唤汉人士兵和市民，将兵器铠甲分发给他们，焚烧牙门，和契丹兵厮杀。李荣号召汉将合力起事。护圣左厢都指挥使、恩州团练使白再荣狐疑不定，藏匿到其他房子的帘幕后；起事官兵用佩刀砍掉帘幕，拽着他的胳膊，白再荣不得已而一起走。其他汉军将领相继到达，四周烟火冲天，鼓噪喊杀声震地。麻荅等人大为惊恐，装上钱财宝物和家属，逃往北城拒守。而汉兵没有统一指挥行动，贪婪狡诈的乘乱抢掠，胆小怕事的鼠窜藏匿。八月壬午朔（初一），契丹军队从北门开入恒州城，势头又振作起来，汉民被杀的有二千多人。前磁州刺史李毂怕起事不成，就请冯道、李崧、和凝到阵前慰问勉励士兵，士兵见冯道等人来，各自争先奋勇杀敌。适逢日落西山，有好几千村民在城外鼓噪呐喊，要抢夺契丹人的金银财宝和妇女，契丹害怕而向北逃去。麻荅、刘晞、崔廷勋全都逃往定州，与义武节度使邪律忠会合，邪律忠就是邪律郎五。

冯道等人四出巡行安抚士兵和百姓，大家推举冯道为节度使。冯道说："我是个书生，只能向上奏报事情罢了，应从众位武将里选择留后。"当时李荣功劳最大，而白再荣官位在他以上，就让白再荣代理主持留后事务，写成奏章上报，并且请派援兵。后汉高祖派左飞龙使李彦从领兵前往。

白再荣为人贪婪昏昧，猜忌其他将领。奉国军主华池人王饶怕被白再荣吞并，假称脚有病，占据东门楼，严加防范守卫。司天监赵延乂和王、白二人友善，往来劝说解释，才得和解。

白再荣认为李崧、和凝等人久做宰相，家中殷富，派军士们包围二人的住宅，请求发赏钱，李崧、和凝各自拿出家财分给他们；但白再荣又想杀掉二人以灭口。李毂前去会见白再荣，责备他说："国家灭亡、君主蒙辱，你们手握兵权不去解救。现在刚刚驱逐了一个胡虏将领，镇州百姓死了近三千人，难道单单是你的力量！刚刚脱离死境，就想杀戮宰相，新天子如果追究你擅杀大臣的罪过，你用什么话来回答？"白再荣害怕而住手。他又想搜刮百姓的钱财来供给军队，李毂极力抗争，才算作罢。汉人中曾给麻荅供事的，白再荣都把他们抓起来索取财物，恒州人因为他贪婪暴虐，都叫他"白麻荅"。

戊戌（十月十七日），后汉高祖来到邺都城下，住在高行周军营中。高行周对高祖说："城中粮食未尽，现在猛攻，白白损失士卒，不容易攻克城池；不如慢慢围困它，城中粮尽自然溃败。"高祖认为是这样。慕容彦超屡次借事端凌辱高行周，高行周向执政大臣哭诉，用双手捧粪土塞嘴，苏逢吉、杨邠将情况密报高祖。高祖深知慕容彦超理屈，仍命两位大臣和解；又把慕容彦超召到营帐里责备，并让他去向高行周谢罪。

杜重威曾声称高祖的车驾到达就投降，高祖派给事中陈观前去宣布旨意，杜重威却又关城门拒绝。城中粮食逐渐吃光。将士多有出城投降的。慕容彦超坚持请求攻城，高祖同意。丙午（二十五日），高祖亲自督励众将攻城，从寅时攻到辰时，士卒伤了一万多人，死了一千多人，未能攻下而收兵。慕容彦超于是不敢再说攻城。

当初，契丹留下一千五百名幽州兵守卫大梁。高祖进入大梁，有人密报幽州兵将发动兵变，高祖把所有幽州兵都杀死在繁台下面。待现在围困邺都，张琏率二千名幽州兵帮助杜重威拒守，高祖于是屡次派人劝谕招降，许诺不杀死；张琏说："繁台下面的幽州兵卒，有什么罪而遭杀戮？现在坚守此城，只求一死罢了。"因此

会 客 图 　五代　佚名

此图描绘五代时期文官的日常会客,人物神采毕现,各具情态,笔墨浑厚饱满,线条流畅挺劲,用色秀雅平和,诚为五代佳制。

城池久攻不下。十一月丙辰(初六),内殿直韩训进献攻城的器械,高祖说:"守城所倚仗的,是众人的心;如果众人离心离德,城池就无人保卫,用这些器械干什么!"

杜重威背叛后汉,观察判官金乡人王敏屡次哭泣劝谏,杜重威不听。到现在粮食吃光、气力用尽,甲戌(二十四日),派王敏出城奉上降表。乙亥(二十五日),杜重威的儿子杜弘琏前来朝见;丙子(二十六日),杜重威的妻子石氏来朝见,石氏就是后晋的宋国长公主。高祖再次把他们送回城中。丁丑(二十七日),杜重威大开城门,出城投降。这时,城中十有七、八的人都饿死了,活着的也都骨瘦如柴没有人样。张琏先要求朝廷讲信用发誓,高祖下诏令允许他返归家乡;等出降以后,杀张琏等将领军校几十人;释放其他士兵北归家乡。那些幽州兵将出魏州地界时,大肆抢掠而去。

郭威请求杀死杜重威的一百多名牙将,并抄没杜重威家中的资财赏给战士们,高祖同意了。高祖任命杜重威为太傅兼中书令、楚国公。杜重威每次出入，路上的人常常向他扔碎砖烂瓦诟骂他。

臣司马光曰：后汉高祖杀害无辜的幽州士卒一千五百人，是不仁；引诱张琏投降而又杀死他，是不信；杜重威罪恶大却赦免了他，是不刑。仁用以团结大众，信用以执行命令，刑用以惩罚奸佞，失掉这三者，凭什么守住国家！他的皇位不能延续，是应该的啊！

资治通鉴第二百八十八卷

后汉纪三

【原文】

高祖睿文圣武昭肃孝皇帝下乾祐元年（戊申，948年）

侯益家富于财，厚赂执政及史弘肇等，由是大臣争誉之。丙寅，以益兼中书令，行开封尹。

侯益盛毁王景崇于朝，言其恣横。景崇闻益尹开封，知事已变，内不自安，且怨朝廷。会诏遣供奉官王益如凤翔，征赵匡赞牙兵诣阙，赵思绾等甚惧，景崇因以言激之。思绾途中谓其党常彦卿曰："小太尉已落其手，吾属至京师，并死矣，奈何？"彦卿曰："临机制变，子勿复言！"

癸酉，至长安，永兴节度副使安友规、巡检乔守温出迎王益，置酒于客亭。思绾前白曰："壕寨使已定舍馆于城东。今将士家属皆在城中，欲各入城挈家诣城东宿。"友规等然之。时思绾等皆无铠仗，既入西门，有州校坐门侧，思维遽夺其剑斩之。其徒因大噪，持白梃，杀守门者十余人，分遣其党守诸门。思绾入府，开库取铠仗给之，友规等皆逃去。思绾遂据城，集城中少年，得四千余人，缮城隍，葺楼堞，旬日间，战守之具皆备。

丁丑，罢涛政事，勒归私第。

是日，邠、泾、同、华四镇俱上言护国节度使兼中书令李守贞与永兴、凤翔同反。

始，守贞闻杜重威死而惧，阴有异志。自以晋世尝为上将，有战功，素好施，

得士卒心。汉室新造，天子年少初立，执政皆后进，有轻朝廷之志。乃招纳亡命，养死士，治城堑，缮甲兵，昼夜不息。遣人间道赍蜡丸结契丹，屡为边吏所获。

浚仪人赵修己，素善术数，自守贞镇滑州，署司户参军，累从移镇，为守贞言："时命不可，勿妄动！"前后切谏非一，守贞不听，乃称疾归乡里。僧总伦，以术媚守贞，言其必为天子，守贞信之。又尝会将佐置酒，引弓指《舐掌虎图》曰："吾有非常之福，当中其舌。"一发中之，左右皆贺。守贞益自负。

会赵思绾据长安，奉表献御衣于守贞，守贞自谓天人协契，乃自称秦王。遣其骁将平陆王继勋据潼关，以思绾为晋昌节度使。

自河中、永兴、凤翔三镇拒命以来，朝廷继遣诸将讨之。昭义节度使常思屯潼关，白文珂屯同州，赵晖屯咸阳。惟郭从义、王峻置栅近长安，而二人相恶如水火，自春徂秋，皆相伿莫肯攻战。帝患之，欲遣重臣临督，壬午，以郭威为西面军前招慰安抚使，诸军皆受威节度。

威将行，问策于太师冯道。道曰："守贞自谓旧将，为士卒所附，愿公勿爱官物，以赐士卒，则夺其所恃矣。"威从之。由是众心始附于威。

郭威与诸将议攻讨，诸将欲先取长安、凤翔。镇国节度使扈从珂曰："今三叛连衡，推守贞为主，守贞亡，则两镇自破矣。若舍近而攻远，万一王、赵拒吾前，守贞掎吾后，此危道也。"威善之。于是威自陕州，白文珂及宁江节度使、侍卫步军都指挥使刘词自同州，常思自潼关，三道攻河中。威抚养士卒，与同苦乐，小有功辄赏之，微有伤常亲视之；士无贤不肖，有所陈启，皆温辞色而受之；违忤不怒，小过不责。由是将卒咸归心于威。

始，李守贞以禁军皆尝在麾下，受其恩施，又士卒素骄，苦汉法之严，谓其至则叩城奉迎，可以坐而待之。既而士卒新受赐于郭威，皆忘守贞旧恩，己亥，至城下，扬旗伐鼓，踊跃诟噪；守贞视之失色。

诸将欲急攻城，威曰："守贞前朝宿将，健斗好施，屡立战功。况城临大河，楼堞完固，未易轻也。且彼冯城而斗，吾仰而攻之，何异帅士卒投汤火乎！夫勇有盛衰，攻有缓急，时有可否，事有后先；不若且设长围而守之，使飞走路绝。吾洗兵牧马，坐食转输，温饱有余。俟城中无食，公帑家财皆竭，然后进梯冲以逼之，飞羽檄以招之。彼之将士，脱身逃死，父子且不相保，况乌合之众乎！思绾、景崇，但分兵縻之，不足虑也。"乃发诸州民夫二万余人，使白文珂等帅之，刳长壕，筑连城，列队伍而围之。威又谓诸将曰："守贞向畏高祖，不敢鸱张；以我辈崛起太原，事功未著，有轻我心，故敢反耳。正宜静以制之。"乃偃旗卧鼓，但循河设火铺，连延数十里，番步卒以守之。遣水军枻舟于岸，寇有潜往来者，无不擒之。于是守贞如坐网中矣。

【译文】

后汉高祖乾祐元年（戊申，公元948年）

侯益家里财产丰厚，送厚礼贿赂执掌政权的大臣和史弘肇等人，因此众大臣交口称赞。丙寅（三月十七日），任命侯益兼中书令，代理开封尹。

侯益在朝中大肆诋毁王景崇，说他恣意横行。王景崇听说侯益为开封尹，明白事态已产生变化，内心忐忑不安，而且埋怨朝廷。正赶上诏令派供奉官王益到凤翔，取赵匡赞的牙兵带回京城，牙校赵思绾等人很害怕，王景崇乘机用话语相激。赵思绾在路上对他的党羽常彦卿说："小太尉赵匡赞已落入他们的手中，我们到达京城，都得死了，怎么办？"常彦卿说："见机行事，你不要再说！"

癸酉（二十四日），到达长安，永兴节度副使安友规、巡检乔守温出城迎接王益，并在客亭设置酒宴款待。这时，赵思绾走上前来说："壕寨使已经把舍馆定在城东，现在将士的家属都在城中，想各自进城把家属带到城东住宿。"安友规等人同意。当时赵思绾等人都没有武器铠甲，进了西门，见有该州军校坐在门旁，赵思绾突然夺过他的剑把他杀死；赵思绾的党羽乘势大喊大叫，拿着棍子，打死十几个守门兵士，派遣党羽分别把守各个大门。赵思绾进入府衙，打开府库取出武器铠甲分给大家，安友规等人都逃跑离开。赵思绾于是占据了长安城，集中城内少年，约有四千多人，修缮护城壕沟，整治城楼矮墙，十天之内，作战守卫的器械样样齐备。

丁丑（二十八日），罢免李涛官职，勒令回归家中。

当天，邠、泾、同、华四镇都向朝廷上报：护国节度使兼中书令李守贞和永

兴、凤翔二镇同时反叛。

开始，李守贞听说杜重威被杀而心中害怕，暗中萌生反叛念头。自以为后晋时曾为上将，有战功，平常慷慨好施，所以颇得士兵之心。现在后汉新建，皇帝年轻刚刚继位，执掌朝政都是后来晋升的官员，所以有轻视朝廷的看法。于是招纳亡命之徒，豢养敢死之士，治理城墙壕堑，修缮武器铠甲，日夜不停。又派人从小路带着蜡丸密信去勾结契丹，多次被把守边关的官吏所查获。

浚仪人赵修己，素来擅长星象占卜之术，自从李守贞镇守滑州，署理司户参军，屡次跟随藩镇调动，对李守贞说："时运、天命不允许，不要轻举妄动！"前后恳切劝谏不止一次，李守贞不听，他于是声称有病回家乡。僧人总伦，用他的法术讨好李守贞，说他一定要作天子，李守贞信以为真。又曾和将佐聚会设置酒宴，弯弓搭箭指着《舐掌虎图》说："我如果有非常的福分，就当射中它的舌头。"一箭射中，周围人都向他祝贺，李守贞更加自命不凡。

正值赵思绾占领了长安城，向李守贞奉上表章献上御衣。李守贞自认为是天意、人心共同默契，于是自称秦王，派他的骁将平陆人王继勋占据潼关，任命赵思绾为晋昌节度使。

自从河中、永兴、凤翔三个藩镇抗拒朝廷命令以来，朝廷连续派众将领讨伐他们。昭义节度使常思屯兵潼关，白文珂屯兵同州，赵晖屯兵咸阳。只有郭从义、王峻在靠近长安的地方设置栅栏，但是郭、王二人相互交恶，就像水火不能相容，所以从春到秋二人都对峙观望不肯进攻作战。后汉隐帝为此忧虑，想派一位朝廷重臣临阵督战，壬午（八月初六），命郭威为西面军前招慰安抚使，各军都受郭威的调度。

郭威将要上路，向太师冯道请教良策。冯道说："李守贞自认为是老将，士兵之心都归附于他；望您不要吝惜官家的财物，要用以赏赐士兵，这样就夺走了他所倚仗的优势了。"郭威听从了冯道的这条计策。从此众人之心开始归附郭威。

郭威与众将领商议讨伐进攻，众将领想先夺取长安、凤翔。镇国节度使扈从珂说："现在三个叛藩联合，推举李守贞为主，如果李守贞灭亡，那两个藩镇便不攻自破了。如果舍近攻远，万一王、赵在前面抵抗，李守贞在背后夹击，这是危亡之道。"郭威认为很有道理。于是郭威从陕州，白文珂及宁江节度使、侍卫步军都指挥使刘词从同州，常思从潼关，从三条路进攻河中。郭威抚养士兵，和他们同甘共苦，士兵们稍立军功就受到赏赐，稍有伤就经常亲自看望；谋士中无论是贤能的还是品行不好的，只要有事来陈述，都和颜悦色地接待他们；违背触犯他不发怒，小的过错不责罚。因此士兵、将领之心都归附于郭威。

开始，李守贞以为禁军都曾是自己的老部下，受过他的恩惠，而且士兵一贯骄横，苦于后汉军法的严格；认为禁军一到就会前来敲城门奉迎他为君主，可以坐着等待。但是士兵们新近在郭威处受到赏赐，都忘了李守贞的旧恩；己亥（二十三日），兵至城下，挥扬军旗，擂响战鼓，踊跃辱骂呼喊，李守贞看到，大惊失色。

众将领想赶快攻城，郭威说："李守贞是前朝有经验的老将，勇猛善斗，慷慨好施，多次建立战功。况且城临黄河，城楼护墙完好坚固，不容轻视。况且他凭借高城而战，我们仰面进攻，这和领着士兵去赴汤蹈火有什么不同！勇气有盛有衰，进攻有慢有急，时机有可与不可，办事情有后有先；不如先设置长长的包围圈困守他，使他上天无路入地无门。而我们磨洗兵器，放牧战马，静坐享用转运来的粮食，做到温饱有余。等城中没粮了，官家、私人的钱财全都枯竭，然后推进云梯冲车来逼近他们，飞传羽檄来招降他们。那边的将领士兵，各自脱身逃亡，就是父子也难以互相保护，何况是些乌合之众！赵思绾、王景崇二处，只要分兵牵制住，不值得忧虑。"于是征发各州民夫二万多人，让白文珂等人率领他们，挖长沟，筑连城，排列队伍把河中城团团围住。郭威又对众将领说："李守贞过去害怕高祖，所以不敢嚣张；认为我们从太原崛起，事业功勋不显赫，有轻视我们之心，所以敢于反叛。我们正应该用静来制服他。"于是把军旗、战鼓都收起来，只沿黄河设置"火铺"传递军情，连绵几十里，派步卒轮番守护；派水军船只停泊在岸边，敌人有偷偷往来的，无不抓获，于是李守贞就像坐在罗网中了。

【原文】

隐皇帝上乾祐二年（己酉，949年）

赵思绾好食人肝，尝面剖而脍之，脍尽，人犹未死。又好以酒吞人胆，谓人曰："吞此千枚，则胆无敌矣。"及长安城中食尽，取妇女、幼稚为军粮，日计数而给之，每犒军，辄屠数百人，如羊豕法。思绾计穷，不知所出。郭从义使人诱之。

初，思绾少时，求为左骁卫上将军致仕李肃仆，肃不纳，曰："是人目乱而语诞，他日必为叛臣。"肃妻张氏，全义之女也，曰："君今拒之，后且为患。"乃厚以金帛遗之。及思绾据长安，肃闲居在城中，思维数就见之，拜伏如故礼。肃曰："是子亟来，且污我。"欲自杀。妻曰："曷若劝之归国！"会思绾问自全之计，肃乃与判官程让能说思绾曰："公本与国家无嫌，但惧罪耳。今国家三道用兵，俱未有功，若以此时翻然改图，朝廷必喜，自可不失富贵。孰与坐而待毙乎！"思绾从之，遣使诣阙请降。乙丑，以思绾为华州留后，都指挥使常彦卿为虢州刺史，令便道之官。

秋，七月，甲辰，赵思绾释甲出城受诏，郭从义以兵守其南门，复遣还城。思绾求其牙兵及铠仗，从义亦给之；思绾迁延，收敛财贿，三改行期。从义等疑之，密白郭威，请图之，威许之。壬子，从义与都监、南院宣徽使王峻按辔入城，处于府舍，召思绾酌别，因执之，并常彦卿及其父兄部曲三百人，皆斩于市。

甲寅，郭威攻河中，克其外郭。李守贞收余众，退保子城。诸将请急攻之，威曰："夫鸟穷则啄，况一军乎！涸水取鱼，安用急为！"

壬戌，李守贞与妻及子崇勋等自焚，威入城，获其子崇玉等及所署丞相靖崟、孙愿、枢密使刘芮、国师总伦等，送大梁，磔于市。征赵修已为翰林天文。

威阅守贞文书，得朝廷权臣及藩镇与守贞交通书，词意悖逆，欲奏之，秘书郎榆次王溥谏曰："魑魅乘夜争出，见日自消。愿一切焚之，以安反侧。"威从之。

赵晖急攻凤翔，周璨谓王景崇曰："公向与蒲、雍相表里；今二镇已平，蜀儿不足恃，不如降也。"景崇曰："善，吾更思之。"

后数日，外攻转急。景崇谓其党曰："事穷矣，吾欲为急计。"乃谓其将公孙辇、张思练曰："赵晖精兵，多在城北，来日五鼓前，尔二人烧城东门诈降，勿令寇入，吾与周璨以牙兵出北门突晖军，纵无成而死，犹胜束手。"皆曰："善。"

癸巳，未明，辇、思练烧东门请降，府牙火亦发；二将遣人诇之，景崇已与家人自焚矣。璨亦降。

【译文】

后汉隐帝乾祐二年（己酉，公元949年）

赵思绾喜吃人肝，曾经当面剖开人腹取肝而切成细丝，切完了，人还没死。又好用酒吞吃人胆，对人说："吞这一千个，就胆大无敌了。"长安城中绝粮时，就靠吃妇女、小孩充当军粮，每天有一定数量的供给，每次犒劳军队，就屠杀几百个人吃，同杀猪宰羊的方法一样。赵思绾计谋用尽，不知出路何在。郭从义派人引诱他。

当初，赵思绾少年时，请求当已退休的左骁卫上将军李肃的仆人，李肃不收纳他，说："这个人眼珠乱转而且言语荒诞，来日一定是个叛臣。"李肃的妻子张氏，是张全义的女儿，说："你现在这样拒绝他，以后会成为你的祸患。"于是赠送许多金银钱财把他打发走了。等赵思绾占据长安，李肃闲住在城中，赵思绾多次前往探望，向李肃叩拜伏地如同旧日礼节。李肃说："这个人老是来，将玷污我的清白！"想要自杀。妻子说："劝他归附国家怎么样！"正赶上赵思绾前来请教能保全自己的办法，李肃就和判官程让能劝说他："您本来和国家并无嫌隙，只不过是怕获罪而已。现在国家三路用兵，都没有成功。如果趁现在幡然悔过，改弦更张，朝廷一定高兴，自然可以不失掉富贵，比坐以待毙哪个强呢！"赵思绾听从了他们的劝告，派遣使者前往朝廷请求归降。乙丑（五月二十二日），朝廷任命赵思绾为华州留后，都指挥使常彦卿为虢州刺史，让他们走近道直接前往就任。

秋季，七月，甲辰（初三），赵思绾脱下盔甲出城接受后汉隐帝的诏书，郭从义派兵把守南门，又把他接回城里。赵思绾要他的卫队和兵器，郭从义也都给了他；赵思绾拖延时间，在城中收敛钱财，三次改变行期。郭从义等人产生怀疑，密报郭威，请求采取果断措施。郭威同意了。壬子（十一日），郭从义和都监、南院宣徽使王峻骑马入城，来到府署馆舍，召赵思绾饯行话别，就势抓住了他，连同常彦卿及其父亲、兄弟、部下共三百个人，全部推到街市上斩首。

甲寅（十三日），郭威进攻河中城，攻克外城。李守贞收集余部退守子城。各将领要求赶快进攻子城，郭威说："鸟没处逃时还会啄人，何况是一支军队！把水

慢慢舀干了再抓鱼，急什么！"

壬戌（二十一日），李守贞和妻子及儿子李崇勋等自焚而死，郭威军队入城，抓住了李守贞的儿子李崇玉等及所委任的宰相靖岭、孙愿，枢密使刘芮，国师总伦等人，押解到大梁，全都杀掉并暴尸街头。征召赵修己为翰林天文。

郭威查阅李守贞的公文书信，得到朝廷权臣及藩镇大员和李守贞来往勾结的书信，言语大逆不道，郭威想上奏朝廷，但秘书郎榆次人王溥劝谏道："鬼魅在夜里才争着出来，而见到太阳自然会消失。希望把这一切统统烧掉，来安定那些反复无常的人。"郭威听从此言。

赵晖加紧进攻凤翔，周璨对王景崇说："你过去与李守贞、赵思绾二藩镇互为表里，而现在两个藩镇已被平定，后蜀小儿也不可依仗，不如投降。"王景崇说："好，我再想想。"

过了几天，城外围攻得更加紧急，王景崇对他的党羽们说："事情已经山穷水尽了，我想采取应急计策。"于是对他的将领公孙辇、张思练说："赵晖的精锐部队，大多布置在城北，明天五鼓以前，你二人烧城东门诈降，但不要让敌军进城；我和周璨率领卫队亲兵出北门冲击赵晖的军队，纵然不成而死，也胜过束手就擒。"众将领都说："好。"

癸巳（十二月二十四日），天还没明，公孙辇、张思练二人放火烧东城门，请求投降，府衙内也火光冲天而起；二位将领派人去侦察，原来王景崇已和家里人自焚。周璨也投降了。

资治通鉴第二百八十九卷

后汉纪四

【原文】

隐皇帝下乾祐三年（庚戌，950年）

帝自即位以来，枢密使、右仆射、同平章事杨邠总机政，枢密使兼侍中郭威主征伐，归德节度使、侍卫亲军都指挥使兼中书令史弘肇典宿卫，三司使、同平章事王章掌财赋。邠颇公忠，退朝，门无私谒，虽不却四方馈遗，有余辄献之。弘肇督察京城，道不拾遗。是时承契丹荡覆之余，公私困竭，章捃摭遗利，吝于出纳，以实府库。属三叛连衡，宿兵累年而供馈不乏；及事平，赐予之外，尚有余积，以是国家粗安。

章聚敛刻急。旧制，田税每斛更输二升，谓之"雀鼠耗"，章始令更输二斗，谓之"省耗"；旧钱出入皆以八十为陌，章始令入者八十，出者七十七，谓之"省陌"；有犯盐、矾、酒曲之禁者，锱铢涓滴，罪皆死；由是百姓愁怨。章尤不喜文臣，尝曰："此辈授之握算，不知纵横，何益于用！"俸禄皆以不堪资军者给之，吏已高其估，章更增之。

帝左右嬖幸浸用事，太后亲戚亦干预朝政，邠等屡裁抑之。太后有故人子求补军职，弘肇怒而斩之。武德使李业，太后之弟也，高祖使掌内帑，帝即位，尤蒙宠任。会宣徽使阙，业意欲之，帝及太后亦讽执政；邠、弘肇以为内使迁补有次，不可以外戚超居，乃止。内容省使阎晋卿次当为宣徽使，久而不补；枢密承旨聂文进、飞龙使后匡赞、翰林茶酒使郭允明皆有宠于帝，久不迁官，共怨执政。文进，

并州人也。刘铢罢青州归，久奉朝请，未除官，常戟手于执政。

帝初除三年丧，听乐，赐伶人锦袍、玉带。伶人诣弘肇谢，弘肇怒曰："士卒守边苦战，犹未有以赐之，汝曹何功而得此！"皆夺以还官。帝欲立所幸耿夫人为后，邠以为太速；夫人卒，帝欲以后礼葬之，邠复以为不可。帝年益壮，厌为大臣所制。邠、弘肇尝议事于帝前，帝曰："审图之，勿令人有言！"邠曰："陛下但禁声，有臣等在。"帝积不能平，左右因乘间谮之于帝云："邠等专恣，终当为乱。"帝信之。尝夜闻作坊锻声，疑有急兵，达旦不寐。司空、同平章事苏逢吉既与弘肇有隙，知李业等怨弘肇，屡以言激之。帝遂与业、文进、匡赞、允明谋诛邠等，议既定，入白太后，太后曰："兹事何可轻发！更宜与宰相议之。"业时在旁，曰："先帝尝言，朝廷大事不可谋及书生，懦怯误人。"太后复以为言，帝忿曰："国家之事，非闺门所知！"拂衣而出。乙亥，业等以其谋告阎晋卿，晋卿恐事不成，诣弘肇第欲告之，弘肇以他故辞不见。

丙子旦，邠等入朝，有甲士数十自广政殿出，杀邠、弘肇、章于东庑下。文进亟召宰相、朝臣班于崇元殿，宣云："邠等谋反，已伏诛，与卿等同庆。"又召诸军将校至万岁殿庭，帝亲谕之，且曰："邠等以稚子视朕，朕今始得为汝主，汝辈免横忧矣！"皆拜谢而退。又召前节度使、刺史等升殿谕之，分遣使者帅骑收捕邠等亲戚、党与、僚从，尽杀之。

弘肇待侍卫步军都指挥使王殷尤厚，邠等死，帝遣供奉官孟业赍密诏诣澶州及邺都，令镇宁节度使李洪义杀殷，又令邺都行营马军都指挥使郭崇威、步军都指挥使真定曹威杀郭威及监军、宣徽使王峻。洪义，太后之弟也。又急诏征天平节度使高行周、平卢节度使符彦卿、永兴节度使郭从义、泰宁节度使慕容彦超、匡国节度使薛怀让、郑州防御使吴虔裕、陈州刺史李穀入朝。以苏逢吉权知枢密院事，前平卢节度使刘铢权知开封府，侍卫马军都指挥使李洪建权判侍卫司事，内侍省使阎晋卿权侍卫马军都指挥使。洪建，业之兄也。

时中外人情忧骇，苏逢吉虽恶弘肇，而不预李业等谋，闻变惊愕，私谓人曰："事太匆匆，主上傥以一言见问，不至于此！"业等命刘铢诛郭威、王峻之家，铢极其惨毒，婴孺无免者。命李洪建诛王殷之家，洪建但使人守视，仍饮食之。

丁丑，使者至澶州，李洪义畏懦，虑王殷已知其事，不敢发，乃引孟业见殷；殷囚业，遣副使陈光穗以密诏示郭威。威召枢密吏魏仁浦，示以诏书曰："奈何？"仁浦曰："公，国之大臣，功名素著，加之握强兵，据重镇，一旦为群小所构，祸出非意，此非辞说之所能解。时事如此，不可坐而待之。"威乃召郭崇威、曹威及诸将，告以杨邠等冤死及有密诏之状，且曰："吾与诸公，披荆棘，从先帝取天下，受托孤之任，竭力以卫国家，今诸公已死，吾何心独生！君辈当奉行诏书，取吾首以报天子，庶不相累。"郭崇威等皆泣曰："天子幼冲，此必左右群小所为，若使此辈得志，国家其得安乎！崇威愿从公入朝自诉，荡涤鼠辈以清朝廷，不可为单使所杀，受千载恶名。"翰林天文赵修己谓郭威曰："公徒死何益！不若顺众心，拥兵而南，此天启也。"郭威乃留其养子荣镇邺都，命郭崇威将骑兵前驱，戊寅，自将大军继之。

辛巳，鸾辂至大梁。前此帝议欲自往澶州，闻郭威已至河上而止。帝甚有悔惧之色，私谓窦贞固曰："属者亦太草草。"李业等请空府库以赐诸军，苏禹珪以为未可，业拜禹珪于帝前，曰："相公且为天子勿惜府库！"乃赐禁军人二十缗，下军半之，将士在北者给其家，使通家信以诱之。

癸未，南、北军遇于刘子陂。帝欲自出劳军，太后曰："郭威吾家故旧，非死亡切身，何以至此！但按兵守城，飞诏谕之，观其志趣，必有辞理，则君臣之礼尚全，慎勿轻出。"帝不从。时扈从军甚盛，太后遣使戒聂文进曰："大须在意！"对曰："有臣在，虽郭威百人，可擒也！"至暮，两军不战，帝还宫。慕容彦超大言曰："陛下来日宫中无事，幸再出观臣破贼。臣不必与之战，但叱散使归营耳！"

甲申，帝欲再出，太后力止之，不可。既陈，郭威戒其众曰："吾来诛群小，非敢敌天子也，慎勿先动。"久之，慕容彦超引轻骑直前奋击，郭崇威与前博州刺史李荣帅骑兵拒之。彦超马倒，几获之。彦超引兵退，麾下死者百余人，于是诸军夺气，稍稍降于北军。侯益、吴虔裕、张彦超、袁鬷、刘重进皆潜往见郭威，威各遣还营，又谓宋延渥曰："天子方危，公近亲，宜以牙兵往卫乘舆，且附奏陛下，愿乘间早幸臣营。"延渥未至御营，乱兵云扰，不敢进而还。比暮，南军多归于北。慕容彦超与麾下十余骑还兖州。

是夕，帝独与三相及从官数十人宿于七里寨，余皆逃溃。乙酉旦，郭威望见天子旌旗在高阪上，下马免胄往从之，至则帝已去矣。帝策马将还宫，至玄化门，刘铢在门上，问帝左右："兵马何在？"因射左右。帝回辔，西北至赵村，追兵已至，帝下马入民家，为乱兵所弑。苏逢吉、阎晋卿、郭允明皆自杀；聂文进挺身走，军士追斩之。李业奔陕州，后匡赞奔兖州。郭威闻帝遇弑，号恸曰："老夫之罪也！"

初，蛮酋彭师暠降于楚，楚人恶其犷直；楚王希广独怜之，以为强弩指挥使，领辰州刺史，师暠常欲为希广死。及朱进忠与蛮兵合七千余人至长沙，营于江西，师暠登城望之，言于希广曰："朗人骤胜而骄，杂以蛮兵，攻之易破也。愿假臣步卒三千，自巴溪渡江，出岳麓之后，至水西，令许可琼以战舰渡江，腹背合击，必破之。前军败，则其大军自不敢轻进矣。"希广将从之。时马希萼已遣间使以厚利啖许可琼，许分湖南而治，可琼有贰心，乃谓希广曰："师暠与梅山诸蛮皆族类，安可信也！可琼世为楚将，必不负大王，希萼竟何能为！"希广乃止。

希萼寻以战舰四百余艘泊江西。希广命诸将皆受可琼节度，日赐可琼银五百两，希广屡造其营计事。可琼常闭垒，不使士卒知朗军进退，希广叹曰："真将军也，吾何忧哉！"可琼或夜乘单舸诈称巡江，与希萼会水西，约为内应。一旦，彭师暠见可琼，嗔目叱之，拂衣入见希广曰："可琼将叛国，人皆知之，请速除之，无贻后患。"希广曰："可琼，许侍中之子，岂有是邪！"师暠退，叹曰："王仁而不断，败亡可翘足俟也！"

潭州大雪，平地四尺，潭、朗两军久不得战。希广信巫觋及僧语，塑鬼于江上，举手以却朗兵，又作大像于高楼，手指水西，怒目视之，命众僧日夜诵经，希广自衣僧服膜拜求福。

甲辰，朗州步军指挥使武陵何敬真等以蛮兵三千陈于杨柳桥，敬真望韩礼营旌旗纷错，曰："彼众已惧，击之易破也。"朗人雷晖衣潭卒之服潜入礼寨，手剑击礼，不中，军中惊忧；敬真等乘其乱击之，礼军大溃，礼被创走，至家而卒。于是朗兵水陆急攻长沙，步军指挥使吴宏、小门使杨涤相谓曰："以死报国，此其时矣！"各引兵出战。宏出清泰门，战不利；涤出长乐，战自辰至午，朗兵小却；许可琼、刘彦瑫按兵不救。涤士卒饥疲，退就食；彭师暠战于城东北隅。蛮兵自城东纵火，城上人招许可琼军使救城，可琼举全军降希萼，长沙遂陷。朗兵及蛮兵大掠三日，杀吏民，焚庐舍，自武穆王以来所营宫室，皆为灰烬，所积宝货，皆入蛮落。李彦温望见城中火起，自驼口引兵救之，朗人已据城拒战。彦温攻清泰门，不克，与刘彦瑫各将千余人奉文昭王及希广诸子趣袁州，遂奔唐。张晖降于希萼。左司马希崇帅将吏诣希萼劝进。吴宏战血满袖，见希萼曰："不幸为许可琼所误，今日死，不愧先王矣！"彭师暠投槊于地，大呼请死。希萼叹曰："铁石人也！"皆不杀。

乙巳，希崇迎希萼入府视事，闭城，分捕希广及掌书记李弘皋、弟弘节、都军判官唐昭胤及邓懿文、杨涤等，皆获之。希萼谓希广曰："承父兄之业，岂无长幼乎？"希广曰："将吏见推，朝廷见命耳。"希萼皆囚之。丙午，希萼命内外巡检侍卫指挥使刘宾禁止焚掠。

丁未，希萼自称天策上将军、武安·武平·静江·宁远等军节度使、'楚王。以希崇为节度副使、判军府事；湖南要职，悉以朗人为之。脔食李弘皋、弘节、唐昭胤、杨涤，斩邓懿文于市。戊申，希萼谓将吏曰："希广懦夫，为左右所制耳，吾欲生之，可乎？"诸将皆不对。朱进忠尝为希广所笞，对曰："大王三年血战，始得长沙，一国不容二主，他日必悔之。"戊申，赐希广死。希广临刑，犹诵佛书；彭师暠葬之于浏阳门外。

【译文】

后汉隐帝乾祐三年（庚戌，公元950年）

后汉隐帝从即位以来，枢密使、右仆射、同平章事杨邠总理机要政务，枢密使兼侍中郭威主持征战，归德节度使、侍卫亲军都指挥使兼中书令史弘肇典领京城警卫，三司使、同平章事王章掌管财政赋税。杨邠十分秉公忠心，退朝回家，门下没有私人拜会，虽然不拒绝四方的馈赠，但有多余的就进献皇上。史弘肇负责京城治安，路上丢了东西没有人捡。这时正好紧承契丹大乱中原之后，官府、百姓的财力困难拮据。王章搜集点滴余利，节约开支，以此充实国库，虽然跟着就有李守贞、王景崇、赵思绾的三镇叛乱互相勾结，却用兵多年而供应没有短缺；到了事态平

息，除赏赐之外，还有积余，因此国家基本安定。

王章征集赋税苛刻严厉。以前规定，田税每斛之外再交二升，叫作"雀鼠耗"，王章开始下令再交二斗，称作"省耗"；以前钱币的付出、收入都以八十文为"陌"，王章开始下令收入的以八十文为"陌"，付出的以七十七文为"陌"，称作"省陌"；有违反盐、矾、酒曲禁令的，即使只有一两一钱、一点一滴，也都定为死罪；百姓因此忧愁怨恨。王章特别不喜欢文官，曾经说："这帮人交给他一把筹码，也不知道如何摆弄，有什么用处！"文官的俸禄都以不能用于军事的供给，有关官吏已对文官俸禄超值估算，王章又再增加。

后汉隐帝的左右宠臣逐渐被任用，太后的亲戚也干预朝政，杨邠等屡次加以裁减抑制。太后有个旧友的儿子要求补个军职，史弘肇发怒斩了他。武德使李业，是太后的弟弟，后汉高祖让他掌管宫内财物，到了后汉隐帝即位，他特别受到宠幸信任。适逢宣徽使空缺，李业心想补缺，后汉隐帝和太后也给执政官打了招呼；杨邠、史弘肇认为内朝使职的升迁递补有规定次序，不能因为外戚而越级担任，于是作罢。内朝客省使阎晋卿按次序应当担任宣徽使，但迟迟没有递补；枢密承旨聂文进、飞龙使后匡赞、翰林茶酒使郭允明都得到后汉隐帝的宠爱，却长时间没有升官，因此共同怨恨执政官。聂文进是并州人。刘铢免职从青州归来，长期闲散无事，没有委派职务，故此经常用手对执政官指指戳戳以发泄怨恨。

隐帝刚解除高祖的三年之丧，就听音乐，赏赐优伶锦袍、玉带。优伶到史弘肇处告谢，史弘肇大怒道："将士守卫边疆殊死苦战尚且没有赏赐这些，你们这等人有什么功劳得到锦袍、玉带！"随即全部没收还归官府。后汉隐帝想立所宠爱的耿夫人为皇后，杨邠认为太快；耿夫人去世，隐帝想用皇后之礼安葬，杨邠又认为不可。后汉隐帝年龄渐渐增大，讨厌被大臣所制约。杨邠、史弘肇曾在隐帝面前议论政事，隐帝说："仔细考虑，不要让人有闲话！"杨邠说："陛下只管闭口不出声，有我们在。"隐帝的积怨久不能平，左右宠臣就乘机向隐帝进谗言说："杨邠等人专横跋扈肆无忌惮，最终定当犯上作乱。"隐帝听信了这话。隐帝曾经夜里听到手工作坊打铁声响，怀疑有人在紧急赶制兵器，到天亮都没入睡。司空、同平章事苏逢吉已与史弘肇有了隔阂，知道李业等人怨恨史弘肇，就多次用言语激他们。隐帝于

是和李业、聂文进、后匡赞、郭允明谋划诛杀杨邠等人，商议已定，入内禀告太后。太后说："这事怎么可轻举妄动！应该再同宰相商议。"李业当时在旁边，说："先帝曾经说过，朝廷大事不可同书生谋划，书生胆小怕事会误事害人。"太后又重复她刚才所说的话，隐帝于是生气地说："国家大事，不是闺门女人所能知晓的！"拂袖而出。乙亥（十二日），李业等将他们的密谋告诉阎晋卿，阎晋卿恐怕事情不成，到史弘肇宅第想报告他，史弘肇因为别的事推辞不见。

丙子（十三日）早晨，杨邠等上朝，有几十名全副武装的武士从广政殿出来，在东面廊屋下杀死杨邠、史弘肇、王章，聂文进立刻召集宰相、朝臣在崇元殿按朝班排列，宣旨说："杨邠等人谋划造反，已经伏罪处决，与诸位共同庆贺。"又召集各军将校到万岁殿庭中，隐帝亲自向他们宣布了这事，并且说："杨邠等人把朕当作小孩子来看待，朕今日开始得为你们的君主，你们从此免除权臣专横的忧患了。"众人全都拜谢退下。隐帝又召集在京前节度使、刺史等上殿宣布此事，分头派遣使者率领骑兵逮捕杨邠等人的亲属、党羽、随从，将他们全部杀死。

史弘肇对侍卫步军都指挥使王殷特别厚待，杨邠等死后，隐帝派遣供奉官孟业携带绝密诏书到澶州以及邺都，命令镇宁节度使李洪义杀死王殷，又命令邺都行营马军都指挥使郭崇威、步军都指挥使真定人曹威杀死郭威以及监军、宣徽使王峻。李洪义是太后的弟弟。又紧急下诏征调天平节度使高行周、平卢节度使符彦卿、永兴节度使郭从义、泰宁节度使慕容彦超、匡国节度使薛怀让、郑州防御使吴虔裕、陈州刺史李穀进京入朝。任命苏逢吉临时主持枢密院事务，前平卢节度使刘铢临时主持开封府事务，侍卫马军都指挥使李洪建临时兼管侍卫司事务，内侍省使阎晋卿代理侍卫马军都指挥使。李洪建是李业的哥哥。

当时朝廷内外人心惶惶，苏逢吉虽然厌恶史弘肇，但没有参与李业等人密谋，闻悉事变陡然一惊，私下里对人说："事情干得太草率，皇上倘若有一语问我，绝不会到这个地步！"李业等命令刘铢诛杀郭威、王峻的家属，刘铢极其残忍，连婴儿小孩都没有幸免于难的。命令李洪建诛杀王殷的家属，李洪建只派人守卫监视，仍旧供应饮食。

丁丑（十四日），使者到达澶州，李洪义畏缩胆怯，顾虑王殷已经知道此事，

不敢动手，于是带着孟业去见王殷；王殷囚禁孟业，派遣副使陈光穗把绝密诏书拿给郭威看。郭威召见枢密吏魏仁浦，把诏书拿给他看，说："怎么办？"魏仁浦说："您是国家的大臣，功勋名声素来卓著，加上掌握强兵，据守重镇，一旦被小人们所诬陷，灾祸出于不测，这不是用言词所能排解的。事态已经如此，不可坐着等待。"郭威于是召集郭崇威、曹威以及众将，告知杨邠等人蒙冤屈死以及有绝密诏书的情况，并且说："我与杨邠等人，披荆斩棘，跟随先帝夺取天下，接受托孤的重任，尽心竭力保卫国家，如今他们已死，我还有什么心思独自活着！各位应当执行诏书指令，斩取我的脑袋来禀报天子，大概能不受牵累。"郭崇威等都流着泪说："天子年少，这必定是天子身边小人们所干的，倘若让这帮小人得志，国家岂能得到安宁！我郭崇威情愿跟从您进京入朝亲自申诉，扫除无能鼠辈来肃清朝廷污浊，切不可被一个使者所杀，蒙受千古恶名。"翰林天文赵修己对郭威说："您白白送死有什么好处！不如顺应众人之心，领兵南行，这是天赐良机啊。"郭威于是留下他的养子郭荣镇守邺都，命令郭崇威率骑兵前面开路，戊寅（十五日），自己带领大部队接着进发。

辛巳（十八日），鸢脱到达京城大梁。在此之前隐帝提议准备亲自前往澶州，听说郭威已到黄河边上而作罢。隐帝颇有后悔恐惧的神色，私下对窦贞固说："日前也太草率了。"李业等人请求清空仓库来赏赐各军，苏禹珪认为不可以，李业在隐帝面前叩拜苏禹珪，说："相公暂且为天子考虑而不要吝惜仓库财物。"于是赏赐禁军每人二十缗钱，其他军队减半，将士在北面郭威军队中的给他们的家里，让眷属通家信来引诱他们。

癸未（二十日），南、北两方军队在刘子陂相遇。隐帝准备亲自出去慰劳军队，太后说："郭威是我家的旧臣，如果不是生死攸关，哪里会到这个地步！只要按兵不动守在城中，飞传诏书告诉他，观察他的志向，必定有解说道理，那么君臣大礼就可以保全，千万不要轻易出去。"隐帝不听。当时扈从军队很多，太后派人告诫聂文进说："须非常留意！"聂文进回答说："有我在，即使一百个郭威，也可捉拿来！"到傍晚，两军没有交战，隐帝回宫。慕容彦超说大话道："陛下明日若宫中无事，恭请再次出来观看臣下如何攻破贼军。我不必同他们交战，只须呼喝驱散他们即可使他们返归营地！"

甲申（二十一日），后汉隐帝想再次出城，太后极力制止，隐帝不答应。已经摆好军阵，郭威训诫部众说："我来诛讨这帮小人，不是敢与天子对抗，千万不要首先动手。"过了好久，慕容彦超带领轻骑兵径直前进猛烈攻击，郭崇威与前博州刺史李荣率领骑兵抵抗。慕容彦超坐骑摔倒，差点被抓获。慕容彦超带兵撤退，手下死亡一百多人，于是南面各军丧失士气，逐渐向北方军队投降。侯益、吴虔裕、张彦超、袁鳷、刘重进都暗中前往拜见郭威，郭威逐一遣返他们回营，又对宋延渥说："天子正处危难，您是天子的近亲，应该带领牙帐卫兵前往保卫天子，并请附带启奏陛下，希望有空早日光临臣下军营。"宋延渥还没到天子营帐，因乱兵纷扰，不敢前进而退回。到了天黑，南面军队大多数投归到北面。慕容彦超与手下十几名骑士逃跑返回兖州。

当晚，隐帝只与窦贞固、苏逢吉、苏禹珪三位宰相以及随从官员数十人在七里寨住宿，其余人都逃跑溃散。乙酉（二十二日）早晨，郭威望见天子的旌旗在高坡上，便下马脱去头盔前往跟随，到达时后隐帝已经离去了。隐帝扬鞭赶马准备回宫，到达大梁玄化门，刘铢在城门上，问隐帝周围的人："兵马在何处？"就向隐帝身边人射箭。隐帝掉转马头，往西北到达赵村，追兵已经赶到，隐帝下马进入百姓家，被乱兵所杀。苏逢吉、阎晋卿、郭允明都自杀；聂文进挺身逃跑，被军士追上斩杀。李业逃奔陕州，后匡赞逃奔兖州。郭威听说隐帝遇害，呼喊痛哭道："是我老夫的罪过啊！"

当初，蛮族部落首领彭师暠向楚国投降，楚人讨厌他粗犷耿直，只有楚王马希广爱怜他，任命为强弩指挥使，兼领辰州刺史，彭师暠随时准备为马希广献身。及至朱进忠与蛮军会合七千多人到达长沙，在湘江西岸扎营，彭师暠登城眺望敌军，对马希广说："朗州人因突然取胜而骄傲，同蛮军混杂在一起，攻打它容易击破。希望给臣下步兵三千，从巴溪渡过湘江，从岳麓的后面出去，绕到湘江西面，让许可琼用战舰横渡湘江，前后合击，必定击破敌人。前锋军队失败，那么他的大队人马自然不敢轻易前进了。"马希广打算听从此计。当时，马希萼已经派遣密使用厚利引诱许可琼，答应和他瓜分湖南共同统治，许可琼有了二心，就对马希广说：

"彭师暠与梅山各蛮都是同一族类,哪里可以轻信呢!我许可琼世代为楚国将军,必定不背负大王,那马希萼究竟能有什么作为!"马希广于是取消彭师暠的计划。

马希萼不久率领战舰四百余艘停泊湘江西岸。马希广命令众将都接受许可琼的调度,每日赐给许可琼白银五百两,马希广多次到许可琼的营帐筹划军事。许可琼经常关闭营垒,不让士兵知道朗州军队进退情况,马希广感叹说:"真正的将军啊,我还有什么可忧虑的呢!"许可琼有时夜晚乘坐单只小船假称巡视江面,同马希萼在湘水西岸会面,相约作为内应。一天,彭师暠见到许可琼,瞪大眼珠叱斥他,拂袖而去进见马希广说:"许可琼将要叛国,一般人都知道,请迅速除掉他,不要贻留后患。"马希广说:"可琼是侍中许德勋的儿子,岂能有这样的事呢!"彭师暠退下,叹息道:"楚王仁义而不果断,失败灭亡会立等可到啊!"

潭州下起大雪,平地积雪四尺,潭州、朗州两军许久不能交战。马希广相信巫师以及僧侣的话,在江边上塑造鬼像,举着手来使朗州军队退兵,又在高楼上制作巨大鬼像,手指着湘江西岸,怒目而视,命令许多僧侣日夜诵念经文,马希广自己穿上僧侣服装向鬼像顶礼膜拜祈求赐福。

甲辰(十二月十一日),朗州步军指挥使武陵人何敬真等领蛮军三千在杨柳桥列阵,何敬真望见韩礼营中旗帜纷乱,说:"对方兵众已经恐惧,攻打他容易击破。"朗州人雷晖穿上潭州士兵的衣服潜入韩礼营寨,手持长剑刺向韩礼,虽没刺中,但军营中已惊恐骚扰,何敬真等乘乱出击,韩礼军队大败,韩礼带伤逃跑,到家而去世。于是朗州军队从水陆两路猛攻长沙,步军指挥使吴宏、小门使杨涤相互勉励说:"以死报国,这是时候了!"各自领兵出战。吴宏从清泰门出,交战失利;杨涤从长乐门出,战斗从辰时持续到午时,朗州军队稍稍退却;但许可琼、刘彦瑫按兵不去救援。杨涤的士兵饥饿疲乏,撤退吃饭;彭师暠在城东北角战斗。蛮军从城东面放火,城上人招呼许可琼军队让他们救援城内,但许可琼带领全体部下投降马希萼,长沙于是沦陷。朗州军队和蛮军大抢三天,砍杀官吏百姓,焚烧房屋建筑,从楚武穆王以来所营造的宫殿居室,全都化为灰烬,所积聚的金银财宝,全都落入蛮人部族。李彦温望见城中起火,从驼口领兵来救援,朗州人已经占据城市作战抵抗。李彦温部攻打清泰门,没有攻克,与刘彦瑫各领千余人护送楚文昭王马希范和马希广的儿子们赶赴袁州,于是投奔南唐。张晖向马希萼投降。左司马马希崇率领将官前往马希萼处劝即王位。吴宏作战鲜血沾满袍袖,看见马希萼说:"不幸被许可琼所耽误,今日虽死,也不愧对先王了。"彭师暠将长矛扔到地上,大喊求死。马希萼叹息说:"真是像铁石一样坚硬的人啊!"都没杀。

乙巳(十二日),马希崇迎接马希萼进入府第治理政事,关闭城门,分头搜捕马希广以及掌书记李弘皋、其弟李弘节、都军判官唐昭胤和邓懿文、杨涤等,全部抓获。马希萼对马希广说:"继承父兄家业,难道没有长幼之分吗?"马希广说:"我只是被将校官吏所推举,被朝廷天子所册命罢了。"马希萼将他们全部囚禁。丙午(十三日),马希萼命令内外巡检侍卫指挥使刘宾去禁止纵火抢掠。

丁未(十四日),马希萼自称天策上将军,武安、武平、静江、宁远等军节度使、楚王。任命马希崇为节度副使,兼管军府事务;湖南的重要职务,全用朗州人来担任。将李弘皋、李弘节、唐昭胤、杨涤切成肉块处死,在闹市将邓懿文斩首。戊申(十五日),马希萼对将校官吏说:"马希广是个懦夫,只是被左右小人所控制罢了。我想让他活着,行吗?"众将官都不回答。朱进忠曾经被马希广鞭打过,回答说:"大王经过三年浴血苦战,方才取得长沙。一个国家不能容纳两个君主,如让马希广活的话,到时候必定会后悔。"戊申(十五日),马希萼便命马希广自杀。马希广临刑之时,仍然口诵佛经,彭师暠把他葬在浏阳门外。

资治通鉴第二百九十卷

后周纪一

【原文】

太祖圣神恭肃文孝皇帝上广顺元年（辛亥，951年）

春，正月，丁卯，汉太后下诰，授监国符宝，即皇帝位。监国自皋门入宫，即位於崇元殿，制曰："朕周室之裔，虢叔之后，国号宜曰周。"改元，大赦。

初，河东节度使兼中书令刘崇闻隐帝遇害，欲举兵南向，闻迎立湘阴公，乃止，曰："吾儿为帝，吾又何求！"太原少尹李骧阴说崇曰："观郭公之心，终欲自取，公不如疾引兵逾太行，据孟津，候徐州相公即位，然后还镇，则郭公不敢动矣；不然，且为所卖。"崇怒曰："腐儒，欲离间吾父子！"命左右曳出斩之。骧呼曰："吾负经济之才而为愚人谋事，死固甘心！家有老妻，愿与之同死。"崇并其妻杀之，且奏於朝廷，示无二心。及赟废，崇乃遣使请赟归晋阳。诏报以"湘阴公比在宋州，今方取归京师，必令得所，公勿以为忧。公能同力相辅，当加王爵，永镇河东。"

郭威

戊寅，杀湘阴公於宋州。

是日，刘崇即皇帝位於晋阳，仍用乾祐年号，所有者并、汾、忻、代、岚、宪、隆、蔚、沁、辽、麟、石十二州之地。

北汉主闻湘阴公死，哭曰："吾不用忠臣之言，以至於此！"为李骧立祠，岁时祭之。

楚王希萼既得志，多思旧怨，杀戮无度，昼夜纵酒荒淫，悉以军府事委马希崇。希崇复多私曲，政刑紊乱。府库既尽於乱兵，籍民财以赏赉士卒，或封其门而取之，士卒犹以不均怨望；虽朗州旧将佐从希萼来者，亦皆不悦，有离心。

刘光辅之入贡于唐也，唐主待之厚，光辅密言："湖南民疲主骄，可取也。"唐主乃以营屯都虞候边镐为信州刺史，将兵屯袁州，潜谋进取。

小门使谢彦颙，本希萼家奴，以首面有宠於希萼，至与妻妾杂坐，恃恩专横。常肩随希崇，或拊其背；希崇衔之。故事，府宴，小门使执兵在门外；希萼使彦颙预坐，或居诸将之上，诸将皆耻之。

希萼以府舍焚荡，命朗州静江指挥使王逵、副使周行逢帅所部兵千余人治之，执役甚劳，又无犒赐，士卒皆怨，窃言曰："囚免死则役作之。我辈从大王出万死取湖南，何罪而囚役之！且大王终日酣歌，岂知我辈之劳苦乎！"逵、行逢闻之，相谓曰："众怨深矣，不早为计，祸及吾曹。"壬申旦，帅其众各执长柯斧、白梃，逃归朗州。时希萼醉未醒，左右不敢白；癸酉，始白之。希萼遣湖南指挥使唐师翥将千余人追之，不及，直抵朗州；逵等乘其疲乏，伏兵纵击，士卒死伤殆尽，师翥脱归。

逵等黜留后马光赞，更以希萼兄子光惠知州事。光惠，希振之子也。寻奉光惠为节度使，逵等与何敬真及诸军指挥使张仿参决军府事。希萼具以状言於唐，唐主遣使以厚赏招谕之；逵等纳其赏，纵其使，不答其诏，唐亦不敢诘也。

楚王希萼既克长沙，不赏许可琼，疑可琼怨望，出为蒙州刺史。遣马步都指挥使徐威、左右军马步使陈敬迁、水军都指挥使鲁公绾、牙内侍卫指挥使陆孟俊帅部兵立寨于城西北隅，以备朗兵，不存抚役者，将卒皆怨怒，谋作乱。希崇知其谋，戊寅，希萼宴将吏，徐威等不预，希崇亦辞疾不至。威等使人先驱踶啮马十余入府，自帅其徒执斧斤、白梃，声言絷马，奄至座上，纵横击人，颠踣满地。希萼逾垣走，威等执囚之；执谢彦颙，自顶及踵锉之。立希崇为武安留后，纵兵大掠。幽希萼於衡山县。

刘言闻希崇立，遣兵趣潭州，声言讨其篡夺之罪，壬午，军于益阳之西。希崇惧，癸未，发兵二千拒之，又遣使如朗州求和，请为邻藩。掌书记桂林李观象说言曰："希萼旧将佐犹在长沙，此必不欲与公为邻；不若先檄希崇取其首，然后图湖南，可兼有也。"言从之。希崇畏言，即断都军判官杨仲敏、掌书记刘光辅、牙内指挥使魏师进、都押牙黄勋等十余人首，遣前辰阳县令李翊赍送朗州；至则腐败，言与王逵等皆以为非仲敏等首，怒责翊，翊惶恐自杀。

希崇既袭位，亦纵酒荒淫，为政不公，语多矫妄，国人不附。

初，马希萼入长沙，彭师暠虽免死，犹杖背黜为民；希崇以为师暠必怨之，使送希萼于衡山，实欲师暠杀之，师暠曰："欲使我为弑君之人乎！"奉事逾谨。丙戌，至衡山，衡山指挥使廖偃，匡图之子也，与其季父节度巡官匡凝谋曰："吾家世受马氏恩，今希萼长而被黜，必不免祸，盍相与辅之！"於是帅庄户及乡人悉为兵，与师暠共立希萼为衡山王，以县为行府，断江为栅，编竹为战舰，以师暠为武清节度使，召募徒众，数日，至万余人，州县多应之。遣判官刘虚己求援于唐。

徐威等见希崇所为，知必无成，又畏朗州、衡山之逼，恐一朝丧败，俱及祸，欲杀希崇以自解。希崇微觉之，大惧，密遣客将范守牧奉表请兵于唐，唐主命边镐自袁州将兵万人西趣长沙。

唐边镐引兵入醴陵。癸巳，楚王希崇遣使犒军。壬寅，遣天策府学士拓跋恒奉笺诣镐请降。恒叹曰："吾久不死，乃为小儿送降状！"癸卯，希崇帅弟侄迎镐，望尘而拜，镐下马称诏劳之。甲辰，希崇等从镐入城，镐舍於浏阳门楼，湖南将吏毕贺，镐皆厚赐之。时湖南饥馑，镐大发马氏仓粟赈之，楚人大悦。

马希萼望唐人立己为潭帅，而潭人恶希萼，共请边镐为帅，唐主乃以镐为武安节度使。

唐边镐趣马希崇帅其族入朝，马氏聚族相泣，欲重赂镐，奏乞留居长沙，镐微哂曰："国家与公家世为仇敌，殆六十年，然未尝敢有意窥公之国。今公兄弟斗阋，困穷自归，若复二三，恐有不测之忧。"希崇无以应，十一月，辛酉，与宗族及将佐千余人号恸登舟，送者皆哭，响振川谷。

【译文】

后周太祖广顺元年（公元951年）

春季，正月，丁卯（初五），后汉太后颁下诰令，授予监国郭威传国玺印，正式即皇帝位。郭威从皋门进入皇宫，在崇元殿即位，下制书说："朕是周代宗室的子孙，虢叔的后裔，国号应该叫周。"改年号，实行大赦。

当初，河东节度使兼中书令刘崇听说后汉隐帝遇害，准备起兵向南进发，听说迎立湘阴公刘赟继位，于是作罢，说："我儿子当皇帝，我又有什么可求！"太原少尹李骧私下劝说刘崇道："观察郭威的心思，终究是要自取帝位，您不如火速领兵翻过太行山，占据孟津，等待徐州相公刘赟即帝位，然后返回镇所，那郭威就不敢动手了。不然，将要被人出卖。"刘崇发怒道："你这个腐儒，想要离间我父子关系！"命令手下人将李骧拉出去斩首。李骧大喊道："我怀经世济民的才能却在为愚人谋划事情，死了本当甘心！但家中还有年老的妻子，希望和她同死。"刘崇便连他的妻子一齐杀了，并且向朝廷奏报，表示没有二心。到了刘赟被废黜，刘崇才派遣使者请求让刘赟返归晋阳。诏书回答说："湘阴公刘赟近在宋州，如今正取道返归京城，必定让他得其所宜，您不要为此忧虑。您如能一同出力辅佐朝廷，理当加封王爵，永远镇守河东。"

戊寅（十六日），在宋州杀死湘阴公刘赟。

当天，刘崇在晋阳即皇帝位，仍旧沿用乾祐年号，所统辖的有并州、汾州、忻州、代州、岚州、宪州、隆州、蔚州、沁州、辽州、麟州、石州，共十二州之地。

北汉君主听说湘阴公刘赟死讯，哭着说："我不听忠臣的话，才至于此！"为李骧建立祠堂，逢年过节祭祀他。

楚王马希萼既已得志称王，便时常回忆旧日怨仇，诛杀屠戮没有节制，日夜纵酒，荒淫无度，把军政事务全部委托给马希崇。马希崇又多私人好恶，政治刑律混乱不堪。官府仓库已经在战乱中荡然无存，便搜刮没收百姓财产来赏赐士兵，有的封百姓的门而夺取家中财物，士兵仍然因为分配不均而怨恨。即使朗州旧日将佐跟从马希萼一同来的，也都不高兴，渐渐产生背离之心。

刘光辅到南唐进贡，南唐主待他很优厚，刘光辅秘密进言道："湖南百姓疲惫，君主骄横，可以攻取了。"南唐君主于是任命营屯都虞候边镐为信州刺史，领兵屯驻袁州，暗中谋划进攻夺取湖南。

小门使谢彦颙，原本是马希萼的家奴，因为面目姣美得到马希萼宠幸，甚至与马希萼的妻妾同坐，依仗恩宠专横跋扈。谢彦颙经常与马希崇并肩相随，有时拍马希崇的背；马希崇怀恨在心旧例，府中设宴，小门使手持兵器站在门外，马希萼让谢彦颙入席同坐，有时坐在众将的上方，众将都为此感到耻辱。

马希萼因为府第房舍焚烧毁坏，命令朗州静江指挥使王逵、副使周行逢率领所管辖的士兵千余人修建，承担的徭役十分辛苦，又没有犒劳赏赐，士兵都怨恨，私下说道："囚犯免死便罚作苦役。我们跟从大王出生入死攻取湖南，有什么罪过要像囚犯那样服苦役呀！况且大王终日醉酒欢歌，哪里知道我们的辛劳苦处啊！"王逵、周行逢听到这些，相互说："大家的积怨深了，不早做打算，灾祸会轮到我们头上。"壬申（三月十一日）早晨，他俩便率领部众各人手拿长柄斧子、白木棍棒，逃回朗州。当时马希萼酒醉没醒，周围的人不敢报告。癸酉（十二日），才报告此事。马希萼派遣湖南指挥使唐师翥带领千余人追赶，没追上，一直追到朗州。王逵等乘他们疲惫困乏，埋伏的士兵全力出击，追兵死伤几乎全军覆没，唐师翥脱身逃归。

王逵等废黜留后马光赞，改用马希萼哥哥的儿子马光惠主持朗州政事。马光惠是马希振的儿子。不久奉立马光惠为节度使，王逵等与何敬真以及诸军指挥使张仿参与决策军政大事。马希萼详细将情况通报给南唐，南唐主派遣使者用丰厚的赏赐来招降安抚。王逵等收下南唐的赏赐，放走使者，不回答诏谕，南唐也不敢追问。

楚王马希萼既已攻克长沙，没有奖赏许可琼，怀疑许可琼有怨恨，便让他出任蒙州刺史。派遣马步都指挥使徐威、左右军马步使陈敬迁、水军都指挥使鲁公绾、牙内侍卫指挥使陆孟俊率领所部军队在城西北角安营扎寨，用以防备朗州军队，不慰问安抚从事劳役的军队，服役的将士都怨恨愤怒，谋划发动叛乱。马希崇知道将士的阴谋，戊寅（九月十九日），马希萼宴请将领官吏，徐威等人不参加，马希崇也推辞有病而不到。徐威等派人先驱赶十几匹咆蹶子咬人的劣马进入府中，自己带

领部下手持斧子、白木棍棒,声称来绊缚劣马,突然闯到座席上面,任意砍杀赴宴的人,倒下的人躺满一地。马希萼翻墙逃跑,徐威等抓住囚禁了他,抓住谢彦颙,从头到脚剁成碎块。拥立马希崇为武安留后,放纵士兵大肆抢掠。将马希萼幽禁在衡山县。

刘言听说马希崇立为武安留后,便调遣军队奔赴潭州,声称要讨伐他篡位夺权的罪行,壬午(二十三日),军队驻扎在益阳西面。马希崇恐惧,癸未(二十四日),发兵二千抵抗,又派遣使者前往朗州求和,请结为睦邻藩镇。掌书记桂林人李观象劝说刘言道:"马希萼的旧部将佐还在长沙,那些人必定不愿与您结为友邻;不如先驰传檄文命马希崇取来他们的首级,然后筹划夺取湖南,便可最后兼并占有整个湖南了。"刘言听从此计。马希崇畏惧刘言,立即斩下都军判官杨仲敏、掌书记刘光辅、牙内指挥使魏师进、都押牙黄勍等十几人的首级,派遣前辰阳县令李翃带着送往朗州。等到朗州,首级已经腐烂,刘言与王逵等都认为不是杨仲敏等人的头,发怒斥责李翃,李翃惶恐不安而自杀。

马希崇继位之后,也纵酒狂饮,荒淫无度,办事不公,言语多虚妄,国中之人都不亲附他。

当初,马希萼进入长沙,彭师暠虽然免于死刑,但仍背受杖刑废黜为民。马希崇认为彭师暠必定仇恨马希萼,便派他送马希萼到衡山,实际要彭师暠杀死马希萼,彭师暠说:"难道要让我做弑君犯上的人吗!"反而侍候马希萼愈加小心谨慎。丙戌(二十七日),到达衡山县。衡山指挥使廖偃是廖匡图的儿子,与他叔父节度巡官廖匡凝商量说:"我家世代承受马氏恩德,如今马希萼年长而被废黜,必定不能避免杀身大祸,何不一起辅助他!"于是率领庄中佃户和乡里百姓全部组成军队,与彭师暠共立马希萼为衡山王,将县府作为临时王府,横截湘江设置栅栏,编排竹子作为战舰,任命彭师暠为武清节度使,招募部众,数天之后,达到一万多人,邻近州县也大多响应。派遣判官刘虚己向南唐求援。

徐威等人见马希崇的所作所为,知道必定不能成功,又畏惧朗州、衡山的压力,恐怕有朝一日马希崇覆亡,同遭祸殃,打算杀死马希崇来解脱自己。马希崇暗中察觉此事,大为惊恐,秘密派遣客将范守牧携带表书到南唐请求出兵,南唐主命

令边镐从袁州领兵一万人向西赶赴长沙。

南唐边镐领兵进入醴陵。癸巳（十月初五），楚王马希崇派遣使者犒劳军队。壬寅（十四日），派遣天策府学士拓跋恒奉持笺书到边镐住处请求投降。拓跋恒叹息说："我这么长时间没有死，竟是为了给这小子递送投降书！"癸卯（十五日），马希崇率领兄弟侄子迎接边镐，刚望见远处的行尘便即拜，边镐下马宣读诏书慰劳马希崇。甲辰（十六日），马希崇等人跟从边镐进入长沙城，边镐住宿在浏阳门楼，湖南将领官吏全来祝贺，边镐都重赏他们。当时湖南闹饥荒，边镐大量散发马氏仓库粮食救济百姓，楚地人民非常喜悦。

马希萼希望南唐人扶立自己为潭州主帅，但潭州人憎恨马希萼，一齐请求边镐为主帅，南唐主于是任命边镐为武安节度使。

南唐边镐催促马希崇带领家族进京入朝，马氏聚集族人相对哭泣，打算用重礼贿赂边镐，上奏乞求留住长沙，边镐微微一笑说："国家与您马家世代互为仇敌，将近六十年，然而未曾敢有窥觑您马氏楚国的意思。如今您兄弟争斗，自己落得穷困下场，倘若再有三长两短，恐怕又会产生无法预测的忧患。"马希崇无言以答，十一月，辛酉（初三），和同宗族人以及将佐一千余人呼喊痛哭登上船只，送行的人也都哭着，哭声震动江河山谷。

白玉云龙纹带　五代

资治通鉴第二百九十一卷

后周纪二

【原文】

太祖圣神恭肃文武孝皇帝中广顺二年（壬子，952年）

唐武安节度使边镐，昏懦无断，在湖南，政出多门，不合众心。吉水人欧阳广上书，言："镐非将帅才，必丧湖南，宜别择良帅，益兵以救其败。"不报。

唐主使镐经略朗州，有自朗州来者，多言刘言忠顺，镐由是不为备。唐主召刘言入朝，言不行，谓王逵曰："唐必伐我，奈何？"逵曰："武陵负江湖之险，带甲数万，安能拱手受制于人！边镐抚御无方，士民不附，可一战擒也。"言犹豫未决，周行逢曰："机事贵速，缓则彼为之备，不可图也。"言乃以逵、行逢及牙将何敬真、张仿、蒲公益、朱全琇、宇文琼、彭万和、潘叔嗣、张文表十人皆为指挥使，部分发兵。叔嗣、文表，皆朗州人也。行逢能谋，文表善战，叔嗣果敢，三人多相须成功，情款甚昵。

诸将欲召溆州酋长苻彦通为援，行逢曰："蛮贪而无义，前年从马希萼入潭州，焚掠无遗。吾兵以义举，往无不克，乌用此物，使暴殄百姓哉！"乃止。然亦畏彦通为后患，以蛮酋土团都指挥使刘瑶为群蛮所惮，补西境镇遏使以备之。

冬，十月，逵等将兵分道趣长沙，以孙朗、曹进为先锋使，边镐遣指挥使郭再诚等将兵屯益阳以拒之。戊子，逵等克沅江，执都监刘承遇，裨将李师德帅众五百降之。壬辰，逵等命军士举小舟自蔽，直造益阳，四面斧寨而入，遂克之，杀戍兵二千人。边镐告急于唐。甲午，逵等克桥口及湘阴，乙未，至潭州，边镐婴城自

守；救兵未至，城中兵少，丙申夜，镐弃城走，吏民俱溃。醴陵门桥折，死者万余人，道州刺史廖偃为乱兵所杀。丁酉旦，王逵入城，自称武平节度副使、权知军府事，以何敬真为行军司马。遣敬真等追镐，不及，斩首五百级。蒲公益攻岳州，唐岳州刺史宋德权走，刘言以公益权知岳州。唐将守湖南诸州者，闻长沙陷，相继遁去。刘言尽复马氏岭北故地，惟郴、连入于南汉。

唐主削边镐官爵，流饶州。初，镐以都虞候从查文徽克建州，凡所俘犹皆全之，建人谓之"边佛子"；及克潭州，市不易肆，潭人谓之"边菩萨"；既而为节度使，政无纲纪，惟日设斋供，盛修佛事，潭人失望，谓之"边和尚"矣。

【译文】

后周太祖广顺二年（壬子，公元952年）

南唐武安节度使边镐，昏庸怯懦不决断，在湖南，政令出自多家，不符合民众心意。吉水人欧阳广上书，说："边镐不是将帅之才，必定会丧失湖南，应该另外选择好的主帅，并增加军队来挽救败亡。"没有答复。

南唐主让边镐筹划治理朗州，有从朗州来的人，大多说刘言忠诚顺服，边镐因此不做防备。南唐主召刘言进京入朝，刘言不去，对王逵说："唐必定讨伐我，怎么办？"王逵说："武陵依托长江、洞庭湖的险要，全副武装的士卒数万，怎么能束手待毙受制于人！边镐治理无方，士人百姓不愿亲附，可以一战就擒获。"刘言犹豫不决，周行逢说："机密之事贵在神速，动作迟缓的话对方就会做准备，不可谋取了。"刘言于是任命王逵、周行逢以及牙将何敬真、张仿、蒲公益、朱全琇、宇文琼、彭万和、潘叔嗣、张文表十人都为指挥使，部署发兵。潘叔嗣、张文表都是朗州人。周行逢擅长计谋，张文表善于作战，潘叔嗣果断勇敢，三人经常互相配合取胜，情投意合，非常亲密。

众将想召唤溆州酋长苻彦通作为援军，周行逢说："蛮人贪婪而不讲信义，前年跟从马希萼进入潭州，烧杀抢掠没有遗留。我军以义起事勇往直前，攻无不克，何必动用这家伙，让他暴虐残害百姓呢！"于是作罢。然而又怕苻彦通成为后顾之忧，因蛮人首长团都指挥使刘瑶被众蛮人部落所畏服，便补授他为西境镇遏使来防备符彦通。

冬季，十月，王逵等领兵分路奔赴长沙，任命孙朗、曹进为先锋使，边镐派遣指挥使郭再诚等领兵屯驻益阳抵抗。戊子（初五），王逵等攻克沅江，抓获都监刘承遇，副将李师德率部众五百人投降。壬辰（初九），王逵等命令军士举着小船遮蔽自己，直达益阳城下，从四面用斧子砍破寨门进入，于是攻克益阳，杀死戍守士兵二千人。边镐向南唐告急。甲午（十一日），王逵等攻克桥口及湘阴；乙未（十二日），到达潭州，边镐据城亲自守卫。救兵没有到达，城中士兵又少，丙申（十三日）夜晚，边镐弃城逃跑，官吏百姓全都溃逃。潭州城东的醴陵门桥断裂，死的有一万多人，道州刺史廖偃被乱军所杀。丁酉（十四日）清晨，王逵进入潭州城，自称武平节度副使，代理主持军府事务，任命何敬真为行军司马。派遣何敬真等追赶边镐，没有追上，斩得首级五百。蒲公益进攻岳州，南唐岳州刺史宋德权逃跑，刘言任命蒲公益代理主持岳州军政。南唐将领守卫湖南各州的，听说长沙陷落，相继逃跑离去。刘言全部收复马氏大庾岭以北旧地，只有郴州、连州落入南汉之手。

南唐主削去边镐的官职爵位，流放饶州。当初，边镐任都虞候跟随查文徽攻克建州，凡是所捕获俘虏都保全性命，建州人称他"边佛子"；及至攻克潭州，市场照常营业，潭州人称他"边菩萨"；不久当了节度使，为政没有章法，只是每天摆设斋品，大修佛事，潭州人很失望，称他"边和尚"了。

【原文】

显德元年（甲寅，954年）

帝屡戒晋王曰："昔吾西征，见唐十八陵无不发掘者，此无他，惟多藏金玉故也。我死，当衣以纸衣，敛以瓦棺；速营葬，勿久留宫中；圹中无用石，以甓代之；工人役徒皆和雇，勿以烦民；葬毕，募近陵民三十户，蠲其杂徭，使之守视；勿修下宫，勿置守陵宫人，勿作石羊、虎、人、马，惟刻石置陵前云：'周天子平生好俭约，遗令用纸衣、瓦棺，嗣天子不敢违也。'汝或吾违，吾不福汝。"又曰："李洪义当与节钺，魏仁浦勿使离枢密院。"

帝命趣草制，以端明殿学士、户部侍郎王溥为中书侍郎、同平章事。壬辰，宣

制毕，左右以闻，帝曰："吾无恨矣！"以枢密副使王仁镐为永兴军节度使，以殿前都指挥使李重进领武信节度使，马军都指挥使樊爱能领武定节度使，步军都指挥使何徽领昭武节度使。重进年长于晋王荣，帝召入禁中，属以后事，仍命拜荣，以定君臣之分。是日，帝殂于滋德殿，秘不发丧。乙未，宣遗制。丙申，晋王即皇帝位。

庚申，太师、中书令瀛文懿王冯道卒。道少以孝谨知名，唐庄宗世始贵显，自是累朝不离将、相、三公、三师之位，为人清俭宽弘，人莫测其喜愠，滑稽多智，浮沉取容，尝著《长乐老叙》，自述累朝荣遇之状，时人往往以德量推之。

欧阳修论曰：礼义廉耻，国之四维；四维不张，国乃灭亡。礼义，治人之大法；廉耻，立人之大节。况为大臣而无廉耻，天下其有不乱，国家其有不亡者乎！予读冯道《长乐老叙》，见其自述以为荣，其可谓无廉耻者矣，则天下国家可从而知也。

予于五代得全节之士三，死事之人十有五，皆武夫战卒，岂于儒者果无其人哉？得非高节之士，恶时之乱，薄其世而不肯出欤？抑君天下者不足顾，而莫能致之欤？

予尝闻五代时有王凝者，家青、齐之间，为虢州司户参军，以疾卒于官。凝家素贫，一子尚幼，妻李氏，携其子，负其遗骸以归，东过开封，止于旅舍，主人不纳。李氏顾天已暮，不肯去，主人牵其臂而出之。李氏仰天恸曰："我为妇人，不能守节，而此手为人所执邪！"即引斧自断其臂，见者为之嗟泣。开封尹闻之，白其事于朝，厚恤李氏而笞其主人。呜呼！士不自爱其身而忍耻以偷生者，闻李氏之风，宜少知愧哉！

臣光曰：天地设位，圣人则之，以制礼立法，内有夫妇，外有君臣。妇之从夫，终身不改；臣之事君，有死无贰；此人道之大伦也。苟或废之，乱莫大焉！范质称冯道厚德稽古，宏才伟量，虽朝代迁贸，人无间言，屹若巨山，不可转也。臣愚以为正女不从二夫，忠臣不事二君。为女不正，虽复华色之美，织纴之巧，不足贤矣；为臣不忠，虽复材智之多，治行之优，不足贵矣。何则？大节已亏故也。道之为相，历五朝、八姓，若逆旅之视过客，朝为仇敌，暮为君臣，易面变辞，曾无

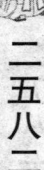

愧怍，大节如此，虽有小善，庸足称乎！

或以为自唐室之亡，群雄力争，帝王兴废，远者十余年，近者四三年，虽有忠智，将若之何！当是之时，失臣节者非道一人，岂得独罪道哉！臣愚以为忠臣忧公如家，见危致命，君有过则强谏力争，国败亡则竭节致死。智士邦有道则见，邦无道则隐，或灭迹山林，或优游下僚。今道尊宠则冠三师，权任则首诸相，国存则依违拱嘿，窃位素餐，国亡则图全苟免，迎谒劝进。君则兴亡接踵，道则富贵自如，兹乃奸臣之尤，安得与他人为比哉！或谓道能全身远害于乱世，斯亦贤已。臣谓君子有杀身成仁，无求生害仁，岂专以全身远害为贤哉！然则盗跖病终而子路醢，果谁贤乎？

抑此非特道之愆也，时君亦有责焉。何则？不正之女，中士羞以为家；不忠之人，中君羞以为臣。彼相前朝，语其忠则反君事雠，语其智则社稷为墟；后来之君，不诛不弃，乃复用以为相，彼又安肯尽忠于我而能获其用乎！故曰，非特道之愆，亦时君之责也。

【译文】

显德元年（甲寅，公元954年）

后周太祖屡次告诫晋王说："从前我西征时，看到唐朝十八座皇陵没有不被发掘的，这没有别的原因，只是多藏金银宝玉的缘故。我死后，定当用纸衣给我穿上，用土烧的棺材收敛我；迅速办理安葬，不要久留宫中；墓穴中不要用石头，拿砖代替；工匠役徒都由官府出钱雇佣，不要麻烦百姓；安葬完毕，招募靠近陵墓的百姓三十家，免除他们的各种徭役，让他们看守陵墓；不要修建地下宫室，不要设置守陵宫人，不要造石羊、石虎、石人、石马，只刻一块石碑立在陵前，写上：'周天子平生好俭约，遗令用纸衣、瓦棺，嗣天子不敢违也。'你如果违背我的话，我就不施福给你。"又说："李洪义应当授予符节和斧钺，魏仁浦不要让他离开枢密院。"

后周太祖命令赶快起草制书，任命端明殿学士、户部侍郎王博为中书侍郎、同平章事。壬辰（正月十七日），宣布制书完毕，左右的人将此事奏告后周太祖，太祖说："我没有遗憾了。"任命枢密副使王仁镐为永兴军节度使，任命殿前都指挥使李重进兼任武信节度使，马军都指挥使樊爱能兼任武定节度使，步军都指挥使何徽兼任昭武节度使。李重进年龄大于晋王郭荣，太祖召他入宫中，托付后事，并命他拜见郭荣，以确定君臣之间的名分。当天，后周太祖死于滋德殿，封锁消息不发丧。乙未（二十日），宣布太祖遗制。丙申（二十一日），晋王即皇帝位。

庚申（四月十七日），太师、中书令瀛文懿王冯道去世。冯道少年时以孝顺谨慎闻名，后唐庄宗时代开始尊贵显赫，从此历朝官不离将军、宰相、三公、三师的职位，为人清静俭朴宽容大度，别人无法猜测他的喜怒哀乐，能言善辩，足智多谋，与世沉浮，左右逢源，曾经作《长乐老叙》，自述历朝荣誉礼遇的情况，当时的人每每用有德行度量来推崇他。

欧阳修议论说：礼、义、廉、耻，是国家赖以生存的四条纲维；这四条纲维不能张立，国家就灭亡。礼、义，是统治人民的根本大法；廉、耻，是安身立命的基本节操。况且身为大臣而毫无廉耻，天下岂有不乱，国家岂有不亡的啊！我读冯道《长乐老叙》，看他自述以为荣耀的经历，他可说是无廉耻的人了，那么天下国家的命运也就可以从而知晓了。

我从五代历史中找到保全节操的志士有三位，为事业而死的仁人有十五位，都是武夫战士，难道在儒者中间果真没有那样的人吗？莫非是高尚节操的士人，憎恶时势的浊乱，鄙薄那世道而不肯出来吗？还是统治天下的君主来不及关顾，而没能招致他们呢？

我曾经听说五代时有个叫王凝的人，家在青州、齐州之间，担任虢州司户参军，因为疾病在任上去世。王凝家中素来贫寒，一个儿子还年幼，他的妻子李氏，带着孩子，背着王凝的尸骨回老家，向东经过开封，在旅店停下，店主不接纳。李氏眼看天色已晚，不肯离去，店主拉她的胳膊让她出去。李氏仰天痛哭说："我是个女人，不能守住贞操，而让这只手臂被别的男人抓吗！"立即拿起斧子自己砍断那条胳膊，看见的人为她叹息流泪。开封尹听说后，将此事向朝廷禀报，优厚地抚恤李氏而鞭责了那位店主。呜呼！士人不自己珍爱他的身子而忍受耻辱来苟且偷生的，听说李氏的高风亮节，应当稍微知道点羞愧吧！

臣司马光曰：天地设置方位，圣人作为准则，用来制定礼仪、建立法律，家中有夫妇，家外有君臣。妇人随从丈夫，终身不能改变；臣子侍奉君主，至死没有二心；这是为人之道的最大伦常。如果有人废弃它，祸乱就没有比这更大的了！范质称赞冯道德行深厚精研古道，才气雄伟度量宏大，虽然朝代变迁，人们也没有闲言碎语，好像大山那样巍然屹立，不可震撼转动。臣下我认为正派的女人不会跟从两个丈夫，忠诚的臣子不会事奉两位君主。做女人不正派，即使再有如花似玉的美貌，纺纱织锦的巧手，也称不上贤惠了；做臣子不忠诚，即使再有才能，足智多谋，政绩卓著，也不值得看重了。什么缘故呢？因为大节已经亏缺了。冯道担任宰相，经历五个朝代、八位君主，如同旅店看待过客那样，清晨还是仇敌，傍晚已成君臣，更换面孔、变化腔调，竟无羞愧之心，大节如此，即使有小善，哪里值得称道呢！

有人认为自从大唐皇室灭亡，群雄武力相争，一位帝王的兴盛衰亡，长的十几年，短的三四年，虽然有忠臣智士，又能怎么样！在这种时候，丧失为臣节操的不止冯道一个人，岂能单独怪罪冯道呢！臣下我认为忠臣担忧国运如同家运，见到危险敢于献出生命，君主有过失就努力谏诤，国家衰败灭亡就尽节而献出生命。智士见国家清明有道就出来，国家昏庸无道就隐居，或者遁入山林不留踪迹，或者充当小吏悠闲自在。如今

白玉双凤纹梳背　五代

此梳是五代时期妇女的头饰。玉为璜形，玉质为半透明的青白色。上边呈弧形，下边宽平。平面两侧均饰展翅相戏的双凤，刻有三角形眼，阴琢身体各部位的羽毛。下部又长又扁，是镶嵌金属梳齿的部位。

冯道论尊贵恩宠则胜过太师、太傅、太保三师，论权力责任则居各宰相之首，国家存在便拱着手闭着嘴不置可否，窃据权位无功受禄；国家灭亡便图谋保全苟且免死，迎接拜谒新主或上表劝进帝位。国君兴盛灭亡一个接着一个，冯道荣华富贵依然故我，这是奸臣之最，哪能与其他一般人相提并论呢！有人认为冯道能够在乱世中保全自身远离祸害，这也算得上贤能了。臣下认为君子只有牺牲自己成全仁义，不能为追求活命而损害仁义，哪能专以保全自身远离祸害为贤能呢！那么盗跖虽是

大盗却生病老死，而子路虽为忠臣却被砍成肉酱，究竟谁贤能呢？

然而这不光是冯道的过错，当时的君主也有责任。什么缘故呢？不正派的女人，一般男子羞以用她为妻；不忠诚的小人，一般君主羞以用他为臣。冯道为前朝宰相，说他忠诚却背叛前君事奉仇敌，说他智慧却听任国家变成废墟；后来的君主，对他既不诛杀又不抛弃，却再任用为宰相，他又怎么肯对我尽忠而能使他的才干派上用场呢！所以说，不光是冯道的过错，也是当时君主的责任。

后周纪三

资治通鉴第二百九十二卷

【原文】

太祖圣神恭肃文武孝皇帝下显德元年（甲寅，954年）

初，宿卫之士，累朝相承，务求姑息，不欲简阅，恐伤人情，由是羸老者居多；但骄蹇不用命，实不可用，每遇大敌，不走即降，其所以失国，亦多由此。帝因高平之战，始知其弊，癸亥，谓侍臣曰："凡兵务精不务多，今以农夫百未能养甲士一，奈何浚民之膏泽，养此无用之物乎！且健懦不分，众何所劝！"乃命大简诸军，精锐者升之上军，羸者斥去之。又以骁勇之士多为藩镇所蓄，诏募天下壮士，咸遣诣阙，命太祖皇帝选其尤者为殿前诸班，其骑步诸军，各命将帅选之。由是士卒精强，近代无比，征伐四方，所向皆捷，选练之力也。

【译文】

后周太祖显德元年（甲寅，公元954年）

当初，宫禁警卫士兵，历朝相承，只求息事宁人，不想再检查挑选，恐怕伤害人情，因此瘦弱年老地占据多数。但又骄横傲慢，不听命令，实际无法使用，每次遇到大敌，不是逃跑就是投降，各朝之所以丧失国家，也大多由于这个原因。后周世宗通过高平一战，开始知道它的弊端，癸亥（十月二十二日），对侍从大臣说："大凡军队只求精而不求多，如今用一百个农夫也未必能供养得起一名全副武装的士兵，怎么能榨取百姓的血汗，去养活这批无用的东西呢！况且勇健懦弱不加区

分,用什么去激励士众!"于是命令各军普遍检查挑选兵员,精锐的提升到上军,瘦弱的逐出军队。又因强健勇猛的战士大多被藩镇所收养,下诏征募天下壮士,全部遣送到京城,命令宋太祖皇帝赵匡胤挑选其中最好的组成殿前诸班,其余骑兵、步兵各军,分别命令将帅挑选士兵。由此士兵精干强壮,近代以来没有比得过的,征伐四方,所到之处频传捷报,这就是挑选兵员的功效啊!

【原文】

世宗睿武孝文皇帝上显德二年(乙卯,955年)

帝常愤广明以来中国日蹙,及高平既捷,慨然有削平天下之志。会秦州民夷有诣大梁献策请恢复旧疆者,帝纳其言。

上谓宰相曰:"朕每思致治之方,未得其要,寝食不忘。又自唐、晋以来,吴、蜀、幽、并皆阻声教,未能混壹,宜命近臣著《为君难为臣不易论》及《开边策》各一篇,朕将览焉。"

比部郎中王朴献策,以为:"中国之失吴、蜀、幽、并,皆由失道。今必先观所以失之之原,然后知所以取之之术。其始失之也,莫不以君暗臣邪,兵骄民困,奸党内炽,武夫外横,因小致大,积微成著。今欲取之,莫若反其所为而已。夫进贤退不肖,所以收其才也;恩隐诚信,所以结其心也;赏功罚罪,所以尽其力也;去奢节用,所以丰其财也;时使薄敛,所以阜其民也。俟群才既集,政事既治,财用既充,士民既附,然后举而用之,功无不成矣!彼之人观我有必取之势,则知其情状者愿为间谍,知其山川者愿为乡导,民心既归,天意必从矣。

凡攻取之道,必先其易者。唐与吾接境几二千里,其势易扰也。扰之当以无备之处为始,备东则扰西,备西则扰东,彼必奔走而救之。奔走之间,可以知其虚实强弱,然后避实击虚,避强击弱。未须大举,且以轻兵扰之。南人懦怯,闻小有警,必悉师以救之。师数动则民疲而财竭,不悉师则我可以乘虚取之。如此,江北诸州将悉为我有。既得江北,则用彼之民,行我之法,江南亦易取也。得江南则岭南、巴蜀可传檄而定。南方既定,则燕地必望风内附;若其不至,移兵攻之,席卷可平矣。惟河东必死之寇,不可以恩信诱,当以强兵制之,然彼自高平之败,力竭

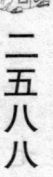

气沮，必未能为边患，宜且以为后图，俟天下既平，然后伺间，一举可擒也。今士卒精练，甲兵有备，群下畏法，诸将效力，期年之后可以出师，宜自夏秋蓄积实边矣。"

上欣然纳之。时群臣多守常偷安，所对少有可取者，惟朴神峻气劲，有谋能断，凡所规画，皆称上意，上由是重其气识，未几，迁左谏议大夫，知开封府事。

敕天下寺院，非敕额者悉废之。禁私度僧尼，凡欲出家者必俟祖父母、父母、伯叔之命。惟两京、大名府、京兆府、青州听设戒坛。禁僧俗舍身、断手足、炼指、挂灯、带钳之类幻惑流俗者。令两京及诸州每岁造僧帐，有死亡、归俗，皆随时开落。是岁，天下寺院存者二千六百九十四，废者三万三百三十六，见僧四万二千四百四十四，尼一万八千七百五十六。

帝以县官久不铸钱，而民间多销钱为器皿及佛像，钱益少，九月，丙寅朔，敕始立监采铜铸钱，自非县官法物、军器及寺观钟磬钹铎之类听留外，自余民间铜器、佛像，五十日内悉令输官，给其直；过期隐匿不输，五斤以上其罪死，不及者论刑有差。上谓侍臣曰："卿辈勿以毁佛为疑。夫佛以善道化人，苟志于善，斯奉佛矣。彼铜像岂所谓佛邪！且吾闻佛在利人，虽头目犹舍以布施，若朕身可以济民，亦非所惜也。"

臣光曰：若周世宗，可谓仁矣，不爱其身而爱民；若周世宗，可谓明矣，不以无益废有益。

【译文】

后周世宗显德二年（乙卯，公元955年）

后周世宗经常为唐僖宗广明以来中原日益缩小而愤慨，及至高平一战奏捷，慨然萌生削平各国统一天下的志向。正好秦州各族百姓有到大梁进献计策请求恢复旧日大唐疆域的，世宗采纳了他的意见。

后周世宗对宰相说："朕经常思考达到大治的方略，没有得到其中的要领，睡觉吃饭都不能忘记。又从后唐、后晋以来，吴地、蜀地、幽州、并州政令教化都被隔断，不能统一，应该命令左右大臣撰写《为君难为臣不易论》和《开边策》各一篇，朕将一一阅览。"

比部郎中王朴进献策文，认为："中原朝廷丧失吴地、蜀地、幽州、并州，都是由于丧失了治国之道。如今一定要首先考察所以丧失土地的根本原因，然后才能知晓所以收取失地的方法。当开始丧失国土时，没有不是因为君主昏庸臣子奸邪，军队骄横百姓穷困，奸人乱党在朝内炙手可热，强将武夫在外面横行霸道，由小变大，积微成著。如今要收取失地，只不过反其道而行之罢了。进用贤人斥退坏人，是收罗人才的办法；布施恩泽讲究信用，是团结人心的办法；奖赏功劳惩罚罪过，是鼓励大家贡献力量的办法；革除奢侈节约费用，是增加财富的办法；按时使用民力，减少赋税，是使百姓富足的办法。等到群贤毕集，政事理顺，财用充足，士民归附，然后起兵而使用他们，千秋功业没有不成功的了！对方的人民看到我方有必定取胜的形势，知道内部情况的就愿意当间谍，熟悉山川地理的就愿意当向导，民心已归附，那么天意也必然会顺从了。"

"大凡进攻夺取的方法，必定先从容易的地方下手。南唐与我们相接的国境将近两千里，这地势很容易骚扰对方。骚扰对方应当从没有防备的地方开始，防备东面就骚扰西面，防备西面就骚扰东面，对方必定东奔西走去救援。东奔西走之间，就可以探明对方的虚实强弱，然后避实击虚，避强击弱。不需大举进攻时，暂且用小部队骚扰。南方人生性懦弱胆小，听说有小小的警报，必定出动全部军队去救援。军队频繁出动就会使百姓疲劳而财物耗竭，不出动全国军队救援，我们就可以乘着空虚夺取土地。像这样，长江以北各州将全部被我们占有。既得长江以北，就可利用他们的百姓，实行我们的办法，那长江以南也容易夺取了。取得江南，那么岭南、巴蜀之地就可以传递檄文而平定。南方既已平定，那燕地必定望风披靡归附中原；倘若它不归顺，就调动军队进攻，犹如卷席子那样很快可以平定了。只有河东北汉是必然要拼死一战的敌人，没法用恩惠信义诱导，应当用强大的军队制服它，然而它从高平失败以后，国力空虚士气沮丧，必定不能再起边患，应该暂且放在以后谋取，等待天下已经平定，然后瞅准时机，一举就可以擒获。如今士兵精干，武器齐全，部下畏服军法，众将愿意效力，一年以后可以出师，应该从夏季、秋季就开始积蓄粮草来充实边疆了。"

后周世宗欣然接受。当时群臣大多墨守成规，苟且偷安，所对策略很少有可取的，只有王朴神情峻逸、气势刚劲，有智谋能决断，凡是有所规划建议，都符合世宗的心意，世宗因此看重王朴的气质胆识，不久，迁升他为左谏议大夫、知开封府事。

后周世宗敕命天下寺院，未经朝廷敕赐匾额的全部废除。禁止私下剃发出家当和尚、尼姑，凡是打算出家的人必须得到祖父母、父母亲、伯伯叔叔的同意，只有东京、西京、大名府、京兆府、青州准许设立受戒的佛坛。禁止僧侣舍身自杀、斩断手足、手指上燃香、裸体挂钩点灯、身带铁钳之类惑乱破坏社会风俗的行为。命令东京、西京以及各州每年编制僧侣名册，如有死亡、返俗的，都随时注销。这一年，天下寺院保存的有二千六百九十四座，废除的有三万三百三十六座，现有和尚四万二千四百四十四人，尼姑一万八千七百五十六人。

后周世宗因为朝廷长久没有铸造铜钱，而民间许多人销毁钱币做成器皿以及佛像，铜钱越来越少，九月，丙寅朔（初一），敕令开始设立机构采集铜来铸造钱币，除了朝廷的礼器、兵器以及寺庙道观的钟磬、钹镲、铃铎之类准许保留外，其余民间的铜器、佛像，五十天内全部让送交官府，付给等值的钱；超过期限隐藏不交，重量在五斤以上的判死罪，不到五斤的量刑判处不同的罪。世宗对侍从大臣说："你们不要为毁佛而疑虑。佛用善道来教化人，假如立志行善，这就是信佛了。那些铜像岂是所说的佛呢！况且我听说佛的宗旨是在于利人，即使是脑袋、眼睛也都可以舍弃布施给需要的人，倘若朕的身子可用来普济百姓，也不值得吝惜啊。"

臣司马光曰：像周世宗，可以称得上仁爱了，不吝惜自身而爱护百姓；像周世宗，可以称得上英明了，不为无益的东西来废弃有益的东西。

【原文】

三年（丙辰，956年）

唐主遣园苑使尹延范如泰州，迁吴让皇之族于润州。延范以道路艰难，恐杨氏为变，尽杀其男子六十人，还报，唐主怒，腰斩之。

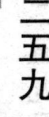

【译文】

三年（丙辰，公元956年）

南唐主派遣园苑使尹延范前往泰州，将吴让皇的家族迁居到润州。尹延范因为道路艰难，恐怕杨氏家族发生变乱，将其中男子六十人全部杀死，返回报告，南唐主大怒，腰斩尹延范。

资治通鉴第二百九十三卷

后周纪四

【原文】

世宗睿武孝文皇帝中显德三年（丙辰，956 年）

唐主复以右仆射孙晟为司空，遣与礼部尚书王崇质奉表入见，称："自天祐以来，海内分崩，或跨据一方，或迁革异代，臣绍袭先业，奄有江表，顾以瞻乌未定，附凤何从！今天命有归，声教远被，愿比两浙、湖南，仰奉正朔，谨守土疆，乞收薄伐之威，赦其后服之罪，首于下国，俾作外臣，则柔远之德，云谁不服！"又献金千两，银十万两，罗绮两千匹。晟谓冯延己曰："此行当在左相，晟若辞之，则负先帝。"既行，知不免，中夜，叹息谓崇质曰："君家百口，宜自为谋。吾思之熟矣，终不负永陵一培土，余无所知！"

丙午，孙晟等至上所。庚戌，上遣中使以孙晟诣寿春城下，且招谕之。仁赡见晟，戎服拜于城上。晟谓仁赡曰："君受国厚恩，不可开门纳寇。"上闻之，甚怒，晟曰："臣为宰相，岂可教节度使外叛邪！"上乃释之。

唐主使李德明、孙晟言于上，请去帝号，割寿、濠、泗、楚、光、海六州之地。仍岁输金帛百万以求罢兵。上以淮南之地已半为周有，诸将捷奏日至，欲尽得江北之地，不许。德明见周兵日进，奏称："唐主不知陛下兵力如此之盛，愿宽臣五日之诛，得归白唐主，尽献江北之地。"上乃许之。晟因奏遣王崇质与德明俱归。上遣供奉官安弘道送德明等归金陵，赐唐主书，其略曰："但存帝号，何爽岁寒！傥坚事大之心，终不迫人于险。"又曰："俟诸郡之悉来，即大军之立罢。言尽于

此，更不烦云；苟曰未然，请从兹绝。"又赐其将相书，使熟议而来。唐主复上表谢。

李德明盛称上威德及甲兵之强，劝唐主割江北之地；唐主不悦。宋齐丘以割地为无益；德明轻佻，言多过实，国人亦不之信。枢密使陈觉、副使李徵古素恶德明与孙晟，使王崇质异其言，因潜德明于唐主曰："德明卖国求利。"唐主大怒，斩德明于市。

李德明塑像

秋，七月，辛卯朔，以周行逢为武平节度使，制置武安、静江等军事。行逢既兼总湖、湘，乃矫前人之弊，留心民事，悉除马氏横赋，贪吏猾民为民害者皆去之，择廉平吏为刺史、县令。

朗州民夷杂居，刘言、王逵旧将多骄横，行逢壹以法治之，无所宽假，众怨怼且惧。有大将与其党十余人谋作乱，行逢知之，大会诸将，于座中擒之，数曰："吾恶衣粝食，充实府库，正为汝曹，何负而反！今日之会，与汝诀也！"立挝杀之，座上股栗。行逢曰："诸君无罪，皆宜自安。"乐饮而罢。

行逢多计数，善发隐伏，将卒有谋乱及叛亡者，行逢必先觉，擒杀之，所部凛然。然性猜忍，常散遣人密词诸州事，其之邵州者，无事可复命，但言刺史刘光委多宴饮。行逢曰："光委数聚饮，欲谋我邪！"即召还，杀之。亲卫指挥使、衡州刺史张文表恐获罪，求归治所；行逢许之。文表岁时馈献甚厚，及谨事左右，由是得免。

行逢妻郧国夫人邓氏，陋而刚决，善治生，尝谏行逢用法太严，人无亲附者，行逢怒曰："汝妇人何知！"邓氏不悦，因请之村墅视田园，遂不复归府舍。行逢屡遣人迎之，不至；一旦，自帅僮仆来输税，行逢就见之，曰："吾为节度使，夫人何自苦如此！"邓氏曰："税，官物也。公为节度使，不先输税，何以率下！且独不记为里正代人输税以免楚挞时邪？"行逢欲与之归，不可，曰："公诛杀太过，常恐一旦有变，村墅易为逃匿耳。"行逢惭怒，其僚属曰："夫人言直，公宜纳之。"

行逢婿唐德求补吏，行逢曰："汝才不堪为吏，吾今私汝则可矣；汝居官无状，吾不敢以法贷汝，则亲戚之恩绝矣。"与之耕牛、农具而遣之。

行逢少时尝坐事黥，隶辰州铜阬，或说行逢："公面有文，恐为朝廷使者所嗤，请以药灭之。"行逢曰："吾闻汉有黥布，不害为英雄，吾何耻焉！"自刘言、王逵以来，屡举兵，将吏积功及所羁縻蛮夷，检校官至三公者以千数。前天策府学士徐仲雅，自马希广之废，杜门不出，行逢慕之，署节度判官。仲雅曰："行逢昔趋事我，奈何为之幕吏！"辞疾不至。行逢迫胁固召之，面授文牒，终辞不取，行逢怒，放之邵州，既而召还。会行逢生日，诸道各遣使致贺，行逢有矜色，谓仲雅曰："自吾兼镇三府，四邻亦畏我乎？"仲雅曰："侍中境内，弥天太保，遍地司空，四邻那得不畏！"行逢复放之邵州，竟不能屈。有僧仁及，为行逢所信任，军府事皆预之，亦加检校司空，娶数妻，出入导从如王公。

初，唐人以茶盐强民而征其粟帛，谓之博征，又兴营田于淮南，民甚苦之；及周师至，争奉牛酒迎劳。而将帅不之恤，专事俘掠，视民如土芥；民皆失望，相聚山泽，立堡壁自固，操农器为兵，积纸为甲，时人谓之"白甲军"。周兵讨之，屡为所败，先所得唐诸州，多复为唐有。

【译文】

后周世宗显德三年（丙辰，公元956年）

南唐主又任命右仆射孙晟为司空，派遣他与礼部尚书王崇质奉持表章入周进见，表称："自从唐朝天祐以来，天下分崩离析，有的地区割据一方，有的地区改朝换代，臣下继承祖先基业，拥有江表之地，只是因为看那乌鸦都没有落脚，要想附凤攀龙又从何谈起！如今天命已有归宿，声威教化泽被远近，希望比照两浙的吴越、湖南的楚国，敬奉中原号令，谨守土地疆域，乞求收敛征伐的威势，赦免后来臣服的罪过，从我小国开始，让我做您域外臣子，那么安抚边远的德政，还有谁不服从！"又贡献黄金千两，白银十万两，罗绮二千匹。孙晟对冯延己说："此行应当由您左相出使，然而我孙晟如果推辞，那就有负先帝烈祖厚望。"上路以后，自知不免一死，半夜叹息，对王崇质说："您家有一百多口人，应该好好地为自己盘算。

我已经考虑得很成熟了，最后决不辜负永陵烈祖的在天之灵，其余的一无所知了。"

丙午（三月十三日），孙晟等人到达后周世宗所在之处。庚戌（十七日），后周世宗派遣朝廷使者带孙晟到寿春城下，并且让他招安南唐守将。刘仁赡见到孙晟，在城上身着戎装行拜礼。孙晟对刘仁赡说："您身受国君深厚恩泽，不可打开城门迎纳敌寇。"世宗听说后，十分恼怒，孙晟说："臣下我身为宰相，岂能教唆节度使叛变投敌呢！"世宗于是释放了他。

南唐主派遣李德明、孙晟对后周世宗说，请求废除帝号，割让寿州、濠州、泗州、楚州、光州、海州等六州之地，并且每年进贡黄金绢帛百万，以求休兵停战。世宗因为淮南之地已经一半被后周占有，各路将领捷报连日到达，便打算取得全部长江以北的地方，不答应唐主所请。李德明眼看后周军队日益推进，上奏称述："唐主不知道陛下的兵力如此强盛，希望给臣下五天不做讨伐的宽限，使臣下得以返归禀告唐主，献出全部长江以北之地。"世宗于是准许他。孙晟便奏请派王崇质与李德明一道返归。世宗派遣供奉官安弘道送李德明等人返归金陵，赐南唐主书信，信中大致说："只管保存帝号，为什么要失去松柏不怕天寒地冻依旧郁郁葱葱的品格！倘若能坚定自己事奉大周的信念，终究不会被人逼入险境绝地。"又说："等到江北各州全部献来，我的大军立即休战。话已在此说尽，不再赘述；倘若说还不行，请从此决绝。"又赐给南唐将相书信，让他们仔细商议而来。南唐主又上表道谢。

李德明盛赞后周世宗声威德行和军队强盛，规劝南唐主割让长江以北之地，南唐主不高兴。宋齐丘认为割让土地无济于事；李德明为人轻浮，经常言过其实，国中之人也不相信他的话。枢密使陈觉、副使李微古素来憎恶李德明和孙晟，让王崇质说得同李德明不一样，趁势对南唐主说李德明的坏话道："李德明出卖国家求取私利。"南唐主勃然大怒，将李德明在街市斩首。

秋季，七月，辛卯朔（初一），后周世宗任命周行逢为武平节度使，制置武安、静江等军事。周行逢既已兼管洞庭湖、湘水地区，于是就矫正前人的弊端，关心百姓生计，全部废除马氏的横征暴敛，贪官污吏扰民成为百姓祸害的全部革去，选择廉洁平正的官吏担任刺史、县令。

朗州地区华夏、蛮夷之民共同居住，刘言、王逵旧日将领大多骄横不法，周行逢一律用法制来管理，没有一点宽容姑息，众人既怨恨又恐惧。有个大将与其党羽十几人阴谋发动叛乱，周行逢知道此事，便设宴大会众将，在座位上擒获他，数落说："我穿布衣、吃粗粮，充实国库，正是为了你们，为何负心而谋反！今日宴会，是与你诀别！"立刻打死他，在座将领吓得双腿发抖。周行逢说："诸位没有罪过，都应该自己心安。"大家高兴地饮酒而结束。

周行逢足智多谋，善于抉发隐患，将吏士兵有阴谋作乱和叛变逃亡的，周行逢必定事先察觉，拘捕斩杀，因此部众对他十分敬畏。然而他生性多疑残忍，经常分头派人秘密探察各州情况，他派到邵州的人，没有情况可以报告，便只说刺史刘光委经常设宴饮酒。周行逢说："刘光委多次聚众宴饮，想算计我吧！"立即召回，杀死他。亲卫指挥使、衡州刺史张文表畏恐无辜获罪，请求解除兵权回归治所衡州，周行逢准许。张文表一年四季馈赠贡献十分丰厚，同时小心事奉周行逢身边亲信，因此得以免罪。

周行逢妻子邺国夫人邓氏，丑陋而刚强决断，善于操持生计，曾经规劝周行逢，用法太严的话别人就不会亲附。周行逢发怒说："你妇道人家知道什么！"邓氏不愉快，因此请求到乡村草房看守田园，于是不再回归府第官舍。周行逢屡次派人接她，不肯到来；有一天，她亲自带领家僮仆人前来交纳赋税，周行逢上前见她，说："我身为节度使，夫人为何如此自找苦吃！"邓氏说："赋税，是官家的财富。您身为节度使，不首先交纳赋税，用什么去做下面百姓的表率！再说你难道不记得当里正代人交纳赋税来免除刑杖拷打的时候了吗？"周行逢想同她回家，她不答应，说："您诛杀太过分，我常常担心有朝一日发生变化，乡村草房容易逃避藏匿。"周行逢又羞又气，他的僚属说："夫人说得有理，您应该接受。"

周行逢的女婿唐德要求补任官吏，周行逢说："你的才能不配做官吏，我如今私下照顾你倒是可以的；但如你当官不像样，我不敢用法来宽容你，那亲戚间的情谊就断绝了。"给他耕牛、农具而遣送回家。

周行逢年轻时曾经因事定罪受黥刑，发配辰州铜院，有人劝说周行逢："您脸上刺有字，恐怕会被朝廷使者所嗤笑，请用药来除去。"周行逢说："我听说汉代有个黥布,并不因此妨碍他成为英雄,我何必为此感到羞耻呢!"

从刘言、王逵以来,多次起兵,将领官吏积累功劳以及所属羁縻州县的蛮夷部落首领,赏赐加封得到司徒、司马、司空三公散官头衔的数以千计。前天策府学士徐仲雅,从马希广被废黜以后,闭门不出,周行逢仰慕他,任命他代理节度判官。徐仲雅说:"周行逢昔日在我手下做事,我怎么能做他幕府的官吏!"推辞有病而不到职。周行逢强迫威胁再三征召,当面授予任职文书,终究坚辞不就,周行逢发怒,将他流放到邵州,不久又召回。遇上周行逢生日,各府州分别派遣使者表示祝贺,周行逢面有骄色,对徐仲雅说:"从我总领武平、武安、静江三府之后,四方比邻也都畏服我吗?"徐中雅说:"侍中您管辖境内,满天太保,遍地司空,四邻八方哪能不畏服呢!"周行逢再次将他流放到邵州,最后没能使他屈服。有个叫仁及的僧人,得到周行逢信任,军府事务都参与,也加封为检校司空,娶了好几个妻子,出来进去开道跟从的排场如同王公一般。

当初,南唐将茶、盐强行配给农民而征收粮食布帛,称为"博征",又在淮南兴造营田,农民很吃苦头;及至后周军队到达,农民争相奉送牛酒来迎接慰劳。但后周将帅不体贴安抚,反而专门从事掳掠,把农民视为粪土草芥;农民都很失望,相互聚集在山林湖泽,建立城堡壁垒自己固守,拿起农具作为武器,拼缀纸片作为铠甲,当时人称之为"白甲军"。后周军队讨伐他们,屡次被打败,先前所得到南唐各州,大多再为南唐所有。

【原文】

四年(丁巳,957年)

议者以唐援兵尚强,多请罢兵,帝疑之。李穀寝疾在第,二月,丙寅,帝使范质、王溥就与之谋,穀上疏,以为:"寿春危困,破在旦夕,若銮驾亲征,则将士争奋,援兵震恐,城中知亡,必可下矣!"上悦。

【译文】

四年（丁巳，公元957年）

议事的人认为南唐援军还强大，大多请求撤兵，世宗怀疑所议。李穀卧病在家，二月，丙寅（初八），世宗派范质、王溥前去与他商议，李穀上书，认为："寿春危难困苦，朝夕之间可以攻破，倘若皇上亲自出征，将士就会奋勇争先，南唐援军震惊恐慌，城中守军知道危亡，就必定可以攻下了！"世宗很高兴。

资治通鉴第二百九十四卷

后周纪五

【原文】

世宗睿武孝文皇帝下显德五年（戊午，958年）

上欲引战舰自淮入江，阻北神堰，不得渡；欲凿楚州西北鹳水以通其道，遣使行视，还言地形不便，计功甚多。上自往视之，授以规画，发楚州民夫浚之，旬日而成，用功甚省，巨舰数百艘皆达于江，唐人大惊，以为神。

辛卯，上如迎銮镇，屡至江口，遣水军击唐兵，破之。上闻唐战舰数百艘泊东洮州，将趣海口扼苏、杭路，遣殿前都虞候慕容延钊将步骑，右神武统军宋延渥将水军，循江而下。甲午，延钊奏大破唐兵于东洮州；上遣李重进将兵趣庐州。

唐主闻上在江上，恐遂南渡，又耻降号称藩，乃遣兵部侍郎陈觉奉表，请传位于太子弘冀，使听命于中国。时淮南惟庐、舒、蕲、黄未下，丙申，觉至迎銮，见周兵之盛，白上，请遣人渡江取表，献四州之地，画江为境，以求息兵，辞指甚哀。上曰："朕本兴师止取江北，尔主能举国内附，朕复何求！"觉拜谢而退。丁酉，觉请遣其属阁门承旨刘承遇如金陵，上赐唐主书，称"皇帝恭问江南国主"，慰纳之。

唐主复遣刘承遇奉表称唐国主，请献江北四州，岁输贡物十万。于是江北悉平，得州十四，县六十。

唐主避周讳，更名景。下令去帝号，称国主，凡天子仪制皆有降损，去年号，用周正朔，仍告于太庙。左仆射、同平章事冯延己罢为太子太傅，门下侍郎、同平章事严续罢为少傅，枢密使、兵部侍郎陈觉罢守本官。

初，冯延己以取中原之策说唐主，由是有宠。延己尝笑烈祖戢兵为龌龊，曰："安陆所丧才数千兵，为之辍食咨嗟者旬日，此田舍翁识量耳，安足与成大事！岂如今上暴师数万于外，而击球宴乐无异平日，真英主也！"延己与其党谈论，常以天下为己任，更相唱和。翰林学士常梦锡屡言延己等浮诞，不可信；唐主不听，梦锡曰："奸言似忠，陛下不悟，国必亡矣！"及臣服于周，延己之党相与言，有谓周为大朝者，梦锡大笑曰："诸公常欲致君尧、舜，何意今日自为小朝邪！"众默然。

五代《韩熙载夜宴图》局部

【译文】

后周世宗显德五年（戊午，公元958年）

后周世宗打算率领战舰从淮水进入长江，但受到北神堰阻挡，没法渡过，就打算开凿楚州西北的鹳水来通淮水、长江的河道。派遣使者巡视，回来说地形条件不便利，预计费工很多。世宗亲自前往视察，口授工程规划，征发楚州民夫疏通河道，十天便完成，花费工日很少，数百艘巨大战舰都直接到达长江，南唐人大为惊讶，认为神奇。

辛卯（三月初十），后周世宗前往迎銮镇，屡次到达长江口，派遣水军攻击南唐军队，打败敌军。世宗听说南唐数百艘战舰停泊在东沛州，将要赶赴入海口扼守通往苏州、杭州的路，便派遣殿前都虞候慕容延钊带领步兵、骑兵，右神武统军宋延渥带领水军，沿江而下。甲午（十三日），慕容延钊奏报在东怖州大败南唐军队；

世宗派遣李重进率领军队赶赴庐州。

南唐主闻知世宗在长江岸畔，恐怕就要南下渡江，又耻于贬降帝号改称藩臣，于是派遣兵部侍郎陈觉奉持表章，请求传位给太子李弘冀，让他听从后周的命令。当时淮南只有庐州、舒州、蕲州、黄州没有攻下，丙申（十五日），陈觉到达迎銮镇，看到后周军队的强盛，向世宗禀报，请求派人渡过长江拿取表章，进献四州土地，划江为界，来要求休战，言辞旨意非常悲哀。世宗说："朕兴师出兵本只为取得江北之地，你的君主能够率国归附，朕还要求什么呢！"陈觉叩拜道谢而退下。丁酉（十六日），陈觉请求派遣他的属官阁门承旨刘承遇前往金陵，世宗赐给南唐主书信，说"皇帝恭问江南国主"，安慰接纳他。

南唐主再派刘承遇奉送表章自称唐国主，请求献出长江北面庐、舒、蕲、黄等四州，每年献送贡品十万。于是长江以北全部平定，得到十四个州、六十个县。

南唐主为避后周世宗祖先名讳，改名为景。下令取消帝号，只称国主，所有原来的天子仪仗规制都有所降低贬损，取消交泰年号，改用后周年号历法，并向太庙报告。左仆射、同平章事冯延已免职后为太子太傅，门下侍郎、同平章事严续免职后为少傅，枢密使、兵部侍郎陈觉免去同平章事保留原来官职。

当初，冯延已用夺取中原的策略来劝说南唐主，因此得到宠幸。冯延已曾经嘲笑南唐烈祖息兵是心胸狭窄，说："安陆所丧失的才几千士兵，就为之禁食叹息有十天，这是乡村田舍老翁的见识度量，怎么能与他成就大事！哪像如今皇上几万大军风餐露宿在野外，而自己打球玩耍取乐与平日没有两样，真是英明的君主啊！"冯延已与他的同党谈论时，总是把治理天下作为自己的责任，互相唱和呼应。翰林学士常梦锡多次上言说冯延已等人浮夸荒诞，不可信任；南唐主不听从，常梦锡说："奸臣的话好似忠言，陛下如果再不觉悟，国家必定灭亡了！"及至向后周臣服，冯延已党羽相互言谈，有称后周为大朝的，常梦锡大笑说："诸位平常想引导国君成为统治天下的唐尧、虞舜，哪里想得到今日却自称小朝廷呢！"众人沉默无语。

【原文】

六年（己未，959年）

唐主遣其子纪公从善与钟谟俱入贡，上问谟曰："江南亦治兵，修守备乎？"对曰："既臣事大国，不敢复尔。"上曰："不然。向时则为仇敌，今日则为一家，吾与汝国大义已定，保无他虞；然人生难期，至于后世，则事不可知。归语汝主：可及吾时完城郭，缮甲兵，据守要害，为子孙计。"谟归，以告唐主。唐主乃城金陵，凡诸州城之不完者茸之，戍兵少者益之。

臣光曰：或问臣：五代帝王，唐庄宗、周世宗皆称英武，二主孰贤？臣应之曰：夫天子所以统治万国，讨其不服，抚其微弱，行其号令，壹其法度，敦明信义，以兼爱兆光民者也。庄宗既灭梁，海内震动，湖南马氏遣子希范入贡，庄宗曰："比闻马氏之业，终为高郁所夺。今有儿如此，郁岂能得之哉？"郁，马氏之良佐也。希范兄希声闻庄宗言，卒矫其父命而杀之。此乃市道商贾之所为，岂帝王体哉！

盖庄宗善战者也，故能以弱晋胜强梁，既得之，曾不数年，外内离叛，置身无所。诚由知用兵之术，不知为天下之道故也。世宗以信令御群臣，以正义责诸国，王环以不降受赏，刘仁赡以坚守蒙褒，严续以尽忠获存，蜀兵以反覆就诛，冯道以失节被弃，张美以私恩见疏；江南未服，则亲犯矢石，期于必克，既服，则爱之如子，推诚尽言，为之远虑。其宏规大度，岂得与庄宗同日语哉！《书》曰："无偏无党，王道荡荡。"又曰："大邦畏其力，小邦怀其德。"世宗近之矣。

上欲相枢密使魏仁浦，议者以仁浦不由科第，不可为相。上曰："自古用文武才略者为辅佐，岂尽由科第邪！"己丑，加王溥门下侍郎，与范质皆参知枢密院事。以仁浦为中书侍郎、同平章事，枢密使如故。仁浦虽处权要而能谦谨，上性严急，近职有忤旨者，仁浦多引罪归己以救之，所全活什七八，故虽起刀笔吏，致位宰相，时人不以为忝。

上尝问大臣可为相者于兵部尚书张昭，昭荐李涛。上愕然曰："涛轻薄无大臣体，朕问相而卿首荐之，何也？"对曰："陛下所责者细行也，臣所举者大节也。昔晋高祖之世，张彦泽虐杀不辜，涛累疏请诛之，以为不杀必为国患。汉隐帝之世，涛亦上疏请解先帝兵权。夫国家安危未形而能见之，此真宰相器也，臣是以荐之。"上曰："卿言甚善且至公，然如涛者，终不可置之中书。"涛喜诙谐，不修边幅，与弟澣俱以文学著名，虽甚友爱，而多谑浪，无长幼体，上以是薄之。

上以翰林学士单父王著，幕府旧僚，屡欲相之，以其嗜酒无检而罢。

癸巳，大渐，召范质等入受顾命。上曰："王著藩邸故人，朕若不起，当相之。"质等出，相谓曰："著终日游醉乡，岂堪为相！慎勿泄此言。"是日，上殂。

上在藩，多务韬晦，及即位，破高平之寇，人始服其英武。其御军，号令严明，人莫敢犯，攻城对敌，矢石落其左右，人皆失色而上略不动容；应机决策，出人意表。又勤于为治，百司簿籍，过目无所忘，发奸擿伏，聪察如神。闲暇则召儒者读前史，商榷大义。性不好丝竹珍玩之物，常言太祖养成王峻、王殷之恶，致君臣之分不终，故群臣有过则面质责之，服则赦之，有功则厚赏之。文武参用，各尽其能，人无不畏其明而怀其惠，故能破敌广地，所向无前。然用法太严，群臣职事小有不举，往往置之极刑，虽素有才干声名，无所开宥，寻亦悔之，末年寖宽。登遐之日，远迩哀慕焉。

【译文】

六年（己未，公元959年）

南唐主派遣他的儿子纪公李从善与钟谟一道入朝进贡，世宗问钟谟说："江南也在操练军队进行战备吗？"回答说："既已臣事大国，不敢再这样了。"世宗说："不对。昔日是仇敌，今日已成一家，我朝同你们国家的名分大义已经确定，保证没有其他变故；然而人生难以预料，至于后世，则事情更不可知晓。回去对你家君主说：可以趁着我在的时候加固城郭，修缮武器，据守要塞，为子孙后代着想。"钟谟回国，将世宗的话禀告南唐主。南唐主于是修建金陵城墙，凡是各州城池有不坚固的便整治修理，守卫士兵少的便补充增加。

臣司马光曰：有人问臣下，五代帝王之中，唐庄宗、周世宗都号称英武，两位君主中谁更贤明？臣下回答说：天子统治万方国家，讨伐不肯降服者，安抚微小虚弱者，实行其号令，统一其法度，敦厚信用、昭明大义，是用以兼爱亿万百姓的。唐庄宗灭亡梁以后，天下震动，湖南马殷派遣儿子马希范入朝进贡，唐庄宗说："近来听人说马氏的家业，终将被高郁所夺取。如今他有这样的儿子，高郁怎么能得到马氏家业呢？"高郁是马氏的优秀辅佐大臣。马希范的哥哥马希声听说唐庄宗的话，结果假造他父亲的命令杀死了高郁。这只是街市中道路上的行商坐贾所干的事，哪里是帝王的风度啊！唐庄宗是个善于打仗的人，所以能以弱小的晋国战胜强大的梁国，但是取得梁国以后，居然不出几年，众叛亲离，没有安身之处。实在是因为只知用兵方术，而不知治理天下道理的缘故啊。周世宗以信用驾驭群臣，以正义要求各国，王环因不投降而受奖赏，刘仁赡因坚守不屈而蒙褒扬，严续因尽忠报国获得生存，后蜀士兵因朝三暮四而被杀戮，冯道因丧失臣节被遗弃，张美因私人恩惠而被疏远；江南没有归服，就亲身冒着飞矢流石，抱定必胜的信念，归服以后，便像对待子女那样地爱护，推心置腹地把话说尽，为之作长远考虑。他的宏伟规制，博大襟怀，难道能与唐庄宗同日而语吗！《尚书》说："不要偏袒不要结党，为王之道浩浩荡荡。"又说："大国畏惧它的实力，小国怀念他的恩德。"周世宗可谓接近《尚书》上的话了。

后周世宗打算任用枢密使魏仁浦为宰相，参与商议的人认为魏仁浦不从科举及第，不可以担任宰相。世宗说："自古以来任用有文才武略的人作为辅佐，难道全是从科举及第的吗！"己丑（六月十五日），王博加官门下侍郎，与范质都参与主持枢密使院事务。任命魏仁浦为中书侍郎、同平章事，枢密使之职照旧。魏仁浦虽然处身权力要津而能谦虚谨慎，世宗性格严厉急躁，周围官员有违反旨意的，魏仁浦大多将罪过归于自己来拯救他们，所保全救活的占十分之七八，所以虽然出身于办理文书的小吏，官至宰相，但当时人们并不认为他有愧于居此高位。

世宗曾经问兵部尚书张昭，大臣中何人可为宰相，张昭举荐李涛。世宗惊愕地说："李涛为人轻薄没有大臣的风度，朕问宰相人选而爱卿首先荐举他，为什么？"回答说："陛下所指责的是小事，臣下所荐举的是他的大节。从前晋高祖之世，张彦泽滥杀无辜，李涛屡次上疏请求杀他，认为不杀必定成为国家祸患；到汉隐帝之世，李涛也上书请求解除先帝太祖的兵权。国家的安危还没有形成便能预见，这才是真正宰相的人才，臣下因此荐举他。"世宗说："爱卿之言很好而且极为公正，然而像李涛这样的人，终究无法安置在中书省。"李涛喜欢说笑逗乐，不拘小节，与弟弟李澣都以文章博学而著名，虽然互相友爱，却常常调笑放浪，没有长幼的规矩，世宗因此轻视他。

世宗因为翰林学士单父人王著是从前幕府的僚属，多次想用他为相，因他嗜好喝酒不检点而作罢。

癸巳（十九日），世宗病情加剧恶化，召见范质等人入宫接受遗嘱。世宗说："王著是我在藩镇府第的旧人，朕若一病不起，应当起用他为宰相。"范质等人出宫，相互说："王著终日醉生梦死，哪配当宰相！千万不要泄露这话。"当天，世宗去世。

世宗在藩镇时，很注意韬晦，及至即皇帝之位，在高平大破北汉入侵之敌，人们开始佩服他的英勇神武。他统率军队，纪律严明，没有人敢违反，攻打城市面对敌寇，流矢飞石落在身边，别人都惊慌失色，而世宗毫不改容镇定自若；应付机变决定策略，出人意料之外。又勤勉治国，各个部门的簿籍，过目不忘，发现奸人粉碎隐患，洞察秋毫犹如神明。闲暇之时便召见儒生文人诵读前代史书，商榷其中主旨大义。生性不喜好乐器、珍宝一类东西。经常说先帝太祖姑息惯养酿成王峻、王殷的大恶，致使君臣的情分有始无终，所以百官群臣有过失就当面对质斥责，服罪改过就赦免他，有功就重赏他。文武人才一齐任用，各人尽力发挥自己的才能，大家无不畏服他的严明而又怀念他的恩惠，所以能攻破敌国拓广领土，所向披靡，一往无前。然而使用刑法过于严厉，百官群臣奉职办事稍有做得不好的，往往处以极刑，即使平素有才干名望，也没有一点宽容，不久自己也觉后悔，最后几年逐渐放宽。去世之日，四方远近都哀悼仰慕他。

附录：历代帝王世系表

东周帝王世系表

帝　王	在　位　年	公　元
威烈王 （姬午）	24	前425——前402
安王 （姬骄）	26	前401—前376
烈王 （姬喜）	7	前375—前369
显王 （姬扁）	48	前368—前321
慎靓王 （姬定）	6	前320—前315
赧王 （姬延）	59	前314—前256

秦帝王世系表

帝 王	在 位 年	公 元
昭襄王（嬴稷）	56	前306—前251
孝文王（嬴柱）	1	前250
庄襄王（嬴楚）	3	前249—前247
始皇（嬴政）	37	前246—前210
二世	3	前209—前207

西汉帝王世系表

帝王	年号	公元
高帝（刘邦）	12	前206—前195
惠帝（刘盈）	7	前194—前188
高后（吕雉）	8	前187—前180
文帝（刘恒）	前（16） 后（7）	前179—前164 前163—前157
景帝（刘启）	前（7） 中（6） 后（3）	前156—前150 前149—前144 前143—前141
武帝（刘彻）	建元（6） 元光（6） 元朔（6） 元狩（6） 元鼎（6） 元封（6） 太初（4） 天汉（4） 太始（4） 征和（4） 后元（2）	前140—前135 前134—前129 前128—前123 前122—前117 前116—前111 前110—前105 前104—前101 前100—前97 前96—前93 前92—前89 前88—前87
昭帝（刘弗陵）	始元（6） 元凤（6） 元平（1）	前86—前81 前80—前75 前74
宣帝（刘询）	本始（4） 地节（4） 元康（4） 神爵（4） 五凤（4） 甘露（4） 黄龙（1）	前73—前70 前69—前66 前65—前62 前61—前58 前57—前54 前53—前50 前49
元帝（刘奭）	初元（5） 永光（5） 建昭（5） 竟宁（1）	前48—前44 前43—前39 前38—前34 前33
成帝（刘骜）	建始（4） 河平（4） 阳朔（4） 鸿嘉（4） 永始（4） 元延（4） 绥和（2）	前32—前29 前28—前25 前24—前21 前20—前17 前16—前13 前12—前9 前8—前7
哀帝（刘欣）	建平（2） 太初元将（1） 建平（3） 元寿（2）	前6—前5 前5 前5—前3 前2—前1
平帝（刘衎）	元始（5）	1—5
孺子（刘婴）	居摄（3） 初始（1）	6—8 8
（新朝）王莽	始建国（5） 天凤（6） 地皇（4）	9—13 14—19 20—23
更始帝（刘玄）	更始（3）	23—25

东汉帝王世系表

帝 王	年 号	公 元
光武帝（刘秀）	建武（32） 建武中元（2）	25—26 56—57
明帝（刘庄）	永平（18）	58—75
章帝（刘炟）	建初（8） 元和（3） 章和（2）	76—83 84—86 87—88
和帝（刘肇）	永元（16） 元兴（1）	89—104 105
殇帝（刘隆）	延平（1）	106
安帝（刘祜）	永初（7） 元初（6） 永宁（1） 建光（1） 延光（4）	107—113 114—119 120 121 122—125
顺帝（刘保）	永建（6） 阳嘉（4） 永和（6） 汉安（2） 建康（1）	126—131 132—135 136—141 142—143 144
冲帝（刘炳）	永嘉（1）	145
质帝（刘缵）	本初（1）	146
桓帝（刘志）	建和（3） 和平（1） 元嘉（2） 永兴（2） 永寿（3） 延熹（9） 永康（1）	147—149 150 151—152 153—154 155—157 158—166 167
灵帝（刘弘）	建宁（4） 熹平（6） 光和（6） 中平（6）	168—171 172—177 178—183 184—189
少帝（刘辩）	光熹（1） 昭宁（1）	189 189
献帝（刘协）	永汉（1） 中平（1） 初平（4） 兴平（2） 建安（24） 延康（1）	189 189 190—193 194—195 196—219 220

三国帝王世系表

国号	帝　王	年　号	公　元
魏	文帝（曹丕）	黄初（7）	220—226
	明帝（曹睿）	太和（6）	227—232
		青龙（4）	233—236
		景初（3）	237—239
	齐王（曹芳）	正始（9）	240—248
		嘉平（6）	249—254
	高贵乡公（曹髦）	正元（2）	254—255
		甘露（5）	256—260
	元帝（曹奂）	景元（4）	260—263
		咸熙（2）	264—265
蜀	昭烈帝（刘备）	章武（3）	221—223
	后主（刘禅）	建兴（15）	223—237
		延熙（20）	238—257
		景耀（5）	258—262
		炎兴（1）	263
吴	大帝（孙权）	黄武（7）	222—228
		黄龙（3）	229—231
		嘉禾（6）	232—237
		赤乌（13）	238—250
		太元（1）	251
		神凤（1）	252
	会稽王（孙亮）	建兴（2）	252—253
		五凤（3）	254—256
		太平（3）	256—258
	景帝（孙休）	永安（7）	258—264
	末帝（孙皓）	元兴（1）	264
		甘露（1）	265
		宝鼎（3）	266—268
		建衡（3）	269—271
		凤凰（3）	272—274
		天册（1）	275
		天玺（1）	276
		天纪（4）	277—280

晋帝王世系表

帝　王	年　号	公　元
武帝 （司马炎）	泰始（10） 咸宁（5） 太康（10） 太熙（1）	265—274 275—279 280—289 290
惠帝 （司马衷）	永熙（1） 永平（1） 元康（9） 永康（1） 永宁（1） 太安（2） 永安（1） 建武（1） 永兴（2） 光熙（1）	290 291 291—299 300 301 302—303 304 304 304—305 306
怀帝（司马炽）	永嘉（6）	307—312
愍帝（司马业）	建兴（4）	313—316
元帝 （司马睿）	建武（1） 大兴（4） 永昌（1）	317 318—321 322
明帝（司马绍）	太宁（3）	323—325
成帝 （司马衍）	咸和（9） 咸康（8）	326—334 335—342
康帝（司马岳）	建元（2）	343—344
穆帝 （司马聃）	永和（12） 升平（5）	345—356 357—361
哀帝 （司马丕）	隆和（2） 兴宁（3）	362—363 363—365
废帝（司马奕）	太和（6）	366—371
简文帝（司马昱）	咸安（2）	371—372
孝武帝 （司马昌明）	宁康（3） 太元（21）	373—375 376—396
安帝 （司马德宗）	隆安（5） 元兴（1） 隆安（1） 大亨（1） 元兴（2） 义熙（14）	397—401 402 402 402 403—404 405—418
恭帝（司马德文）	元熙（2）	419—420

南朝帝王世系表

国号	帝 王	年 号	公 元
宋	武帝（刘裕）	永初（3）	420—422
	少帝（刘义符）	景平（2）	423—424
	文帝（刘义隆）	元嘉（30）	424—453
	刘劭	太初（1）	453
	孝武帝 （刘骏）	孝建（3） 大明（8）	454—456 457—464
	前废帝 （刘子业）	永光（1） 景和（1）	465 465
	明帝 （刘彧）	泰始（7） 泰豫（1）	465—471 472
	后废帝（刘昱）	元徽（5）	473—477
	顺帝（刘準）	升明（3）	477—479
齐	太祖（萧道成）	建元（4）	479—482
	武帝（萧赜）	永明（11）	483—493
	郁林王（萧昭业）	隆昌（1）	494
	海陵王（萧昭文）	延兴（1）	494
	明帝 （萧鸾）	建武（5） 永泰（1）	494—498 498
	东昏侯（萧宝卷）	永元（3）	499—501
	和帝（萧宝融）	中兴（2）	501—502
梁	武帝 （萧衍）	天监（18） 普通（8） 大通（3） 中大通（6） 大同（12） 中大同（2） 太清（3）	502—519 520—527 527—529 529—534 535—546 546—547 547—549
	简文帝（萧纲）	大宝（2）	550—551
	豫章王（萧栋）	天正（1）	551
	简文帝（萧纲）	承圣（4）	552—555
	元帝（萧绎）	天成（1）	555
	敬帝 （萧方智）	绍泰（2） 太平（2）	555—556 556—557
	永嘉王（萧庄）	天启（2）	557—558
梁	武帝（陈霸先）	永定（3）	557—559
	文帝 （陈蒨）	天嘉（7） 天康（1）	560—566 566
	废帝（陈伯宗）	光大（2）	567—568
	宣帝（陈顼）	太建（14）	569—582
	后主 （陈叔宝）	至德（4） 祯明（3）	583—586 587—589

隋帝王世系表

帝　王	年　号	公　元
文帝 （杨坚）	开皇（20） 仁寿（4）	581—600 601—604
炀帝（杨广）	大业（14）	605—618
恭帝（杨侑）	义宁（2）	617—618

注：隋炀帝杨广在位十四年，于大业十四年（618年）为宇文化及所杀。但是，在大业十三年（617年）李渊另立代王杨侑为恭帝，年号义宁，翌年禅于唐。《资治通鉴》书写隋代年号，以大业十二年为止，次年即用义宁元年。

唐帝王世系表

帝　王	年　号	公　元
高祖（李渊）	武德（9）	618—626
太宗（李世民）	贞观（23）	627—649
高宗 （李治）	永徽（6） 显庆（6） 龙朔（3） 麟德（2） 乾封（3） 总章（3） 咸亨（5） 上元（3） 仪凤（4） 调露（2） 永隆（2） 开耀（2） 永淳（2） 弘道（1）	650—655 656—661 661—663 664—665 666—668 668—670 670—674 674—676 676—679 679—680 680—681 681—682 682—683 683
中宗（李显）	嗣圣（1）	684
睿宗（李旦）	文明（1）	684
武后（武曌）	光宅（1） 垂拱（4） 永昌（1） 载初（2） 天授（3） 如意（1） 长寿（3） 延载（1） 证圣（1） 天册万岁（2） 万岁登封（1） 神功（1） 圣历（3） 久视（1） 大足（1） 长安（4） 神龙（1）	684 685—688 689 689—690 690—692 692 692—694 694 695 695—696 696 697 698—700 700 701 701—704 705
中宗 （李显）	神龙（3） 景龙（4）	705—707 707—710
温王（李重茂）	唐隆（1）	710
睿宗 （李旦）	景云（2） 太极（1） 延和（1）	710—711 712 712
玄宗 （李隆基）	先天（2） 开元（29） 天宝（15）	712—713 713—741 742—756

续表

帝 王	年 号	公 元
肃宗 （李亨）	至德（3） 乾元（3） 上元（3） 宝应（1）	756—758 758—760 760—762 762
代宗 （李豫）	宝应（2） 广德（2） 永泰（2） 大历（14）	762—763 763—764 765—766 766—779
德宗 （李适）	建中（4） 兴元（1） 贞元（21）	780—783 784 785—805
顺宗（李诵）	永贞（1）	805
宪宗（李纯）	元和（15）	806—820
穆宗（李恒）	长庆（4）	821—824
敬宗（李湛）	宝历（3）	825—827
文宗 （李昂）	太和（9） 开成（5）	827—835 836—840
武宗（李瀍）	会昌（6）	841—846
宣宗（李忱）	大中（14）	847—860
懿宗（李漼）	咸通（15）	860—874
僖宗 （李儇）	乾符（6） 广明（2） 中和（5） 光启（4） 文德（1）	874—879 880—881 881—885 885—888 888
昭宗 （李晔）	龙纪（1） 大顺（2） 景福（2） 乾宁（5） 光化（4） 天复（4） 天祐（1）	889 890—891 892—893 894—898 898—901 901—904 904
昭宣帝（李柷）	天祐（4）	904—907

五代帝王世系表

国号	帝 王	年 号	公 元
后梁	太祖（朱温）	开平（5） 乾化（2）	907—911 911—912
	庶人（朱友珪）	凤历（1）	913
	末帝（朱友贞）	乾化（3） 贞明（7） 龙德（3）	913—915 915—921 921—923
后唐	庄宗（李存勖）	同光（4）	923—926
	明宗（李嗣源）	天成（5） 长兴（4）	926—930 930—933
	闵帝（李从厚）	应顺（1）	934
	末帝（李从珂）	清泰（3）	934—936
后晋	高祖（石敬瑭）	天福（7）	936—942
	出帝（石重贵）	天福（3） 开运（3）	942—944 944—946
后汉	高祖（刘知远）	天福（1） 乾祐（1）	947 948
	隐帝（刘承祐）	乾祐（3）	948—950
后周	太祖（郭威）	广顺（3） 显德（1）	951—953 954
	世宗（柴荣）	显德（6）	954—959

职官名词解释

【二千石】 汉代对郡守的通称。汉郡守俸禄为二千石，即月俸百二十斛，因有此称。

【二十等爵】 战国时秦国商鞅制定的爵位等级。秦汉两代沿用。商鞅在秦国变法时，整理秦过去的爵制，制定军功的爵位为二十级：一、公士，二、上造，三、簪袅，四、不更，以上相当于士；五、大夫，六、官大夫，七、公大夫，八、公乘，九、五大夫，以上相当于大夫；十、左庶长，十一、右庶长，十二、左更，十三、中更，十四、右更，十五、少上造，十六、大上造即大良造，十七、驷车庶长，十八、大庶长，以上相当于卿；十九、关内侯，二十、彻侯，亦作通侯或列侯，以上相当于诸侯。战国时秦国五大夫以上有食邑。汉初改为公大夫以上有食邑，官大夫以下得免役。汉文帝以后，又改为五大夫以上才得免役。

【九卿】 秦汉通常以奉常（太常）、郎中令（光禄勋）、卫尉、太仆、廷尉、典客（大鸿胪）、宗正、治粟内史（大司农）、少府为九卿，实即中央各行政机关的总称。魏晋以后，设尚书分主各部行政，九卿专掌一部分事务，职任较轻。

【九品】 古代官吏的等级。始于魏晋时，从第一品到第九品，共分九等；北魏时每品始各分正、从，第四品起正、从品又各分上、下阶，共为三十等；唐文职与北魏同，武职自三品起即分上下。隋保留正、从品，而无上、下阶之称，共分十八等，文武职并同。

【三师】 太师、太傅、太保的合称。周始置，称三公，北魏以后改称三师，品级列正一品，但仅为虚衔，无实职。

【三老】 古时掌教化的乡官。战国魏有三老，秦置乡三老，汉增置县三老，东汉以后又有郡三老,并间置国三老。

【三司使】 （1）唐审大狱,以刑部尚书、侍郎与御史中丞、大理卿会审,称三司使。（2）官名。唐代中期以后,财务行政渐趋繁杂,乃特简大臣分判户部、度支,及充盐铁转运使,分别管理租赋、财政收支和盐铁专卖事务。后唐明宗于天成元年（公元926年）委宰相一人专判。长兴元年（公元930年）,并为一使,称三司使。

【三省】 指中书省、门下省、尚书省。按隋唐时,三省同为最高政务机构,一般为中书决策,门下审议,尚书执行,实际上为三省长官共同负责中枢政务。

【三公】 周代三公有两说。一说,司马、司徒、司空为三公,一说,太师、太傅、太保为三公。西汉时以丞相（大司徒）、太尉（大司马）、御史大夫（大司空）合称三公。东汉时以太尉、司徒、司空合称三公。又称三司。为共同负责军政的最高长官。唐宋仍沿此称,惟已无实际职务。

【三署】 汉朝光禄勋属下左、右、五官三官署合称。三署各置中郎将分领郎官。西汉辖中郎（一说辖中郎、谒者、侍郎）,别有车、户、骑三署,辖郎中。东汉时省车、户、骑,唯置五官、左署、右署,中郎、侍郎、郎中皆属之。

【工官】 西汉少府所属官署。蜀郡、广汉郡、泰山奉高、济南东平陵、南阳宛、颍川阳翟、河南郡、河内郡、怀县均置。各有专业分工。东汉改隶郡国。郡设工官者,随事置令、长及丞,秩次如县、道,主工税物。

【士】 （1）周朝爵名。地位较低。分上、中、下三等。多为卿大夫家臣,或食田,或以俸禄为生。（2）官名。（一）狱官。相传虞舜时皋陶任此官。西周或称司士。春秋晋国称大士。《尚书·虞书·舜典》:"帝曰:'（皋陶）汝作士,五刑有服。'"（二）下级军吏、武士。《荀子·王制》:"霸者富士。"

【士大夫】 战国时任官职者统称。后世沿之。《墨子·三辨》:"士大夫倦于听治。"《周礼·考工记》:"作而行之,谓之士大夫。"郑玄注:"亲受其职居其官也。"

【大长秋】 秦称将行。汉景帝时改称大长秋,宣达皇后旨意,管理宫中事宜,为皇后的近侍,多由宦官充任。长秋本为汉代皇后所居宫名,其官署称长秋寺。隋以后设内侍省，长秋一官遂废，惟隋炀帝一度改内侍省为长秋监。

【大司空】　汉成帝时，改御史大夫为大司空，哀帝时曾复旧称，后再改为大司空，与大司徒、大司马并称三公。东汉时称司空。

【大良造】　战国初期为秦的最高官职，掌握军政大权。同时又为爵名。商鞅制定二十等爵，列为十六级。亦称大上造。自从秦惠王设立相国掌握军政大权后，主要用作爵名。汉代沿用。

【大司徒】　汉哀帝时罢丞相，置大司徒，与大司马、大司空，并称三公。东汉时称司徒。

【大夫】　（1）古代统治阶级，在国君之下有卿、大夫、士三级，因此为一般任官职者之称。秦汉以后，中央要职有御史大夫，备顾问者有谏大夫、中大夫、光禄大夫等，至唐宋尚存御史大夫及谏议大夫。（2）隋唐以后以大夫为高级阶官称号。

【大理】　本秦汉之廷尉，北齐后改称大理寺卿。历代沿称。

【大鸿胪】　汉武帝时改典客为大鸿胪，原掌关于接待少数民族等事，为九卿之一。后渐变为赞襄礼仪之官。王莽时改为典乐。

【大司马】　汉武帝罢太尉置大司马。西汉一朝，常以授掌权的外戚，多与大将军、骠骑将军、车骑将军等联称，也有不兼将军号的。东汉初为三公之一，旋改太尉，末年又别置大司马。魏晋为上公之一，位在三公上。南北朝或置或不置，多为赠官。

【大司农】　秦代置治粟内史，汉景帝时改称大农令，武帝时改称大司农。掌租税钱谷盐铁和国家的财政收支，为九卿之一。北齐时称司农寺卿，隋唐以后所置略同。唐一度改司农为司稼，旋复旧称。主要职务为仓储。

【大将军】　（1）始于战国，汉代沿置，为将军的最高称号，职掌统兵征战。事实上多由贵戚担任，掌握政权，职位甚高。亦有在大将军之上冠以称号者，如骠骑大将军之类。三国至南北朝时大臣执政，亦多兼大将军官号。隋代左右武卫、左右武侯等各置大将军，为禁军的高级武官。唐左右羽林、左右龙武军、十六卫亦均置大将军，其职与隋略同。（2）汉武帝时以大司马为大将军所兼官号，为中朝官领袖。(3) 北周行府兵制，以柱国领兵，柱国下置大将军。(4) 自唐至元，武散官有大将军，非实职。

【大匠】　(1) 将作大匠的省称。(2) 将作监的别称。

【大卿】　太常、光禄、卫尉、宗正、太仆、大理、鸿胪、司农、太府九寺卿通称。

【大司理】　又称大理。春秋战国齐置掌刑狱之官。《管子·小七》："决狱折中，不杀无辜，不诬无罪，臣不如宾胥无。请立为大司理。"

【大司寇】　(1)《周礼》秋官之长。卿爵。属官有小司寇、士师、张士等。掌国家法典，听狱讼，制弄罚。(2) 春秋时期宋、鲁等国置。宋为六卿之一，听国政。鲁摄国政，掌狱讼、刑罚。(3) 北同置。即秋官府大司寇卿。(4) 刑部尚书的别称。

【才人】　妃嫔的称号。始设于晋武帝，自南北朝至明多曾沿置。

【门下省】　官署名。东汉设有侍中寺，晋称门下省。唐曾改为东台、鸾台、黄门省等，旋复旧称。元以后废。原为皇帝的侍从机构，南北朝时权力逐渐扩大，北朝政出门下，成为中央政权机构的重心。隋唐时与中书省同掌机要，共议国政，并负责审查诏令，签署章奏，有封驳之权。其长官称侍中，或称纳言、左相、黄门监，因时而异。其下有黄门侍郎、给事中、散骑常侍、谏议大夫、起居郎等官。

【门下侍郎】　秦汉时原名黄门侍郎，本为君主近侍之官。唐天宝元年（公元742年）改称门下侍郎，为门下省长官侍中之副。唐、宋多以门下侍郎或中书侍郎同平章事为宰相之称。

【卫尉】　始于战国，汉时为九卿之一。掌管宫门警卫，主南军。汉景帝时曾改称中大夫令。不久复旧名。魏、晋、南北朝多沿置。唐代为卫尉卿。但已非原来职务，仅掌仪仗帐幕等。

【女官】　帝王宫中女性事官员统称。历代均置。品位名目不一。《周礼》有九嫔、世妇、女酒、女罗、女御等。汉分十四等，顺次名昭仪、婕妤、美娥、熔华、美人、八子、充依、七子、良人、长使、少使、五官、顺常、无涓。十六国后赵先有十八等，后增至二十四等；东宫十二等，诸公侯置九等。唐女官分内官和宫官。内官分十九等，顺次为贵妃、淑妃、德妃、贤妃、昭仪、昭容、昭媛、修仪、修容、修媛、充仪、充容、充媛、婕妤、美人、才人、宝林、御女、采女；开元时又置惠妃、丽妃、华妃。宫官有二十四司、二十四典、二十四掌。

【乡正】 春秋时期宋国掌一乡之政的长官。宋有四乡，每乡置一人，即乡大夫。北周为地官府民部属官，位小乡伯下，正二命或正三命。隋文帝开皇（公元581—600年）初，五官家设一人，理民间辞讼，十年废。

【乡官】 汉代以三老、有秩、啬夫、游徼等为乡官，掌佐县令治一乡之事。其治事之处亦称乡官。

【飞龙使】 唐朝掌闲厩御马之内使，又称内飞龙使。武则天万岁通天元年（公元696年）始置，以中官为之，掌仗内飞龙厩之马；代宗以后闲厩御马悉归之。

【长史】 （1）秦官，李斯入秦后曾任长史，其职任不详。（2）西汉时丞相、太尉、御史大夫属官均有长史，东汉的太尉、司徒、司空三公府亦设长史，职任颇重，号为三公辅佐。三国、晋、南北朝沿置不改。（3）两汉与少数民族邻接各郡太守的属官有长史，辅佐太守，掌一郡兵马，其统兵作战者称将兵长史。又两汉将军之属官亦有长史，以总理幕府。至南朝时，凡刺史之带将军称号开府者，其幕府亦设长史，多兼任首郡太守。北朝之制略同。唐州郡亦设长史，职任亦甚重。大都督府之长史往往即充节度使。（4）南朝王府设长史，而诸王多年幼出藩，因以长史行州府事。北朝之制略同。历代王府亦均沿设长史，总管府内事务。

【支度使】 唐朝边军掌军资粮仗的长官。以节度使兼者，则有副使、判官；节度使不兼者，则自为一司，每岁所费皆申户部度支，以长行旨为准。

【中郎将】 秦置中郎，至西汉分五官、左、右三署，各置中郎将以统领皇帝的侍卫，隶属光禄勋。平帝时又置虎贲中郎将，统虎贲郎。东汉以后，统兵将领亦多用此名，其上再加称号。如前期之使匈奴中郎将，后期之北中郎将等。又建安中，曹丕为五官中郎将，则为丞相之副。唐代各卫的中郎将则成为低级武职。

【中书省】 西汉武帝以宦官任中书谒者令，掌传达政令，简称中书令。曹魏始设中书省，为秉承君主意旨、掌管机要、发布政令的机构。沿至隋唐，逐渐成为全国政务中枢。隋代改为内史省、内书省；唐代曾改称西台、凤阁、紫微省，旋复旧称。在唐代，中书与门下、尚书三省同为中央行政总汇，由中书决定政策，通过门下，然后交尚书执行。中书省长官在魏晋为中书监及中书令，隋代废监，仅存中书令一职。唐代曾改称右相、凤阁令、紫微令。其下有中书侍郎、中书舍人。

【中尉】 战国时赵国曾设置，职掌为"选练举贤，任官使能"。秦汉为武职，掌京师的治安，汉代则兼主北军。至武帝时，改称执金吾。唐代自德宗以后，于神策军置护军中尉，为宦官领禁兵之专职。

【开府仪同三司】 三国时魏始置，为大臣加号，意谓与三司即太尉、司徒、司空礼制、待遇相同，许开设府署，自辟僚属。两晋、南北朝因之。隋初置为正四品上阶散官，炀帝大业三年（公元607年）改从一品，位次王、公。唐沿置，为文散官第一等；亦用为勋官，从四品上。

【五威将】 新莽始建国元年（公元9年）置，以王奇等十二人任之，班符命四十二篇于天下，又赍印绶，凡王侯以下及官吏名更改者，外及匈奴、西域诸国皆授新室印绶，收故汉印绶。每一将各置左右前后中五帅。衣冠车服驾马各如其方面色数。将持节，称太乙之使；帅持幢，称五帝之使。

【仆射】 起于秦代，凡侍中、尚书、博士、谒者、郎等官，都有仆射，根据所领职事作称号，意即其中的首长。仆射之名，由仆人、射人合成，本为君主左右之小臣。一说谓古者重武臣，以善射者掌事，故名。东汉尚书仆射为尚书令的副手，职权渐重；到末年便分置左、右仆射。魏晋以后令、仆同居宰相之任，有"朝端""朝右"等称呼。唐代不设尚书令，仆射即为尚书省长官。初期与中书令、侍中同为宰相，中宗以后，非加同中书门下平章事者，即不为宰相。

【牙将】 中下级武官。

【屯田校尉】 西汉武帝置。掌西域诸屯田。自张骞通西域后，轮台、渠黎、车师、乌孙、焉耆等国皆有屯田，置使者、校尉领护，以给外国使者。宣帝神爵三年（公元前60年）后，属西域都护。

【开府】 （1）原指成立府署、自选僚属。汉代仅三公、大将军、将军可以开府，魏晋以后开府的逐渐增多，因此有"开府仪同三司"（开府置官，援照三公成例）的名号。晋代诸州刺史多以将军开府，都督军事。唐定"开府仪同三司"

为文散官的第一阶。(2) 府兵军职。西魏和北周时全国府兵分属于二十四军,每军设一开府,兵额约二千人。

【车曹】　　三国魏相国府僚属诸曹之一,长官为掾。西晋初不置,杨骏太傅府增设,长官为属,司马伦相国府又加设掾。西晋末,司马睿镇东丞相亦设,长官为参军。

【车府令】　　掌帝王后妃乘舆诸车及驯驭之法的长官。秦朝置,时以赵高为中车府令。汉朝隶太仆,东汉一人,六百石,有丞。三国时魏置为七品;丞为九品。东晋、南朝皆隶尚书省驾部,梁陈为东府署长官。北魏、北齐从九品上;隋朝置一人,从八品下,炀帝升为正七品,唐朝为正八品下。

【车骑将军】　　将军名号。汉朝为重要武职,典领禁兵,参与朝政。秩万石。地位在骠骑将军下。魏晋南北朝仍为重号将军,但分作为军府名号,加授大臣、地方长官。魏、晋、宋二品,开府者一品;当梁二十四班;陈一品;北魏、北齐二品;北周正八命。隋初行府兵制,置为骠骑府副长官或车骑府长官。正五品上。炀帝时改名鹰扬副郎将、鹰击郎将。唐初复行隋初制度,高祖武德七年(公元624年)以后改名别将、果毅尉。

【车骑都尉】　　汉朝武官。掌车骑士,不常置。西汉文帝时,冯唐为车骑都尉,主中尉及郡国车士。

【太史】　　西周、春秋时太史掌管起草文书,策命诸侯卿大夫,记载史事,编写史书,兼管国家典籍、天文历法、祭祀等,为朝廷大臣。秦汉设太史令,职位渐低。魏晋以后修史的职务划归著作郎,太史仅掌管推算历法。隋改称太史监,唐改为太史局,肃宗时又改为司天台,五代亦同。

【太师】　　(1) 西周始置,原为高级武官,军队的最高统帅。春秋时晋楚等国沿用,成为辅弼国君的官。战国后废。汉又设置,位在太傅之上。历代相沿以太师、太博、太保为三公,多为大官加衔,表示恩宠而无实职。(2) 指太子太师。为辅导太子的官。西晋设太子太师、太傅、太保,太子少师、少傅、少保,称为三师、三少。北朝的魏齐沿设,隋以后历代不改。(3) 周代或称乐官为"太师"。

【太傅】　　(1) 春秋时晋国设置,为辅弼国君的官。战国后废。汉复置,次于太师。历代沿置，多为大官加衔，并无实职。(2) 为辅导太子的官。西汉时称为太子太傅。

【太保】　　(1) 西周设置，为辅弼国君的官。春秋后废，汉复置，次于太傅。历代沿置，多为大官加衔，并无实职。(2) 指太子太保。为辅导太子的官。

【太尉】　　秦至西汉设置，为全国军政首脑，与丞相、御史大夫并称三公。汉武帝时改称大司马。东汉时太尉与司徒、司空，并称三公。历代亦多曾沿置但渐变为加官，无实权。

【太常】　　秦置奉常，汉景帝时改称太常。为九卿之一，掌宗庙礼仪，兼掌选试博士。历代沿置，则专为司祭祀礼乐之官。北魏称太常卿；北齐称太常寺卿；北周称大宗伯；隋至清称太常寺卿。

【太仆】　　始于春秋时。秦汉沿置，为九卿之一，掌皇帝的舆马和马政。南朝不常置。北齐始称太仆寺卿，历代沿置不改。

【太守】　　本为战国时郡守的尊称。汉景帝时，改郡守为太守，为一郡行政的最高长官。历代沿置不改。南北朝时设州渐多，郡的辖境日益缩小，州郡区别无多，至隋初遂废州存郡，而州刺史即代郡守之任。惟隋炀帝及唐玄宗时均曾又改州为郡，郡置太守，旋仍复旧。

【太学】　　周朝为王公贵族子弟所设的学府。贵族子弟十五岁入学，束发受教，学习成年人的各种礼仪。汉武帝用董仲舒建议，于元朔五年（公元前 124 年）兴太学，设五经博士。弟子五十人，传授儒学经典，为西汉太学建立之始。东汉顺帝时有学舍二百四十房，千八百五十室，质帝时学生达三万人。三国魏沿置。西晋初为太常所置"国子学"之俗称。东晋又于国子学外置。南朝宋、齐等不置，仅于国子学置太学博士，为国子诸学之一。北魏、北齐置，地位低于国子学，不生人数则多于国子学。郡国学亦称此。北周置为国学。隋唐五代复置为国子诸学之一。隋置博士五人，助教五人，学生三百六十人。炀帝大业三年（公元 607 年），博士、助教各减为二人，学生为五百人。唐置博士三至六人，助教三至六人，学生为文武五品以上官吏及郡县公子孙，从三品曾孙。分五经为业。每经百人。

【太宰】　　(1) 亦称大宰、冢宰。相传殷朝已置。《周礼》列为天官之长，总领百官。西周、春秋、战国皆置为执政大臣。（2）即太师。西晋因避讳改名，位居百官之首，与太傅、太保并为上公，常执朝政。东晋、南朝多用作赠官，安置元老重臣。皆一品（梁称十八班）。

【太医令】 战国秦置，为侍医之长。秦、西汉少府置为属官，奉常（太常）属官亦有之。东汉则仅隶少府，置一人，六百石，掌诸医。三国魏为七品，吴亦置。西晋改隶宗正，东晋隶门下。南朝宋置一人，隶侍中；南齐一人，隶尚书起部；梁隶门下省，为一班；陈沿置。北魏亦置，隶属不详。北齐始为太常寺太医署长官，掌医药等事，正九品上。隋、唐皆为太常寺太医署长官，掌医疗之法，置二人；隋从八品，唐从七品下。

【太祝令】 西汉始置。属太常（奉常），有丞。景帝中元六年（公元前144年）更名祠祀令。武帝太初元年（公元前104年）又名庙祀令。东汉复称太祝令，秩六百石，有丞一人，职掌大祭祀时宣读祝文和迎神、送神等事宜。三国魏、西晋、南北朝因之。南朝梁位一班。北魏九品上。隋朝沿置，为太祝署长官，正八品，炀帝大业三年（公元607年）罢。

【太子卫率】 掌管东宫门卫的官员。秦、西汉秩比千石，属太子詹事。东汉、三国秩四百石，属太子少傅。西晋以后分置左、右，有时增置前、后，典领营兵，职任甚重。

【内史】 （1）西周始置，或称作册内史、作命内史，掌管著作简册，策命诸侯卿大夫，以及爵禄的废置。春秋时沿置。（2）秦始置，掌治京畿地方，相当于后世的京兆尹。汉景帝时分左右内史。（3）西汉初，诸侯王国内置内史，掌民政。历代沿置，隋始废。（4）隋曾改中书省为内史省，中书令为内史令。

【从官】 （1）帝王侍从官统称。（2）泛指长官所部僚属官吏。东汉诸公主、黄门、掖庭、永巷、御府等宦者官署皆置。

【少傅】 （1）北周以后，历代多沿置，与少师、少保合称三少。一般为大官加衔，并无实职。（2）春秋时齐国设置，为辅导太子之官。西汉时称为太子少傅。

【少保】 （1）北周以后，历代多沿置，与少师、少傅合称三少。一般为大官加衔，并无实职。(2) 指太子少保。为辅导太子的官。

【少府】 (1) 始于战国。秦汉相沿，为九卿之一。掌山海池泽收入和皇室手工业制造，为皇帝的私府。西汉时诸侯王也设有私府，郡守亦设有少府。东汉时仍为九卿之一，掌宫中御衣、宝货、珍膳等。魏晋以后沿置，北朝有太府而无少府。隋置少府监，领尚方、织染等署。(2) 两汉魏晋南北朝置为太后三卿之一，掌皇太后公私库藏出纳，皆冠太后宫号为官名，地位与九卿相当。(3) 唐代因县令称明府，县尉为县令之佐，遂称为少府，后世亦沿用。

【少师】 (1) 西周置为辅政大臣，与少傅、少保并称三少或三孤。北周置三孤为大臣加官，八命。名义崇高，无实际职掌。隋朝罢。(2) 太子少师的简称。(3) 殷、周乐官，为太师之副。

【从事】 汉以后三公及州郡长官皆自辟僚属，多以从事为称，如从事史、从事中郎、别驾从事、治中从事之类，到宋代废除。

【六官】 《周礼》以天官冢宰、地官司徒、春官宗伯、夏官司马、秋官司寇、冬官司空分掌邦政，称为六官或六卿。隋唐以后吏、户、礼、兵、刑、工六部尚书，大致和《周礼》的六官相当，也统称六官。

【六卿】 (1) 古代统军执政之官。《书·甘誓》："大战于甘，乃召六卿。"(2)《周礼》把执政大臣分为六官，亦称六卿。后世亦往往称吏、户、礼、兵、刑、工六部尚书为六卿。

【六曹】 (1) 东汉尚书分六曹治事。据《续汉书·百官志三》为三公曹、吏部曹、民曹、南北两主客曹、二千石曹。但《晋书·职官志》则以三公曹、吏曹、民曹、客曹、二千石曹、中都官曹为六曹。魏晋以后屡有改革，到隋唐才定为吏、户、礼、兵、刑、工六部。(2) 唐代各州佐治之官分六曹，即功曹、仓曹、户曹、兵曹、法曹、士曹，亦称六司。

【六部】 从隋唐开始，中央行政机构中，吏、户、礼、兵、刑、工各部的总称。其职务在秦汉时本为九卿所分掌，魏晋以后，尚书分曹治事，由曹渐变为部，至隋唐始确定以六部为尚书省的组成部分。以吏、户（隋称民部）、礼、兵、刑、工六部比附《周礼》的六官，秦汉九卿之职务大部并入。

【六正】　春秋时晋国三军将佐六卿之合称。《左传·襄公二十五年》："自六正、五吏、三十帅、三军之大夫、百官之正长、师旅及处守者，皆有赂。"孔颖达疏："三军将佐有六，与六正数同，故六正为六卿也。"

【书佐】　两汉郡县各曹都有书佐，职主起草和缮写文书。

【丹杨尹】　东晋元帝太兴元年（公元318年）改丹杨内史置。为京城所在郡府长官。掌亦城诸务并诏狱，地位重要。亦称亦尹。秩中二千石。属官有丞、诏狱正等。南朝沿置，南齐位次九卿，陈五品，秩中二千石。一作"丹阳尹"。

【左徒】　战国时楚国设置。参与议论国事，发布号令，出则接待宾客。

【左丞相】　春秋齐景公曾置左右相各一人。战国秦武王曾置左右丞相各一人。秦及汉初沿置。汉文帝以后则仅置丞相一人。北齐、北周设左右丞相。唐玄宗开元初改左右仆射为尚书左右丞相；天宝初改侍中为左相，中书令为右相，尚书左右丞相仍为左右仆射。

【左冯翊】　官名、政区名。汉太初元年（公元前104年）改左内史置。职掌相当于郡太守，辖区相当于一郡，因地属畿辅，故不称郡，为三辅之一。治所在长安（今陕西西安）。辖境约当今陕西渭河以北、泾河以东洛河中、下游地区。东汉移治高陵（今县西南）。三国魏去左字改辖区为冯翊郡，官名为冯翊太守，移治临晋（今大荔）。

【平章】　中书门下平章事、平章军国事、平章军国重事、平章政事、同中书门下平章事等官的省称。

【令】　战国、秦汉时，县的行政长官称令，历代相沿。又历代中央最高级机构的主管亦有称令者，如中书令、尚书令。某些中级机构中的主管亦有称令者，如汉代九卿属官中之令。

【令尹】　春秋、战国时楚国所设，为楚国的最高官职，掌军政大权。

【令史】　（1）汉代为郎以下掌文书的官职。有兰台令史、尚书令史。隋唐以后，变为三省、六部及御史台低级事务员之称。（2）秦汉时县令所属的办事人员。汉代县令、县丞、县尉之下都设有令史。

【右扶风】　官名、政区名。汉太初元年（公元前104年）改主爵都尉置，分右内史西半部为其辖区，职掌相当于郡太守。因地属畿辅，故不称郡，为三辅之一。治所在长安（今陕西西安）。辖境约当今陕西秦岭以北，户县、咸阳、旬邑以西地。东汉移治槐里（今兴平东南）。三国魏去"右"字，改辖区为扶风郡，官名为扶风太守。

【东中郎将】 东汉灵帝权置，为统兵长官，帅师征伐。魏、晋、南北朝沿置，为方面大员。晋、南朝宋时多兼任刺史或持节，都督相邻数州军事。南朝宋、齐时常以宗室诸王任之，地位高于一般将军。梁或置或罢。东魏静帝天平元年（公元534年）迁都于邺后，于礓石桥置东中郎将府。北魏初，属扩军，世宗永平（公元508—512年）中权隶领军。东魏静帝武定七年（公元549年）复属护军，北齐亦属护军府。

【司徒】 （1）管理民户、土地、徒役的高级官员。相传殷朝已置。西周为三公之一。《周礼》列为六卿之一，掌地官。春秋战国沿置，位列卿。（2）三公之一。东汉由大司徒改名，与太尉、司空同为宰相，掌州郡民政，并参议大政，秩万石。魏、晋、南北朝多作为大臣加官，皆一品（梁称十八班）。其府属官仍办理日常行政事务，掌全国户籍，督课州郡官吏。隋、唐为大臣加官，无实际职掌，正一品。

【司隶校尉】 司隶本为《周礼》秋官司寇之属官。汉武帝时始置司隶校尉，掌纠察京师百官及所辖附近各郡，相当于州刺史。魏晋以后，司隶校尉所辖区域改州，称"司州"。

【司马】 （1）掌管军政、军赋、马政的高级官员。相传殷朝已置。西周为三公之一。《周礼》列为六卿之一，掌夏官。春秋战国亦置，位列卿。（2）领兵武职。汉朝或称军司马、军假司马，辅佐校尉领营兵，校尉缺则代行其职。亦有单独领营者，称别部司马。皇宫诸门皆置，属卫尉。边郡亦置。（3）高级幕僚。两汉至南北朝诸公府、军府皆置，位仅次于长史。掌参赞军务，管理本府武官。其品秩随府主地位而定。隋朝诸卫府、鹰扬府亦置。唐朝藩镇、元帅、都统等军府置行军司马，地位颇重。（4）王国、王府属官。两晋、南北朝所置属中尉。品秩随国主地位而定。隋、唐置于王府，通判府事。隋从四品，唐从四品下。（5）州府佐官。隋初由治中改名，协助刺史管理州务，位次长史，上州正五品，中州从五品，下州正六品。炀帝省。唐高宗复改治中置，无具体职掌，多用以安置贬谪官员，上州从五品下，中州正六品下，下州从六品上。（6）兵部尚书的别称。（7）府同知的俗称。

【北司】　唐代内侍省设在皇宫之北，与三省所属各官署设在宫城之南者相对而言，故称北司。因此习惯上称宦官权势所在为北司。

【主簿】　汉代中央及郡县官署均置此官，以典领文书，办理事务。魏晋以后，渐为统兵开府之大臣幕府中重要僚属，参与机要，总领府事。唐宋以后各官署及州县虽仍存此名，职任渐轻。

【主事】　北魏置尚书主事令史，意即令史中的首领。隋以后但称主事。本为雇员性质，不在正规职官之内。

【主计】　西汉置。主国家财赋，并计其出纳，故名。《史记·张丞相列传》："迁为计相，一月，更以列侯为主计四岁。"

【仪同三司】　始于东汉。愿意指非三公而给以与三公同等的待遇。魏晋以后，将军之开府置官属者称开府仪同三司。至南北朝末期，遂以仪同三司为一种官号，并置开府仪同大将军、仪同大将军等官。隋唐以后仅为散官。

【四府】　东汉以中央最高官职之太傅（或大将军）、太尉、司徒、司空为四府。均有官属。其源起于西汉中期，称丞相、御史大夫、车骑将军、前将军府为四府，并后将军则为五府。

【四辅】　商、周君王四位辅佐大臣合称。《礼记·文王世子》："设四辅及三公。"孔颖达疏引《尚书大传》："古者天子必有四邻，前曰疑，后曰丞，左曰辅，右曰弼。"西汉平帝元始元年（公元1年）称太师、太傅、太保、少傅为四辅，位居三公上。以太傅领四辅事，总揽朝政。新莽太师、太傅、国师、国将亦称四辅，始建国元年（公元9年）置，位上公，居三公上。东汉废。十六国北燕前、后、左、右亦全称四辅。北周亦置，指大前疑、大右弼、大左辅、大后丞。

【节度使】　唐初沿北周及隋旧制，于重要地区设总管，后改称都督，总揽数州军事。睿宗景云中（公元710—711年），薛讷为幽州镇守经略节度大使，贺拔延嗣为凉州都督充河西节度使，始有节度使的称号。玄宗天宝初，沿边有九节度使、一经略使。授职时赐给双旌双节，总揽一区的军、民、财政。所辖区内之各州刺史（玄宗时称郡守）均为其下属，本身并兼任所驻在之州刺史。安史之乱后，内地亦多设立节度使。辖境大小，自十余州至二三州不等。凡节度使所辖地区多兼军号，如泽潞号昭义军，鄂岳号武昌军之类。其时河北及另一些地区的节度使纷纷拥兵自大，传位于子孙或部下，不奉朝命，世称藩镇。五代时各地添设的节度使更多，废置亦不常。

【行人】 《周礼》秋官有行人，管朝觐聘问。春秋、战国时各国都有设置。汉代大鸿胪属官有行人，后改称大行令。明代设行人司，复有行人之官，掌传旨、册封等事。

【行台】 东汉以后，中央政务由三公改归台阁（尚书），习惯上遂以中央政府为"台"。东晋以后，中央官称台官，中央军称台军。因此，在大行政区代表中央的机构即称行台。多由军事关系临时设置。若任职的人权位特重，则称大行台。唐以后渐废。

【戍主】 南北朝置，为戍的主将。掌守防捍御，除管理军政外，还干预民政和财政，隶属于州，在北魏设镇之处则隶属于镇。多以郡太守、县令、州参军及杂号将军等兼领。北齐从七品，北周三命。隋朝上戍主正七品，中戍主正八品，下戍主正九品。唐朝上戍主正八品下，中戍主从八品下，下戍主正九品下。

【州牧】 西汉成帝时，改刺史为州牧，后废置不常。到东汉灵帝时，为镇压农民起义，再设州牧，并提高其地位，居郡守之上，掌握一州的军政大权。如汉末刘表为荆州牧，袁绍为冀州牧，都等于割据政权。以后历代设都督、总管、节度使等，州牧之名即废。唐宋时唯京师或陪都之地方最高长官以亲王充任者尚称为牧。

【百揆】 （1）总领国政的长官。相传尧时置。（2）百官统称。

【安抚使】 隋代曾设安抚大使，为行军主帅的兼职。唐代前期派大臣巡视经过战争或受灾地区，称安抚使。

【执金吾】 金吾为两端涂金的铜棒，此官执之以示权威。一说"吾"读为"御"，谓执金以御非常。另一说金吾为鸟名，主辟不祥。西汉武帝时改中尉为执金吾，为督巡三辅治安的长官。东汉沿置，三国时或称中尉，或称执金吾，晋以后废。

【执事官】 指各级官府内有具体职务之官员，相对于散官而言。《隋书·百官下》："居曹有职务者为执事官，无职务者为散官。"

【观军容使】 唐代后期为监视出征将帅的最高军职，以宦官之掌权者充任。如代宗时之鱼朝恩，僖宗时之田令孜，都曾任此职。习惯上唐时多以"军容"为对掌权宦官的尊称。

【观察使】 唐乾元元年（公元758年）改采访处置使为观察处置使，掌考察州县官吏政绩，后兼理民事，管辖的地区即为一道。不设节度使之处，即以观察使为一道的行政长官；设节度使之处，亦兼观察使。

【廷掾】 汉朝、两晋、南朝宋县府属官。汉时位高职闲，与功曹并称为县主吏或纲纪，掌祭祀及巡行督察之事。晋以后地位渐低。

【光禄勋】 秦称郎中令，汉武帝时改称光禄勋。东汉末年复称郎中令。掌领宿卫侍从之官。魏晋复设光禄勋，以后废置不常，南朝梁始定名光禄卿，此后皆以掌皇室的膳食为专职，与汉制完全不同。

【光禄大夫】 战国时置中大夫，汉武帝时始改称光禄大夫，掌顾问应对，属光禄勋。魏晋以后无定员，皆为加官及褒赠之官，加金章紫绶者，称金紫光禄大夫；加银章青绶者，称银青光禄大夫。唐宋为文职阶官称号，光禄大夫为从二品，金紫光禄大夫为正三品，银青光禄大夫为从三品。

【防御使】 唐武则天圣历（公元698—700年）中始置于夏州，其后大郡要害之地亦置，或称防御守捉使，掌本区军事防务，位团练使下。诸道不设节度使者，或置都防御使领军事。

【军师】 掌监察军务。东汉、三国、晋都设置。如三国时魏以荀攸为军师，吴以朱然为右军师，蜀以诸葛亮为军师将军。

【同平章事】 唐代制度，君主在大臣中选任数人，给以同中书门下平章事的名义，即为事实上的宰相。简称同平章事。中书、门下二省本即政务中枢，同中书门下平章事者即与中书、门下协商处理政务之意。

【同中书门下三品】 唐制,以中书省长官之中书令及门下省长官之侍中任宰相之职,其以他官任宰相者,则加"同中书门下三品"。即视同中书令、侍中(均三品官)之意。乾元以后,习用"同中书门下平章事",此名遂废。

【丞相】 始于战国时,为百官之长。亦称相邦。秦代以后为封建官僚组织中的最高官职,辅佐皇帝,综理全国政务;但也有居丞相之名而无实权的。西汉初,称为相国,后改丞相,与太尉、御史大夫合称三公。西汉末改为大司徒,东汉末复称丞相。三国、晋、南北朝时,或称丞相,或改司徒,或称大丞相、相国,废置不常,多由权臣担任。

【丞】 多作为佐官之称,汉代中央各官署如卫尉、太仆等本身有丞以外,所属各署皆有令有丞。县令之下亦有丞。唐宋尚书省仆射之下有左右丞。

【别驾】 汉置别驾从事史,为刺史的佐吏,刺史巡视辖境时,别驾乘驿车随行,故名。魏晋以后均承汉制,诸州置别驾,总理众务,职权甚重,当时论者称其职居刺史之半。隋唐改为长史,唐代中期以后诸州仍以别驾、长史并置,但职任已轻。

【两税使】 唐德宗时置。德宗建中元年(公元780年)置两税法,将租调合并为一,规定用钱纳税,夏税不超过六月,秋税不超过十一月,称为两税。两税使即主管其事,多以盐铁转运使兼任。

【良人】 (1)古乡官。即乡大夫。《国语·齐语》:"十连为乡(二千家),乡有良人焉。"(2)西汉妃嫔的称号。《汉书·外戚传序》:"良人视八百石,比左庶长。"东汉废,魏、晋、南朝曾又设置。

【步兵校尉】 (1)禁军长官。西汉武帝置,领上林苑门屯兵,戍卫亦师,秩二千石,为北军八校尉之一。东汉为北军五校尉之一,领宿卫营兵,秩比二千石,属北军中侯。地位亲要。三国魏、西晋仍领兵,四品,属中领军(领军将军)。职任渐轻。东晋省。南朝复置,不领兵,用以安置勋旧,为侍卫武职。宋四品,梁七班,陈六品。北朝略同。北魏员二十人,五品。北齐员十人,属左、右卫府,从四品(2)南朝东宫三校之一,即太子步兵校尉。(3)隋朝鹰扬府属官。员二人,领步兵。正六品。

【县令】　一县的行政长官。秦汉以后，人口万户以上的县称令，万户以下的称长，唐代之县分上、中、下各级，故不再分称令长。

【县尉】　始于秦，两汉沿置，大县二人，小县一人，掌一县的军事。历代所置略同。唐代县尉通常为进士出身者初任之官，京畿县尉职位尤重。

【县丞】　始于战国，秦汉沿置，典文书及仓狱，为县令辅佐。历代所置略同。

【佐著作郎】　协助修撰国史及起居注的官员。三国魏明帝太和（公元227—233年）置，隶中书省，员一人，后增为三人，七品。西晋惠帝元康二年（公元292年）隶秘书省，员八人。东晋哀帝兴宁元年（公元363年）省为四人，孝武帝宁康元年（公元373年）复置八人。东晋时亦称著作佐郎，一说南朝宋始改称著作佐郎。

【判官】　唐代特派担任临时职务的大臣皆得自选中级官员奏请充任判官，以资佐理。中期以后，节度、观察等使均有判官，亦由本使选充，以备差遣。五代后为为府职官，协助长官处理日常事务，分掌审判、缉捕等。

【沙门统】　僧官名。（1）全国最高僧官。北魏文成帝和平（公元460—465年）初，改道人统置，主持全国僧众、寺院事务，亦称沙门大统或沙门都统。（2）北齐州、郡、县沙门曹长官。

【廷尉】　秦始置，汉景帝时改称大理，武帝时复称廷尉。掌刑狱，为九卿之一。其属官有正、监及平，皆为司法官。东汉以后或称廷尉、大理和廷尉卿。从北齐始皆称大理寺卿。

【护军】　（1）护即督统之意，秦汉时临时设置护军都尉或中尉，以调节各将领的关系。魏晋以后，有护军将军及中护军，掌军职的选用，与领军将军或中领军同掌中央军队，为重要军事长官之一。（2）唐以上护军及护军为勋官中的称号。后期在神策军设护军中尉及中护军，为禁军统帅，以宦官充任。

【折冲都尉】　唐代府兵制的军府称折冲府，上府辖兵士一千二百人，中府一千人，下府八百人。其主官为折冲都尉，掌管府兵的操演、调度和宿卫京师等事务，必要时领兵戍边或作战。副职称左右果毅都尉。

【员外郎】 原指设于正额以外之郎官。晋以后所称之员外郎指员外散骑侍郎（皇帝近侍官之一）。隋开皇时，于尚书省各司置员外郎一人，为各司之次官。唐宋沿置，与郎中通称郎官，皆为中央官吏中的要职。

【刺史】 西汉武帝时，分全国为十三部（州），部署刺史，以六条查问郡县，本为监察官性质，其官阶低于郡守。成帝时，改刺史为州牧。哀帝初，又改归旧制，不久复称为州牧。东汉初又称刺史。灵帝时，为镇压农民起义，再改刺史为州牧，居郡守之上，掌握一州的军政大权。自三国至南北朝各州亦多置刺史，一般以都督兼任，并加将军之号，权力很大。其不加将军的，当时称为"单车刺史"。隋初撤销郡，只有州、县两级，州的长官，除雍州称牧外，余均称刺史。沿至唐代，成为定制。唐中叶后刺史受制于藩镇之节度使、观察使，职权渐轻。

【奉朝请】 汉朝为给予退休大臣、宗室、外戚等的一种政治待遇。授此者得特许参加朝会。西晋为加官名号，常授奉车、驸马、骑都尉等。东晋、南朝仍作加官，时亦单授，列为散骑省（集书省）属官，所授冗滥。梁二班，陈八品。北魏亦为冗散官，从七品。北周略同，四命。北齐为职事官，掌献纳谏诤，属集书省，从七品。隋初沿置，改属门下省，寻废。

【尚书】 始置于战国时，或称掌书，尚即执掌之意。秦为少府属官，汉武帝提高皇权，因尚书在皇帝左右办事，掌管文书章奏，地位逐渐重要。汉成帝时设尚书五人，开始分曹办事。东汉时正式成为协助皇帝处理政务的官员，从此三公权力大为削弱。魏晋以后，尚书事务益繁。隋代始分六部，唐代更确定六部为吏、户、礼、兵、刑、工。从隋唐开始，中央首要机关分为三省，尚书省即其中之一，职权益重。

【尚书省】 东汉设置，称尚书台，或中台。南北朝时始称尚书省，下分各曹，为中央执行政务的总机构。唐代曾改称文昌台、都台、中台，旋复旧称。尚书省都堂居中，左右分司，都堂之东有吏部、户部、礼部三行，每行四司，以左司统之；都堂之西有兵部、刑部、工部三行，每行四司，以右司统之。尚书省与中书省、门下省合称三省。长官为尚书令，其副职为左右仆射。

【尚方】 秦置。汉末分为中、左、右三尚方，属少府。主造皇室所用刀剑等兵器及玩好器物。主管有令及丞。东汉、魏、晋沿置。至唐设中、左、右三尚署，各置令及丞。

【直阁将军】 南朝及北魏、北齐置。为皇帝左右侍卫之官，地位显要，在南朝宫廷政变中举足轻重，或领兵出征。北魏时以宗室任此职，从三品下。北齐时为左右卫府直阁属官，从四品。隋朝时为左右卫属官，各有六人，从四品。大业三年（公元607年）改三卫为三侍，直阁将军等并废。

【治中】 汉代置治中从事史，为州刺史的助理。隋为郡的佐官，唐改为司马。

【尚食典御】 北魏掌御膳之事的官员。北齐为门下省尚食局长官，总知御膳事，置二人，五品。隋朝门下省尚食局沿置，炀帝大业三年（公元607年）改为尚食奉御，隶殿内省。

【武功爵】 汉武帝时创设，共十七级，今所知者如下：一、造士，二、闲舆卫，三、良士，四、元戎士，五、官首，六、秉铎，七、千夫，八、乐卿，九、执戎，十、左庶长（一作政戾庶长），十一、军卫。第八级以下可以买卖，第九级以上则专用以奖军功。与旧制二十等爵并行，不久废。

【和籴使】 （1）北魏朝廷所派管理某一地区和籴事务的使者。（2）唐中期以后临时设置的管理京畿和籴的使职。皆随置随罢。

【美人】 妃嫔的称号。西汉始置。《汉书·外戚传序》："美人视二千石，比少上造。"自东汉至明皆沿称。

【隶事参军】 西晋丞相府始置，为隶事曹长官。掌总隶众曹文簿，举弹善恶，位在列曹参军上。东曹、南朝公府、将军府、州府皆置。宋七品。梁六班至二班。陈七品至九品。北魏至唐又称隶事参军事，仍为高于列曹参军的重要僚属。北魏、北齐公府、将军府、州府置，六品上至八品。隋朝诸卫率、王府、诸州置，从六品上至流外。诸州所置与州主簿合为一职，炀帝又改为主簿。唐朝复旧，自从七品下至从八品下。初掌考核文书簿籍、监守符印，纠弹州县官员，中唐后总掌诸曹事佃。亲卫府、诸卫率府亦置，正七品上至正九品上。

【录尚书事】 初为加衔。东汉以加太傅、太尉、大将军等重臣，得总领尚书台政务。魏、晋多授权臣，总揽朝政，威权极重。南朝欲抑其权，常阙而不置。南齐及北魏、北齐皆定为正式官号，为尚书省长官。隋朝废。

【侍御史】 汉沿秦置，在御史大夫下，或给事殿中，或举劾非法，或督察郡县，或奉使出外执行指定任务。东汉别置治书侍御史。晋以后，又有殿中侍御史等名。唐改治书侍御史为御史中丞，而以侍御史、殿中侍御史、监察御史为御史台之成员。

【侍郎】 汉代郎官的一种，本为宫廷的近侍。东汉以后，尚书的属官，初任称郎中，满一年称尚书郎，三年称侍郎。自唐以后，中书、门下二省及尚书省所属各部均以侍郎为长官之副，官位渐高。

【侍中】 秦始置，两汉沿置，为自列侯以下至郎中的加官，无定员。侍从皇帝左右，出入宫廷。初仅伺应杂事，由于接近皇帝，地位渐形贵重，然犹为亲近之职。南朝宋文帝时，始掌机要，梁、陈相沿，实际上往往即为宰相。北魏尤重其官，呼为小宰相。隋代改称纳言。唐代复称侍中，并一度改称左相，成为门下省的正式长官，但因官位特高，仅作为大臣加衔。非有同平章事的头衔，即不为宰相，与南北朝不同。

【宗师】 汉置，晋代亦有之，属宗正卿，掌管宗室子弟的训导。《汉书·平帝纪》："其为宗室自太上皇以来族亲，各以世氏、郡国置宗师以纠之，致教训焉。"

【宗正】 始于秦，汉沿置，九卿之一，多由皇族中人充任，为皇族事务机关的长官。《后汉书·百官志三》："掌序录王国嫡庶之次，及诸宗室亲属远近。郡国岁因计上宗室名籍。若有犯法当髡以上，先上诸宗正，宗正以闻，乃报决。"历代职掌略同。唐称宗正寺卿。

【使持节】 魏晋南北朝时，掌地方军政的官往往加使持节的称号，给以诛杀中级以下官吏之权。次一等的称持节，得杀无官职的人。再次称假节，得杀犯军令的人。至隋唐刺史例加使持节的虚衔，如某州刺史必带使持节某州诸军事。永徽以后，都督带使持节，即为节度使。

【南衙】 唐代皇宫所在的宫城居长安城北。省、台、寺、监各官署都设在皇城内，位居宫城之南，故通称南衙或南司。宦官权势渐重以后，所处的北司遂与南衙对抗，因而史书上常以北司南衙对举。

【京兆尹】 官名，在汉代亦为政区名。汉太初元年（公元前104年）改右内史置，分原右内史东半部为其辖区，职掌相当于郡太守。因地属畿辅，故不称郡。为三辅之一。治所在长安（今陕西西安），辖境约当今陕西秦岭以北、西安以东、渭河以南地。三国魏辖区改称京兆郡，官名改称太守。西魏、周、隋辖区仍称郡，改太守为尹。唐开元初改雍州为京兆府，往往以亲王领雍州牧，而改雍州长史为京兆尹，并增置少尹，以理府事。

【学士】 南北朝以后，以学士为司文学撰述之官。唐代翰林学士亦本为文学侍从之臣，因接近皇帝，往往参与机要。

【枢密使】 唐代宗时始以宦官掌枢密，其后握权之宦官多以枢密使的名义干预朝政，甚至废立君主亦由其主张。至昭宗时，借朱温之力，尽诛宦官，始改以士人任枢密使。朱温称帝，改名崇政使，遂以君主左右最亲信之大臣任此官。后唐复称枢密使。其实权有超过宰相者。

【国子监】 简称"国学"。封建王朝的中央教育机构。西晋咸宁二年（公元276年）建国子学，为教育五品以上官僚子弟的贵族学校。以后或称国学，或称太学，隶属太常。北齐始立专署，称国子寺，主官为祭酒。唐代改为国子监。唐代国子监辖国子、太学、四门、律学、书学、算学等学；国子学招收三品以上官僚子弟。

【舍人】 始见《周礼·地官》。战国及汉初王公贵官都有舍人。《汉书·高帝纪》颜师古注："舍人，亲近左右之通称也。"秦汉置太子舍人；汉制，皇后、公主的属官也有舍人；唐宋太子属官中沿置中舍人和舍人，均为亲近的属官。此外，魏于中书省中置中书通事舍人，掌传宣诏命。晋及南朝历代沿置，至梁除通事二字，直称中书舍人，任起草诏令之职，参与机密，权力日重。北朝的后魏、北齐亦设舍人省。隋唐时，中书舍人仍掌制造（撰拟诏旨），以有文学资望者充任。其名称常有变更，如隋和唐初称内史舍人，隋炀帝时称内书舍人，武则天时曾称凤阁舍人，简称舍人。

【经略使】　唐贞观二年（公元628年）始于沿边重要地区设置，是边防军事长官，后多由节度使兼任。

【参军】　汉末曹操以丞相总揽军政，其僚属往往用参丞相军事的名义。此后直至南北朝，凡诸王及将军开府者，皆置参军，为重要幕僚。唐制，诸卫及王府官俱有录事参军事等，外府州亦分别置司录及录事参军等，简称参军。

【转运使】　起于唐代，初称水陆发运使，管理洛阳、长安间的粮食运输事务。后设江淮转运使，掌东南各道的水陆转运；诸道转运使，掌全国谷物财货的转输和出纳。代宗以后，多与盐铁使并为一职，称盐铁转运使，往往由宰相兼领，于诸道分设巡院。

【相国】　春秋时齐景公始设左右相，相成为齐国强大的卿大夫的世袭官职。以后其他诸侯国也有设置的。战国时各国先后设相，称为相国、相邦，或称丞相，为百官之长。只有楚国，终战国之世未设相，以令尹为最高官职。秦朝唯置丞相，汉因之。高祖、惠帝时萧何、曹参曾由丞相迁相国，职权秩位略同，礼遇稍尊，后复改丞相。魏晋南北朝不常置，位尊于丞相，职权品秩略同，非寻常人臣之职。唐以后多用作实际任宰相者的尊称。

【食货监】　（1）隋、唐行台省所置掌膳食财物、宾客、铺设、音乐、医药之官署。设监各一人为长官，隋置副监一人、丞四人；唐陕东道大行台尚书省设丞二人，诸道行台尚书省各设丞一人。（2）隋、唐行台省食货监长官。各一人，隋视正八品；唐陕东道大行台尚书省为正八品下；诸道行台尚书省为从八品上，兼掌农圃监事。

【柱国】　战国时楚国设置，原为保卫国都之官，后为楚的最高武官，也称上柱国。其地位仅次于令尹。北魏、西魏均设柱国大将军，北周增置上柱国大将军，隋设上柱国及柱国，以酬功勋。唐以后沿用作勋官的称号。

【度支】　（1）主管军国财赋收支会计、事役、漕运、仓廪库藏等政令的机构。魏、晋、南北朝皆置，设尚书为长官，属尚书省。南朝领度支、金部、仓部、起部四郎曹，北齐领度支、仓部、左户、右户、金部、库部六郎曹。隋朝改名民部。唐高宗时一度复由户部改此，寻改称司元。（2）主管军国财用会计的机构。魏、晋、南北朝为尚书郎曹之一，设郎（郎中）。南朝、北齐属度支尚书。隋朝置为尚书省民部四司之一，初设侍郎、员外郎为长贰，炀帝改称郎、承务郎。唐朝改民部为户部，本司设郎中、员外郎，历朝沿置。高宗时改名司度，寻复旧。中唐以后，日益重要，多以宰相或户部侍郎领判，末期其职归三司。五代因之。

【给事中】　秦官，西汉沿置，东汉省，魏复置。为将军、列侯、九卿，以至黄门郎、谒者等的加官。均给事殿中，备顾问应对，讨论政事。晋代始为正官。隋唐以后为门下省之要职，在侍中及门下侍郎之下，掌驳正政令之违失。唐一度改称东台舍人，旋复旧称。

【洗马】　汉沿秦置，亦作先马，为东宫官属，职如谒者，太子出则为前导。晋时改掌图籍。南朝梁陈有典经局洗马，都用世族担任。北齐称典经坊洗马。隋改为司经局洗马。唐高宗时一度改洗马为司经大夫，寻复旧称。

【昭仪】　妃嫔的称号。汉元帝时始置，原为妃嫔中的第一级。自魏晋至明均曾设置，但地位已经下降。

【将军】　春秋时晋国以卿为军将，因而有将军之称。战国时始为武官名。汉代有大将军、骠骑将军、车骑将军、卫将军、前、后、左、右将军等。临时出征的统帅有别加称号者，如楼船将军、材官将军、度辽将军等。魏、晋、南北朝时，将军名号极繁，除沿袭汉代旧称外，又有龙骧、骁骑等许多名称，而常置并有专职的仅属少数。唐十六卫、羽林、龙武、神武、神策等军，均于大将军下设将军之官。从唐到元都以将军为武散官。

【将作大匠】　秦始置，称将作少府。西汉景帝时，改称将作大匠，职掌宫室、宗庙、陵寝及其他土木营建。东汉、魏、晋沿置。南朝梁时改称大匠卿，北齐时改称将作寺大匠。自隋至辽，多称将作监大匠。

【贵人】　妃嫔的称号。东汉光武帝时始置，仅次于皇后。

【贵嫔】　妃嫔的称号。三国魏文帝时始置，位次于皇后。晋及南北朝多沿置。

【郎中令】　始于秦，汉初沿置。为皇帝左右亲近的高级官职，所属有大夫、郎、谒者及期门、羽林宿卫官。主要职掌为守卫宫殿门户。《汉书·百官公卿表》注："臣瓒曰：'主郎内诸官，故曰郎中令。'"汉武帝时改称光禄勋。

【郎】　帝王侍从官的通称。郎即古廊字，指宫殿的廊。郎官的职责原为护卫陪从，随时建议，备顾问及差遣。战国始有，秦汉沿置，有议郎、中郎、侍郎、郎中等名。秦汉时，初属郎中令（后改光禄勋），无定员，出身或由任子、赀选，或由文学、技艺，为地主阶级出仕的重要途径。至东汉，以尚书台为政务中枢，其分曹任事者为尚书郎，职责范围与过去的郎官不同。后世遂以侍郎、郎中、员外郎为各部要职。

【郎中】　始于战国。汉代沿置，属郎中令（后改光禄勋），管理车、骑、门户，并内充侍卫，外从作战。初分为车郎、户郎、骑郎三类，长官设有车户骑三将，其后类别逐渐泯除。晋至南北朝，为尚书曹司的长官。自隋唐至清，各部皆沿置郎中，分掌各司事务，为尚书、侍郎、丞以下之高级部员。

【城门校尉】　西汉始置，职掌京师城门的屯兵，隶南军。东汉、三国、西晋均沿置不改，东晋、南朝废，北朝魏、齐仍置，隋末至唐改为城门郎，后废。

【特进】　西汉末期始置，以授列侯中之有特殊地位者，得自辟僚属。南北朝为加官，无实职。唐宋为文散官之第二阶，相当于正二品。

【庶长】　春秋时秦国设置，掌握军政大权，相当其他各国的卿。商鞅变法，制定二十等爵，从第十级到第十八级都是庶长。十级左庶长，十一级右庶长，十七级驷车庶长，十八级大庶长。参见"二十等爵"。

【庶子】　（1）战国时国君、太子、列侯、相国、县令的侍从之臣。有御庶子、中庶子、少庶子等。亦称门庭庶子，见《墨子·尚贤上》。孙治让《墨子间访》："盖凡宿卫位署皆在路寝内外朝门庭之间，故此书谓之门庭庶子。"（2）太子官属。汉以后为太子侍从官之一种，南北朝时称中庶子，唐以后于太子官属中设左右春坊，以左右庶子分隶之，以比侍中、中书令。自此相沿。

【总管】　（1）地方高级军政长官。北周武成元年（公元559年）改都督诸州军事为总管。隋及唐初也在各州设总管，边镇或大州设大总管。后复称都督，惟统兵出征之将帅则称总管。（2）军事长官。隋及唐初有行军总管、行军大总管，是出征时的军队主帅。后唐时石敬瑭曾为蕃汉马步军都总管，为最高军事统帅。

【宣抚使】　唐玄宗开元十六年（公元728年），以宇文融充河北道宣抚使，是为宣抚使称号之始。以后派朝官巡视经过战争及受灾地区，称宣慰安抚使或宣抚使。

【宰相】　我国封建时代辅佐君主总揽政务的最高行政长官的通称。宰是主持，相是辅佐之意。但历代所用官名，与职权广狭程度，各有不同。秦和西汉以相国或丞相为宰相，而御史大夫为丞相之副。东汉则司徒等于丞相，与司空、太尉共掌政务。然按之实际，则实权悉归尚书，尚书令主赞奏事，总领纪纲，无所不统。魏晋以后，以中书监、中书令、侍中、尚书令、仆射以及重要之将军等官执政者为宰相，无定员亦无定名。隋唐以三省长官为宰相。唐为中书令（中书省）、侍中（门下省）、尚书令、仆射（尚书省）。其后不置尚书令，除中书令、侍中外，以他官加衔为相。玄宗开元后，加衔称同中书门下平章事，简称平章事。

【校尉】　汉时军职之称，略次于将军。随其职务冠以名号，如掌北军军垒者有中垒校尉，掌西域屯兵者有戊己校尉等。中垒、屯骑、步兵、越骑、长水、胡骑、射声、虎贲总称八校尉，为西汉时专掌特种军队的将领，东汉略同。又汉以后，掌少数民族地区的长官，亦有称校尉者。唐折冲府以三百人为团，团有校尉。以后则用为低级武散官之号。

【都尉】　（1）战国时始置，比将军略低的武官。（2）西汉景帝时改郡尉为都尉。辅佐郡守并掌全郡的军事。武帝时又置关都尉、农都尉、属国都尉于各要地。又中央官职中亦有称都尉者，如水衡都尉。东汉光武帝时废，但在镇压农民起义时，或临时设置；与少数民族邻接的郡亦间有设置。（3）都尉亦为临时执行某种职务者之官名，如汉武帝时所设搜粟都尉、协律都尉等。此外，唐宋勋官有轻车都尉、骑都尉等称号。

【都督】 （1）军事长官或领兵将帅。汉末始有此称。魏、晋、南北朝称都督中外诸军事或大都督者，即为全国最高军事统帅。（2）地方军政长官。魏晋以后，都督诸州军事往往兼任所驻在之州刺史，总揽本区军民政。至北周及隋，改为总管，遂成正式官名。唐代又恢复都督名称，于各州按等级分别置大、中、下都督府，各设都督。惟中期以后，以节度使、观察使为地方最高长官，都督遂名存实亡。（3）西魏、北周和隋文帝时，府兵制的各军府中，以大都督、帅都督、都督为团、旅、队的官长。隋炀帝变更军府官名，分别改称校尉、旅帅、队正。

【都事】 西晋、南北朝时设尚书都令史，处理尚书省日常事务。隋代改称尚书都事，分隶各部。唐代各部都事负责收发文书、稽查缺失、监印等事务。

【都护】 都护意即总监。汉宣帝时设西域都护，为驻在西域地区的最高长官。其后废置不常。东汉、魏、晋时又有都护、都护将军，为统率诸将之官。唐代自太宗至武则天时，先后设置安西、安北、单于、北庭等六个大都护府。每府有大都护、副大都护（或副都护），管理辖境的边防、行政和各族事务。

【都指挥使】 五代始用作统兵将领之称，《资治通鉴·后梁均王乾化四年》胡三省注："此都指挥使尽统诸将，非一都之指挥使。"

【都虞候】 （1）唐朝中后期诸节度使置，为掌派整肃军纪重职，有继任蕃帅者，元帅、都统出征置中军都虞候一人。五代侍卫亲军马步军都指挥使司、殿前都指挥使司各置一人，俱为统兵官。（2）五代诸道州府马步院掌刑狱、捕盗之官，置一人，以衙前大将中久历事任、晓会刑狱者充，三年为限。

【都督诸军事】 出征时一路的军事长官。北魏置，总管所部军务。

【郡守】 始置于战国时，初为武职，防守边郡。后逐渐成地方长官。秦统一全国后，以郡为最高的地方行政区划，每郡置守，掌治其郡。汉景帝时改称太守。

【郡尉】 秦始置，辅佐郡守，并掌全郡军事。西汉景帝时改称都尉。当时的郡有不置太守而单置都尉的，故其权位颇重。东汉以后废。

【秘书省】　官署名。东汉始置秘书监一官，典司图籍。晋设秘书寺，后改为省，置监、丞等官。唐秘书省领太史、著作二局，曾改称兰台、麟台。

【监察御史】　简称御史。秦汉有监御史、监郡御史，东晋、北朝有检校御史，皆掌出巡郡县，监察地方行政。隋初改检校御史称监察御史。唐御史台分为三院，其中监察御史属察院，掌"分察百僚，巡按郡县，纠视刑狱，肃整朝仪"（《唐六典》），品秩低而权限广。

【监修国史】　东晋康帝以大臣领史局，至唐太宗贞观三年闰十二月（公元630年）移史馆于禁中，宰相监修国史，著作郎罢史职，成为故事，监修国史遂为官称。

【起居舍人】　掌起居注官员。隋炀帝大业三年（公元607年）内史省置二人，从六品。唐初沿置，太宗贞观二年（公元628年）省，高宗显庆二年（公元657年）复置于中书省，员二人，与起居郎同掌起居注，从六品上。龙朔二年（公元662年）改右史，咸亨元年（公元670年）复旧。

【留守】　从隋唐起，皇帝出巡或亲征时指定亲王或大臣留守京城，得便宜行事，称京城留守；其陪京和行都则常设留守，以地方行政长官兼任。

【留后】　唐代中后期，节度使之子弟或亲信将吏代行职务者，称节度留后，也有称观察留后的，事后多由朝廷补行任命为正式的节度、观察使。

【常侍】　秦汉有中常侍，魏晋以来有散骑常侍，为经常在君主左右之官，均简称常侍。东汉的中常侍一般由宦官充当。

【尉】　春秋时晋国上中下三军都设尉，主发众使民。战国时赵设有中尉，主"选练举贤，任官使能"。各国在将军下设有国尉、都尉，秦国曾以国尉为武官之长。秦代以后朝廷设有太尉，各郡有都尉，县有县尉。

【率府】　东宫军事机构统称，隋、唐各置十率府，分掌东宫兵仗仪卫、内外巡警、宫门禁卫、侍卫供奉待事，太子左右卫率、左右宗卫率（左右司御率）、左右虞候率（左右清道率）府统府兵，左右内率、左右监门率府不领府兵；各置率一人，副率一或二人，并有长史、录事及诸曹参军事等属。

【祭酒】　（1）古代贵族大夫飨食，以长者酹酒祭神，称祭酒，后渐演为官称。汉朝多称立管长官，如博士祭酒、侍中祭酒、军师祭酒、郡掾祭酒、东阁祭酒等，多为散吏，然地位较尊。三国魏以加散骑常侍高功者，又有别驾祭酒、祭酒以事等。（2）王府、公府属官。西晋始置，称东阁祭酒，西阁祭酒，隋、唐沿置。（3）国子监（学）长官，即国子祭酒。晋始置，历朝沿之。

【婕妤】　妃嫔的称号。汉武帝时始置，自魏晋至明多沿置。

【领军】　东汉末曹操为丞相时设领军，为相府属官，后更名中领军；魏晋时有领军将军，均统率禁军。南朝沿设，北朝略同。与护军将军或中护军同掌中央军队，为重要军事长官之一。隋代设左右领军府。唐代左右领军卫为十六卫之一，设上将军、大将军及将军，宿卫宫禁。

【谘议参军】　西晋末镇东大将军丞相府始置为僚属，职主顾问谏议。东晋、南朝王、公府、州军府皆置，无定员，亦不常置。职掌虽不定，其位甚尊，在列曹参军上，梁自九班至六班，陈自五品至七品。北魏至唐亦称谘议参军事。北魏王、公府，将军府、州府置，自正品至正六品上，北齐三师二大三公府置，从四品上，隋唐亲王府置，正五品上，掌参谋议事。

【谏议大夫】　西汉置谏大夫，掌议论，属光禄勋。无定员。东汉改称谏议大夫。隋唐隶门下省，掌侍从规谏。凡四人。

【黄门】　（1）黄门侍郎、给事黄门侍郎简称。（2）汉朝有小黄门、中黄门等宦官，后遂成为对宦官的泛称。

【黄门侍郎】　秦及西汉郎官给事于黄闼（宫门）之内者，称黄门郎或黄门侍郎。东汉始设为专官，或称给事黄门侍郎，其职为侍从皇帝，传达诏命。南朝以后因掌管机密文件，备皇帝顾问，职位日渐重要。唐初曾改称东台侍郎、鸾台侍郎，天宝元年（公元742年）改名为门下侍郎。

【假节】　假以节杖。汉朝指大臣临时持节出巡。三国魏、蜀、吴沿袭此制，然非临时性，实际成为象征地位的政治待遇。至晋朝，地方性军事长官分为都督、临（军）、督（军）三等。都督有使持节、持节、假节之分，临军、督军亦然。假节有军事得杀犯军令者。成为其地位、职权范围的标志之一。南北朝沿袭此制。

【假钺】 东汉末、三国帝王赐给大臣的一种待遇。受此号者掌握生杀大权。钺为专用于帝王仪仗的一种斧形兵器。

【假黄钺】 魏、晋、南北朝于权位最高之大臣出征时往往加以假黄钺的称号，即代表皇帝亲征之意。

【御史大夫】 秦汉时仅次于丞相的中央最高长官，主要职务为监察、执法，兼掌重要文书图籍。西汉时丞相缺位，往往以御史大夫递补并与丞相（大司徒）、太尉（大司马）合称三公。后改名为大司空、司空。晋以后，御史大夫多不置。隋唐以后虽置御史大夫，与汉制不同，专掌监察、执法，为御史台的长官。

【御史中丞】 汉代以御史中丞为御史大夫之佐。亦称中执法。在殿中兰台，掌图籍秘书；外督部刺史，监察郡国行政；内领侍御史，考察四方文书计簿，劾按公卿章奏。西汉末期，御史大夫改名为大司空，御史中丞遂为御史台长官。自东汉至南北朝，中丞的威权颇重。后魏一度改称御史中尉。唐宋虽置御史大夫，亦往往缺位，而以中丞代行其职。

【御史中尉】 北魏改御史中丞为御史中尉。以后惟北周初年曾沿用此名。

【御史】 秦以前本为史官。汉御史因职务不同，有侍御史、符玺御史、治书御史、监军御史等。东汉有侍御史，掌纠察；治书侍御史，察疑狱。魏晋南北朝时有督军粮御史、禁防御史、监察御史等，都随事立名。唐代有侍御史、殿中侍御史和监察御史三种。

【御史台】 官署名。西汉时称御史府，其长官为御史大夫。成帝时曾改御史大夫为大司空。东汉光武帝时不设御史大夫，使御史均入兰台，以御史中丞为长官，时称宪台，亦称御史台，为封建国家的监察机关。历代多相沿不改。唐代一度改称肃政台，旋复旧称。

【谒者】 （1）始置于春秋、战国时，为国君掌管传达。秦汉沿置。汉制，郎中令属官有谒者，少府属官亦有中书谒者令（后改称中谒者令）。郎中令所属谒者掌宾（傧）赞受事，员额至七十人。其长官称谒者仆射。南北朝亦曾沿置。掌引见臣下，传达使命。隋置通事谒者，唐改为通事舍人。其以宦官充任者，东汉称中宫谒者属大长秋。后魏、北齐有中谒者仆射、隋唐称内谒者，宋以后废。(2) "使者"之别称，东汉时改都水使者为河堤谒者。(3) 古时亦用以泛指传达、通报的奴仆。

【博士】 (1) 官名。源于战国。《汉书·百官公卿表上》："博士，秦官，掌通古今。"秦及汉初，博士所掌为古今史事待问及书籍典守。至汉武帝时，用公孙弘议，设五经博士，置弟子员，自后博士专掌经学传授，与文帝、景帝时的博士制度有异。唐置国子、四门等博士。(2) 中国古代专精一艺的职官名。西晋始置律学博士，北魏始置医学博士，隋唐又增算学博士、书学博士等。

【掾史】 汉以后职权较重的长官都有掾属，分曹治事，通称掾史。多由长官自行辟举。唐宋以后废辟举制，掾史之名渐移于胥吏。

【督军】 三国时魏置。《资治通鉴·晋武帝泰始二年》："罢山阳国督军。"胡三省注："魏奉汉献帝为山阳公，国于河内山阳县之浊鹿城，置督军以防卫之。"

特别提示：

本书在编写过程中，参阅和使用了一些报刊、著述和图片。由于联系上的困难，和部分作品的作者（或译者）未能取得联系，对此谨致深深的歉意。敬请原作者（或译者）见到本书后，及时与本书编者联系，以便我们按照国家有关规定支付稿酬并赠送样书。

联系电话：010-80776121　　联系人：马老师